卢浮宫全史

[法] 乔治·普瓦松 著　姚 想　孔庆敏 译

LA GRANDE HISTOIRE
DU LOUVRE

Georges Poisson

http://press.hust.edu.cn

中国·武汉

人活一世,就必须给世界留下些足以让后世纪念的痕迹。

——拿破仑·波拿巴

LA GRANDE HISTOIRE DU LOUVRE

序言

在游客眼中,卢浮宫首先是一座博物馆,因为它所囊括的奇珍异宝种类之多、维度之广,任谁都没有胆量轻易给它下出其他定义。卢浮宫虽然不是一部"百科全书",也不能说其"包罗万象",但它涵盖的领域是难以计数的。特别是藏品,更以其丰富、珍贵、独特和具有永恒的研究价值而举世闻名,还常常受邀前往世界各地的博物馆巡展,以飨世人。

卢浮宫的历史也是一部建筑史。它为我们留下了从腓力·奥古斯都时期一直延续至今的几乎法国各个历史时期的经典建筑。近在咫尺的中世纪城堡主塔与当代的玻璃金字塔,以及不计其数的、划时代的建筑装饰,都在持续、奋力地书写着它们的时代新篇章。

卢浮宫还是一座宫殿,法国最重要的"历史大戏"都曾在这里上演。从不断更迭的王室、宫廷,到后来的法国大革命,法兰西历史上最重要的历史事件都在这片土地上发生。圣巴托罗缪大屠杀,我们至今都无法准确估量这场暴行

序 言
AVANT-PROPOS

的起因及其野蛮程度；法国波旁王朝的亨利四世在离开卢浮宫经过铁器街时遇刺身亡；而孔奇诺·孔奇尼被暗杀的事发地，就在当今卢浮宫方形庭院的中央；接下来，卢浮宫又迎来了路易十四的统治初期，它参与了当时的社会变革、军事胜利及文学辉煌，而奢华之至的凡尔赛宫则见证了路易十四统治的衰败晚期；命途多舛的伟大艺术家雅克-路易·大卫在其卢浮宫的工作室里，用画笔将法国大革命描绘得栩栩如生；拿破仑·波拿巴则在这里开启了他的第二次婚姻；1830年、1848年及1871年，卢浮宫在法国的3次革命后奇迹般地化险为夷；接着，卢浮宫又迎来了"二战"中被德国占领的那段"戏剧性岁月"。

此外，卢浮宫中的各种艺术学院层出不穷。整个启蒙时代，法国的艺术创作都沉浸在纷乱动荡的氛围中，艺术家们将住所和工作坊都设在了卢浮宫。

最后，让我们先下一个暂时的结论：卢浮宫这座"宫殿"，最终彻底地变成了"博物馆"。

关于卢浮宫的书籍写作，前人已有诸多尝试，然而我们依旧决定拾起笔，尝试再次去书写这部浩瀚的史实巨著。我们在写作本书时，试图囊括方方面面，也不打算隐去对历史人物、事件或结局的审慎反思——有出自专业视角的思考，也有作为普通参观者的发问。在此，我要对不吝赐教的各专业同事们致以最诚挚的感谢。

乔治·普瓦松

目录

001	第一章	腓力·奥古斯都
013	第二章	堡垒和监狱
021	第三章	智者查理
039	第四章	庆典和流血下的重生
087	第五章	创建者亨利
119	第六章	走向方形庭院
149	第七章	新兴君权统治下的卢浮宫
195	第八章	大衰败
243	第九章	"艺术之城"?
295	第十章	大革命在卢浮宫
325	第十一章	拿破仑博物馆
355	第十二章	国王归来

389	第十三章	资产阶级王朝下的博物馆
399	第十四章	共和国时期的博物馆
415	第十五章	大卢浮宫初期
461	第十六章	历经磨难
493	第十七章	首次翻新
521	第十八章	复苏
535	第十九章	作家部长
551	第二十章	大卢浮宫
575	第二十一章	首座世界博物馆
591	第二十二章	宫墙之外的卢浮宫

601	参考文献

第一章
腓力·奥古斯都

PHILIPPE AUGUSTE

诚然,我们最先想要了解的是:卢浮宫,这座世界上最著名的宫殿之一,在八个世纪前因何得名、其意义到底何在。可惜的是,几乎所有语言学家最后都宣布放弃解释权。有人说,卢浮(Louvre)这个词可能源于 lower,在撒克逊语中指"设防之地";也有人说,它可能来自于 rubra,在晚期拉丁语中指"红色";还有人说,可能源自一个以 ara 结尾的凯尔特语单词"河流"。如果非得找到一个词,我倾向于认为是 lupara 或者 lupera(该词出现于1180年前后),可能并不是指用于猎狼的屋舍,而表示在那段时期经常受到这些猛兽侵扰的地方。这从逻辑上来看合情合理,因为在几个世纪里,法国的乡下和郊区野狼肆虐,人们与野狼的斗争直到19世纪才结束。如今,野狼卷土重来……当我们再次探寻"卢浮(Louvre)"一词的意义时,却不得不承认我们的无知。即使是对1057年出现的"凡尔赛(Versailles)"一词的含义,时至今日,我们也是一知半解。

尽管如此,对这座从堡垒演变而来的宫殿的创建者的身份却无需质疑,我们很确定就是腓力·奥古斯都[1]。这位15岁加冕(1180年)的国王和墨洛温王朝的所有先王一样,把自己的王宫定在了西岱宫。然而当王国传到他手上时,已是四面楚歌,周围的封建大领主们无时无刻不在窥伺国王的宝座。尤其是邻近的金雀花王室,正伺机通过武力夺取他的王冠,并从1187年开始就不断付诸实践。对于这位年轻的君主来说,为了捍卫既有秩序,他的首要任务就是给他这弱小王室所掌管的主要城市修筑防御工事,如圆形高塔(布鲁日、希侬、奥隆河畔丹[2])和城墙(亚眠和默伦)。

在所有的城池中,都城巴黎一直是最受外来入侵者或暴动的领主们威胁的城市,因为其地理位置一方面邻近北部边界,另一方面位于塞纳河河畔——这条河从诺曼人的时代开始就是著名的入侵通道。其实,腓力·奥古斯都的祖父路易六世在位期间,就曾考虑过要在夏尔瓦内(现布吉瓦尔)的河岸上建造城堡。

都城城防必须要有坚固的壁垒,尤其是国王在这节骨眼上还不得不前去参加十字军东征——虽然并非出于热情,但教皇之命不可违。1190年,国王腓力二世在出发前,命令巴黎城中的居民修建一道坚固的城墙,围住河流右岸的巴黎城,以达到以下两个目的:其一,对抗外来侵袭;其二,鼓励商人和手工业者们在这座有安全保障的城池中安家落户。考虑到自身利益的巴黎市民,花费了十年时

---

[1] 即卡佩王朝的国王Philippe Ⅱ Auguste。Auguste是时人对他的尊称,尽管一般作人名时译为"奥古斯特",但这里应按拉丁文译成"奥古斯都"。Philippe是他的名字,在法语中一般译作"菲利普",而汉译约定俗成又把中世纪名为菲利普的法国国王按希腊文译为"腓力",显得有点混乱,因此本书将菲利普国王们的名字都改为"腓力",请读者理解。——译者注

[2] 现法语名为Dun-sur-Auron,Dun-le-Roi为其旧称。——译者注

第一章　腓力·奥古斯都
PHILIPPE AUGUSTE

间修建起这道城防壁垒。如今我们依旧能够找到它的些许遗迹,虽然现在看来它并不能用于城防。

国王很快便履行完圣战的职责,只不过为了避免落人口舌,他直到1191年才得以返回,检视工程状况。好像也是从那时开始,建造卢浮城堡的念头萌生了。北边的城墙还在建设,不久后国王获取了巴黎左岸的领导权,在河的左岸也开始修建城墙。但那时,河右岸的保护措施还不尽完善,同时来自西边的危险也渐渐逼近。英国人已经扩张到吉索尔地区;1087年,后来命丧诺曼底的英格兰国王威廉一世,攻占了巴黎附近的要塞芒特。另外,塞纳河边还有一些敌人,随时可能包围南边的城墙和角塔(就在今天的艺术桥处),并且通过塞纳河绕过城墙。位于圣日耳曼奥赛尔地基上的陡坡,距离塞纳河几百米远,是一个重要的战略位置。而且在此之前,这里就矗立着卢浮圣托马斯教堂,教堂受圣徒托马斯·贝克特庇护,建成于1187年前。托马斯·贝克特于1170年遭人暗杀,两年后被追封为圣者,卢浮圣托马斯街则一直留存到了19世纪。和修建伦敦塔时的境况一样,当时这里也必须修建一座前哨建筑,以备城防之用,所以国王于1191年至1202年回都期间,做出了修建卢浮塔的决定。这是第一次明文提到"吾之卢浮塔"。1202年应该就是它建成的年份了,这一年,腓力二世支付了窗户配件的费用,还把葡萄美酒赏给了守卫的市民,这大概就是今天博物馆中鸡尾酒会的起源。

城墙外河岸边的陡坡上无人居住,可能零星散布着几个渔夫的草棚。腓力二世决定在为巴黎主教府和圣德尼修道院购买的这片土地上修筑防御工事,此重任可能是由国王亲自组建的军事工程师团队负责。他自然而然地借鉴了西岱岛上用四边形的城墙包围城堡主塔的模式。工程开始于1203年的总账目前,这是法国封建君主统治下的第一份预算,其中提到了奥隆河畔丹的城堡主塔,并明确规定它的规模大小要依照壮观完美的巴黎主塔。

在《豪华时祷书》①中,我们可以看到这座高塔的上半部分,锥形的塔顶耸立在突堞之上。在1983—1984年的考古发掘中,考古专家们发现了保存良好的7米高的塔底,这足以让我们想象出整座塔的外观:一个直径长15米、高30多米的圆柱体,由经过精雕细琢的石块组成(时为巴黎最高的建筑)。这座塔只能通过南面的一座小吊桥(桥墩已被发现)与外界相连,经过吊桥再穿过一扇铁门可以直达二楼。不过里面还有一口井和一方蓄水池(方形庭院的路面上还留有它们的孔洞),当城堡被围攻时,它们还能确保内部的供给。

对于这座城堡主塔的内部构造,我们目前了解的并不多,里面可能有好几层楼,每层楼都有带拱顶的房间。据记载,楼层之间由"一座石制的大旋转楼梯"相连,但楼梯并不豪华。当时这里是一处集国防和军火库为一体的机关,驻有士兵,而且还是一座监狱。布汶战役后,背叛国王的佛兰德斯伯爵斐迪南成为俘虏,他被一辆由两匹马拉的小车押送到了巴黎。我们可以在《埃诺编年简史》②中看到表现这一场景的图画,画中的卢浮堡显得十分怪诞。他在城堡

---

① 又称《贝里公爵的豪华时祷书》(*Les Très Riches Heures du duc de Berry*)。——译者注
② 《埃诺编年简史》(*Chroniques de Hainaut*)手抄本共有3卷,叙述了埃诺郡直至14世纪的历史。——译者注

第一章 腓力·奥古斯都
PHILIPPE AUGUSTE

中被关了整整 8 年,因为他的妻子不能也不愿意支付 5 万里弗尔①作为赎金,不过最后她还是用里尔、杜埃这两座城池以及相对较低的赎金换回了他的自由。我们不知道那里的拘禁条件能否与他那高贵的血统相匹配。

塔的地基有一定坡度,周围环绕着一条宽 10 米的干沟渠。如今我们依然可以看见曾经铺砌沟渠所用的矩形平石板。

在主塔和沟渠之外,围绕着一圈四边形的城墙,和现今的方形庭院西南角刚好契合。四面的护墙长 70 米,宽 2.2 米,其间分布着十座彼此间隔 25 米(弓箭常规射程的两倍)的塔楼,可以实现交叉射击。

威胁通常来自北边和西边,所以这两边的城墙不设任何通道。南边的城墙直通塞纳河,东边的则通向市区。这两处是城门入口,由两座半圆形的塔楼掩护,塔楼中设有防御的武器,其中南边塔楼的宽度足以通过"炮车和战车"。城墙外还设有一条十多米宽的壕沟,与城墙相隔的壕沟外护墙有轻微的坡度,北边和东边都有相同的设置。沟渠中的水是采用机械原理直接从塞纳河引入的,要抽干沟渠也很方便,在城堡西边有一条挖空的引水道直接连接着沟渠与塞纳河。

周边的城墙和城堡主塔之间的距离并非完全一致,或许一开始就有修建其他建筑的考虑。西边的城墙离得很远,南边就更远了,直接位于主城门所在的河岸边。东边的城墙设有一扇边门,穿过这

---

① 里弗尔(livre)是法国古代货币单位,又译作"锂""法镑""利弗尔"。
——译者注

扇门就可以通往市中心，这条通道一直保留到了17世纪。20世纪50年代建设河岸的地下通道时，我们还在南边发现了拦阻水流的铁闸门。

经过考古发掘，这里的一些城防壁垒已经展现在我们面前。现已在北边发现52米长的护墙（总长72米），还有宝石加工塔楼（其上的装饰有百合和雏菊的陶瓷铺面可能是后期铺设的）和中央塔楼。在东边的城门塔楼前有一个大桥墩，支撑着用作通道的桥。在西边，城墙的残垣与旁边鹰塔的遗迹，足以让我们窥见堡垒的全貌。这个四边形的建筑群整体看来十分协调，泥瓦匠们还在石头上刻了专属的心形图案。这样精心设计的城墙完全区别于由市民简单建造的市区围墙。

从城墙往内望去，在城墙和主塔之间相距最远的地方（西边和南边）建有一些楼房，会是行政楼、商店、士兵的住所或武器库吗？关于这个问题的准确答案，如今我们已无法知晓，因为在查理五世时期，这里全都被拆除重建了。在考古发掘中，我们找到了若干不同时期的雕塑残片，如今都陈列在遗址旁边的展厅中。位于女像柱厅下面的是我们将会谈到的圣路易厅，在腓力·奥古斯都时期，这里只是一间老旧的低矮小厅，其原本的平顶设计后来被改成了拱顶。

400年后，皮埃尔·莱斯科在重建时将西边护墙的外墙都并起来，如今一楼和二楼的墙体厚达2.2米，原本的外墙早已看不见了。

这处内部非常拥挤的防御工事并不是一处住宅，不设小教堂便是证据之一。腓力·奥古斯都可能从没有在此居住过。但是我们仍然可以想象到他爬到城堡主塔的塔顶，或者走遍护城墙的条条通

第一章　腓力·奥古斯都
PHILIPPE AUGUSTE

道，检视工程的整体建设质量。他可能对此处的辽阔视野惊叹不已，从这里可以看到由东边和南边那两道护城墙的炮塔守护着的城市中心，周边鳞次栉比的低矮平房、远处西岱宫的城堡主塔、还没有塔楼的巴黎圣母院大教堂，以及更远处绵绵不绝的乡村。巡视之后，他对这座国王之塔甚是满意，因为这也是军事权力的一种象征。随着封建制度下王权的不断巩固，修建新型防御工事成了专制君王的特权和公共秩序的保障。

从政治角度来看，这处工程建筑也是占统治地位的封建政体的象征。"所有王室封地从法律上都从属于卢浮塔"的这一法则逐渐确立，而且这一法则直到塔楼拆除后还延续了很长时间。城堡主塔原先只是被用作防御工事和监狱，而后渐渐增加了其他功能，包括生活居住以及档案存放。此外，这种城墙之外的王家城堡主塔建筑开创了一项延续到旧制度末期的原则：国王不仅住在城里，也住在城外，他凭借这座主塔统治着巴黎城。

沿着城墙行走的人看到的这座城堡是怎样的一番景象呢？城墙紧紧围绕着一个小小的庭院，两侧耸立着塔楼，以抵御新型炮火的攻击。城墙墙脚下挖有坑道，墙面陡峭没有缺口，但设有监视点，且装备有作战设备。类似这样的城防壁垒，一般不是设在城中，就是安置在离城市很近的地方，以保护城市。

不过，这处防御工事似乎毫无用武之地，因为卢浮宫从未遭受围城之困，但也有可能就是因为它的存在才避免了这种遭遇。而配得上"奥古斯都"称号的腓力二世似乎对他的胜利早有预感。1204年，他围攻盖拉德城堡，占领鲁昂，将卢浮堡从长久以来的城防枷锁中解放出来。

在这处防御工事周围很快就衍生出了一片城市居民区。1984 年的考古发掘重新发现了卢浮宫以西的两条南北走向的道路,这两条路就是后来的卢浮圣托马斯街和福满多街(位于拿破仑庭院)。这片居民区将在卢浮宫后期的扩张大戏中扮演重要角色,而且大部分时间里是唱反调的角色。

第二章
堡垒和监狱

FORTERESSE ET PRISON

我们现在所讲的卢浮堡，在那时还不适宜王室居住。国王在巴黎时仍继续住在西岱宫中，从卢浮堡向东南方向眺望就能看到那座宫殿。而彼时的卢浮堡还是一座国库。路易八世在遗嘱中写道："吾将藏于巴黎之塔即毗邻圣托马斯教堂（卢浮圣托马斯教堂）之处的全数金银财物，悉留于继吾衣钵之子，此处还可用于王国之防御。"

圣路易应该是第一位试图让城堡更宜居住的国王。为了坚定地遵从内心的信仰，这位国王在今天的女像柱厅旁修建了一座祭台。可能正是为了安放祭台，才使得墙面出现了一处至今还可见到的凹陷。祭台下面是腓力·奥古斯都时期的双殿矮厅，这是此地唯一留存至今的中世纪城堡遗迹，矮厅的尖形穹隆是在1230年到1240年间完成的。后来在女像柱厅的整修工程中，虽然穹顶被拆除了，但是其中的支撑部分还保留着。巨大的圆柱上放置着一个个形状尖翘的拱饰，柱头由叶子和海芋果实装饰，与墙板上怪物头部的涡状纹饰相映成趣。这样的格局和装饰可以追溯到圣路易统治初期，在圣礼拜堂出现之前。虽然现在这间厅室照明欠佳，但游客们还可以前往参观。

我们不知道这位圣王可曾踏足这间现在以他的名字命名的厅室，但我们知道他也曾将这座塔楼用于关押重要的俘虏。傲慢残暴的领主昂盖朗·德·库西四世未经审判便绞死了3名在他的领地上狩猎的佛兰德斯青年。圣路易得知此事后非常愤怒，于1256年将他囚禁在卢浮堡中，不过未加镣铐，而等待这位领主的是绞刑。国王的幕僚们建议以一笔巨额罚款作为赦免他的条件，而罚款还可作其他用途。把人监禁在卢浮堡，既能行使正义，又能体现王权。

同样归功于圣路易，1254年，为了救助300位盲人，他命人在如今卢浮宫博物馆的土地上建了一座三百人收容所，以及一座由厄德·德·蒙特勒伊修建的教堂（位于圣尼凯斯街和卢浮圣托马斯街即罗昂拱廊之间的这块区域），还有位于今天的杜尔哥馆的公墓。这处建筑一直留存了好几个世纪。

圣路易之后的继承者们有时也会来卢浮堡。这里举行过好几次有国王和王室成员出席的骑士比武，比武可能是在城堡南边的塞纳河沿岸举行的。1284年，在此举行过给国王的继承者腓力王子授予骑士称号的仪式。两年后，新国王的大臣皮埃尔·弗洛特，在这里宣读了佛兰德斯伯爵居伊一世的求和信。1287年，据记载这里还曾成为国库。美男子腓力四世对圣殿骑士团失去了信任，因此在之后的四个世纪里，大笔财富流到了卢浮堡。腓力四世在他的房间内召开了几场会议，特别是调整了针对教皇的政策。在这场与教皇的斗争中，他在卢浮堡接待了几位支持他的主教、大贵族及其他忠诚的辅佐者。他还在卢浮堡进行空中狩猎，位于西北方向的塔楼（如今七壁炉厅所在处）很长时间以来一直都被称为猎鹰塔。此外，卢浮

第二章 堡垒和监狱
FORTERESSE ET PRISON

堡还被用作军需仓库。1295 年,人们在这里用牛筋装配弓弩,当时甚至有一间厅室专门用于飞箭和旋转箭的羽毛装配。1313 年,为了庆贺 3 个儿子被授予骑士头衔,腓力四世特地命人在圣路易厅中举办了一次盛大的宴会。另外,在腓力四世时期,卢浮堡也被当作监狱使用:他把拒绝嫁给英格兰国王的菲莉皮娜·德·当皮埃尔关进塔楼,软禁至死;不满特鲁瓦的主教吉夏尔也被国王关在了这里(这是一座世俗监狱,虽然高级教士有权使用教士监狱),国王用有待商榷的证据对他进行了审判,比如,女巫玛格罗娜一口咬定曾看见这位主教同魔鬼交谈。

到了国王路易十世统治时期,国王将昂盖朗·德·马里尼送去绞刑场前的巴黎圣殿骑士团寺院监狱之前,先将其关押在卢浮堡中。1316 年,路易十世驾崩,时局一度变得非常动荡。尽管其弟查理顽强抵抗,王位继承人腓力·德·普瓦捷还是攻占了卢浮堡。实际上,已成为寡妇的王后在这里诞下一子,但是婴儿在四天后就夭折了,他就是遗腹子约翰一世。关于他,后世的历史学家们做了很多猜想:他很有可能幸存下来了,而且还在意大利经历了一些不为人知的冒险。最终,他的叔叔,即高个子腓力五世继承了王位,还在卢浮堡中举行了许多庆祝活动。

卢浮堡一直都被用作专门关押某些特权人士的监狱,无名之辈则都被送进了夏特莱监狱。1341 年,被关了四年的让·德·蒙福尔成功逃离了此地。接下来到了瓦卢瓦王朝的腓力六世,这位国王应该在此居住过,因为史料显示他在 1333 年购买了福满多街上的一间谷仓,在后来的考古发掘中,人们找到了部分遗迹。

1354 年,国王约翰二世在卢浮堡接受了纳瓦拉国王"恶人查理"的归顺，后者曾派人刺杀了陆军统帅让·德·拉塞尔达。我们虽鲜少提及这位国王，但卢浮宫博物馆自1925年后收藏有一幅他的肖像画，而且是法国绘画中年代最久远的一幅作品。卢浮堡上演的这一幕清楚地表明这座城堡在当时已经是王室最高权力的象征。随后"恶人查理"就被关进了城堡，直到商人艾蒂安·马塞尔把他救了出来。

1356年，王储查理（即后来的查理五世）在卢浮堡组建了自己的内阁，以抗议艾蒂安·马塞尔的无理要求。之后，他前往梅斯请求神圣罗马帝国皇帝的援助。然而，马塞尔利用他的这次外出，勒令安茹大公阻止新币流通。大公让出了政权（1356年12月14日），胆大妄为的马塞尔在"恶人查理"帮助下占据了巴黎城。不久，管理国王武器装备的执达官让·德·里昂想要将卢浮堡兵工厂的武器运送到马恩省的其他城防堡垒，可马塞尔居然对此表示反对，并且命人将这些武器运到了市政厅，以便安置在城墙上。

1357年初返回巴黎时，备受打击的王储不得不在卢浮堡接受另一项提议，听从艾蒂安·马塞尔的要求。这是一次路易十六式的彻底妥协和投降。而那位获胜者对自己的成功沉醉不已，于是乎飘飘然了。

在历经著名的王城大屠杀以及王储逃离事件之后，马塞尔自视为巴黎的主人，并且以主人的姿态行事，他像法国被德国占领时期的达尔朗入住爱丽舍宫那样，名不正言不顺地住进了卢浮堡。但是巴黎市民无法忍受遭到"恶人查理"带进城的英国士兵的哄抢和凌辱，杀死了几个士兵，并在卢浮堡中关押了四百人。7月，马塞尔释放了他们，把他们送出巴黎，这使得巴黎市民更加反对他的统治。1358年7月31日，马塞尔被杀。8月2日，王储回到都城，陪同在他身边的是"恶人查理"。他在卢浮堡待了一个星期，"大吃大喝，且受到盛大款待"。他的政治之路真是迂回曲折。

但是，这一切随着王储变成查理五世而发生了翻天覆地的变化。

第三章
智者查理

CHARLES LE SAGE

> 吾王查理，实为睿智的艺术家，也是名副其实的建筑师和造价师，以及谨慎的审核者。
>
> ——克里斯蒂娜·德·皮桑①

与腓力·奥古斯都统治时期一样，卢浮堡的功能因城墙而发生了变化。查理五世上位后，确切地说是从1364年起，他开始在卢浮堡以西400米修建一道新的城墙，这样一来，卢浮堡从此被纳入城内，但它与邻近村庄的通道并没有切断。这道城墙在15、16世纪得以部分重建。1984年，城墙被重新发现，一起被发现的还有一座展现了大炮新用途的低矮塔楼。如今在卢浮宫的卡鲁塞勒广场还能看见它。当时，在围墙和城堡之间，也就是在今天的拿破仑庭院以及更西边一点的地方，很快有了新的建筑出现。在卡鲁塞勒

---

① 克里斯蒂娜·德·皮桑（Christine de Pizan，1365—1430年），中世纪法国宫廷一位非常有名的女性作家，她的作品体裁多样，内容涉及政治、军事、教育、伦理、女性问题等诸多方面。——编者注

广场的考古发掘中,人们发现了一处 14 世纪饰有壁画的小城堡的遗迹。

卢浮堡转变为城中一员后,查理五世不得不重新考虑它应具备的功能及呈现的面貌。自此,卢浮堡开始向一座真正的王室宫殿转变。

1358 年的事件,不仅让查理五世厌倦了原先的西岱宫,也让人们看到那里的安全防御是多么不堪一击。动乱的结果就是法官渐渐占用了传统的王室建筑,他们从这场反对合法权力的暴动中得到了非法利益。查理五世吸取了历史的教训(历代国王大多都信不过巴黎),他更喜欢法兰西岛上的那些城堡,他在那里加筑了新的防御工事,如万森城堡、美丽宫、圣日耳曼昂莱城堡。但是他还需要一处位于巴黎的住所,要能承担起西岱宫的角色,但又不能像圣保禄府邸那般偏远。卢浮堡就在这种情况下被选中开始扩建。虽然它有着完美的防御工事,却完全不适合居住,于是国王想要尽力弥补这一不足。在失去城防壁垒中的关键位置之后,这片建筑"找到了自己新的功能,即保护国王本人"〔热那维·布列(G. Bresc)〕。

这座防御建筑确实无法住人。卢浮堡早已因它那高大的塔楼而充满象征意义,虽然经过了圣路易和美男子腓力的略微修缮,但是把它推倒重建并不是一件简单的事情。如果想要让国王和他那庞大的王室及仆从队伍体面入住的话,就需要扩建,将城堡改造成一座"干净整齐、内外兼修"(克里斯蒂娜·德·皮桑)的宫殿。改造并不意味着要消除其防御功能,在防御工事中修建宫殿在当时是一种趋势,这在同时期建成的贝里公爵城堡中也可以看到。查理五世不仅是一位仁君,也是室内装潢的爱好者。他亲自将坚固的城堡改建成宜居的宫殿,而且由于他很擅长工程造价,所以参与了前期的设

第三章　智者查理
CHARLES LE SAGE

计和规划。这项工程一共进行了十年。

国王的建筑师和亲信雷蒙·杜·唐普勒，为我们呈现了一座高规格的大师之作。他从查理五世在位最初期就开始负责这项工程。他保留了大塔楼周围的四边形建筑，只对建筑上半部分进行了改造，使其超出炮弹的射程范围。依据国王的命令，他抬升了墙体高度，并搭建了两层阁楼以供官吏和侍者居住。然后，建筑师又将塔楼抬高了好几米，开设天窗，加以雕刻装饰，在尖顶的塔楼两侧装设楼梯，还增设了饰有百合花徽的风向标。东边和南边两处出口的楼体上都建了顶楼，并且装上了明亮的窗户。在东城门两侧建起了四边形的护翼城楼，城楼上还建了筑有雉堞的露台，于是这里既是监视的哨所，又成了放松的好去处。城堡主塔上凿了很多开口，每层共八个，使得正走向废弃的主塔的防御价值进一步降低了。而在四边形建筑外侧，底下两层没有任何开口，上面只有一些狭窄的窗洞。

在天窗下方、雉堞的背面，有可以散步的露台，在上面可以欣赏到城市的美景，满足了国王对呼吸新鲜空气的需求，毕竟国王的健康是重中之重。另外，在庭院西南角，还新挖了一口水井。

东边的城门入口两侧矗立着国王和王后的雕像，今天我们还可以大致辨认出查理五世和让娜·德·波旁的这两座全身雕像（现藏于卢浮宫）。这是当时巴黎雕塑工作室艺术的高水平的体现。后来关于雕像的去处有过许多讨论，比如三百人教堂、塞莱斯坦教堂。而这对雕像确实辗转各地。17世纪，这两座早已受到喜爱的雕像在使节殿的国王古董厅中展出，随后又来到女像柱厅和法国古迹博物馆以及圣德尼教堂。1904年，它们最终回到了卢浮宫，被陈列在如今的雕塑展厅中，距离原始的位置只有十来米远。可是为什么不将它们安置在原先城堡的附近呢？

在城墙内，挨着北边和东边的护墙，修建了两座翼楼，这样一来就扩大了居住面积，但城堡主塔就不再处于中心位置。今天我们还可以在地下室看到的北边翼楼，已经几乎触碰到主塔的护墙。这座象征权力的主塔遭到如此对待，其实就预示着它在不到两个世纪后被拆除的命运。卢浮堡的居住功能已经开始优先于防御功能。经考古发掘证明，北城墙有成对的城垛，以及往外凸起的小台阶。至于西边的翼楼，它面积最大（在腓力·奥古斯都时期，这里可能是一座面积较小的建筑），这里可能是后来弗朗索瓦一世最先重建的地方，那时的厅室就已经达到现在女像柱厅的宽度了。

圣路易修建的教堂被改建成了一座配有祈祷室的塔楼，同时还根据要求在大门上装配了一方哥特式的三角楣。三角楣由让·德·圣罗曼设计雕刻而成，表现了"圣母和手持香炉与乐器的天使们，而旁边的墙壁上有13位先知的肖像"［皮埃尔·科尼昂（P. Quoniam）和洛朗·吉纳马尔（L. Guinamard）］。地面上重新铺置了纹章图案的陶土方砖，部分地砖碎片后来被重新发现。

新城堡内部的通行情况需要大加改善。塔楼中狭窄的螺旋式楼梯已经不能再满足人们往来的需求，况且往后人流会更加密集，通道的民事用途要大于军事用途。雷蒙·杜·唐普勒在北面设计了可能是法国建筑史上的第一座豪华楼梯，这为他赢得了诸多赞誉。

这座楼梯位于建筑物外部，它的底座在1983年被发现。楼梯高20多米，内部直径约5米，可直达国王寝宫的二楼和三楼。台阶共计有83级，每级长约2.25米，能让两人轻松通行。在楼梯建造

第三章　智者查理
CHARLES LE SAGE

期间，巴黎采石场中这种尺寸的石块被征用完了，于是他们又从无辜者公墓购入了一批墓石。

历史学家亨利·索瓦尔对这座楼梯的描述，让人想起布洛瓦堡弗朗索瓦一世翼楼外的那座楼梯，也许后者正是参考了前者。卢浮堡里的这座楼梯，每四级台阶就设有一处平台，也许是因为国王容易气喘，平台覆盖着"坚硬的石灰岩铺面"。平台很高，国土可以在上面欣赏风景。

楼梯上装饰了一些雕像，其中国王和王后像出自让·德·列日，奥尔良公爵像出自让·德·洛内，安茹公爵像出自让·德·圣罗曼，贝里公爵像出自让·德·沙特尔，勃艮第公爵像出自居伊·德·尚马丹——这些"佩戴百合花徽的亲王"让下一个时代不得安宁。"让·德·圣罗曼还负责创作了放在二楼的两尊佩带武器的士官雕塑，以及在旋转楼梯的人字墙处的圣母雕塑和圣约翰雕塑"（皮埃尔·科尼昂）。仅有这些个人的简略描述记录下了这些雕像。

不过，这真的是第一座如此豪华的楼梯，不妨想象一下王室贵族和他们的侍从在此上上下下，既有身披盔甲的男人，又有身着丝绒长裙的女人。可惜的是，如今留下的只有一个微缩模型，不过它可以让我们更加清楚地认识到，在法国的建筑史上，这座楼梯具有划时代的意义。

回到各个建筑物之间的通行上来。东南边，连接大塔楼和城墙的天桥被一座石拱桥取代，拱桥跨过护城沟，直通城堡主塔的二楼。这一设计还出现在同时期的万森城堡中。

这座翻新后的城堡，从王室入住之日起，就不再作为监狱使用。在这之前还有一位被强制入住的客人是布赫领主（即阿尔卡雄地区的领主）让·德·格莱利三世。他可是英法百年战争时期最出色的人物之一，时任英国在阿基坦地区的陆军统帅。充满骑士精神的编年史学家弗鲁瓦萨尔将其描述为当时最有人道精神的领主。他于1372年在圣东日被捕入狱后，被关进卢浮堡（也有说被关在圣殿骑士团的寺庙城堡主塔中），直到1376年去世。此后，在超过四个世纪的时间里，重要的犯人都被送进了巴士底狱。

对翻新的城堡内部进行装修的难度更大。各个正厅中和教皇宫中一样都饰有壁画，此外还有挂毯、座椅和宝箱。一楼的大厅（可能为现在的女像柱厅所在地）是国王举行节日庆典、设宴以及接待外国贵宾的场所。再上一层楼的大厅里存放着国王的宝藏。宝箱和橱柜中收藏着大量财宝，记录在册的有金银器皿、水晶壶、珐琅饰品、大理石罐子、大马士革玻璃餐盘、碧玉和水晶棋盘、金酒杯以及用宝石制成的带耶稣像的十字架。

"为了使王室住在朝南、可以俯瞰塞纳河的房间里，国王的寝宫被安排在了南翼二楼，一楼是王后的住所——多位王后曾在这里居住。国王的寝宫中有1间卧室，里面安置了2张床，1张用于晚休，1张用于午休。还有1间用作更衣或准备的房间、1间祈祷室，以及1间洗浴室。房内的壁炉宽达5米；墙壁铺上了护墙板，粉刷成红色，装点着锡制花环，挂上了绸缎、皮张、呢羽和帷幔；窗户上装有加固的彩绘玻璃；地上铺着有纹饰图案的方砖，还铺上了垫子或地毯"（皮埃尔·科尼昂）。甚至在卧室及公共厅室附近还设置了厕所，而且雷蒙·杜·唐普勒特别费心让画家在新建的螺旋楼梯、花园的门框及庭院各处用红色的油漆画了好几个十字架，防止有人在

第三章 智者查理
CHARLES LE SAGE

外小解。他为此花费了 26 苏①。

国王对这处豪华住所的自豪程度并不亚于其他王宫。1377 年，他在此接待了叔叔日耳曼皇帝查理四世。查理四世乘着国王的小船，经由塞纳河来到卢浮堡。查理五世"向皇帝展示了卢浮堡内修筑的城墙和泥瓦工程。皇帝、其子及众多贵族大公皆入住于此，映入眼帘处，装饰无不奢侈华美"（克里斯蒂娜·德·皮桑）。

兼备吝啬与挥霍、善良与狡诈（弗鲁瓦萨尔评价他"不仅聪明，而且诡计多端"）的查理五世，在工程中利用残砖碎瓦，甚至把墓石铺在楼梯的台阶上，但他也喜欢收集奇珍异宝。新城堡的工程必须尽快进行，因为在 1367—1368 年，国王正处于"求知若渴"（克里斯蒂娜·德·皮桑）的状态，他命人将西岱宫的图书馆移到了这里，安置在西边（现为莱斯科翼）的猎鹰塔中：该建筑的地基于 1984 年被发现，现在它周围的地面上有一条黑线作为标记。塔楼中有 3 层楼用来藏书，楼层之间由一道旋转楼梯连通。墙面用爱尔兰木材制成，拱顶用的是能避虫蚁的柏木，窗外围着黄铜细丝制成的栅栏，"以防鸟兽进入"。里面放置着吊灯和大烛台，还有长凳，甚至有"可转动的书桌"，即带转盘的桌子，这类桌子可能就起源于此。国王在"午睡之后直至晚膳时分"都乐意在此停留。

工程甫一完工，国王就专门设置了一个"图书馆看守员"的职位。担任此职的吉勒·马莱（"此人酷爱阅读，极擅朗读和断句"），制作了藏书名录，总计 917 册。"其中有一部分为羊皮卷，但大部分是又平又厚、或长或方的书，用锁封住。书的每页有 2-3 栏，用

---

① 苏是法国原辅助货币，20 苏等于 1 法郎。——译者注

的是旧时端正的字体，有纤细的斜圆字体或布洛涅式字体。文字用金色、天蓝和粉红上了色，每栏之间还点缀着金色和天蓝色的百合花图案"[A. 德尼厄尔（A. Denieul）]。有些彩色的书集（如英格堡和法兰西的伊莎贝尔①的圣诗集、让·皮塞尔的《圣母显灵》）历经曲折后，如今都收藏于法国国家图书馆。马莱制作的名录显示，这座塔楼中还有一处艺术品藏厅，藏有珐琅、金银制品和玻璃器皿，这可能是卢浮宫里的第一座博物馆。国王还组建了一个由临摹员、装饰画师、装订工组成的团队，让他们在图书馆工作。在七个世纪前，卢浮宫就已经开始文化活动了。

在 1372 年的一幅细密画中（现存于法国国家图书馆），国王查理五世坐在主教扶手椅上翻阅着一份手稿。他头戴王冠，身着缀有百合花徽的长袍，整个画面具有一种宗教的意味，因为很难看到一位君主坐在这样的座椅上。画中的国王穿着长长的羊毛外衣，脚蹬一双饰有皮毛的长靴，头戴毡帽，看起来和蔼可亲、平易近人，无须提高嗓音就能使人臣服。在 1474 年，他毫不犹豫地把谋反者让·阿朗松二世囚禁在卢浮堡，这是这座城堡最后一次行使监狱的职能。

为了解决供水问题，查理五世与巴黎城达成了一份协议：以一座葡萄园作为交换，市政长官保证为这座王室城堡永久免费供水。直到今天，这份协议仍旧生效。20 世纪 50 年代，据玛格德莱娜·乌尔所说，水务部门的监察员曾抱怨卢浮宫博物馆实验室用水过量，

---

① 英格堡（Ingeburge）是腓力二世的王后，而法兰西的伊莎贝尔（Isabelle de France）则是卡佩王朝和瓦卢瓦王朝时期公主的称号。——译者注

第三章 智者查理
CHARLES LE SAGE

还一直免费使用。

城堡有多处花园，北面的花园在方形庭院的西北角，南面的花园位于城堡和塞纳河之间，正对国王的寝宫。通过护城河上的吊桥可到达第一个花园，矩形的桩脚已在考古发掘中被发现。花园外围着一道栅栏，里面种植了大量花卉、蔬菜和果树，还和圣保禄府邸一样饲养了动物，还有一只装饰华美的大鸟笼。正如克里斯蒂娜·德·皮桑所写，在花园里，"夏日，晚祷后，国王于此游乐。王后相伴左右，王子、公主也一同前往"。花园里展示着"他国所赠之礼、大炮或作战之马具"，这里也是"商贾进贡天鹅绒、金丝织毯及异域珍品"之地。

新建的王宫当然还需要其他附属建筑。因此，从角塔一直到新城墙的最南端，沿着塞纳河修筑了一道城墙，作为马厩的界线。城墙的东端沿着一条垂直于河流的沟渠延伸。此后，官员和百姓被安置在了城堡之外，而他们也阻碍着城堡的扩张。

国王并没有一直待在这座新修的城堡中，他继续住在圣保禄府邸，那里有配套齐全的生活设施，但如今已不复存在。他偶尔也住在万森城堡和美丽宫，但美丽宫也已完全消失，今天在其旧址上的是巴尔塔市场。再回到卢浮堡，查理五世在这里也有议事厅，他会和幕僚们在此工作。这是王权在卢浮宫落脚的开端，在此后的三个世纪里一直如此。

腓力·奥古斯都时期的卢浮堡是一处防御工事，诚然很壮观，但作为一座军事城堡，作用仅限于防卫，后来为了体现封建王权，又加筑了一座巨型塔楼。查理五世时期的卢浮堡，则十分符合国王的个性，在防卫的基础之上加高楼体，相对于一座军事堡垒，变得更像一座皇家城堡，符合当时的人对皇家城堡的所有想象。新卢浮堡的出现给巴黎的景致添上了浓墨重彩的一笔。那个时期的绘画注重反映日常生活，因此卢浮堡成为许多艺术家创作的原型。在展现卢浮堡的画作中，最为古老，也最珍贵迷人的当属《贝里公爵的豪华时祷书》（1413—1416年）中著名的袖珍画，现藏于尚蒂伊城堡。作者林堡兄弟从塞纳河左岸以极其精妙的手法描绘了卢浮堡的面貌：画中的两块大石头围绕着中心入口处，正如后来被发现时一样。城墙的边门、塞纳河沿岸、路过的行人，一切都被当时的两位画家描摹下来，他们显然不是为某种主题而进行创作，更像是事先收集了素材。

后代有两幅画在背景中也展现了这座皇家城堡：一幅是《巴黎议会祭坛装饰屏》（创作于15世纪中期，现存于卢浮宫），是从奈斯勒塔上看到的卢浮堡和小波旁宫景象；另一幅是《圣日耳曼德佩区的圣母怜子》（创作于15世纪末，现存于卢浮宫）。这两幅画中的卢浮堡更为粗略，但不是想象出来的。后来，维欧勒·勒·杜克^①借助他的考古学知识和高超的绘画技巧，对这座城堡进行了高度还原。

50年前，我们还以为画中的城堡什么都没有留下来，但是在1983年的考古发掘中，我们发现了北边和东边的建筑地基，以及保留着凿刻和线脚痕迹的墙垛，它们嵌在塔楼的护墙和旋转楼梯底座中。卢浮宫的地下遗迹、城墙碎片、巴士底狱遗址，特别是万森城堡，可以帮助我们重现查理五世时期壮观的城市建筑作品，其规模

---

① 维欧勒·勒·杜克（Viollet-le-Duc，1814—1897年），法国建筑师、画家。最著名的成就为修护中世纪建筑。——编者注

第三章 智者查理
CHARLES LE SAGE

可与同时期神圣罗马帝国皇帝在布拉格的建筑相媲美。宫殿的修建引起了轰动,也吸引了大量建筑师和艺术家前往巴黎,可以说那是前文艺复兴时期。

查理五世统治时期留下的最大遗憾,莫过于过早迎来了统治的终结。国王的健康状况不佳,他承受着种种病痛的折磨,无人能够医治。他在美丽宫中驾崩,享年 42 岁。他的离世让卢浮宫走上了一条悲惨的衰退之路。

*

查理五世于 1380 年离世,以此为开端,在接下来的一个半世纪里,卢浮宫经历了一段黑暗的历史,再也没有工程建设,只有阴谋诡计轮番上演。这段时期大致可以分为危机阶段和缓和阶段。之前因查理六世未成年还不能执政,到他执政之前,卢浮宫一直被他的叔叔们("佩戴百合花徽的亲王")霸占着,其间还爆发了几场骚乱。1382 年,经过血腥镇压(朱韦纳尔·德·于尔森[①]写道:"每天都有三四个人掉脑袋"),骚乱终于平息。"铅锤党人"[②]把武器放回了比起宫殿更像扣留地的卢浮宫。最终,查理六世胜利入住此地。

尽管历经艰难险阻,新王室还是显露出了活力。1389 年,卢浮宫庆祝了新王后巴伐利亚的伊萨博的加冕,并在同年庆祝了伊莎贝

[①] 朱韦纳尔·德·于尔森(Jouvenel des Ursins,1360—1431 年),法国政治家、律师。——编者注
[②] 14 世纪以铅锤为武器起义的巴黎人。——译者注

尔公主的诞生。1983年的考古发掘找到了明确的证据。米歇尔·弗勒里和他的团队在城堡主塔的井底发现了一些金属残片，应该来自查理六世的阅兵头盔。在1411年的王室物品清单中有提到国王这顶堪比金色"礼拜堂"的头盔。这位国王着实是一位优秀的青年，有着运动员般的体魄和一张漂亮的面庞，再戴上这样的头盔，必定气势非凡。头盔也许是在国王疯病发作时趁乱被人偷走了（据说这位可怜的疯国王经常会被周围的人夺走财产），而且为了把镀金刮下，头盔遭到野蛮破坏，碎片都被扔进了井里。后人通过碎片还原出了这顶头盔的模样：镀金的金属圆帽周围是一圈百合花，并镌刻着国王的箴言"En bien（在善）"。同时还发现了卒于1415年的王太子路易的武器上的一枚徽章，以及一枚装饰着有翼的雄鹿（象征查理六世）的珐琅纹章。

这些物件表明，卢浮宫一直或至少有段时间是王室的居所。1392年，查理六世发了疯，被拴在牛车上带回了卢浮宫。从此，这座查理五世设想的城堡，这个用以举行庆典和文化活动的住所便深陷内战。30年间，国王的病时常突然发作，他吼叫着跑过每间厅室，直到病症暂时减轻。这里还不得不提到国王的情妇奥黛特·德·尚德瓦尔，她被安排在这位疯国王身边，贴身照顾他。他们一起玩塔罗牌，还诞下了一女。由于国王时常住在圣保禄府邸或维维尔昂布里城堡，所以在他不在场的情况下，王后伊萨博于1400年在卢浮宫接待了拜占庭帝国的皇帝曼努埃尔二世。1408年9月15日，在这个王权的真正所在地，在国王及其他大臣的见证之下，朱韦纳尔·德·于尔森在今天的女像柱厅宣布了王后摄政的消息。仅仅6天之后，还是在这个大厅里，奥尔良的瓦伦蒂娜为她丈夫被谋杀一

第三章 智者查理
CHARLES LE SAGE

案前来寻求公道。

1413年，为庆祝安茹的玛丽和疯国王最小的儿子（即未来的查理七世）订婚，王室在卢浮宫举行了庆典。1416年，这里又举行了欢迎德意志王子西吉斯孟德来访的庆祝仪式。1418年，阿马尼亚克派成员被杀害后，以"无畏的约翰"为首的勃艮第派将疯国王软禁在卢浮宫中。此事最后以签署《特鲁瓦条约》告终，并酿成了悲剧性的后果。1420年6月2日，英格兰国王亨利五世迎娶了法国的凯瑟琳，并于12月1日隆重地进入巴黎，入住卢浮宫，在此主持了几场盛大的庆典。患有足痛风和肥胖症的伊萨博王后陪同在侧，而王太子则被废黜流放。1422年，悲剧还在继续上演，疯国王在这一年驾崩。可以说，这个时期的卢浮宫在巴黎历史上没有扮演什么辉煌的角色。

"卢浮宫还在英国人的手中。那里关押着最卑微的罪犯，比如驼子居约的寡妇米歇莱特。这个'可怜的女人'因为采摘夏佑宫葡萄园的葡萄时，没有经过英国司法机关的批准，擅自向查理七世的拥护者申请安全通行证而被判有罪。而查理七世当时驻扎在圣德尼教堂"[路易·奥特格尔（L. Hautecœur）]。

查理六世的离世进一步明确了卢浮宫在法国历史中的暂时退场。英格兰摄政贝德福德公爵，花费了1 200图尔里弗尔[①]就将查理五世的图书馆搬到了他下榻的圣保禄府邸。不过要说明的是，现存于法国国家图书馆的部分手稿是英法百年战争末期被关押在英国的

[①] 法国古代的货币单位之一，最初在图尔铸造而得名。1图尔里弗尔等于20个苏。
——编者注

法国王子们花钱购回的,他们为将这座图书馆中的文物带回法国着实操了不少心。

1437年11月12日,查理七世成功返回巴黎,短暂停留在卢浮宫。他让人在南边的塔楼门边竖起自己和父亲的雕像,但他没有考虑在此常住。这位新君并不喜欢巴黎,因此我们难以想象查理七世在卢浮宫里,端坐在绣有太阳(太阳在成为路易十四的象征前曾是查理七世的象征)的华盖下。华盖上还有以百合花图案作装饰的天使们飞在空中捧着一顶王冠的画面,这可能是依照国王的画师雅各布·德·利特蒙的草图织成的。这件精美的作品由卢浮宫之友协会在2010年获得,如今已成为卢浮宫历史的重要组成部分。

查理七世和后来的几任国王都定居在卢瓦尔河沿岸。他们如果到巴黎小住,更喜欢住在圣保禄府邸或是图尔内勒宫。后来,路易十一又将卢浮宫变成了一座监狱。这座宫殿就此沉睡了一个多世纪之久。

第四章
庆典和流血下的重生

RENAISSANCE FESTIVE ET SANGLANTE

卢浮宫，这座查理五世时期修葺完善的皇家宫殿，被前所未有地洗劫一空，沦为囚牢和军火库，不再受国王们青睐。自 1457 年得到图尔内勒宫（现为孚日广场）后，国王们在那里居住了半个多世纪。16 世纪初，卢浮宫的地窖、矮厅，甚至套房中都还堆放着弹药，25 架大炮被"滚轮大车"载着于 1503 年来到卢浮宫。国王们已经熟悉了卢瓦尔河沿岸的风景，远离卢浮宫多年并对它不闻不问使得有人对它打起了主意。巴黎的司法官员们以夏特莱宫损毁为借口，从路易十二那里得到了使用卢浮宫的许可，直到 1506 年夏特莱宫修缮完毕他们才迁回去。

不过，路易十二后来让人在卢浮宫的西边建起了一道新的城墙，今天在卡鲁塞勒广场还能找到些许遗迹。1514 年 11 月，这位国王和新婚妻子玛丽·都铎（英格兰国王亨利八世的妹妹）一起住进了卢浮宫。他在此大宴宾客，努力"成为一个好伴侣"。他向亲信吐露道："我太健壮了！" 12 月，精疲力竭的他离开了又旧又不舒适的卢浮宫，回到图尔内勒宫，不久便与世长辞。

卢浮宫又一次被丢在了一边。在被遗忘了一个半世纪后，一场新的国难又把卢浮宫推到了前方。当时，弗朗索瓦一世在帕维亚被俘，后又被押送至马德里。他为重获自由不得不应允了苛刻的条件，包括巨额的赎款，以及将两个长子送为人质。

1526年1月，弗朗索瓦一世回到法国，由于急需用钱，他只能向巴黎市民征要。作为交换，他向市民承诺"会大多数时间住在巴黎城及周边"。宫廷的出现是经济繁荣的保障。我们现在很难想象这样一种宫廷，男男女女因职位或野心而聚集在国王身边，跟着国王从一座城堡辗转到另一座，还得解决交通、居住、人员以及服务的问题。而这种巡游式的宫廷生活持续了一个半世纪之久。

1518年3月18日，弗朗索瓦一世在给巴黎市政府的信中写道："知悉吾之卢浮宫，属便利之地，可在此住下。"3月24日，他下令将这处建筑作为国王在巴黎的住所。但这也许只是一纸空文，因为国王在统治期间待在巴黎的时间只有一成，他还继续流连于圣日耳曼城堡、马德里城堡、米埃特城堡或枫丹白露宫。不过，这一举动象征着新的政治动向，宫廷要将所有权力集中到自身。大量工程随之而来，其中最有代表性的是国王亲自下令拆除圣日耳曼奥赛尔教堂前的"多处小门廊和妇女住房"，以便恢复宫殿从南到东的主要入口。而东西走向是宫殿日后扩张的重点。彼时所做的规划，不仅影响了后来新卢浮宫的设计，还影响了从这里到拉德芳斯的新凯旋门的整条路线的景观设计。

在城堡和沿河的城墙之间，国王命人修建了竞赛场的栅栏。热爱看比赛的国王曾在大型节庆日时，在此举办过一些比赛。1525年，他还让人在东门附近建了两个网球场，该设施一直保留到了18世纪末，网球场的名称也被法兰西第二帝国时在杜伊勒里花园修建的两

第四章　庆典和流血下的重生
RENAISSANCE FESTIVE ET SANGLANTE

栋建筑的其中一栋沿用。

就这样,弗朗索瓦一世重掌卢浮宫。从目前发现的遗迹上可以看出,当时这里并没有成为一片废墟,只是景况比较凄凉,毕竟遭受了两个世纪的蹂躏、废弃、洗劫、占领或虫害。尽管卢浮宫大体上恢复了可居住的状态,但也从根本上暴露出其居住不便和装饰过时的问题。国王已经习惯了昂布瓦斯城堡和香波堡的环境,也许经过中世纪思想的禁锢之后,他的现代化意识觉醒,梦想着要进行一场深刻的文化革新。

弗朗索瓦一世并不担心重归巴黎之时的住所会唤起他在马德里被囚的经历。从 1527 年起,也就是他回来一年之后,他下令"重修和整治城堡"。为了改善空气流通和采光状况,他决定命人推平腓力·奥古斯都时期的城堡主塔。1528 年 2 月 28 日,他命人带着十字镐走进旧塔楼。城堡主塔的地基从此被埋入地下,一直保持着原样,直到四个半世纪之后重见天日。6 月底,广场变得一片开阔,护城沟也被填平了。广场的地面上都铺上了小块的灰砂岩铺面。1984 年的发掘工程还发现了一块大面积的地面。广场周围的边楼都往西挪到了膳房附近。

据《巴黎市民日志》记载,工程共花费了 2500 里弗尔,书里还表达了一种不被理解的遗憾之情:"此实为无可弥补之失,它曾是如此美丽、高大、坚固,用以关押名士恰如其分。"这也许是对拆毁历史古迹最早的抗议,到 19 世纪,这种声音更是频繁出现。

拆除城堡主塔实质上是一次革命。因为王国封地全都隶属于主塔,主塔在那时还是封建王权的象征,并将在之后很长一段时间内如此。建筑常常是一种符号,但有时能比符号更长久。但国王的威严已达到昭然若揭的程度。"这位如有神力的国王并不需要城堡主塔"[让-皮埃尔·巴贝隆（J.-P. Babelon）]。

卢浮宫已不再是一座监狱，但依旧是一处坚固的城堡，保留了军火库——尽管很快就会被搬走，还有存放在塔楼中的国库，由两人看守。装着金银财宝的箱子统统由3把锁封住，钥匙分别由3位高层人员保管。只有国王本人同时拥有这3把钥匙，以便"随意取用"。

尽管扩宽了窗户，也进行了装潢（绘制了希腊林神和仙女的壁画），但城堡的整修工程还远远不够。北翼楼中整置出了一些新的房间，还有一间议会用的大厅。南翼的二楼可以俯瞰塞纳河，这里是国王的寝宫，包括大厅、卧室、更衣室以及3个小房间。三楼是王后的寝宫，构造大抵相同。为了扩大居住面积，查理五世时期的平顶式屋面被改造成了屋顶室，在必要时可以住人。1530年，"西边的马厩坍塌"，国王下令夷平，"并在原地修建带膳房的庭院"。膳房一直位于城堡西边，即今日拿破仑庭院右侧尽头。

从1530年起，弗朗索瓦一世就住进了卢浮宫。"国王在城堡的日常生活由固定的会面组成。早上，国王刚起床穿衣时，寝宫中就聚满了朝臣。接着，他召集身边的亲信召开会议。上午的第二项事务是做弥撒，国王会出现在公共场合。然后他独自一人用膳，但此时还允许面见。下午则是各种消遣活动安排。接着是比午膳更舒适的晚膳时间。晚上则通常是舞会。弗朗索瓦一世非常喜欢米兰式的假面舞会。这些活动都在西翼的大厅中举行。婚礼和接待活动的场面非常壮观"（尼古拉·勒鲁）。文艺复兴时期国王的日程安排和今天的总统一样繁忙，只是彼时的君主在国事上花费的时间要少得多。

卢浮宫还迎来了法国新王后埃莱奥诺雷，她是西班牙国王查理

第四章　庆典和流血下的重生
RENAISSANCE FESTIVE ET SANGLANTE

五世的姐姐。1531 年 3 月 16 日，为了迎接她的到来，宫殿中举行了一场盛大的庆典。在一场比武中，国王年仅 12 岁的二儿子亨利在"总督夫人"迪亚娜·德·普瓦捷面前放低长矛以示致意。

弗朗索瓦一世讲排场、爱热闹。随后在 1533 年，王室举行了隆格维尔公爵和吉斯夫人的婚礼，下一年又迎来了亨利王子和凯瑟琳·德·美第奇的婚礼（他们住在面朝塞纳河的南翼）。1537 年则是苏格兰国王詹姆斯五世和法国的马德莱娜的婚礼。婚礼过后，马德莱娜在龙萨的陪同下前往苏格兰。1539 年 1 月 23 日，为了讷韦尔公爵弗朗索瓦·德·克莱夫和玛格丽特·德·波旁的婚礼，弗朗索瓦一世与他的儿子亨利和查理精心打扮了一番。弗朗索瓦一世扮成战神玛尔斯，他的儿子们则装扮为头戴花环的森林之神。弗朗索瓦一世意志坚强、为人热情，做事进取，只是不够聪明。

卢浮宫中最重要的一次来访是 1540 年 1 月西班牙国王查理五世的到访。为了这次接待，卢浮宫重整了所有公共设施：在西墙和福满多街之间，即如今拿破仑庭院的北边，新建了一个膳房庭院。1984 年，在一处井坑中发现了陶瓷器皿、碗碟和骰子，我们可以借此想象出膳房的侍从和仆人在井边玩骰子的场景。

宫殿日常是如何运转的呢？粗活儿交给每天从临近村镇过来的人，他们的报酬低且不保证能定期得到薪水。要求稍高一点的工作则由住在这里的人负责，但他们的居住条件十分简陋。

回到 1 月 2 日至 6 日的这次到访，弗朗索瓦一世希望通过豪华的欢迎仪式，让查理五世同意将米兰公国分封给自己的一个儿子。在前期筹备中，人们想方设法在这座中世纪的建筑里，整理出了十多间匹配王室等级的豪华住房。入住的人有国王、王后、王子、公主、纳瓦拉的国王夫妇、图尔农的红衣主教、陆军统帅,甚至国王的情妇埃当普公爵夫人也以正当名义居住在此。她居住的区域"就在大楼梯旁边的一楼,紧挨着通往备膳室的过道",尽管这里似乎属于二等区域,但与这位女士的身份倒相符。据让-皮埃尔·巴贝隆所说,在那个时期,几人同睡一张床是很常见的,有时他们甚至互不相识。为了举办一次盛大的接待仪式,国王必须征调更大的厅室。

工匠们急急忙忙展开装饰工作,工作清单占了满满一本登记簿:重新镀金风向标,壁灯与法国的盾形纹章交错摆放于各处,城堡里都挂上装饰画。庭院中竖立起了一座欢迎西班牙国王军队的凯旋门,还有一尊高15法尺(8.1米)的火神伏尔甘雕塑,"他的一只手上不知拿着什么闪闪发光的东西,另一只手握着一把敲击在铁砧上的锤子"。查理五世的行程中安排了满满的庆典和比武活动,以至于十年后他还能回忆起此次"盛情款待"。但是,两国又于1542年重新开战,为了正面迎战,弗朗索瓦一世下令熔化了卢浮宫中的"无数金银物件"。

或许是这场会晤让国王意识到,在都城中竟没有一座配得上他身份的宫殿。这也一直激励着他实现重建卢浮宫的伟大计划。他无数次展现出对新建筑的兴趣,在他看来,修建一栋建筑,是一种突显权威的做法。在此规划下,国王历经长久的冷静思考和仔细研究,参考多位设计师的建议,终于在1540年末,将维尼奥拉和塞利奥请到巴黎。塞利奥为卢浮宫度身定制了"国王宫殿"的设计方案,但不太适合这里的地形。这是意大利建筑师在卢浮宫的首次失败,比贝尼尼早了120年。

庆典活动还在继续。在1542年2月的狂欢节上,官员们纷纷

第四章　庆典和流血下的重生
RENAISSANCE FESTIVE ET SANGLANTE

装扮成海豚、母鸡、海马和龙虾……

国王同时还在新建、重建或装修香波堡、布洛瓦城堡、枫丹白露宫、马德里城堡、维莱-科特莱城堡。而对于卢浮宫，这处宫廷的官方宅邸，他只是做了简单的修补。意识到这种差距之后，他打算摆脱意大利设计师的影响，进行新的建筑设计。在进行第二次城市规划时，他统治后期的财政危机也成了只能这么做的一个理由。一方面，他将破旧且被遗弃了几十年、已经配不上新国王的圣保禄府邸卖出，由此一来，连着马莱区出现了一片新的街区；另一方面，他舍弃了规模巨大、耗费巨资的设计方案，决定在卢浮宫内建造一座新的宫殿。"如此重要的工程将改变都城的发展"（让-皮埃尔·巴贝隆）。虽然工程并不大，却使卢浮宫的面貌焕然一新，宫殿内新建了豪华的厅室和突显王室威严的大楼梯。卢浮宫的历史其实就是征服和占有空间的历史。3份诏书、34份契约让这处新工程的进度渐渐变得明晰。朱莉·德加热对这些资料进行了细致研究，还原了建造翼楼的历史细节。

塞纳河两岸的整治限制了一部分重建工程。从南面经过的运输车破坏了查理五世时期的花园。从1528年起，弗朗索瓦一世突然爱上了宫殿南翼的景色和阳光，于是他在塞纳河边开始兴建一处宽40米的码头。这项工程一直持续到了亨利二世时期。

但是直到1546年8月，如今看来已至弗朗索瓦一世统治末期，他才公开宣布"在吾之寝宫卢浮宫处，即大厅室所在之处，建造一处大宫殿"。于是在经过一个世纪的新建、重建和改造外省[①]城堡之

[①] 法国外省指大巴黎范围以外的省份。——译者注

后,这座象征王室的巴黎宫殿才终于得到了重视。

选择优秀的建筑师十分关键。国王可能想过建设一座"意大利式"的宫殿,就像之前的马德里城堡。尽管他在1540年选择了意大利建筑师维尼奥拉和塞利奥,后来又让另一位意大利建筑师修建了市政厅,但他更希望他的宫殿成为法国文艺复兴的象征,能收藏他的全部财富。为此,他最终选择了一位法国新生代建筑师皮埃尔·莱斯科,他是一位有文化素养的雅士,也是国王的宠臣和龙萨的朋友。在给这位朋友的信中,龙萨写道:

> 往昔,国王弗朗索瓦,为好文之士,
> 实为君之首位伯乐,
> 对君之喜爱无人能比。

为了表达对莱斯科的喜爱之情,国王在1546年8月2日的诏书中写道:"至吾珍重喜爱之皮埃尔·莱斯科,于尔之个人及尔之所能,吾皆予以无上信任,尔之担当、忠诚、谨慎及筑屋建宇之博览历练,连及尔实为认真勤勉之士,定当胜任吾所述之事,落实吾之所愿,交予完美宫殿。"同时,让·古戎也被任用了,他也是一位难得的建筑天才。

据我们所知,莱斯科作为一名科学家兼艺术家,在那时只(和古戎一起)建造过圣日耳曼奥赛尔教堂的祭廊(1541—1544年)。在改建卢浮宫的过程中,莱斯科展现出对线条、对称性和古典主义的喜爱,也就是所谓的"第二次文艺复兴"的特点。要是弗朗索瓦一世早20年做出这个选择的话,卢浮宫将拥有更讨人喜欢的多元

第四章　庆典和流血下的重生
RENAISSANCE FESTIVE ET SANGLANTE

风格。莱斯科的名字在工程契约中多次出现，他直到死前一直是工程的负责人之一。国王在当时最重要的一项工程中选择了莱斯科，一位相比建筑师，更称得上是人文主义者的亲信。在莱斯科被委以重任的1546年，于前一年开始发表其建筑手册的塞利奥，完成了昂西勒弗朗城堡的修建，而让·比朗①发表了他的《建筑总纲》。从此，建筑建设有了理论的支撑，成为学术型的行业，不再一味相信瞬间的灵感。任命莱斯科是一个好的选择，但别忘了古戎在启发前者灵感中的重要性。

值得一提的是，在弗朗索瓦一世统治末期，没有人预料到，甚至连王太子本人都没想到，他会在雄心勃勃的迪亚娜·德·普瓦捷的鼓动下，等不及继位便投入到对抗自己父亲的阴谋中。然而国王身体强健，热衷于捕猎和游乐，尽管健康出现过几次危机，但一直表现得孔武有力。

新工程所需的建筑石块在1546年11月21日进行了采购，一个月后，由纪尧姆·纪兰和皮埃尔·德圣昆廷负责的工程正式开工。当初由腓力·奥古斯都建造、后经查理五世整修的老四边形建筑的西翼被拆除了，外护墙保留了下来，如今在女像柱厅和守卫厅中还留有一部分（两个厅的西墙是对墙的两倍厚）。人们在墙上凿出窗洞，地基向下挖到了12法尺（6.5米）深，再靠着这面墙建起计划中的楼体，不过并非今日所见。建筑朝东，一楼是一排连拱廊，在中央突出的门廊后还有一座华丽的楼梯；二楼有两间大厅，

---

① 让·比朗（Jean Bullant, 1515—1578年），法国建筑师。他曾在罗马学习建筑，参与过多座城堡的修建工作。——编者注

都带有拱顶。这两间大厅有多种用途，并不具备会议场所或住所的特征。这样的构造很可能就是国王本人设计的，但不知道他参与了多少。

弗朗索瓦一世亲自视察过新工程吗？1546年11月，在这位四处奔波的国王在巴黎停留的最后时光，卢浮宫还处于前期的拆除工作中。他有考虑过使用这栋新建筑吗？他可能并不乐意住在这座新宫殿里。1547年3月3日，新楼刚刚建好，离他做出重建的决定还不到一年时间，这位骑士国王就死在了朗布依埃城堡。他的儿子亨利二世立即接手了当时最重要的工程，与他的父亲相比，他在卢浮宫待的时间要长得多。4月14日，他命皮埃尔·莱斯科继续负责当时的工程，管理工作被另外指派给了菲利贝尔·德·洛姆。而龙萨再次为他的这位建筑师朋友送去了贺词：

> 继先王（弗朗索瓦）后亨利登吾国高位，
> 其悉知汝之才能。
> 此君王实重汝之学识，
> 唯愿听汝一人之名，
> 实在令吾振奋。
> 愿汝不负所望，
> 为其修建更为雄伟之楼宇。

于是工程继续进行（1551—1556年的契约摘要显示出工程的时间顺序）。建筑工和雕刻工同时投入了工作。与建筑师塞利奥不同，莱斯科的雕刻装饰从一开始就已设计好，这也体现了莱斯科和

第四章　庆典和流血下的重生
RENAISSANCE FESTIVE ET SANGLANTE

古戎之间紧密而持久的合作关系。1547—1548 年，古戎在一楼中央的小圆窗周围刻上了浅浮雕，有和平和希望之神、胜利和财富之神。这些形象宣扬着一种新的思想和生活艺术，同时也歌颂了国王的荣耀，在上两层楼的雕饰中也有体现。此外，还有国王的情人安娜·德·埃当普和迪亚娜·德·普瓦捷身穿希腊式褶裙的修长雕像。中央小圆窗左边带翼的人物可能是和平女神，她拿着一包折断的箭，用全身与狂风对抗，风掀起她轻柔的衣裙，展露出丰腴的身体，她的衣服只遮住了双肩，她的右手手指张开，盖住了墙角的装饰。与之相对的是胜利女神，同样衣着轻盈，但她的衣服没有被风吹动。该雕像是古戎 3 年后为纪念国王亨利二世的凯旋而建造的无辜者喷泉上的女神浮雕的原型。

新任国王和他的父亲不同，对于建筑设计没有一丁点儿经验，但他更加深思熟虑，而非一时兴起。考虑到外在的物质条件，他对卢浮宫的改造会根据不同时期这座宫殿的功能和对外呈现出的面貌而有所不同。也许是在迪亚娜的多次建议下，他意识到莱斯科的建筑设计和他自己设想的宫廷生活不太匹配，于是他决定再次进行修改。

登基两年后，亨利二世做出了一个决定，这个决定将影响到该建筑的未来。1549 年 7 月 10 日，他在给莱斯科的信中写道："此为吾之所遇恰当时机，可对汝之工作示以夸赞之意，汝之所建楼宇实为便利舒适之所在，然吾仍望略作修补以期更为完善之貌，于是乎现需汝中断部分在建工程，撤除个别已结工程，据吾之所求重塑一设计图纸与价目清单为好。"于是建筑师就根据国王的意愿进行了重新设计：一间宽敞的矮厅，连接着被中央楼梯分开的两间前厅，作为一楼的主要楼体，大楼梯移动到最北端，二楼也是如此，原本的国王套房则被安排到了位于西南角的塔楼附近。

这处楼梯的设计是关键，它给两处大厅营造了足够恢宏的气势，也成了卢浮宫和其主人的形象名片。"王权在这里成为众人关注的焦点。如今君主政体无法再依赖于分封的关系，而建立在一种信仰、一种近乎神秘的信念上，具备了神权的功能。卢浮宫就成了这种抽象概念的窗口"（热那维·布列）。弗朗索瓦一世和亨利二世都是专制君主，前者借助个人威望来彰显专权，后者则是通过排场。

艺术家的使命是让国王的想法成为现实。移动楼梯的位置增加了内部空间，国王还要求莱斯科改变建筑的立面结构，并且重新进行雕刻装饰。除了原先对应楼梯的中央突出楼体，在左右两侧各新建一个突出楼体。这3个突出楼体上还要加盖一个三角楣。于是，莱斯科放弃了已经开始建造的楼梯，其地基还保留在圣路易厅中，并把楼梯安在了尽头，可以到达西边的附楼。

1551年4月17日的泥瓦工程契约中写道："为了拓展现有大厅的面积，一座被设置在宫殿楼中央的大楼梯被推翻移除了。"

古戎还需要再设计两个装饰一楼的小圆窗，他在1550年开始了此处的工程。他在左边雕刻了荣誉之神和名望之神，右边是历史之神和胜利之神。名望之神吹响号角，让君主的荣誉在宇宙间回荡，龙萨也指出了这一点，不过他在搞错了浮雕位置的情况下还不忘自夸了一番：

> 君令尔于此高处雕刻，
> 卢浮宫实无须此类神灵。
> 拂面之风吹响号角，

第四章　庆典和流血下的重生
RENAISSANCE FESTIVE ET SANGLANTE

以向吾王述说其所作所为。
以吾之诗赋展现其雄伟力量，
似狂风之强劲令主之伟业响彻寰宇。

亨利二世虽不像他的父亲那样才华横溢，但是更为谨慎。他已经设想到这处挪移至莱斯科翼楼北边的楼梯，会在将来的整体建筑中占据中心位置吗？方形庭院面积在最终完成之后将扩张至原来的四倍。有人将这样的设计归功于亨利二世，但是没有任何证据可以证明这一点。这位国王，作为节庆活动的爱好者，只关心他个人的尊荣，行事之中总是带着君主专制的豪华排场。他只想要修建两条高级的长廊，作为宫廷的中心。是亨利四世产生了将腓力·奥古斯都和查理五世时期的卢浮宫面积增至4倍的天才想法。

新的西翼在1546—1549年修建完成，和原来的楼体占据着同样一片区域。原本计划设置在一楼的矮厅，就其宽度而言着实显得有些过长，莱斯科的补救方法是在一端设置一处塞利奥拱隔开，作为审判和宴会的空间。南边的"审判厅"提升了5级台阶的高度，后来又被佩西耶和方丹废除了，此厅室连接着后来的议会厅，有时用来放置国王的华盖或宝座。节庆时，王室成员会来到这间大厅。1551年12月10日的工程契约记录了让·古戎在这处审判厅中装饰了一方壁炉，如今此处壁炉只剩一个惨白的阴影。在另一端是背靠大楼梯的女像柱厅的祭台。1550年，让·古戎根据商定好的设计图纸"削刻了4位女神的形象，他用特瓦西的坚硬石块雕制出10法尺（5.4米）高的雕像，作为在卢浮城堡大舞会厅中起支撑作用的柱子"。这是他最著名的一处设计，莱斯科也有参与。把这些和《米洛斯的维纳斯》一样没有胳膊的圆柱雕像与我们后面会讲到的立面上的浅浮雕相比，我们就会惊叹于古戎将装饰变为纪念性建筑的天才之举。有些人将这里的女像柱和依瑞克提翁神殿的女神像进行对比，这其实是毫无意义的，因为那时法国还并不了解希腊的艺术。祭台上的位置属于音乐家们，在一个多世纪的时间里，这里举行了数不胜数的庆祝活动。

后来，这些女像柱还衍生出了许多后代。佩西耶和方丹在杜伊勒里宫的一处大厅中仿制了女像柱，19世纪许多巴黎的建筑立面上也经常出现它们的身影。

同时，二楼也在修建中，仍旧由古戎负责装饰（有1551年和1552年的契约）。但此时的国王意识到，他的父亲对卢浮宫的改建几乎没有增加任何面积，所以并没有真正解决王室和宫廷的入住问题。计划中要修建的两处大厅已经占据了大部分面积，很难再布置一层宽敞的顶楼。新建的莱斯科翼楼还是不够，国王在这里住得并不舒心。所以到了1551年，亨利二世经过反复思考，做出了两项新决定。4月17日的泥瓦工程契约中提到，审判厅后面的"另一间厅室"是新翼楼的延伸，并且"为了打造一间更为方正的房间"，有必要打通城堡西南边的中世纪塔楼。这间厅室中有一方壁炉，并且有两条通道直接与审判厅相连。此外，当时还只有两层的新翼楼，将加盖一个装饰繁多的屋顶层，开拓出新的空间。1555年2月8日的工程契约记载在3处"建筑正面"（即突出楼体的三角楣处）上放置了来自圣勒的大石头。顶层修建于1552—1555年，高度是下面两层的一半。没有天窗的设计现在看来可能太过"哥特式"，但正适合放置一排雕塑。

第四章　庆典和流血下的重生
RENAISSANCE FESTIVE ET SANGLANTE

幸好莱斯科和古戎的建筑立面还保留着原样，立面在后来不断的整修中没有受到一丝影响，就好像最初设计时就是一体的，这是天才的设计。立面整体在1556年初完工，题献的铭文日期设在高处，但是后来不见了。

立面共有3层，底层是半圆拱的连拱廊，二层是冠以三角楣饰的窗洞，顶层是几乎与楼层同高的窗户以及莱斯科为了弥补顶楼的高度不足而首创（贝鲁斯·德蒙克洛指出）的复折屋顶——这一伟大的建筑发明在后世得到了广泛应用。底层的科林斯式壁柱和二层的建筑样式混搭在一起，开创了下一个时代盛行的叠加设计。这种严格对称的建筑布局被3块前突墙体切分。依据当时的建筑潮流，窗户上还设有中梃，但在法兰西第一帝国时期就消失了。立面上还能看到并不显眼的彩色装饰：坚硬、洁白、上等的石头制成的浅浮雕镶嵌在淡黄色的石灰岩立面上，花叶边饰围绕着大理石的圆盘。

这一建筑常被认为是第二次文艺复兴或者短暂复兴的典范。这一称号实至名归，并且在巴黎成为一种象征：哥特风格是充满活力和破格的；文艺复兴的艺术是一种外部的艺术，注重表面的装饰。但同时，这种风格也是审慎和静谧的，散发着对万事万物的人文思考，追求人本身的臻美。

随着立面的加高，让·古戎在墙面上添加了更为丰富的且深受当时文人雅士喜爱的神话和智者形象，它们还具有一定的象征意义。在一、二层的檐壁上有小天使膜拜新月的浮雕，在当时的王室装饰中，象征女神狄安娜的新月符号具有重要地位。"和中世纪的大教堂一样，墙面变成了雕塑，肖像取代了装饰"[雅克·迪利翁（J. Thirion）]。

如今前沿且具论证性的研究（尤其是沃尔克·霍夫曼和雅克·迪利翁的研究）能帮助我们更好地了解这一装饰艺术的主题：颂扬君主制，歌颂法兰西王国千秋万代。眼洞窗上的人物浮雕称颂着君主的圣明和丰功伟绩，以及表达对和谐美好的愿望：历史之神和胜利之神、战争之神和贸易之神、裙摆散开到地上的财富之神、指着财富之神的希望之神、吹响号角的胜利之神和荣誉之神。顶层上的人物形象更为原始，"有着近乎野蛮的力量"（热那维·布列）。1555年5月，古戎开始着手"把建筑顶层上3个凸出楼体上的雕塑尺寸增大"。后来有人建议从夏塞里奥厅的窗户观看这些雕塑，这些像是米开朗琪罗作品的雕塑呈现出君主所希望看到的和平之神的样子。南边的三角楣上饰有羽翼、花环以及褶皱的衣裙，象征着王国的富饶之神身边围绕着酒神、两位林神和用葡萄、木材和粮食表现的（有些庞大的）谷物女神色列斯，还有河神，他的胡子与从双耳尖底瓮中流出的水搅在一起。右边的突出楼体上表现了关于时间的科学知识，三角楣上的科学之神举起一柄巨大的神杖，左右两边是阿基米德和欧几里得的半身像。左右两侧的突出楼体在三角楣的设计上留出了很多空间，雕像的脚可以一直延伸至下面窗户的上楣。但最重要的还属中央的突出楼体。中间的两位胜利女神庄严地高举一顶王冠，这是自弗朗索瓦一世自封为王起选定的王冠，也是1547年亨利二世第一次加冕时佩戴的王冠。

这两位女神一位看着王室的象征物，一位目视观众，好似君主想要获得臣子对他的认同。旁边还有神似亨利二世的战神玛尔斯、战争女神柏洛娜以及两个被巧妙塞在一块狭窄区域的战俘。"深陷战争时（正与哈布斯堡王朝战斗），盛行吹响胜利的号角"（让-

皮埃尔·巴贝隆)。对君主制及其象征的颂扬,完全契合亨利二世的想法,一统君权是国王的使命,就像他的格言:"Donec totum impleat orbem(直至充满整个世界)。"狄安娜的形象出现在二层的一块圆浮雕上,她的身边环绕着一群猎犬——显然,她是在狩猎。从1548年起,瓦伦蒂诺公爵夫人成为王宫的女主人,于是在墙面上就出现了著名的由 H 和 C 交织而成的 D 形字母符号。

在这面立墙上,还能发现浮雕和模型之间的差异。底层的浅浮雕和顶层的人像虽然都属于同一主题,但"由建筑理念主导的底层和完全被雕刻师掌控的顶层之间形成了惊人的对照"(热那维·布列),这一差别并不能完全归因于视角的不同。三角楣处雕刻的人物自然轻盈,但顶层的人物超出了建筑的框架,显露出一种前巴洛克式的张扬。这些突出的高浮雕和强健的人物形象,与底下自然流畅的浅浮雕形成了鲜明的对比。

朝向宫殿入口前的庭院的这一立面让人印象深刻,而朝向膳房区的另一立面则因巴尔杜斯的一张照片出了名,并且它在第二帝国时期改头换面,外观变得十分简洁。17、18世纪,巴黎众多府邸都采用了这一原则:朴素的外立面展现给所有来访者,奢华的内立面则留给里面的主人。

和查理五世时加固的主入口相比,这处建筑位于庭院深处,这也是符合逻辑的。但有人想过修葺入口,让它具备王室庄严的气势吗?安德鲁埃·迪塞尔索的一幅画(现藏于大英博物馆)使这个猜想变得可信。画上描绘了一个凯旋门式的入口,上方还有一个屋顶层。如果这真的是卢浮宫的设计方案,那它可能因宫殿的扩展计划而被放弃了。这一扩大面积的计划持续到了路易十四时期,串联起了卢浮宫的历史。而查理五世时期加固的入口还能屹立将近一个世纪。

为了符合君王的身份,王室的礼节愈加繁复,亨利二世起先想在宫殿第一次整修后,在两间豪华大厅中接受所有朝臣的行礼,并在这里举行庆典。但他还没有解决自己的居住问题,于是从俗就简,选择了审判厅后的新厅室作为寝宫。接着到1553年时,他决定完成中世纪塔楼的拆除工程,修建一栋呈直角的大宫殿,作为王室寝宫和议会大厅所在地,即法兰西君主制的中心。这座宫殿气势恢宏,极具象征意义,在大塔楼消失20年后,"传递出尊贵的王室在城市中的讯号"(让-皮埃尔·巴贝隆)。

龙萨非常热衷于向他的君主表达赞美之情,他对这一行动也兴致盎然:

> 此实为更佳,君至而立之年
> 亲掌王室宫殿。
> 娇妻及子嗣相伴,
> 相较危难中摘得胜利之月桂,
> 卢浮宫中快乐生活
> 抑或修建汝之宫殿,
> 岂不更佳!

这似乎是在含蓄地影射迪亚娜·德·普瓦捷的势力。她作为国王的情人,着实贪恋金钱,她将王国划分成规定的几块,甚至促成了对钟进行征税的规定。拉伯雷写道:"国王将铃铛挂在他的母马脖子上了。"

第四章　庆典和流血下的重生
RENAISSANCE FESTIVE ET SANGLANTE

彼时的卢浮宫已经和圣日耳曼城堡、枫丹白露宫或布洛瓦城堡一样，成为国王的住所。从此以后，虽然国王没有放弃渐有成为严格体系之势的巡游生活，但卢浮宫实实在在地成了权力的所在地，这样的情形一直持续到了 1670 年。

新殿的工程规划还是莱斯科的作品，安德鲁埃·迪塞尔索为我们留下了一份壮丽的见证。工程于 1553 年春天开始，拆除了西南角的旧塔楼以及南翼中间的梁跨，以获取更多的空间。随后，莱斯科在刚完成的莱斯科翼楼南边建起一栋巨大的方楼。该楼在 1556 年完工，理所当然地被命名为"国王楼"。新楼的立面比邻近的立面更为庄严肃穆，虫迹状凸纹装饰在后世的宫殿墙体上经常出现，雕花的三角楣正对着塞纳河，还有一条动乱时期留下的壕沟。国王楼呈现出曾经象征王权的城堡主塔的新容颜，比巴黎古监狱的塔楼还要高，彰显了国王高于司法人员的地位，而国王也确实将他的第一座宫殿交给了他们。

国王楼成了王宫的中心，长久以来占据着卢浮宫建筑群主要连接点的位置，至今依然扮演着这个角色。除了被后来的建筑遮住了的立面，建筑内部结构和大部分装饰都留存了下来。那时的国王楼有 4 层。一楼的审判厅后面是议会厅及其侧厅。二楼，在总是人满为患的西翼楼大厅后面就是国王的套房，以及国王用膳的侧厅，北边是更衣室，隔了一条走廊就是御床接见厅（四边长 10.5 米），以及普通房（长 7.5 米，宽 5 米），这两间房位于七壁炉厅以北。在这个王室套房中上演过法国历史的重要篇章，但它在 19 世纪不可逆转的转变中消失了，我们对此也不用太过惋惜。还有一个房间与留给王后的房间共用着一面墙，位于南边大厅的入口处，这就是克拉科前厅。

二楼之上还有一个半层，包括一个武器厅和一个藏书厅。再往上的楼层里只有一个宽阔的房间，"可由从厚墙中挖出的一个旋转楼梯前往"（路易十三时期发现了这个楼梯）。17 世纪，为了使新建楼体之间的搭配更加和谐，拆掉了顶层和屋顶。这实属可惜，因为莱斯科后来在顶层打通了 3 个面向塞纳河的窗口，可以眺望到夏佑宫的风景，并且像其他立面一样，在窗洞上架了三角楣，装饰以出自古戎之手的浮雕。

现在已经无法知道当时这个最高处的大房间到底有何用途，也不知道那位因美貌闻名的苏格兰女王玛丽·斯图亚特在法国宫廷的十年间到底住在哪里。当时的她可能在卢浮宫中阅读着朋友龙萨的诗歌，同时也在创作那些后来启发了罗伯特·舒曼的诗句。她时常在鲁特琴的伴奏下载歌载舞。"玛丽从伊拉斯谟的《谈话录》中学会了拉丁语，她在 13 岁时，当着全体宫廷人员的面，在卢浮宫的大厅中用拉丁语发表了一篇自己书写的演讲"（斯特凡·茨威格）。这座宫殿见证了她悲惨一生中最美好的阶段。在一场晚间舞会上，她身着苏格兰短裙、露着一双大腿亮相，惊艳了整个宫廷。

国王楼的屋顶呈金字塔形，从四面八方都可以清楚望见。虽然屋顶在第一帝国时期就消失了，但启发了花神馆和马尔桑馆的顶楼，后来又被勒菲埃尔在新卢浮宫建设时效仿。

在莱斯科翼楼内部，让·古戎和他的团队负责为大楼梯进行装饰。大楼梯由两段平行梯段组成，彼此间仅有一道简单的梯墙隔开，这是最早的"扶手装在斜梯上"的楼梯。1555 年，两个倾斜的拱顶上饰以藻井，为宫廷喜爱的女神狄安娜献礼而在其上镌刻了丰富的以狩猎为主题的标志：新月和猎犬、雄鹿和母鹿、男女牧神、

第四章 庆典和流血下的重生
RENAISSANCE FESTIVE ET SANGLANTE

弓箭、麦穗以及蔷薇浮雕交替出现。楼梯平台的天花板上饰有圆浮雕，雕刻着海神侍从特里通和爱神厄洛斯，"这些形象都取材于古代的浮雕"（皮埃尔·科尼昂和劳朗·基纳马勒）。而拱顶下裸露的墙壁则用厚厚的布料覆盖。

国王的新住处很快迎来了一批高级装饰，由莱斯科向意大利著名的细木工匠西伯克·德·伽皮订购而来。西伯克曾在阿内城堡、枫丹白露宫和博勒加德城堡工作过，我们对这位意大利艺术家还知之甚少，不过他真的可以把莱斯科设计图上的画直接做成木制浅浮雕吗？还是需要借助雕刻家的手才能实现呢？这个人有可能是古戎吗？皮埃尔·德·科隆比耶认为答案是肯定的，但今天我们更偏向于认为是埃迪安·卡诺瓦（古戎的合作者）。当然也不排除其中有些部分是西伯克本人的直接创作，因为这些作品构造复杂，细节繁复。

国王楼二层是国王的生活区，如今现场唯一留存的元素是国王侧厅天花板的中间区域（1660年被改造）。这是莱斯科和西伯克在1557年1月21日的工程契约中的项目，西伯克根据莱斯科提供的设计图进行制作。这处天花板上装饰着国王名字的首字母和他的格言，精巧地排列着或笔直或弯曲的线条。这间展厅现在用来陈列金银制品和古代珠宝。曾经有人提出希望不按照年代顺序布展，而在此厅室中放置符合天花板那个时代的装饰品（比如挂毯、家具，甚至画作和雕塑），以勾勒出这间厅室所代表的时代面貌。应该恢复它从前的样子吗？这就牵扯到一个永恒的问题：博物馆的目的是教育，还是娱乐？难道二者不能并存吗？作者本人倾向于教育的功能，但这只是历史学家的癖好罢了。

天花板的最初设计在当时还是非常前卫的，因为巴黎的建筑在很长时间里都忠实于横梁和搁栅的设置及装饰风格。至于后面的另两间厅室,即御床接见厅和国王寝宫,在路易十八时期被搬进了柱廊的二楼,现保存在埃及馆中,着实令人惋惜。这些私人房间中的细木家具,经过路易十四时期的整修后,只留下亨利二世和亨利四世时期的一小部分。反而御床接见厅中一直保留着古戎设计的那些令人赞叹的饰有头盔、盾牌、战利品和小人物的门廊,特别是西伯克根据莱斯科的设计图于1556年完工的天花板,其中雕刻师埃迪安·卡诺瓦选用了"大量干燥优质的橡木、胡桃木和椴木"。天花板正方形的平面四周饰有繁杂的檐口,中间环绕王室盾形纹章,整齐排列着护胸甲、盾牌、战利品和各式各样的武器图样,呈现出白色与金色的和谐搭配。这种繁复却又不乏整齐的组合充满了对古代的追忆,在当时形成了一种潮流,即将所有的线脚和边饰图样都框起来。我们现在虽然已经无法得知是否已将这些充满历史感的装饰准确归位,但至少可以探寻当时的国王套房和现在的布置有哪些不同。

在国王楼的上几层,塞纳河和一直延伸到夏佑宫的田野风光可以一览无余。至今还保留在方形庭院西南角的旋转楼梯,可从底部直通顶楼。这座高楼凌驾在街区之上,新建成的卢浮宫再次成为巴黎的制高点。

因此,卢浮宫成为国王的主要居住地。国王在此召开国务会议、管理国家。同时,宫廷变得不容忽视:"仆从、卫兵和弓箭手,四十五卫士和亲卫队,瓦卢瓦家族夸张的武器让人联想到大仲马的作品,暗梯、宠臣、鱼龙混杂"(热那维·布列)。1557年2月1日,亨利二世和凯瑟琳在此接待了安托万·德·波旁和纳瓦拉女王胡安娜三世以及他们3岁的孩子,即后来的亨利四世。

第四章　庆典和流血下的重生
RENAISSANCE FESTIVE ET SANGLANTE

还有其他修整的居所吗？西班牙国王使者加斯帕·德·维嘉在1556年提到了"一条供女士居住的、像修道院的宿舍长廊，在走廊两边分布着一个个小单间"。这是否就是后来凯瑟琳王后著名的"亲卫队"的留宿地？凯瑟琳在这里召集了80名出身体面的女性，她们身着丝绸、佩戴金饰，利用各种手段为她效劳。我们猜想这样的安排应该是在小波旁宫中，这座宫殿从被弗朗索瓦一世从反叛的陆军统帅手中没收开始，一直使用到了18世纪。该建筑原位于如今卢浮宫的东柱廊，在1984年的考古发掘中发现了其原来的地基。

亨利二世算不上是一位可以和他父亲比肩的建设者，但是他也有不小的野心。用安德鲁埃·迪塞尔索的话说："此时的卢浮宫气势磅礴，堪称完美，得到令人满意的结果后，他曾仔细考虑过继续让人修建3处楼宇，让这座宫殿举世无双。"新的目标是按照相同的方案继续重建这座中世纪城堡的四座翼楼，也就是今天方形庭院的西南角区域。本来计划建一座意大利式的宫殿，和原先的中世纪城堡有着一样的布局，如此一来，内部的庭院就成了名副其实的"中庭"。于是，亨利二世让人从国王楼的后面一直到宝石加工塔（这座塔楼曾位于艺术桥拱顶狭廊处），在原来查理五世时期的南翼楼所在地，重建一栋与莱斯科翼楼布局相似、采光优良的新南翼楼。新翼楼和以前的翼楼一样都由3部分组成，所以与被取代的那栋中世纪建筑位置吻合。今天要是想了解其规模，得先在脑海里剔除塞纳河边于17世纪修建起来的一排厅室。

新翼楼用作后宫的住所。国王生活在后宫之中，他的日常生活严格遵循着宫廷礼节。相反，王后则在自己的追随者中执掌朝政，享受着惬意的私人生活，太后也是如此。王后的寝宫与国王寝宫位于同一层。房间的布局从翼楼建设之日起到路易十四离开卢浮宫时还一直维持着原样。

工程的负责人一直是皮埃尔·莱斯科,直到他1578年离世。建筑的账目上有关新翼楼的装饰工程,还提到了让·古戎、勒赫兄弟、皮埃尔·纳宁和埃迪安·卡诺瓦。

亨利二世驾崩时,西边第一个有双"H"标记的凸出楼体已经完工。在图尔内勒宫的一次比武中,长矛的突然一击结束了卢浮宫的这位伟大建设者的生命。

动荡的岁月并没有影响卢浮宫的宫廷生活,庆典还在继续进行。1558年4月19日,14岁的弗朗索瓦王太子和比他年长两岁的玛丽·斯图亚特在此结婚,这场婚礼标志了女像柱厅的落成。也许这里早就预示了未来的国王与王后的悲剧命运。据布朗托姆所说,人们在这里跳"西班牙的孔雀舞、意大利的帕萨梅奏舞或火炬舞"。将来谁会在戏剧的舞台上还原这些舞蹈呢?

说到这里,实际上是瓦卢瓦家族将卢浮宫变成了庆典举办地。在路易十四搬到凡尔赛宫以前,为庆祝婚礼、新生、凯旋或其他节庆日,卢浮宫内外轮番上演着游行、烟火、舞蹈等各种表演,有些还会对巴黎市民开放。这些活动消耗了巨额财政支出和大量劳动力,特别是临时搭建在建筑外墙上的装饰和雕刻。要列出一个多世纪中所有庆祝活动的具体名目是不可能的,不过让-克劳德·杜弗雷斯内在他的一部作品中对此进行了非常详细的说明。此外,还有政治和建筑等活动,后面我们会再做详述。这些活动不断被搬上宫廷舞台,而君主对表演主题也表现出越来越强烈的兴趣。

尽管如此,亨利二世在卢浮宫组织的最后几次庆典却凄凉收场。

第四章　庆典和流血下的重生
RENAISSANCE FESTIVE ET SANGLANTE

在法国的伊丽莎白和西班牙的腓力二世订婚之际,王室消耗了27古尺(50米)的"上好绸缎",在卢浮宫、旧西岱宫和图尔内勒宫中举行了好几场奢华庆典。在图尔内勒宫的比武中,亨利二世想要最后过一把骑马比武的瘾,可惜不幸因此遇难(1559年7月10日)。

死亡的脚步没有中断卢浮宫的建设进程(弗朗索瓦二世在7月24日任命莱斯科继续负责卢浮宫的工程)和日常活动。升为太后的凯瑟琳·德·美第奇,从此一直身着黑衣,带着自己的孩子们离开了沉浸在悲痛中的图尔内勒宫,正式住进了法国君权所在地——卢浮宫。但王室后裔在这里也只住了几年,凯瑟琳、弗朗索瓦二世,还有后来年轻的查理九世便又沿袭了他们先辈的生活模式:从一座城堡搬到另一座城堡。弗朗索瓦二世死后,凯瑟琳成为"法国管理者",从此一人独掌议会,由掌玺大臣米歇尔·德·罗比达辅佐。作为这座无与伦比的宫殿的主人,她也是一位忠实的艺术爱好者,菲利贝尔·德·洛姆说"她对建筑有着极高的品位",她曾长时间亲持画笔操刀设计,让人继续修建南翼楼,而且总是关心建筑和装潢的工程进度。1561年8月,已经被遗忘的玛丽·斯图亚特离开了卢浮宫和法国。

那段时期,卢浮宫呈现出一番更迭的景象。法国历史的新篇章开启,建筑装饰艺术和盛大的庆典进入新的阶段,一切沉浸在一种浓厚纷乱的政治和宗教氛围中。此外,按照国王巡游的习惯,他还时不时会出现在此。为了向臣民们介绍年轻的查理九世,凯瑟琳离开卢浮宫,进行了一次长达两年半的环法之旅。

而在卢浮宫,出于对新的寓所的需求,建设工程继续开展。南翼楼的第二个凸出楼体已经完成,并装饰上代表查理九世的字母"K"。

工程还在继续，但是到了1562年，在支付完9月的费用后，经费变得十分紧缺，而让·古戎也不见了踪影。几个月后，他突然出现在博洛尼亚。他是出于宗教原因而离开的吗？此后，这个问题一直困扰着学者们。由让·古戎组建和领导的工程队虽然失去了他，但建筑工程仍在继续。

同样是在这个时期，国王的宫廷生活被编成了一套仪制，这将是未来凡尔赛宫廷礼仪的雏形。凯瑟琳要求她的儿子们——3位相继继位的国王严格遵守这些礼仪。在1563年9月给查理九世的信中，她一如既往地用晦涩的文体写道："我相信，陛下以此管理宫廷人员和生活起居，宫廷将会重现我当年所见之荣耀与秩序，这也将成为整个王朝的典范。"礼仪就是王权的展现。法国国家图书馆中还珍藏了好几份宫廷规范的复本，这些规范写明了宫中要遵守的纪律，"侍从若被发现在宫殿中或阶梯上玩骰子，有亵渎之举或做出扰乱之事，必将被警卫人员带到膳房施以鞭刑，若是士兵或其他人员犯错，则被交到他们的总管或长官那里施以3次吊刑"。吊刑是一种残酷的刑罚：将犯人吊在桅杆高处，悬空扔下，在接近地面几厘米处突然拉住绳子。巴黎现在还有一条街冠以此名，虽然那里的餐厅挤满了游客，但很少有人知道此地名的真正意义。

这些规范还规定了，宫殿门必须每天准时在清晨5点打开，庭院、楼梯和厅室要立即清扫干净。国王并不睡在寝宫，而是在隔壁的小房间。"国王睡醒的提醒一发出，他的首席贴身男仆就须带着两名弓箭卫士，用水壶取满水。贵族担任的宫内侍从也在相同人员的护送下，用高脚杯装好酒"（皮埃尔·科尼昂）。这一仪式在亨利四世时期被简化了，但之后又变得更加烦琐。饮完酒水之后，国王

第四章　庆典和流血下的重生
RENAISSANCE FESTIVE ET SANGLANTE

会离开小房间,来到寝宫,在众人面前举行"晨起"礼。而祷告、议会(在一楼进行,可以直接从国王的寝宫经旋梯抵达)、用餐和舞会都有固定的程序。凯瑟琳在给查理九世的信中写道:"听闻要与法国臣民相安无事,并让他们爱戴国王只需做两件事,让他们保持快乐和有事可做。"这位威风凛凛的太后,对于掌管宫廷有着自己的一套方法。据说,她甚至在餐桌上召见朝臣。被召见者由守卫长负责安排,"为了让每位被召见者只有一个小时会见太后,守卫长会用沙漏计时提醒"。

"宫廷日益壮大,大领主纷纷涌入,侍从、接待、先行官在侧厅中拥挤不堪。107位弓箭卫士、苏格兰骑兵士官和215位法兰西士兵把守着宫殿的进出口,可是没能阻止一名捣乱分子于1563年12月在大楼梯的内壁上贴了一张有辱王室声誉的画"(路易·奥特格尔)。宫殿也日益奢华,1566年,木工让·塔赛"卖出了四个胡桃木的枝形五头烛台,都饰有玫瑰花纹、椭圆形缘饰、叶簇、怪面饰、扭索纹还有其他古典装饰,这些烛台被悬挂在太后的接待厅中"。甚至连《克莱芙王妃》中都有关于这座华丽宫殿的记录。但需要注意的是,查理五世时期的北翼楼和东翼楼都被保留了下来,与新建的建筑形成了鲜明对比。

南翼楼的修建工程还在继续。1562—1565年,进行了顶楼的第一个和第二个凸出楼体的装饰工作,仍旧由亨利二世时期的工作室负责,他们都是古戎曾经的合作者:勒赫兄弟、马丹·勒福尔、埃迪安·卡诺瓦和皮埃尔·纳宁。装饰上有两个方面值得我们关注。

首先是对装饰主题的选择。西翼楼以歌颂君权神授的主题为主。而南翼楼表现的是君主专制的两大基石——公正和怜悯(讽刺的是，这正是圣巴托罗缪惨案的始作俑者查理九世的格言），并且选择的场景多来自古希腊、古罗马时期，画面往往怪异、难以捉摸。比如阴暗的家庭悲剧、流血杀戮的场景：被捆绑的父亲在监狱中让自己的女儿哺乳；儿子对着因渎职而被施以剥皮之刑的父亲的遗体申求正义；立法者必须依法判决挖去亲生儿子的双眼，但因不忍只挖去了儿子的一只眼睛，而自己也承受了同样的处罚。南翼楼的主题与西翼楼的安详平和形成鲜明的不同，反映出了时局的动荡。

这些怪异而生动的雕塑，后来在第一帝国时期被拆下，长期闲置在美术学院的花园中。如今，这些雕塑在卢浮宫的叙利圆厅中展出，一同展出的还有古罗马的刀斧手雕像，虽出处相同但风格不一。相比瓦卢瓦宫廷，如今博物馆的游客人数众多，在每天走过这些奇异展品前的游客中，究竟又有几个真正仔细观察过它们呢？

其次，在装饰风格上，相比西楼，南楼少了些和谐均衡。雕像的比例和姿势显得有些不自然，可能是大师的缺席所造成的后果。而且，南楼的装饰具有米开朗琪罗式的风格：渎职法官浮雕上的老者面饰让人想起了朱利亚诺·德·美第奇坟墓处类似的装饰。

"这是一种新的思维方式。从古罗马历史中提取出的故事场景取代了晦涩的图像。传奇故事取代了象征手法。在这些阴暗的家庭故事中，奶水和鲜血占据着重要地位，父亲既可能是英雄，又可能是被威胁或衰弱的牺牲者。太巧了！当革命的风暴吹起时，当王权用正义顽强守护宗教时，怜悯与公正，这两大主题被明确提出，在宫殿中展现得淋漓尽致"（热那维·布列）。但是还不到十年之后，同样在这座宫殿中，这两大原则又被法国历史上最反人性的恐怖罪行践踏了。

新翼楼的正立面上还有两块三角楣（第三块正面凸出楼体上没

第四章　庆典和流血下的重生
RENAISSANCE FESTIVE ET SANGLANTE

有任何装饰），其上雕刻有怜悯女神和公正女神。但三角楣在第一帝国时期被拆除，和来自其他地方的雕刻战利品一起被置于圣日耳曼奥赛尔教堂的拱顶狭廊处，鲜有人注意。

工程如火如荼进行着。1562—1563 年，皮埃尔·勒赫和弗朗索瓦·勒赫、马丹·勒福尔以及皮埃尔·纳宁在二楼的柱顶盘中楣上装饰了垂花、孩童、飞鸟、狮头和栎树花环。1564 年，尽管工期漫长，但喜爱建筑的凯瑟琳·德·美第奇命人拆毁了图尔内勒宫，将建筑材料送进卢浮宫。并不满足的她又命菲利贝尔·德·洛姆修建了杜伊勒里宫，并且计划沿河修建一条长廊直接和卢浮宫相连。她在 1565 年 3 月 1 日的一封信中表达过这个想法，这封信后来由克里斯蒂娜·奥拉尼耶（Christina Aulanier）公之于众。尽管这个计划直到亨利四世时期才得以落实，不过太后和她的儿子已经尽力提前做好了准备。

像查理五世时期那样，南楼和塞纳河畔之间新修了一些花圃。为了封住花圃的西边，查理九世和凯瑟琳让人修建了一条垂直于河流的小长廊。长廊于 1566 年动工，底层有 11 个拱孔（现存 7 个），加盖一层平台，可以欣赏到塞纳河与左岸的风光。这不是为了扩建而修起的新翼楼，而是一种凉廊，一个简单的花园遮阳柱廊，里面可摆放冷餐桌或狩猎台。出于内部原因，小长廊与国王楼只由一座狭窄的 3 拱单跨桥相连，可能出自莱斯科的拱桥横跨了卢浮宫的外墙沟渠。长廊的最南端与沿河的城墙相交。小长廊由蒂伯·梅特佐或者莱斯科在小皮埃尔·查皮吉斯的帮助下修建。小长廊的主体外形以及墙面的雕刻都保存完好。建议读者们近距离欣赏小长廊的底层，其色彩丰富、精致优雅，表面的凸起和色彩分布整齐考究。在

2011—2012 年，装饰着黑白相间的凸纹、用含碳石灰岩制成的多利安式壁柱，以及彩色石板制成的三角槽排档间饰得到清理和修复。这些设计反映出意大利式建筑风格的影响，而小长廊无疑是那时最能体现意大利风格影响的巴黎建筑之一。

从这栋建筑中可以看到 30 年后卢浮宫和杜伊勒里宫相连的缩影吗？也许这个想法正是在那时产生的。就算不是来自对于建筑毫无兴趣的查理九世，那也可能源自他的母亲，这是太后一直以来记挂在心头的大事之一。据安德鲁埃·迪塞尔索所说，"因太后而开始增修长廊和平台，为了从此地可以连接到她命人在杜伊勒里宫中修建的宫殿处"。巴黎城办事处过去的记载中提到，国王于 1566 年进行了开工仪式，但仅限于此。帕勒玛·卡耶在 1605 年出版的《七年纪事》中也确认了此事。不管怎样，既没有对总体工程做出决定，工地也没有开工。对亨利四世而言，此地任凭处置。

在那个时期，皮埃尔·德·龙萨又要出场了。在凯瑟琳的"亲卫队"中，有一位来自圣东日的漂亮姑娘，名叫伊莲娜·德·苏尔热，她刚刚痛失了深爱的卫兵队长。凯瑟琳请龙萨来安慰这位姑娘，而他呢，这个无可救药的老头儿居然在卢浮宫的长廊里欣赏美景，大献殷勤：

> 美人请诉吾以衷肠，
> 窗前遥望蒙马特美景与田野风光……

第四章　庆典和流血下的重生
RENAISSANCE FESTIVE ET SANGLANTE

面对少女的迟疑，他又开始吟诵：

当你老了，黄昏时点燃蜡烛……

最后他达成目的了吗？看上去他和卡桑德拉、玛丽、伊莲娜之间的爱只停留在诗情画意，而在我们看来也只有这些诗句比较重要。

1564年完成太后寝宫的装饰工程后，立即就在南翼中开始了对王子寝宫的布置。尽管此时的巴黎充斥着内战的气息，天主教派和胡格诺派的信徒们蠢蠢欲动，但是卢浮宫中的装饰仍旧极尽奢华。1568年春，凯瑟琳和查理九世在回卢浮宫的路上穿过圣德尼街，当太后为了与国王说话而脱下她的"遮鼻面罩"时，人群中响起了一个声音："陛下，不要相信她，因为她从不和您讲实话。"这样的质疑被口耳相传后演变成了一首歌谣。

而太后是看得最为透彻的人。为调停做出的努力失败后，她就借助建造宫殿来聊以慰藉。1570年，二楼完成了装饰，这是新王后奥地利的伊丽莎白的寝宫。她被完全掌控在太后手中，无权对抗科利尼。科利尼在1569年因"渎职"，也就是说因他的胡格诺教徒身份而被罢免，但后来于1571年9月中旬重回宫廷。

尽管此时的巴黎已处于宗教战争最糟糕的时刻，但宫殿里依旧歌舞升平：车马列队、舞会、比武，有时还有龙萨组织的戏剧表演。1789年以前，就算在最悲惨的岁月中，法兰西的国王们都不曾放弃举行庆典。这是他们的职责，也是消遣，还关系到宫廷的声誉。拿破仑三世在贡比涅时除了举办庆典就没做过其他事情。

为了扩大面积，查理九世于1572年取缔了卢浮宫的兵工厂，将之转移到至今还保留这个名字的巴黎地区。差不多在同一时期，伯纳特·贝利希①将自己的工作坊安置在卢浮宫和杜伊勒里宫之间。在19世纪和1984年的考古中，该遗迹在会议馆附近被发现。

然而，查理九世对国事一点儿都不上心。除了外出打猎，他的大部分时间要么消磨在作坊中"打铁"（这是法兰西史上第一位热爱冶金的国王），要么在隔壁的楼中玩老式网球。时局的动乱并没有阻止工程的进行，庆典和接待活动也照常进行。1572年，卢浮宫接待了多位前来联姻的英国大使，尤其是在此举办了国王的妹妹玛格丽特·德·瓦卢瓦②与亨利·德·波旁（未来的亨利四世）的婚礼。婚礼在令人窒息的氛围中完成，巴黎的天主教派对胡格诺派恨之入骨，说这是"不和的婚礼"。

气氛如此沉重，庆典却依旧欢闹。1574年8月17日晚，订婚仪式在女像柱厅举行，随后开设了晚宴和舞会。直到19日，舞会还在继续，用雅克-奥古斯特·德·杜的话说，"一场盛大的演出"紧随其后。大厅中出现了由人假扮的银光闪闪的雕塑。一开始是3个，国王和他的两个兄弟坐在马车上，身后跟着扮成神灵和海怪的另外七个。"马车穿过卢浮宫中的一个拱顶大厅（帕拉迪奥式的审判厅），停下时，乐师们唱起由优秀的诗人创作的法语诗句。"直到17世纪末，国王们还喜欢在这里露面，他们最宠幸的大臣可有幸看到。

---

① 伯纳特·贝利希（Bernard Palissy, 1510 — 1589 年），法国陶艺家和科学家。他制作的陶器以鲜艳的色彩和花鸟虫鱼的装饰而闻名。——编者注
② 玛格丽特·德·瓦卢瓦，即"玛戈王后"。——编者注

第四章　庆典和流血下的重生
RENAISSANCE FESTIVE ET SANGLANTE

第二天，小波旁宫中举行了化装舞会。这里将长期成为卢浮宫附属的居住和庆典之地。

卢浮宫即将成为一出悲剧的中心。8月22日上午，海军上将科利尼（虽然他属于新教徒，却几乎担任着首相的职位）结束宫廷的会议后（他时常与凯瑟琳太后在会议上争吵），在圣日耳曼奥赛尔教堂广场附近的滑轮街被手下用火枪击中负伤。这位名叫毛尔维尔的手下依吉斯家族的命令行事。这件事引得胡格诺派的领主们在卢浮宫中拔剑叫嚣。太后选择进行打压。这次失败的暗杀行动引发了后来著名的圣巴托罗缪事件。

这是卢浮宫在历史上第二次被卷入内战中。在亨利二世用来展现君主专制的荣誉之地，不幸上演了一场残暴的宗教杀戮。

第二天，在第二次召开的议会上（第一次召开在花园中，午夜之后在卢浮宫中），议会最终决定除掉亨利·德·纳瓦拉身边的30位胡格诺派领袖。国王原本对此不太赞成，可是凯瑟琳和她的小儿子亨利坚持反对国王的意见，并且威胁国王要离开这个国家。最后，查理九世大声说道："你们既然这么想，好吧，那就斩尽杀绝！斩尽杀绝！"他又补充道："不要留下一个再来责骂我！"

就在这天夜里，他在卢浮宫中召见了巴黎市长，告知他"新教人士"在密谋攻击他和巴黎的王室，命令他关闭城门，召集军队。

在此期间，成为玛戈王后的玛格丽特·德·瓦卢瓦重新入住了南翼楼顶层的寝宫，她终于可以在这里的床上和丈夫相聚了。她后来讲道："（丈夫）被30多位胡格诺派人士包围，我却一点儿都不了解他们。一整夜，他们讲的无非是上将先生的遭遇。想要解决这件事，除非国王向吉斯公爵问责，否则，他们就自己去做。"而另一处阵营也在做着同样的规划。

第二日上午,即1572年8月24日礼拜天(圣日耳曼奥赛尔教堂的钟声在这件事中是否起了一定作用?对此讨论还在继续),一群雇佣骑兵从宫殿中涌出,杀害了科利尼,并将他扔出窗外(现里沃利街144号,距离海军上将纪念碑两步远)。守卫军和雇佣兵在卢浮宫排成几列,纳瓦拉亲王和孔代亲王被拘禁在国王的寝宫中。新教教徒被解除武器,并被推进宫殿中执行腰斩,"在这里等着他们的是雇佣兵和长矛。他们被扔到这个封闭的空间中,被锋利的刀刃拖运、割喉、切碎"(J. 伽里松)。砂岩铺就的路面上血流成河。

发狂的领主们在卢浮宫中奔窜逃亡,弓箭手紧追不舍,将他们射杀在宫殿的各个角落。其中一位叫作德·雷朗的胡格诺派贵族,胳膊被戟击中,他一直爬到了南翼楼三层,躲藏在玛戈王后的床后才逃过一劫。在这场血腥的屠杀中,这一略显滑稽的场景让他得以幸存。表现这一场景的画作就陈列在事发地不远处。

德·杜写道:"这些可怜人被杀害之后,尸首也被扔至城堡前,就在国王、太后以及整个宫廷人员的眼皮底下。女士们成群结队地前来,无礼又好奇地注视着这些裸露的尸体。"塔瓦纳则写道:"血液和死亡在街上流窜,这可怖的场景让国王只能害怕得躲在卢浮宫内。"

在洛桑博物馆中,弗朗索瓦·杜布瓦的一副著名画作展现了这场大屠杀各个阶段的场景,还原了丰富的细节。我们可以在背景中看到卢浮宫,虽然没作精细描绘,但它东面的大致样貌还是清晰可见。那时的建筑外观是雷蒙·杜·唐普勒时期遗存下来的。拱形大门前正是大屠杀的发生地,就在凯瑟琳·德·美第奇的眼皮底下。

第四章　庆典和流血下的重生
RENAISSANCE FESTIVE ET SANGLANTE

对比后来一度为人讳言的旺代战争，此时此地的暴行更加惨绝人寰。

这是卢浮宫历史中最悲惨的一页。罪行应该归咎于谁呢？让-弗朗索瓦·索尔农在《凯瑟琳·德·美第奇》（2003年）中尽力为太后开脱，但是让-皮埃尔·巴贝隆在《亨利四世》（1991年）中，以及皮埃尔·舍瓦利耶在《亨利三世》（2002年）中都充分表明了正是太后发起了这次事件，为了清除她的敌人科利尼。此外，她的儿子安茹公爵（即将来的亨利三世）也难辞其咎。

只有卢浮宫中的几位胡格诺派人士，如亨利·德·纳瓦拉以及孔代亲王，逃脱了这场灾难，但他们先是被迫发誓放弃原来的信仰，后又被当场收监。与大屠杀有关的故事流传久远，例如，查理九世朝被扔进塞纳河中的胡格诺派教徒开枪，据说是从小画廊中轴线上的一扇窗户前射击的，但这扇窗现在似乎已经不在了（克里斯蒂娜·奥拉尼耶追溯其于1595年前后消失）。

> 国王，非一国之君也，实为火枪兵，
> 射向来不及沉没的路人。
> 　　　　　　　[阿格里帕·多比涅（Agrippa d'Aubigné）]

再听听布朗托姆说的，虽然他并没有在现场：

> 天亮时，他（查理九世）在房间窗户处练习射击，但凡他看见圣日耳曼郊区任何有逃脱屠杀并在移动的人，就会抄起狩猎火枪猛射。可惜，徒劳无功，因为火枪射不了多远。

伏尔泰也曾在《亨利亚特》中写下了触动人心的诗句：

臣民的鲜血弄脏了他神圣的双手。

这场屠杀，由国王直接下令，被巴黎市民扩大了规模，一直持续至 8 月 29 日才结束。凯瑟琳和查理深居宫中，无能为力，只能听之任之。然而，第二天，太后就在卢浮宫中传召了一位凭借渊博学识和外交能力而盛名在外的南部领主——米歇尔·德·蒙田。她想要他来充当 3 位亨利的中间调停人。但蒙田似乎并没有如此智慧。

悲剧之后，节庆活动恬不知耻地重新开始了，其中一次还让布朗托姆极为高兴。1573 年 8 月，为波兰的大使们陪同他们的新君，即查理九世的弟弟安茹公爵亨利出发去波兰，卢浮宫按照惯例举办了一场舞会。

第二年，查理九世驾崩。可是他的继任者，也就是他的弟弟已经在波兰，于是凯瑟琳又重新摄权。实际上，她从未失去这一权力。但是这招来了她的小儿子——阿朗松公爵——的叛变。这位差点儿早产、因天花而毁容的公爵暴躁易怒，还凶神恶煞。他在两位宫廷侍从——拉莫尔和考考纳——的帮助下试图争夺王位。他们两人很快命不久矣，"被虐待、斩首、肢解"。阿朗松公爵的阴谋败露后，被关押在卢浮宫的监狱中，但于次年 9 月成功逃脱。这些事件以及新王亨利三世缓慢的返程（雅克玛尔-安德烈博物馆中提埃波罗的壁画就是其见证），使得南翼楼的工程中断，直到新王登基后才重新开启。莱斯科在 1578 年逝世前一直都在管理这处工程，他是五任统治者的御用建筑师。雅克之子，巴蒂斯特·安德鲁埃·迪

第四章　庆典和流血下的重生
RENAISSANCE FESTIVE ET SANGLANTE

塞尔索于 1582 年继承了他的职位，担任国王的建筑设计总监，但他奉命不能改动既定的设计图纸。此时，宫廷的建筑热情也消减了许多。威尼斯大使写道："国王不喜建设楼宇，首先战争已经消耗了大量财富，其次他喜欢把钱赏给仆从，好让他们自己修建府邸。"不管怎样，巴蒂斯特建起了南翼楼的重要部分，以及第三个凸出楼体。如今这里最高的楼层是到第一帝国时期才修建的。而这处新建筑历经种种困难，好歹修建完成了，在东边仍旧与腓力·奥古斯都时期的卢浮宫旧塔楼（后被雷蒙·杜·唐普勒装饰一新）相连。16 世纪末的卢浮宫杂乱无章，筑有雉堞和突廊的塔楼旁放置着让·古戎的雕塑。多亏了工程的推进，卢浮宫总算成功满足了基本的居住条件。杰罗姆·李博马诺在 1577 年写道："我看见国王和他的兄弟们、3 位王后、2 位红衣主教、2 位公爵及其妻、3 位王室公主、大量的宠臣和女士，还有一部分大臣，在卢浮宫里过着舒适的生活。"[让－弗朗索瓦·索尔农（J.-F. Solnon）]

亨利三世与其先辈一样，时常流连于卢瓦尔河沿岸的城堡中，他只在统治时期的几个重要阶段出现在卢浮宫。这是一位被世人强烈抨击的君主，一方面由于他变化无常的心性，另一方面由于他在位时饱受诟病的个人行径。然而他还是 4 位兄弟中最聪明的一个。

亨利三世时期，庆典活动依旧继续。在国王的日常作息中，活动占据了大量的时间。第一场活动是在 1575 年，为庆祝新王后路易丝·德·沃德蒙的到来，凯瑟琳用迎接前一位王后的方式进行了迎接：豪华盛宴、竞技比赛，还有舞会。但亨利三世的嬖幸之人们都在嘲笑最小的阿朗松，嘲笑他的矮小、丑陋、衣着破旧和坏脾气。他已成为安茹公爵，但不管是谁继承了王位，他都还被软禁在住所中。于是，他决定出逃。9月15日，他从妹妹玛格丽特的房间窗户处，用一根绳索下到卢浮宫的沟渠中。这位王位继承者未来将再一次发起叛乱。

他的做法被效仿。次年二月，自从圣巴托罗缪事件后就被囚禁在卢浮宫的亨利·德·纳瓦拉也逃走了。再次见到他时，他已荣誉加身，满载而归。

卢浮宫中，冲突和欢乐交替上演。亨利三世对于卢浮宫的工程建设没有丝毫兴趣，只喜欢在这里变着花样地玩乐。庆典高于一切，为此他可以找出各种借口，例如婚礼。1578年2月9日，圣吕克和布里萨克元帅之女的婚礼，"在国王的指示下，在卢浮宫隆重举行。国王身处其中，愉快地跳舞。宫廷的小道消息说新娘容貌丑陋、体型驼背歪曲，还很坏"[皮埃尔·德·埃图瓦勒（Pierre de L'Estoile）]。还有1581年9月24日的安讷·德·茹瓦约斯与王后的妹妹玛格丽特·德·沃德蒙的婚礼，庆典持续了一个多星期，大多数时间在卢浮宫举行：在庭院中模拟海战表演，在卢浮宫或小波旁宫中比武，或者在大厅中举办舞会。一位佛兰德斯画家的画作中呈现了（现卢浮宫历史展厅）舞会的场景。从画中能看到，大厅高处金色的梁上垂下帷幔，以及当时的服装风格：女性身着带裙撑的长裙，腰身如黄蜂般纤细；男性头上戴着小圆顶礼帽，脖子上系着皱领，穿着鼓起的紧身短上衣和饰有大口袋的直贡呢材质紧身裤。也是在这种场合，"宫廷芭蕾"《皇后喜舞剧》首次出演，这是芭蕾剧在历史上第一种集戏剧、舞蹈和音乐3大要素于一体。这种宫廷芭蕾专为男性设计，由朝臣出演，会做稍许乔装打扮。这种将政治和艺术融为一体的娱乐形式一直延续到了路易十四时期。

第四章　庆典和流血下的重生
RENAISSANCE FESTIVE ET SANGLANTE

靠着新南翼楼的旧宝石加工塔中的王后小教堂在 1580 年经历了几次修整，好几位王室后裔在这里受洗。

16 世纪末，法国宫廷的舞会享誉整个欧洲。女像柱厅或大厅中每周都会举行两次舞会。"晚宴过后，如果恰逢周日或周四，国王就会前往大厅，这两天是国王下令举办舞会的日子，王子、公主、领主及其侍从、女士小姐们都会出席"（克里斯蒂娜·奥拉尼耶摘录）。

亨利三世还对奇特的消遣方式情有独钟。把关在附属建筑中的狮子或"其他野兽"带到花园里，松开绳索，让它们与看门的猎犬对抗。而此时，亨利三世和他的随从则在窗户后面观看斗兽表演。一天夜里，国王梦见狮子和猎犬跑过来把自己吃掉了。于是第二天，1583 年 1 月 21 日，领完圣体后，他让人用火枪射杀了它们。这一有失公正的行为招致了非议：

> 都知你是国王，可惜没有王威。
> 你荒淫、专横、残暴作为，
> 遭人怂恿、一意孤行。
> 主佑我说出你的罪，
> 若你的凶残是因身处高位，
> 主护你免去不幸，你的人民不会停止咒骂！

（皮埃尔·德·埃图瓦勒摘录）

卢浮宫全史
LA GRANDE HISTOIRE DU LOUVRE

1584年6月,一则轰动性的消息传到卢浮宫:亨利二世最小的儿子安茹公爵弗朗索瓦,即亨利三世的大弟①(这是第一次对国王的兄弟如此称呼)逝世了。这个家族的健康状况一向不好。由于王位最后的继承人去世,继承权自动传给远房堂弟——纳瓦拉国王。这预示着一场更加混乱的风波。

天主教的神圣联盟想要将王位传给亨利·德·吉斯,而且尽力用各种方法强迫国王同意这一决定。1585年6月10日,这场运动的首领们得到认可,于是他们强迫国王颁布法令禁止信仰变革和意识自由。亨利三世不得不让步。

在卢浮宫的高墙内,瓦卢瓦王朝的最后一位国王展现出对宗教虔诚至极的信仰。他很有文化,可以用拉丁语和意大利语阅读,还常邀请瓦卢瓦学院或宫廷学院(法兰西学院的前身)的文人相聚,共同探讨道德问题,虽然在我们看来是如此荒谬。在上述场景中,龙萨、巴伊夫、旁杜·德·蒂亚尔、德波尔特等人的身影经常出现。国王定期召开议会,议员是身着礼服的男性精英,他们和国王一起探讨国事。同时,国王还会在卢浮宫中组织庆典活动,关于这些活动的描述只让人觉得粗俗甚至淫秽。他"整日欢快"跳舞,还组织音乐会、马上芭蕾、烟火表演以及筵席,耗资巨大。过后,国王会为加重了平民的负担而深感抱歉。但是在一场游戏中,他依然会给几个意大利骗子3万埃居。皮埃尔·德·埃图瓦勒写道:"为一个骰子游戏设置如此巨额的奖金,在一个文明的王国中,应该严

---

① 法语 Monsieur,除了有"先生"的意思之外,还代表对法国国王大弟的尊称。
——编者注

第四章 庆典和流血下的重生
RENAISSANCE FESTIVE ET SANGLANTE

格禁止。"为了表示忏悔,国王组织了盛大的祭礼,在女像柱厅中,年轻的侍从和仆役们滑稽地模仿,他们"将手帕放在脸前,手帕在眼睛的位置上挖了洞"。如果真是如此,花费的确巨大。1585 年,国王还制定了一套礼仪规范。这套礼仪规范虽然根据后继者们的性情有所减轻或加重,但持续了两个世纪之久。

宫殿内部的装潢奢华无比。墙上挂着来自科尔多瓦的颜色鲜艳的皮革,花朵、叶片和涡卷纹理图案点缀其中。地上铺的是凯瑟琳·德·美第奇夫人从威尼斯带来的东方地毯。国王的寝宫中陈列着水晶酒器、挂毯、佛罗伦萨珐琅,大量金饰围绕床榻,其上有绿色天鹅绒被褥和用金丝银线织成的华盖。白天,寝宫中可接待访客,访客需在国王的床前行礼。用膳时间,宫廷人员隔着一个护栏往上观看国王独自用餐。他不直接用手,而是使用专门为他设计的工具——一柄两齿叉。

亨利三世的男宠穿着古怪夸张的服饰在卢浮宫里到处晃荡。某些史学家把他们描绘成女人的疯狂追求者以及可怖的剑手。他们中少有正派人,如圣－梅格兰。他在离开卢浮宫时被吉斯公爵派出的 30 多个手下谋害,因为平日里毫不起眼的他居然向公爵的妻子大献殷勤。读者可能会猜测,历史上有记载国王传唤他的男宠作为床伴侍寝吗?皮埃尔·舍瓦利耶对此表示怀疑。不过,确定无疑的是,国王和王后不管是在卢浮宫还是其他地方,都在努力为王室创造出一位继承人,这也是卢浮宫历史的重要部分。可惜他们的愿望泡汤了,王室香火就此熄灭,王朝的命运也因此改变。

有些男宠对这种生活状态开始感到厌倦,希望国王能够变得明白事理。其中一位名叫圣吕克的男宠为了改变费尽了心思。为此,

卢浮宫全史
LA GRANDE HISTOIRE DU LOUVRE

他在国王卧室床边的墙壁上（现在的七壁炉厅）穿了个孔，用一根吹管横穿其中，"模仿天使的嗓音"，他威胁国王如果还不放弃放荡的生活，上天就会发怒。可是没有一点儿效果。他又让人锻造了一只铁手，用火烧红，在阴暗的走廊拐角处，把这只烧红的铁手放在一位仆人的胳膊上，并说出一串恐怖的咒语。可怜的仆人被严重烫伤，他尖叫着奔向国王的寝宫，向国王展示"撒旦的爪印"。感到不安的亨利三世开始了祷告。但是几天过后，他透过窗户看到了被扔在卢浮宫沟渠中的铁爪，于是命人捡回。圣吕克只得匆忙爬上马背逃向圣东日的尽头。虽然这些轶事可能是编造的，但厄比纳尔在1585年前后创作的画确实存在，画中是一个正在玩比尔博凯特游戏①的国王。不管怎样，我们还是了解了国王在卢浮宫中的生活节奏。工作之余，他会在城堡外坐着轿子闲逛。晚上，他尽情举行喜爱的庆典和舞会。因为对在威尼斯看到的"妒忌"（Gelosi）剧团表演情有独钟，他将演员们请到巴黎，安置在女像柱厅中，时常让他们在自己面前演出。舞会几乎每晚都会举办。国王是一位绝佳的舞者，"他跳西班牙的低音舞曲也很拿手，相比生动轻盈、狂乱急促的高音舞曲（如意大利的夏康舞、加里亚德舞、库兰特舞、加沃特舞或起源于阿拉伯的摩里斯克舞），这种舞步更加稳重保守。他也喜欢摇摆舞，这种舞蹈的舞步具有独创性，在表演洗衣妇的动作时，国王用他的双手模仿洗衣棒槌的敲击声，以及骑士为吸引同伴注意大叫时马发出的嘶叫声"（皮埃尔·舍瓦利耶）。1585年，为欢

---

① 比尔博凯特是源自法国的一种接球游戏，后成为日本的一种民间游戏"剑玉"。
　　——译者注

第四章 庆典和流血下的重生
RENAISSANCE FESTIVE ET SANGLANTE

迎英国大使前来授予国王嘉德勋章,国王在女像柱厅中大设宴席。

宫殿的南翼楼还未完工,但国王并不在意,反而是巴蒂斯特·安德鲁埃·迪塞尔索的新教徒信仰让他更为担心。1578年1月,他在给凯瑟琳太后的信中这样写道:"如果迪塞尔索不愿参加弥撒,我已经想好要远离他了。"于是就有了这样的结果:1585年前后,巴蒂斯特舍弃工程,逃离了卢浮宫。

卢浮宫的氛围始终在寻欢作乐和虔诚祷告之间反复转换。"在封斋前的日子里(1578年2月),国王按照习惯组织化装舞会、芭蕾表演以及盛宴,他全心全意地投入到欢乐和美好的时光中。然后,封斋期的第一天,他开始祷告,将自己关在圣方济会修士之中,和男宠们一起做着或者假装做着忏悔"(皮埃尔·德·埃图瓦勒)。

卢浮宫中祸端四起。侮辱性的标语出现在大阶梯处,甚至是国王的办公间中。亨利·德·吉斯来到巴黎反对亨利三世的政令。1588年5月9日,他出现在卢浮宫中。19世纪的历史画家们努力用鲜明的色彩重现当时的场景,于是我们至今还可以感受到这样的历史时刻,但不用太过在意其真实性。

吉斯公爵被请到路易丝王后的寝宫中,在如今的查理十世长廊门厅。国王随之而来,公爵刚行好礼,他就问:"所为何事?"公爵言辞激烈地发泄了不满。亨利默默听着,但走出宫殿时就找来了他的支持者。

亨利三世气得发疯,放话要处决自己的对手。但是神圣联盟的士兵已经占据了城市的好几个点,而且巴黎市民也开始起义,甚至打到了卢浮宫门口,这天史称"街垒日"(1588年5月12日)。这天晚上,据埃图瓦勒所言,一位仆从"乔装溜进卢浮宫,叫国王赶紧逃走，否则就完蛋了"。巴黎城已经和神圣联盟为伍，国王的安全岌岌可危。这一点，国王自己也很明白。于是第二天一早，当一组1200人的队伍向皇家宫殿行进时，国王手上拿着一根棍子，假装出宫散步去了。队伍中的一位首领说："不要再等了，我们去卢浮宫中捉拿亨利陛下吧。"

在到达杜伊勒里宫的马厩后，就是现在的花神馆北边，国王爬上马，对一个把靴刺给他装反的仆人说："就这样吧，反正以后再也看不到我的情人了，我们还有很长的路要走。"

于是国王飞奔而去，将巴黎交到了革命者手中，不过这样的革命只有到路易十六时期才真正取得了成功。皮埃尔·德·埃图瓦勒写道："马背上的国王转身向城市咒骂着，指责这座城市在他的手中获得了如此多的好处之后又背信弃义，并发誓一定会再次破城返回。"瓦卢瓦王朝在覆灭的前一年，也丢弃了卢浮宫。

这座被遗弃又被掠夺一空的宫殿迟迟未等到和平的来临。1591年12月，以艾蒂安·马塞尔为精神领袖、领导巴黎市民的十六区议会（les Seize），处决了布里松主席。马耶讷公爵夏尔·德·洛林成为神圣联盟领袖，命人逮捕反叛者，将他们吊死在当时女像柱厅天花板的搁栅上。1593年1月到8月，胜利的神圣联盟在卢浮宫大厅中召开三级会议。据皮埃尔·德·埃图瓦勒记载，"金色华盖下放着3把椅子，中间的椅子高过另外两把，上面盖着紫色天鹅绒毯，毯子上绣着金色百合花。这把椅子是空的，等待着国王的到来。两边的座位上铺着深红色的天鹅绒"，这是为王子和外交大使们准备的。

讨论很快变得混乱。集会本应在1月25日圣保罗日举行，但是拖到了第二天的圣波利卡普日。佩乐维的红衣主教本来准备了一份献给圣保罗的演讲，结果只能转而献给圣波利卡普。

三级会议没有讨论出什么实质性的结果，反而催生出一部文学巨作《梅尼普斯讽刺诗》，其中的序言就发生在卢浮宫的庭院中。

1589年，亨利三世离世。南翼楼的工程也在此时告一段落，部分装饰到亨利四世时期才得以继续。因为直到1594年3月，下一任国王才进驻巴黎。

第五章
创建者亨利

HENRI LE BÂTISSEUR

6年前,亨利三世穿过新城门——卡鲁塞勒桥,离开了卢浮宫,消失在卢浮宫宫墙脚下的小画廊附近。1594年3月22日拂晓,巴黎的统治者夏尔·德·科塞-布里萨克于卢浮宫归顺于亨利四世,等待着国王的军队到来。国王的军队选择低调入城,避免了不必要的流血。将近6点,亨利四世出现了,他个子矮小,长着鹰钩鼻、白胡须、一头乱蓬蓬的头发,穿着随意。军队轻松占领了城市,只在卢浮宫附近遭到了约50个雇佣兵的抵抗,但很快这群雇佣兵就被扔进了塞纳河。

在听完大教堂中传出的《感恩赞》后,亨利四世徒步穿过越来越密集的人群,走向卢浮宫。据阿尔都安·德·佩雷菲克斯记载:"膳食早已备好,官员等候多时,仿佛他一直都在此居住。"国王借鉴古老的做法,打开卢浮宫的大门,让每个人都加入他的用餐仪式。

王室的家具都被变卖以便换新,仆人们忙着收拾。这天晚上,国王睡在了亨利三世离开前的寝宫中。至于国王的情妇加布里埃尔·德·埃斯特雷,则住在自己位于福满多街的巴黎府邸中。那里离卡鲁塞勒庭院不远,可经一条私密小路通向卢浮宫。她一直拒绝入住后宫,并非有什么其他顾忌,只觉得这座宫殿太过阴暗。

20年的战争让这座城市被大炮和战火洗劫一空,民生凋敝,人口锐减。国王的回归象征着复苏,他将带领巴黎重整旗鼓。他想要在这座长期反抗正统君主的城市里打上自己的印记,树起典范。我们大胆假设他的确仔细思考过这个问题,甚至是在进入巴黎之前,就已经思索过修建王室建筑具有的双重作用:既可以增强王权的威信,又可以刺激经济的复苏。

建筑工程可以保证经济的复苏,可以尽快让一部分已经不习惯劳动的人重新开始工作。为此,国王像是远征的战士一样出现在法国人民面前,展现出未曾表现过的对于建筑工程的热爱。他并非如后来的路易十四和路易十五那样单纯喜欢大兴土木,而只是把建设作为政治经济的宣传手段罢了,王室建筑可以彰显新王朝的尊贵和荣耀。

无论是出于减轻国家债务的需求,还是出于缓解财政预算压力的目的,亨利四世推出灵活的财政方案,并取得了良好的效果。但是王国一直处于战争状态,与受西班牙支持的神圣联盟的斗争让即将进行的建筑工程变得举步维艰。于是,国王毫不犹豫地根据情况启用了不同方案:从1594年起,根据王家法令,公有森林十分之一的收益将划拨给卢浮宫和杜伊勒里宫的工程建设。

在实际建设过程中,随着方案的不断调整,为方便政策的下达,国王意识到创立建筑行政部门的必要性。他决定让该机构吏员管理工程事务,而建筑师则不再担任此项职能。这是两大职能的一次彻底分离。叙利,也叫罗尼,在1599年被任命为总路政官,在1602年成为建筑总监,享有王室建筑工程的指挥权,由总督

第五章 创建者亨利
HENRI LE BÂTISSEUR

让·德·富尔西协助。他们两人掌管着 50 万里弗尔的预算,这是整个国家预算的 3%,比例十分可观。

亨利四世最终征服巴黎可谓来之不易,与先辈们不同,他不会错过把巴黎作为宫廷主要根据地的机会,当然其中也有政治的考量。尽管宫殿的状态不佳,卢浮宫疏于管理,杜伊勒里宫每况愈下,但他还是出现在此。他选择住进了拥挤、杂乱、不便的国王楼——叙利的回忆录对此有所提及,但国王早已习惯了这种斯巴达式的生活。

同时,作为波旁家族的第一任君主,他最关心王朝的延续,因此,在腓力·奥古斯都时期的卢浮堡基础上推进工程是再符合逻辑不过的了。但是他面临着两种选择。一是跟随瓦卢瓦王朝的脚步前进,重建查理五世时的卢浮宫北翼和东翼。这样的操作是可行的,只需在先前的基础上重建。但这样一来,卢浮宫将变得十分狭窄,只占如今方形庭院四分之一的西南角。这样也只改变了宫殿建筑的外观,整体的布局没有变化,不会产生让人叹为观止的效果。

另外一种选择则很有可能来自国王的灵机一动,即所谓的"伟大工程"(grand dessin):在庭院四周新建楼体,将庭院面积扩大至四倍。这将使卢浮宫获得如今天一样高的威望。要想获得新工程所需的建筑用地,以及将已经建设了 40 年才完成的楼体进行扩建,花费远远超过了羸弱的财政预算可以支持的范围。当时,国王已经被指责在工程建设上消耗过多了。此外,虽然让-皮埃尔·巴贝隆强调了这个方案的新颖性,但这个场地前所未有的规模会使得宫殿的庭院看起来像城市的广场,难道这一庞然大物不会太吓人吗?虽然我们很想知道关于这个计划的更多设想,但每次议会时都会提到的财政紧张问题让国王止步不前。

那么，选择哪一方呢？作为唯一决策者的亨利四世决定不做选择，而是等待合适的时机往北扩建。尽管如此，他对雅克二世·安德鲁埃·迪塞尔索和雕塑家巴泰勒米·普瑞尔（1594年10月的工程记录）完成的新南翼楼表示了满意。南翼楼的布局和之前一致。底层的壁龛处摆放雕塑，圆窗上雕刻人物，它们可能是古戎最后几位弟子的作品；二层装饰有其他壁龛和大理石圆雕饰。第三个正面凸出楼体上半部分没有装饰，它后来在第一帝国时期消失了。在3层的檐壁上刻有新国王姓名的首字母HDB（Henri de Bourbon），以便与先辈们的区分开（现在该立面上刻有其他首字母，可能是王朝复辟时期添补的）。

同时，国王考虑到未来的扩建，颁布了保护相关土地的法令。

南翼楼的完工堵死了以前定期供水和清理的沟渠。被废弃的沟渠渐渐沦为垃圾场。在1984年的考古发掘中，人们在此发现了大量陶器、玻璃器皿、皮鞋等物品，便所里还有很多烟头。

为扩建卢浮宫，还需要从新的角度寻找解决方案。解决方法是有的，国王立即就想到了。在塞纳河边已经建有3栋建筑：部分重建的旧宫殿、小画廊以及西边的杜伊勒里宫。凯瑟琳·德·美第奇和查理九世曾想将它们连在一起，但没能实现。亨利四世是否对此曾有耳闻？很有可能。他以前在宫廷里住过好几回，而且也是查理九世的妹夫。

将3座建筑连接起来形成一个整体，虽然结构并不合理，但是在呈现的效果以及财政开支上都是可行的。这将成为一个沿塞纳河自东向西延伸的庞大王宫建筑群。国王的这个想法在巴黎的建筑史

第五章　创建者亨利
HENRI LE BÂTISSEUR

上有着举足轻重的作用。这片不成比例的建筑群将一直延续到弗朗索瓦·密特朗时期。

亨利四世想要在首都掌管国事，他希望能有一处安置王室的住所（可以一起抚养所有婚生与私生的孩子），当然，还能在此召开议会。要知道在旧制度时期，国王是"在议会下"行事，在没有咨询谋士之前，他不会做出任何重大决定。法国的总统现在还遵循这一传统吗？确实是在亨利四世时期，国王的谋士，不能说是开始出现，但至少有了头衔并且几乎每天都在国王身边，他们被称为"国务秘书"，相当于美男子腓力时期的"秘密教士"。他们都经验丰富且勤勉努力，被戏称为"老头儿"，其中有些人在亨利三世时就已担任要职了。他们之上是国家的两大支柱性人物：叙利和掌玺大臣舍维尔尼。

国王在巴黎时，每年都会在卢浮宫多次召集议臣（"国务议臣"具有实权）。议会的时间都很早，有时在国王楼的办公厅，有时在花园里。国王和他们一边散步一边讨论，还时不时停下来询问园艺师或建筑工。如果国王需要写字，则会有仆人弯下腰。

安置好与君王联系最为紧密的机构同样很重要，尤其是亨利四世时的机构规模比之前的更为庞大。这个永恒的问题一直困扰着波旁家族和19世纪的统治者。保留着亨利三世时期状态的卢浮宫或尚未完工的杜伊勒里宫，都无法完全胜任这一角色。所以从某种程度上说，将它们结合起来不失为一个折中的解决办法，而且相对容易实现。瓦卢瓦王朝的国王们也想到了这一点，只是不曾动手。再次强调，是亨利四世正式提出将沿河的两座宫殿连接起来的。这样的结合，与其说是为了增加新的空间，不如说是为了通过一片宏伟的建筑群来展现王权。新王朝亟须得到认可,这与230年前查理五世在内战之后采取的行动如出一辙。

杜伊勒里宫与小画廊之间相距500多米,两座建筑都还不具备结合的条件:杜伊勒里宫尚未延伸至塞纳河边;小画廊仅仅开放了一楼,勉强与卢浮宫相连,还无法承担连接的角色。所以,首先需要将小画廊扩建改造,使之扩展至河边,并且把沿岸的城墙拆除,新建与杜伊勒里宫相连的长廊。同时,杜伊勒里宫也需扩展至塞纳河边。这似乎与乌菲齐美术馆和皮蒂宫之间那处著名的连接建筑并不相关,因为亨利四世本人对外国的文化史丝毫不感兴趣,而且玛丽·德·美第奇还没有来到卢浮宫。

长廊总长为227土瓦兹[①],即442米。国王并没有把这个宽阔的长廊视作住宅区或豪华的艺术长廊,而是一处必要时使用的安全通道,用于逃生或秘密离开宫殿(因为他忘不了过去发生的事)。这条重要的连廊(让人联想到枫丹白露宫的弗朗索瓦一世长廊)连起了两座宫殿,并衍生出一些附属区域。国王有更长远的规划吗?

伟大工程?

在枫丹白露宫的鹿廊中,有一幅创作于17世纪并在第二帝国时期经过修补的壁画,画上俨然一座想象中的卢浮宫,宽阔的面积占据了与杜伊勒里宫之间相隔的空间。方形庭院与70年后的样子相差不大,庭院西面画了一座同等大小的方形建筑,一直向西还有

[①] 土瓦兹(toise),法国旧的长度单位。——编者注

第五章 创建者亨利
HENRI LE BÂTISSEUR

一座更为简洁的方形建筑。德塔耶尔收藏的两幅平面图,据巴贝隆所说,"很可能是在 1595 年和 1603 年提交给亨利四世的"(但这只是假设),这两幅图展现的卢浮宫虽然有差别,但十分相似。以及,塔瓦纳的回忆录中描述了一处相似的计划,但他使用了表示假设与猜测的条件式,使得可信度大大降低。

将想象中的卢浮宫平面图与拿破仑三世时期成型的卢浮宫实际平面图进行对比,有人认为这些想象是法兰西国王们的"伟大工程",从亨利四世开始显露雏形,在两个半世纪后实现。在南边,卢浮宫和杜伊勒里宫以不协调的方式相连,使得布局显得不太合理,这自然而然地催生出一个构想:在北边也要用一条相似的长廊相连,再清理、重建中间这片广阔的区域。自亨利四世起,许多建筑师沉浸于这一想象,一直到大革命以前,他们绘制了大量的设计图纸,但从没有一任国王正式开展这项难以实现的宏伟工程。在我们看来,这个经过深思熟虑的计划,无疑只是一个梦想,可是又有哪个城市规划师没有做过类似的梦呢?虽然这一梦想是由亨利四世合并两座宫殿的做法引起的,并由此激发出了丰富的想象,但国王本人并未沉浸其中。他清楚地认识到,两座宫殿间的街区人口密集,建筑林立。那时的地图显示出,在亨利四世统治末期,在今天的拿破仑庭院、卡鲁塞勒庭院以及博物馆覆盖的所有区域内,有四五条平行的南北向街道,两边都是公馆和住房,还有以前的三百人收容所(位于现在的罗昂拱廊和杜尔哥馆)。如果只是为了在宫殿周围建些庭院和花园,亨利四世和后来的国王首先面对的问题就是无权征用土地,其次,在民众心理和财政方面,也无法启动这样一个既不得民心又花费超支的计划。没有证据表明亨利四世考虑过这个"宏伟方案"（J.-P. 巴贝隆），相反，没有国王的反对意见，街区里建起了更多的住宅。例如福满多街（贝杭根公馆和拉瓦雷纳公馆），这条南北走向的小路穿过今天的拿破仑庭院，上面的建筑几乎和玻璃金字塔差不多高了。

继续推进把旧卢浮宫扩建 4 倍的计划，意味着放弃在卢浮宫和杜伊勒里宫之间进行建设这一无法实现的想法。从此，两座使命不同的宫殿之间仅由一条走廊连通，除了偶尔的庆典之外，走廊只起着连接作用。

至于刚才提及的德塔耶尔的平面图，首先它十分粗略，其次也无法看出上面体现了国王的想法。图上没有任何官方的字体，也不是出自王室档案馆。这可能只是建筑师或者爱好者的幻想，偶然被绘画收藏家德塔耶尔收集了。在建筑史上，这种情况并不少见。因此，还需仔细鉴别，才能据此推测存在北边长廊的设想。枫丹白露宫的壁画确实是在亨利四世时期完成的，但其创作意图和发起者并不明确，并且在第二帝国时又被大加修整（这是为了让拿破仑三世入住时卢浮宫更添古典气韵吗？）。因此，也不能相信此画。但值得注意，后来方形庭院达到了画上的规模，在这一点上，也仅有这一点可以证明，这一想法来自波旁王朝的第一位国王。然而，在那时庭院旁已经有建筑的地方，还画上了一个方形大花园，这也证明了此画的虚构性。虽然确实存在因心血来潮就摧毁一整片区域的独裁者，但是法兰西的国王深受"习惯和理性"的影响。

在王室宫殿的建筑规划上，有必要区分国王研究、拨款、下令、施工的实际举动与文人们想象当时的建设背景而做出的推想。事实上，亨利四世构思的方案是，一方面，沿塞纳河连接卢浮宫和

第五章　创建者亨利
HENRI LE BÂTISSEUR

杜伊勒里宫；另一方面，计划将方形庭院扩建至四倍。要做到第一点，需沿塞纳河在城墙遗址上建起一道长廊，在较狭窄的区域，长廊甚至紧挨着临街的房子。法国旧制度时期的国王没有任何一位正式研究过或启动过北边长廊的设想。这项宏伟工程最终只成为画室习作的对象或出现在贝尼尼的画中。

不同于某些历史学家的观点，我们在此认为"伟大工程"只存在于某些不相关、不负责的人士的想象中。

为了结束对这个问题的讨论，有必要提及第一位探讨卢浮宫和杜伊勒里宫占地空间问题的君主——拿破仑一世。他想利用圣尼凯斯街刺杀事件趁机解决问题，但最终既没有完全扫清这片区域，也没有做到把四边形区域封闭起来。拿破仑一世之后的君王们重拾旧制度时期国王们的保守主义，并没有继续这项工程。直到拿破仑三世，这一宏大的蓝图才真正得以实现。这也是拿破仑三世实现的伟大成就之一。

在将近三个世纪中，卢浮宫和杜伊勒里宫建筑群都处于矛盾且不合理的状态。两座独立的宫殿只由一道长廊相连，并没有达到真正的和谐（建筑高度都不匹配）。这段时间以来，改变这种不和谐状态的想法只存在于梦中。两个世纪里，没有一个国王说过"伟大工程"，它不过是某些人的痴心妄想。

回到将两座建筑相连这个重要且可行的项目上，亨利四世想要尽快展开工程。首先，小画廊需要扩建，以便承担连接建筑的重任，也就是要增加一层。工程于1594年冬天启动，两三年后完工，上刻字母HG（其中G代表Gabrielle，国王的情妇加布里埃尔）表明了它的建造时期。小长廊的西立面经过翻修，呈现出这样的布局：科林斯式壁柱包围底层的拱形门洞和上层高窗。在三角拱肩上，至今还可以看到巴泰勒米·普瑞尔的浅浮雕，他利用人物的肢体、翅膀、褶皱的衣物和号角丰富了这片难以装饰的三角区。

底层继续用作花园，在西边修建了一处气势雄伟的入口，比亚尔在此雕刻了一些"眼神憔悴、盯着膝盖，头颅低垂、带着沉重的悲伤，拖着身体"（H. 索瓦尔）的奴隶。但雕塑在 1661 年消失了。这座朝向塞纳河、传说中查理九世在此开枪的建筑，可能只有在亨利四世时期才被打通了西端的尽头。在新建的二楼预先规划了一间豪华的厅室，即国王长廊，从 1595 年开始布置。16 世纪出现了许多肖像长廊，亨利四世可能对此早有耳闻，但并不十分了解。

在长廊的天花板上，杜桑·迪布勒伊描绘了神话的场景（他的几幅作品草图至今还保存着）。他的学生雅各布·比内尔在他 1602 年逝世后进行后续创作，卢浮宫中还藏有雅各布·比内尔的一幅肖像画《笛手》。亨利四世命雅各布·比内尔负责完成之前向迪布勒伊订购的墙面装饰。正如威尼斯总督府大厅中的肖像画，亨利四世想要命人画出他之前的 63 位法兰西国王以及王后的肖像画。很显然，这是为了展示王室的延续和交替，以消除部分人对王权合法性的质疑。但这份名单准确吗？时至今日，历史学家计算出一共有 78 位君主。最终，雅各布·比内尔画出了其中 14 位的肖像画，"与真人一般大小，衣着和姿势符合各自的特征"。亨利四世的画像位列其中（现存此画），通过这样的方式，他终于完全成为王室血脉的一员。还有瓦卢瓦家族和波旁家族共同的祖先圣路易（路易九世）的画像。但普布斯于 1610 年创作的玛丽·德·美第奇的画像似乎并不在这条长廊之中。画像中，她身着佩有百合花徽的长裙、轻薄的

第五章 创建者亨利
HENRI LE BÂTISSEUR

领饰，头戴皇冠，但是面容呆板，看不出一丝智慧。可惜的是，这一系列肖像画在1661年的大火中被焚烧殆尽。

这条长廊受到了赞赏，"我们不能忽视它在法兰西长廊绘画理念中的作用。亨利对此感到自豪，他喜欢在此散步、接见，在面朝塞纳河的阳台上逗留"（皮埃尔·科尼昂）。

没人预料到会沿着塞纳河修建一条连接长廊，并且自然而然地命名为"水边长廊"。这一指令是向谁下达的呢？首先，得解决建筑师之间的矛盾。

巴蒂斯特·安德鲁埃·迪塞尔索是雅克·安德鲁埃·迪塞尔索之子，也是卢浮宫御用建筑师，上文已提到，他于1585年离开了。在王权空置时期，马耶讷公爵将职位交给了皮埃尔·比亚尔。但是亨利四世并不认可这样的指派，于是他将这个职位交给雅克二世·安德鲁埃·迪塞尔索。他是巴蒂斯特的兄弟，而且还是新教人士。就这样，雅克二世觉得突然走上了人生巅峰，他想成为国王唯一的建筑师，可以支配所有开销，一如从前的莱斯科。而新的建筑总管让·德·富尔西觉得他的要求甚至比亨利四世赏识的路易·梅特佐还要过分。1594年10月起，国王让路易·梅特佐"负责指导泥瓦工、雕刻工、木工、铁工的所有工作以及监督卢浮宫、杜伊勒里宫、枫丹白露宫、维莱克特雷城堡以及香波堡等建筑的工程进展"，他每月的工资是800埃居①。迪塞尔索向财政委员会抗议，委员会将此事呈交给国王。国王坚决支持富尔西，立即回应道："我想要多少建筑师就有多少。"并且从此禁止建筑师担任拨款审核者，

---

① 埃居，法国古货币，1641年以前为金铸币，以后为银铸币。——编者注

由建筑总管全权负责。

这是国王典型的管理手段，重掌主动权后，他又成功协调两个对头，让他们共同管理工程，尽管两人之间免不了摩擦。然而没有任何一份档案记录了正式任命的"旧卢浮宫新增区域"各部分设计者，那时的行政文件如出一辙，"无法找到署名令人气恼，但也可能具有启发意义"（让-皮埃尔·巴贝隆）。一如后来的皇家广场和王储广场，这位贝亚恩人（亨利四世）才是工程真正的负责人。而我们都知道，1594年3月入住巴黎的国王，在两个月后决定了杜伊勒里宫的扩展规划，10月签订了卢浮宫的工程，紧接着就决定连接两座宫殿。1595年1月9日第一个泥瓦工程招标是在富尔西的府邸进行的，"为建造一处新的大画廊，从卢浮宫以前的长廊部分（小画廊）一直连到杜伊勒里宫"。

塞纳河沿岸并不存在土地权的争议，于是工程很快得以开展。河岸的壁垒被砌平后，1595年在地基上建起了大使殿。之后，沿着河岸和街区的房屋又建起了长达227土瓦兹（442米）、宽18法尺（9.7米）的水边长廊。

从社会学角度看，此建筑工程掀起了一股风潮。原本福满多街（拿破仑庭院）两侧都是村民的房屋，但在那一时期绍姆贝格、贝杭根、拉瓦雷纳的府邸相继建起。"这在该街区的历史上还是第一次，宫廷贵族和新贵族的代表们把自己的豪华府邸选在这里"［伊夫·德·基施（Y. de Kisch）］。

国王一边关注着工程的进展，一边留意着宫墙外的问题。1598年2月，一位骑士骑着精疲力竭的战马出现在卢浮宫前，守卫的士兵惊慌不已。骑士来到国王的寝宫，大声说道："陛下，我们占

第五章　创建者亨利
HENRI LE BÂTISSEUR

领了迪南！""不可能吧！"庞隆说道。"真的！来自圣马洛的丕平·德·拉普朗什比我知道得更清楚，他就在那儿！"骑士回答道。亨利让人为他备好食物，并要封他为贵族。"不用，陛下，您就给我一匹侍从的马吧，我的马已经累趴下了。"

两个月后，南特敕令签订。但是这份敕令引起了两大阵营的激烈冲突，特别是在都城中，这让那些老巴黎人想起了曾经的圣巴托罗缪事件。宗教战争持续了60年，洗劫了大多数的省份，为了平息战争，需要做出巨大的努力。1599年1月，国王在卢浮宫召见议员，并向他们说道："你们来此觐见朕，而朕并不会如先王那般以一国之君的身份与你们交谈，不持剑不挂袍，也不会像与大使那般交谈。朕会如一家之主，身着便衣，像同孩子交流般坦诚。"无论对谁，亨利都有一套说话的艺术，因此他获得了很高的人气。

这个时期还流传着国王的一则趣事。有一次，国王在花神馆前的塞纳河边乘船，船夫没有认出他。国王问船夫："国王可下了什么好政令？""啊，国王啊！他可真是个相当不错的人，但他有个情妇，在这个情妇身上可是要花费不少买衣裙和首饰的钱。而且还不知道这位女士是不是只属于国王一个人，据说她身边可还有好几位情人呢！"

船夫说的有道理，但是亨利对此无动于衷，没有去管这个传闻。1599年2月28日，卢浮宫中正举行宴会，国王当着所有来宾的面大声地告诉加布里埃尔·德·埃斯特雷："夫人，这是我神圣的指环，现在我将它交给您。复活节后就举办我们的婚礼。"

这枚戒指是否就是卢浮宫中那幅著名的枫丹白露派画作中的年轻裸女手上展示的那枚戒指呢？画中的人物也许就是加布里埃尔，

她旁边出浴的女士用两根手指轻捏着她的乳头。我们注意到，这两位优雅的女士都用了她们的左手，这是否象征着她和国王之间不完美的结合呢？这个时期留下许多不解之谜，至今我们还参透不了其中的奥秘。

那个时候的卢浮宫即将迎来一位新王后。可是，到了4月，加布里埃尔突然香消玉殒了。

塞纳河边，梅特佐似乎占据着上风，迪塞尔索也分担着任务，两人各自行事。亨利四世看着工程的进展心满意足。托马斯·普拉特于1599年旅行至此地说了这样一番话，虽然他混淆了石头和大理石，但所言应该属实：

> 宫殿里的房间实在多得惊人，而且国王还在建造新房间。城堡的扩建与装饰实在花费甚大。主要的装饰建筑是一座用精雕细琢的大理石建成的雅致建筑物，从宫殿一直延伸到宫外的花园——杜伊勒里宫。沿着这栋建筑建起了一道长廊，国王可以在这里散步，查看塞纳河上发生的种种。国王雇佣大量工人每天进行施工，以期尽快完工。我亲耳听说，当国王赢了老式网球比赛获得收益时说"这是给我的工人们的！"他还时不时会说，在他这个年纪开始这样一项工程略显古怪，但他这么做是想有个散步的地方，可以看看宫殿外的塞纳河上发生的事。

那个时期，整条长廊都开设了窗户。

虽然工程取决于国王的喜好，但他的意志偶尔会受到身边出

第五章　创建者亨利
HENRI LE BÂTISSEUR

现的几位女性的影响。加布里埃尔去世之后，亨利四世在亨丽埃特·德·昂特拉格身上花费了大量的金钱和精力，而后又艰难地摆脱了她。最后是玛丽·德·美第奇，他们在里昂成婚，并于1601年2月15日来到巴黎。在进入卢浮宫后，玛丽对厅室的破败惊讶不已，拒绝再看法兰西国王的宫殿。于罗·德·舍维尔尼写道："几件劣质的家具。一片陈旧破乱。"随后，她还声称夜晚在此散步时感到从未有过的害怕。但最终，她对亨利四世为她在南翼二楼整理出来的住处还是比较满意的，这里具备和国王寝宫相同的规格，5间同时朝向庭院和塞纳河的相通房间：1间守卫厅、1间作为用膳厅的侧厅、1间客厅、1间有细木雕刻墙板和银制床栏柱的卧房以及1间用来写信和收集饰品的小书房。这就是后来的查理十世长廊，一直保持着原来的房间格局。

就在此地，国王向王后引荐亨丽埃特·德·昂特拉格："这位女士是我的情人，希望从今天起她会是您谦卑的仆人。"但是，由于这位宠儿在向王后行礼时随便应付，于是国王将手坚定地摁在她的肩膀上，强迫她向王后屈膝行礼并亲吻王后的裙摆。

国王毫不犹豫地将玛丽口中的"荡妇"留在了卢浮宫，这种专制有时让他身处进退两难的境地。"他实行的是一种阿拉伯式的婚姻观念，让妻子和情妇、婚生子和私生子全都住在一起"［菲利普·埃朗热（P. Erlanger）］。

至于王后，她虽然并不睿智，但深受老朋友莱奥诺拉·伽里伽伊和其夫的影响。她的这位朋友，外表虽不讨喜，但头脑清晰。而其夫康西诺·孔奇尼是一位身材高大的美男子（凡尔赛宫有其画像），曾身负要职，将在卢浮宫的未来15年中起到重要作用。

王室继续生活在这片不甚舒适且狭窄的地方。不久后，送给王后滋补的阉鸡吵醒了小王储。当时他被安置在王后寝宫下面的中二楼。

守卫厅中时常举行芭蕾舞会。新王后参与的第一场芭蕾舞会是1601年上演的《16位代表美德的女士》。芭蕾经常与当时被称为"假面歌舞剧"的表演结合，因此可以看到演员在背上弹奏小提琴的场面："事实上他们是倒退着走，面具则放在后脑勺上。"某天还上演了7个土耳其人骑上7匹骆驼的表演，可以在画集中找到2个男人隐藏在驼峰形状的罩子中的画面。

1603年7月28日，卢浮宫中出现了一个奇怪的人物。这是一位身材高大的女人，穿着过去的服装，头戴干草似的假发，脸上和袒露的胸上施的脂粉无法遮住岁月的痕迹。她就是从前布朗托姆称为"纳瓦拉的美丽王后，世上第一美人"的玛格丽特·德·瓦卢瓦，即玛戈王后。23年后，她回到了卢浮宫。亨利和玛丽在大楼梯顶上友好地欢迎了她。她有时会回卢浮宫，仍旧受到家人一般的接待。

塞纳河边的工程还在继续，据《弗朗索瓦信史》记载，"只能看到一直在劳作的泥瓦工"。1608年，即便是下雨天，王储也可以坐在马车中漫游长廊。他会在这里和同父异母的兄弟们玩耍，还会玩"跳骆驼"。骆驼由法国最著名的公爵之一——讷韦尔公爵——所赠。

1608年1月1日，据叙利所言，国王可以沿着长廊从卢浮宫走到杜伊勒里宫了。从此，他可以在里面和外面闲逛，尽情享受广阔的散步空间，无须经过公共道路就可以直接从自己的房间走到杜伊勒里宫的花园。他也可以边散步边讨论公务。"多少次，叙利都

第五章 创建者亨利
HENRI LE BÂTISSEUR

得在卢浮宫的长廊里,跟在自己的主人后面跑。国王则大步走在前面"(让-皮埃尔·巴贝隆)。"有了长廊,才有了后续的发展"(热那维·布列)。

长廊壮观的立面受到了公众的喜爱。1608年10月,马勒布在写给佩莱斯科的信中说道:"如果你两年后再来巴黎,就会认不出来这里。长廊尽头的宫殿(花神馆)快要完工了,杜伊勒里宫长廊的建设也加快了速度,底部楼层的窗户都已做好了。"

第一个"大卢浮宫"的整体工程在1609年完工。亨利二世时期的宫殿背对城市,大门紧闭,而他的第四任继承者把宫殿面朝河流以及城市中心。由于这一壮观的建设,巴黎的城市风貌发生了变化。早在之前,塞纳河沿岸就已出现了一些著名的建筑,如西岱宫、大教堂、市政厅、森斯府邸,但这些建筑只是装点了河岸风光。卢浮宫则不同,作为河岸上的主要建筑,它将影响周边的建筑风格,在随后的几个世纪中,卢浮宫周边将出现各种样式和功能的建筑。假如亨利四世没有率先决定修建这一长达500多米的沿河建筑,这里可能就会被地产开发抢占,在塞纳河沿岸建设一些岛状住房群,而这些建筑的设计绝不会把艺术审美放在首位。从卢浮宫一直到新的法国国家图书馆,后世的政权一直以亨利四世为榜样,努力维护着这片水上大道的风光。但是贝尔西火车站很遗憾地打破了这条原则。

相反,长廊的东边在查理五世时期的卢浮宫遗址上惨淡收工。这是将来需要重点修整的地方。

水边长廊是当时最长的走廊,但外立面并不统一。这是由两位建筑师分建两个建筑的结果,也符合当时对不同建筑的审美需求。

部分长廊在城中，另一部分在城外，因此分成了两边。

如今我们通过重修或多或少还保留了东边的部分，这可能是梅特佐的作品，风格相当繁复，符合那个时期彰显王室宫殿地位的诉求。其建筑布局极具魅力，建议读者亲自前往观赏。

从下到上，可以看到地下室一排奇特的门窗洞；一楼的小窗两边是一对壁柱，壁柱上有凹槽和虫迹状的凸雕纹；中二楼有3.5至4米高，窗户之间隔着凸起的矩形板子；真正意义上的画廊所在楼层则设计了高高的窗户，两边是成对的壁柱，壁柱上交替出现三角楣和拱形楣，这也许对应了不同用途的厅室；最后是一层顶楼。有两个细节要注意：壁柱柱头上饰有圣灵的圆形浮雕，这是亨利三世定下的规矩，亨利四世继承了下来；另外，在一楼檐壁上雕刻着海怪和嬉戏的孩童，可能是来自勒赫兄弟，但作者和时代已无法确定。

长廊穿过卢浮宫圣托马斯路的中心线，后来成了巴尔贝·德·茹伊门。这里明暗对比强烈，两侧是环形浮雕的立柱，门上有一个阳台以及长廊的一扇窗户。字母H和G还留存着关于加布里埃尔的记忆，这也表明，在她生前，这部分建筑就已经开工了。这一繁复的搭配，比起整体线条更注重细节，鲜明地体现出所谓的"亨利四世风格"。

从莱迪吉耶尔馆往西的长廊，据说是雅克·安德鲁埃·迪塞尔索的作品，可惜在第二帝国时期被拆毁了，如今我们只能通过几张图片来了解。这里和东边的部分完全不同，巨大的廊柱上交替出现三角楣和拱形楣，沿河都是整齐、壮观、平坦的布局。北立面也是如此，但北面正对着曾经密集的居民区（如今的卡鲁塞勒广场），因为和房屋靠得非常近，以至于在很多地方都看不见这一面。从留

第五章　创建者亨利
HENRI LE BÂTISSEUR

存的几张照片和对面里沃利街上由佩西耶、方丹修建的北楼上，还可以看出一些影子。

佛兰德斯画派的塞曼（17世纪初从法国北部来巴黎工作的一位艺术家）有一幅画作，珍藏在卡纳瓦莱博物馆，展现了亨利四世统治末期，从塞纳河上看到的卢浮宫，那时呈现出的还是一片田园景象。从画中可以看到，左边是小画廊和水边长廊，风格考究、对称，布局壮观但缺乏变化；接着是通向国王楼的通道，极其隐秘，可能是一条仅供步行的过道；接着是被四面墙包围的国王楼，这是当时宫殿的主体建筑；再接下来是方形庭院的新翼楼，由瓦卢瓦王朝最后几位国王修建，东南角的塔楼与之相连，这座塔楼曾是腓力·奥古斯都时期的宝石加工塔，离艺术桥的出口处不远；往右看，最后是小波旁宫，那时它已是宫殿的附属建筑。

因为与卢浮宫相连，杜伊勒里宫就不再是一处独立的建筑了，而成为依附于卢浮宫的宏伟建筑，但至少在居住的舒适度上可以与卢浮宫比肩。但是国王不愿住在这里，坚持要住在传统的宫殿里。

在卢浮宫治国的所有君王中，从腓力·奥古斯都到路易十四，亨利四世是其中最能与卢浮宫画上等号的一位。不仅是因为在他的手中，卢浮宫的面积得到显著扩大，而且因为他为了证明王权的合法性，将这座宫殿变成了历史的见证和王权的象征。

正因如此，从那时开始，卢浮宫承担了外交角色。1607年，亨利四世创立了"卢浮宫礼遇"，专门赐予外国王子、公爵和朝廷大员，他们有权坐马车或轿子出入卢浮宫和所有法兰西国王和王子的宫殿。这样的特权一直保留到了大革命时期。在此后很长的时间里，虽然这一叫法得以保留，却不再与卢浮宫相关了。

卢浮宫全史
LA GRANDE HISTOIRE DU LOUVRE

  为了连接新建的水边长廊和杜伊勒里宫，在1607—1610年，连接处建起了一座方形楼，即后来被命名为"花神馆"的建筑。这座建筑一直保留到了第二帝国时期，在一些图片上还可以看到林立的科林斯壁柱。

  亨利四世没有足够的时间给这条宽阔的长廊配置符合日益强大的王国的装饰。这个问题留给了他的后继者们。

  水边长廊并不是巴黎的第一道长廊（在路易九世时就有司法宫的梅西耶长廊了），而且，据贝鲁斯·德蒙克洛的观察，"长廊（galerie）"这个词几乎什么都可以指代。一般来说，该词包含了两种功能的建筑，要么用作通行，要么用作接待。此处，这个宽敞的空间应该是连接的通道，国王可以轻松穿行于两座宫殿之间，经由长廊到达"小花园"（近卡鲁塞勒凯旋门），或者来到用于在特定节日彰显天赋王权的地点。他会在此触摸瘰疬患者（因患结核而脖颈处腺体肿胀的人）。这个仪式持续了多年，而且需要经过周密的筹备：预先让病人经过医生的诊断（用眼睛观察虽然是不可靠的），再把最容易传染的病人隔离。无论亨利四世有什么看法，为了继承传统，他都必须坚持迎合这个仪式。但奇怪的是，最后他把这个仪式交给了小王储代理。王储离开度过了大部分童年时光的圣日耳曼，回到卢浮宫，从1608年起住在国王楼二楼。国王还强迫他进行其他仪式，比如给病人洗脚，对此王子抗拒道："不，我不愿意！他们的脚太臭！"确实是太强人所难了。

  亨利四世还规定这片狭长的空间不能被分成小厅室，必须保持相通（杜伊勒里宫直到被毁前都在恪守这条不合理的规定）。而且，他在1608年12月颁布的国王诏书中宣布（在1595年1月的工

第五章　创建者亨利
HENRI LE BÂTISSEUR

程契约中已预先设想好）保留画廊，将整个一楼和中二楼分配给"众多优秀的工匠和可以创作出油画、雕塑、金银制品、钟表、宝石镶嵌品或者其他杰出艺术品的大师"，包括为宫廷尤其是卢浮宫服务的艺术家和工匠。所有人的住宿免费，可以尽情在此施展才华，自由创作，"可自行教授学徒，让他们今后在广阔的国土上能安身立命"。

在二楼的画廊下，不同的楼层之间用隔墙分开，有些至今还保存着，隔墙垂直的侧面宽5到6米，与朝向塞纳河的窗户长度一致。楼层之间可经狭窄的楼梯上下通达，楼梯现都已消失。"画廊地板下"的楼，从上到下分为两层（上下夹层），底楼为工作室和商店，最后是地下室。在画廊下的每一间房都带有拱顶，有几个留存至今。经检测，在顶部的砌面中发现了装饰画的痕迹，可能是曾经住在这里的画家所画。因此，地面和画廊地板之间就像一个3层或4层的夹层蛋糕，天花板十分低矮，与建筑外部的轮廓线并不一致，而且很多都没有窗户。如今，我们看到的17世纪初的该建筑外观图上，在画廊层下只有两层楼，下层低矮，上层稍大，但这些图显然创作于工作室。我们有长廊不同楼层的平面图，以及双层房的剖面图。由此可数出26个平行于河岸、半层楼高的房间，它们可经由墙后的一条长走廊连通，走廊是会面以及孩子玩耍的好去处。房间背朝奥尔蒂街，这条狭窄的小巷与走廊在同一水平面上（街面与房间的高度差对维斯孔蒂来说是一个难题），还将长廊和拥挤的街区隔开了。这一排沿河的楼房存续了整整两个世纪，其中有几处被打通了，作为拱顶狭廊的通道。出于安全考虑，晚间通道会关闭，就如今天的巴尔贝·德·茹伊门厅的通道。

在长廊北面的不远处，宫廷膳房庭院内的沟渠中会流过泔水和便桶中的秽物。在人们清除渠道的污物时，散发出来的恶臭持续了3周，有时整个宫廷的人都会逃走。尽管气味难闻，房间狭窄且光线幽暗，但是这片区域内还是人来人往，在旧制度时期，每届管理部门都会确保此地的正常存续。

受益于此的艺术家有时会被称呼为"名人"。一直到大革命时期，这里曾接待过西蒙·乌埃、拉吉利埃、里戈、夸佩尔、夏尔丹、科尚、布歇、小莫罗、乌德里、皮加勒、布沙东、布瓦佐、莫里斯·昆汀·德拉图尔、普吕东、韦尔内、吉罗岱、伊萨贝、格罗以及其他对卢浮宫的历史至关重要的人物。

在这些当时所谓的"小店"或"小房"中，画家雅各布·比内尔、路易·梅特佐还有与他一起工作的亲兄弟克莱芒是第一批受益者——后两位从1608年起就住在8号房中。在这份"受益者"名单上，还有用大马士革钢锻造刀剑的铁匠、制作柜子的木匠、使用精密工具的工匠。这是真正的皇家工作室，不受行会管理，艺术家们还可以将这种权利传给自己的孩子或学徒，勒内·皮洛尔热就曾指出其存在的重要性。卢浮宫中艺术家的住所一直存在了两个世纪。

在这个充满艺术家和工匠的卢浮宫中，国王还加入了挂毯工作坊（1601年起，国王禁止进口国外的风景挂毯），它们直到1671年成为戈布林挂毯制造厂后才搬了出去。1608年，国王准许皮埃尔·杜邦在卢浮宫开设一间"土耳其式地毯"作坊。此外，还有一间制作双面筹码和其他钱币的作坊一直留到了1775年巴黎造币厂建立前。

国王把位于小画廊附近的一楼部分区域用来专门展出从枫丹白露宫搬来的古董和雕塑。因为它们在原来待的地方遭到损坏，于是

第五章　创建者亨利
HENRI LE BÂTISSEUR

国王让路易·梅特佐（一份存档文件中提过他的名字）将它们挪到了这里。为了促进比利牛斯区的产业发展，亨利四世想让这间厅室（即奥古斯特厅）全部装上黑色、红色、灰色和碧玉色的大理石。据索瓦尔记载，"窗间墙上饰有纺锤形柱和大理石雕像壁龛，其中有战神玛尔斯、吹笛人和维纳斯"。这里还有著名的雕塑《狄安娜与鹿》，如今看到的是古希腊雕塑师莱奥哈雷斯的原作的大理石复制品，这是教皇保罗四世送给亨利二世的礼物，也是法兰西藏品中的第一件古代艺术品。在凡尔赛宫待了一个世纪之后，今天它又回到了女像柱厅，距离原来的位置只有几米远。

这间古代艺术品大厅在某种程度上可以说是博物馆的祖先，它和沿河的住所-工作坊之间并不相连，如今也是如此。在奥古斯特厅后面还有两个小房间（标记在旧时的图纸上）作为终点。另一边就是保存古希腊藏品的房间，再东面的房间就连接了住所-工作坊区域。

国王对梅特佐的工作很是满意，任命他为"国王首席建筑师和杜伊勒里宫家具守卫长"。虽然亨利四世当时没有时间让人装饰长廊，但他在国王楼进行了装潢工程。国王卧房中的凹室里摆放了吉勒·介朗的四座雕塑，如今被转移到了上一层的古埃及展厅中。他还有一间珍宝室，收藏着艺术品、科学仪器和家族纪念品。

亨利四世还在卢浮宫中启动了另一项不太为人熟知的工程。他非常欣赏克莱芒·梅特佐。他比路易·梅特佐小 22 岁，和路易曾一起工作生活。1607 年 2 月 12 日，亨利四世在一份合同中委派"住在卢浮宫大画廊的克莱芒·梅特佐，修建 10 土瓦兹（19.5 米）长、4 土瓦兹（7.8 米）宽的大水库或蓄水池，就设在圣日耳曼奥赛尔广场上，靠近卢浮宫沿河的城墙。通过陛下命人安置在新桥拱孔上的抽泵从河里抽水，再把水输送到各处"。

事实上，从1602年起，亨利就命佛兰德斯工程师在新桥处建一个抽泵。市政机构对此感动不已。国王让叙利告诉他们："这座桥是用我的钱造的，没有用他们的钱。"抽泵建好后被命名为"萨玛莉丹（Samaritaine）"，现在已变成这里的地名。蓄水池中一有水，水就被输送到卢浮宫和杜伊勒里宫的花园。这处带有拱顶的蓄水池一直处于使用中，17世纪的布里斯写道："这里经过改造，变得十分宜居。"1608年10月，马勒布在给佩莱斯科的信中写道："新桥的水通到了杜伊勒里宫。"也就是说，塞纳河的河水经"萨玛莉丹"的抽取，再经过梅特佐蓄水池的输送，最后到达了杜伊勒里宫，中间可是经过了1000多米，这确实是一个绝妙的公共工程。接下来的几年里，克莱芒·梅特佐一直在修建沙勒维尔公爵广场。

由此，亨利四世修建了一座符合他的生活方式的宫殿：有一部分的私人空间、一处操劳国事的场所、散步的去处和花园。国王的住所并没有那么奢华，他如先王一样，对在国王楼的小套房很满意。叙利曾讲述，1月1日，他和一些朝臣走进国王、王后的房间，向他们献上新年礼物。国王听到动静后醒了，掀开帘子，对睡在身旁的王后说："亲爱的，是罗尼来了，我肯定他是过来给我们送新年礼物的。"但玛丽背对着他，没有动弹。"她没有睡着，她是生气了，这一晚上她可都在烦扰我。醒醒，睡美人，过来亲亲我，别再抱怨了。"

国王起身，光着腿，只穿一件衬衣，双脚一如往常那么脏。他将首相带到隔壁的房间，一路上都在抱怨王后糟糕的性格。

第五章　创建者亨利
HENRI LE BÂTISSEUR

但是这种情绪并不会影响1月1日的游行。每年,叙利会带去好几包钱币,国王夫妇就把钱币从窗口扔向挤满河岸的伤残老军人。

接着是巴黎市长和市议员们的献礼:整箱的果酱、红葡萄酒和依波克拉开胃酒。

然后,国王开始洗漱,通常只是一带而过,最后喷上大量的香水,不过最终的味道可想而知。王后则经常要沐浴一番,不洗澡的时候会用一块巨大的"皇家海绵"(价值10里弗尔)擦拭脸和身体,但海绵使用起来并不十分方便。

亨利四世让参观的人中头衔最高的为他递上衬衣,这一仪式在他的后继者中变得愈加重要。不过,他经常会穿旧外套,"经过日晒雨淋后磨损发旧,上衣又脏又破"。

卢浮宫中的王室套房楼上是王储的房间,但是王储晚上还经常睡在父亲的床上,吵得国王难以入眠,因为"他动个不停,不是把脚搭在父亲的胸膛上,就是抵在他的喉咙下"。

国王用餐时使用的桌布和餐巾均由最精致的威尼斯布料制成。吃饭对他来说非常重要,因为和波旁家族的其他成员一样,他的胃口大得惊人。时间一到,他就下令:"把我的肉拿来!"在宫廷侍长的示意下,一排人端着盘子出现,在场的臣子依次恭敬地行礼。国王津津有味地享用美食,菜单有"4份前菜、4份汤品、白煮肉和烤肉,其中包括1块牛肉、1块羊脊背肉、1只阉鸡、1块小牛肉、3只母鸡、1块羊肩肉、2份野味、1条小牛脊肉和3只鸽子"。他还会随意添加一些猪肉或甜瓜。他总是狼吞虎咽,而且喜欢吃大蒜,见过他的人应该都知道这一点。

臣民有时会加入国王的盛宴,而且"出席的人很多,而看守和侍卫人数不够,有时竟不能阻止他们挤到国王的餐桌边"[米歇尔·卡尔莫纳(M. Carmona)]。

受召见的人到来时,要遵守一套礼仪。请求接见的人必须亲吻国王的靴子,但不能确保国王接受。在接下来的会面中,国王总会显得亲切和善,很好相处。

亨利四世经常在花园里散步,他还命人在花园里种了桑树,研究养蚕是国王的一项日常活动。他有时会在花园里度过好几个小时,坐在太阳底下的一块石头上,看着工人们修建新卢浮宫,友好地回应每个人的问安。接着,他自发前往叙利或其他人府上用晚膳。晚上,他在6名举着火把的守卫陪同下回到卢浮宫中,继续举行晚会和游戏。游戏失败后(他是个糟糕的玩家),他丢下自己的牌和骰子,看着王后的宫女在女像柱厅中翩翩起舞,时刻准备挑选一个。但一位熟悉国王的女士坦言:"这其实是位想法胜过能力的主儿。"

早上,国王一般会处理繁杂的事务:召开议会,接待大使,处理国事。亨利时常会带着议员走进杜伊勒里宫的花园,他步伐稳健,"聆听、询问,迅速做出决定"。

他也知道,虽然不能完全去除自己身上的异味,但在正式场合,他得盛装打扮。"美丽的女士们装扮富贵华美,但因为戴了太多珍珠和宝石,全都动弹不得。她们在陛下的命令下,在这段时间里陪伴和取悦大使先生们。"可以想象在国王楼来来往往一整天的朝臣、侍卫、仆人、守卫、士兵和访客,小厅室常常挤满了人,总是混乱拥挤。托斯卡纳大公爵的使者写道:"事实上,我从未见过哪个地方比这座宫廷更像个窑子。"

第五章 创建者亨利
HENRI LE BÂTISSEUR

这栋部分翻新的宫殿也举办过几次庆典,但次数明显不及瓦卢瓦王朝时期。国王和叙利一起紧紧抓着钱袋子。亨利四世曾说:"大家说我小气,但我还会做3件和吝啬鬼无关的事——打仗、建房、做爱。"

这里还举行过几次宗教庆典。皮埃尔·德·埃图瓦勒说,国王的妹妹——一位虔诚的胡格诺派教徒,为布道邀请了两三千人聚集在女像柱厅中(对于这间大厅来说已经人满为患了)。这一行为激起了天主教派的愤怒,而国王不得不尽力安抚他们。

国王的手下都是些高声说话、动不动就拔剑相向的人,他们甚至在宫中吹牛皮,进行一些危险的娱乐活动。1606年2月27日,在卢浮宫铺了沙的庭院中举行人像靶活动(一种竞技比赛)之时,巴松皮埃尔的肚子上出现了一道伤口,他写道:"我的肠子透过伤口掉到了鞋子上,我感觉我的肚皮都贴到后背上了。"但是刚一缝合好伤口,他又重新开始比赛。

更为壮观的是,1609年1月21日,玛丽·德·美第奇下令举办"王后芭蕾舞会",王后本人很喜欢这一活动,每年在封斋前3天都会举行。这一次表演的是《狄安娜的仙女们》,马勒布为其中的唱段作韵文,排练则在上层的画廊中进行。一向对此不予理会的国王突然观看了这次演出,随即就被其中一位舞者的美貌折服了。她就是夏洛特·德·蒙莫朗西,一位金发碧眼、有着牛奶般洁白肌肤的女子。国王对她的爱意没有轻易消失,反而影响了他的统治生涯,并且使得国王与王后之间的不和愈加激化。3月,夏洛特和孔代亲王在女像柱厅中庆祝订婚。

每周四和周日,国王和王后总会举行舞会。舞会在同一间灯火通明的大厅中进行。伴着传统的乐曲声,如《在阿维尼翁桥上》,他们围成圈,大跳摇摆舞,舞步并不复杂,动作轻快愉悦。王后喜欢跳舞,但是她的舞伴出于尊敬从不牵她的手,只是拉住她垂下的袖口。有时还会举办合奏会,虽然国王承认更喜欢"芦笛和风笛"。

芭蕾舞会、庆典、演出接连不断,甚至还出现了一些血腥的场面。1594年3月4日(国王进入巴黎两个月后),女士们站在窗边,看着一个在拉费尔涉嫌杀人的犯人在卢浮宫前被处以绞刑;1606年3月,枫丹白露的一个小酒馆老板的儿子被处以车轮刑,因为他"盗窃一位西班牙贵族的钱财,强奸他的妻子,还妄用国王的名讳"。各种轶事伴随着层出不穷的弑君阴谋,被传得越来越夸张。

国王一直忍受着王后的冷嘲热讽,而且越来越惧怕她。在孔奇尼的阴谋策划下,玛丽的开销变得非常庞大。说实话,她也有些承受不了了。亨利曾发誓再也不给她一分钱了,"因为这些钱最后都会直接跑到孔奇尼的口袋里去"。但一般在家务琐事上,他都会让步,他时常离开卢浮宫,并睡在叙利府上。米什莱写道:"这位君王害怕整个欧洲,以至于不能安睡在自己的寝宫中。"这一说法不无道理,但太过夸张。

1610年5月14日,国王从16世纪建起的两座翼楼拐角的"小楼梯"走下楼,登上四轮马车。一个男人在城墙边窥视着他,决定在途中找机会下手,他就是拉瓦亚克。不到七年后,同样在这个庭院中,孔奇尼惨遭暗杀。

"陛下去哪里?"

"带我离开此地!"

国王在铁器街上受了致命伤后,被迅速送到卢浮宫的庭院中,

第五章　创建者亨利
HENRI LE BÂTISSEUR

奄奄一息的国王被放到了拐角的楼梯下。德·瑟里希先生扶住他的头,有人给他喂了些酒。国王最后一次睁开眼,吐出了最后一口气。这是唯一一位在卢浮宫中离世的国王。

国王的遗体被抬到一张扶手椅上(是否就是法兰西学院图书馆中的那张呢?),放在王后寝宫的厅室内(克拉科前厅),王后发出了"异乎寻常的哀鸣"。"国王驾崩了!"她哭喊道。"法兰西国王是不会死的。"掌玺大臣西耶里说,然后他指着沉浸在悲痛中的年轻王储,"这就是活着的国王呀,夫人。"

国王的遗体经过解剖和防腐处理,被陈放在国王楼中,先是放在小房间里,然后是寝宫的凹室中,凹室现位于柱廊内。

6月10日,遗体入棺后被放置在女像柱厅审判室里的一张"荣誉床"上,上面还放着一尊身着王室服装的蜡像。马勒布看到蜡像后写道"十分相像"。床旁边的桌子上还摆放着国王的膳食,一直放了好几天,似乎国王还没有去世。

6月25日,在上百位带着"乌鸦之喙"武器的贵族侍从、弓箭侍卫和宫廷主要领主的陪同下,年轻的新国王身着紫衣派发圣水。直到7月1日,亨利四世去世一个半月后,他的遗体才被运往圣德尼教堂。

第六章
走向方形庭院

VERS LA COUR CARRÉE

亨利四世的离世使得本就难以为继的工程彻底停摆。卢浮宫里的一切都维持原状，而且在此后十多年里，不管是年轻的路易十三，还是为他做决策的人，都毫不犹豫地将旧卢浮宫北面或西面的土地分配出去，让他人建造住所。而土地出让的条件是，"如果陛下想要重新规划卢浮宫，他们不得要求任何补偿"。这是一条基本原则：国王是整个王国的财产所有人，他可以出于任何目的使用属于王国的任何财产。事实上，他很少这样做，并总是进行补偿。至于那时的"伟大工程"，只限于扩展宫殿北面，方形庭院将由此诞生。

领主们在国王的容许下，跟随上个时代的建筑风潮，在当时卢浮宫的大门前建起住宅。卢浮圣托马斯街和福满多街上豪宅林立：菲利波、蓬查特兰、克雷西、奎特利都在这里拥有府邸。特别是1619—1620年，著名的朗布依埃侯爵夫人让人在卢浮圣托马斯街西侧，即如今的罗昂拱廊处建起府邸。朗布依埃侯爵夫人说，她喜欢从窗户看外面街上发生的小偷小摸，可以从侧面看出这个街区的鱼龙混杂。这座府邸从那时起就名声在外，侯爵夫人是文化活动的主持者。在房子的墙上开出一扇扇当时还十分新颖的落地窗后，她就在这个"蓝色房间"中接待访客。侯爵夫人厌恶密集的人群和粗俗的作态,重视谈话的质量。她主要接待作家,最先迎接了两位诗人:威严而装腔作势的马勒布以及略显局促的拉康,后者因自己的发音缺陷而备受折磨,他会把"c"发成"t",把"r"发成"l",于是总会把自己的名字"Racan"说成"Latan"。约1625年,这个街区迎来了瓦蒂尔、沃热拉、盖兹·德·巴尔扎克、高乃依、拉罗什富科,还有弹唱鲁特琴的美人儿波莱小姐,甚至黎塞留。

还有德·蒙托西耶先生,他的雕像如今就在黎塞留馆附近,他对侯爵夫人的女儿朱莉·德·安热讷展开了长达15年的追求,还创作了诗集《朱莉的花环》。婚后,朱莉在卢浮宫中供职。塞维涅夫人有一句著名的话:"在蒙托西耶夫人来卢浮宫之前,朗布依埃府邸就是卢浮宫。"可惜这座府邸被毁于1643年至1660年间。

玛丽·德·美第奇完成了她丈夫生前进行的一项工程——改善宫殿周边环境。南边,在宫殿和城墙之间,原来的花园早就消失了,聚集了靠着建筑物正立面的摊铺、棚屋和仓库。1610年7月,亨利四世去世两个月后,成为摄政的玛丽·德·美第奇下令清除这块区域。国王的园艺师克洛德·莫莱在此之上修建了花坛和人行道。这里还安置了一个鸟舍,以便满足还是孩子的路易十三画猎鹰和伯劳鸟的兴趣——这也是吕伊纳公爵夏尔·德·阿尔贝[①]受到路易十三喜爱的由来。

由于玛丽·德·美第奇的童年时光都在皮蒂宫中度过,所以她

---

① 夏尔·德·阿尔贝(Charles d'Albert),路易十三的驯鹰手,后为首席大臣。——编者注

第六章　走向方形庭院
VERS LA COUR CARRÉE

让人在宫殿的北边设计了一座花园。可以在梅里安的画（1615年）上看到这座花园，花圃四周围绕着林荫小道。花园的面积很小，正好吻合方形庭院北边的一小块地，它的3条边还紧挨着查理五世时期的北翼楼。

从亨利四世被刺杀的第二天起，玛丽·德·美第奇就独揽大权，但她很快就展现出在统治上的无能，即便有莱奥诺拉·伽里伽伊在身旁出谋划策。这个聪明的女人对她口中的"笨女人"确实施加了影响。玛丽在国王楼一楼重新召开议会，但她犯了一个错——排挤叙利，于是其他"老头子"，也就是亨利四世的大臣们，很快又被如日中天的孔奇尼排挤了出去。孔奇尼在1608年被任命为首席骑士官，拥有这个尊贵的身份后，他就有权和大领主们一样骑马进宫，而且还有权直接去敲响太后寝宫的大门。在被封为安克尔侯爵后，这个从未拿过火枪的人，居然被任命为法国元帅。1612年，他让人在巴黎城门处的奥地利街和福万码头的拐角处建起了一栋小房子。房子的一扇门挨着王室花园，再经过一座横跨沟渠的小桥，他就可以不用经过守卫，直接来到太后寝宫了。人们自然会对这样的秘密会面说长道短：

> 女王将来有一天，
> 肚里有个小娃娃。
> 娃娃一定是黑色，
> 因为他属安克尔 ①。

---

① 孔奇尼有安克尔侯爵的称号，在法语中是marquis d'Ancre; 因为Ancre与encre（墨水）发音相同，所以此处戏称娃娃是黑色的。——编者注

孔奇尼作为总管，到卢浮宫时身后跟着十来名穿着制服的侍从和佣人，以及 40 名侍官，这些侍官每人年金就有 1000 法郎。至于路易十三，这位 9 岁的国王虽然责任心满满，但从小就被自己的母亲和孔奇尼夫妇排斥。威尼斯大使写道："他们不向国王报告任何事务，费尽心力让他尽可能远离国务。"

然而，一个与国王密切相关的问题出现了，这也是玛丽·德·美第奇最挂心的事：路易十三和西班牙公主的联姻以及阿斯图里亚斯王子和国王姐姐的联姻。1612 年 1 月 16 日，在国王楼中召开的议会讨论并通过了联姻。晚上，国王来看太后的时候，被告知了这个消息。年轻的路易十三每天会参见他的母亲三四次，就在如今的查理十世长廊处。

"我儿，"玛丽·德·美第奇说，"我想让你结婚，你愿意吗？"

"我愿意，母亲。"

"可是你还不懂得怎样生孩子呀。"

"抱歉，母亲。"

"那你要怎么学会生孩子呢？"

"苏弗尔侯爵先生会教我的。"

为庆祝婚礼，1612 年 2 月的每个周日，卢浮宫中都会进行芭蕾演出，在塞纳河沿岸举行车马游行，在王后寓所中举办宴会，在守卫厅（古代青铜器厅）中上演意大利人的演出。在舞会上，人们跳着当时的流行舞蹈，其中最难的是由学者创作的小步舞曲，由一对配合默契的舞蹈者表演，节奏既不太快也不太慢。男士们戴着用羽毛装饰的帽子，女士们"从肩膀到肚子"都袒露着，吸引看"跳动的双乳"的目光。8 月 25 日，两份婚约在国王的寝宫中正式签署。

第六章 走向方形庭院
VERS LA COUR CARRÉE

但是联姻的后果是玛丽太后没有预料到的。西班牙大使告诉她,南翼二楼国王寝宫旁边的套房,按照传统要留给"现任王后"。对此,她不得不让步,搬到了一楼,曾经凯瑟琳·德·美第奇住过的地方。但她不满足于仅有的 4 间房,因此必须扩建,还要把议会厅占为己有。新的工程又开始了。在扩建期间,太后住在南翼楼的一间小寓所中。在这里,她度过了摄政的最后几年,她曾在自己的阁楼里召开过议会——"内阁会议"一词可能就是那时产生的。她还在此会见孔奇尼,也听取了 1614 年召开的三级会议的意愿,这是 1789 年之前召开的最后一次三级会议。卢浮宫的空间实在局促,于是会议只能在旁边的小波旁宫举行,那里有巴黎最大的一间厅室。我们可以从一些平面图上看到,巨大的殿堂中排列着座席,席位的尽头是一个加高的类似祭台的物品,大殿顶部覆盖着一个拱顶。3 月,国王在卢浮宫召见议员,宣布废除官职税[①],设立司法院。

太后和实际上的总理孔奇尼,继续把控着议会。从 1613 年起,议会陆续在国王的御床接见厅、内厅(国王喜欢自己铺床)或是在大厅中召开。这可能是他们控制年幼的国王的方式。国王被他们玩弄于股掌之间,他被支开去卢浮宫内生产小型火炮的工坊。"我儿,去别处玩吧!"国王有一天出现在议会上时,太后这样说道,而他当时已经成年而且加冕了。

太后和孔奇尼都不担心他们夺权的行为会对这个腼腆、顺从、深藏不露、缺乏自信的少年产生什么影响。他没有雄辩之才,曾饱受口吃之扰,"他一度长时间把舌头晾在嘴巴外面"。这是他的母亲

---

① 财政官和司法官每年需向国王缴纳的税目。——译者注

及其宠臣对他造成的心理影响，他们大大打击了国王伸张正义的决心，而"正义"一词在他眼里无比重要。除了心理和人际关系的问题之外，他的一生还遭受着病痛的折磨（他的第一次肠炎在1616年11月发作，那时他才15岁）。不管是在卢浮宫，还是在其他宫殿，国王在江湖庸医的治疗下吃尽苦头。在短短一年里，医生既放了他的血，又灌了他159次泻药。幸好没有允许他们在国王的饮品中加入鹅粪或是蛇汤。

一天晚上，可能是受病痛折磨，他在房中弄出了不小的响动。住在现在的古希腊雕塑厅下面的莱奥诺拉让人转告国王她有偏头痛，而他的动静吵得她不得安生。"如果她嫌房间吵，"年少的国王怒言，"她在这么大的巴黎还找不到别的住处吗！"在此事上，他们还没有意识到国王的自由意志开始萌发了。

经过繁重的准备工作和排练，芭蕾舞剧还在一直上演，宫内宫外都对此趋之若鹜。1615年的一天，玛丽·德·美第奇不得不长时间弯着身子，因为推推搡搡挤进正在演出《阿尔戈诺特芭蕾》的大厅里的人实在太多了。

一件微不足道的小事，将为路易十三开启在卢浮宫中的翻身之路。1615年6月14日，吕伊纳公爵夏尔·德·阿尔贝，这个懂得在不引起孔奇尼注意的情况下讨年轻国王欢心的人，从德·丰特奈先生手里买下了卢浮宫王室总管的职位，还得到了国王楼中的一处寓所，正好就在国王住所的上面，即中楼的第三层，如今的七壁炉厅上层。玛丽·德·美第奇和孔奇尼没有太过注意这位穿着不入眼、相貌俊秀、举止得体的南方小贵族。他负责处理"偷盗案件"，擅长老式网球，懂得获取这位头戴王冠却失意隐忍的"哈姆雷特"

第六章 走向方形庭院
VERS LA COUR CARRÉE

的信任。国王只有在进行象征王权的活动——狩猎——时才会有安全感，尤其喜欢骑马狩猎。从此，路易十三通过一条狭窄的楼梯上楼就可以悄悄地走进宠臣的房间。几个月内，这地方将成为法兰西史上最大的阴谋之一的发源地。

贪婪却不够聪明的孔奇尼，甚至完全忘记了谨慎行事。1616年11月11日，国王在几位亲信的陪同下，驻足在大画廊的窗前。此时孔奇尼在众多朝臣的簇拥下也走了过来，他看着塞纳河，和周围的人闲聊，居然没有一丝向国王打招呼的意思。国王气愤不已。埃罗阿尔记下了当时这位年轻国王的态度，"满脸不悦地直奔杜伊勒里宫"。

路易十三隐藏野心，选择忍受这过分的侮辱，似乎对自己的官方职能很是满意：1616年，还是据埃罗阿尔记载，1656名瘰疬病人聚集在大画廊中，准备被国王"触摸"。在此期间，玛丽·德·美第奇和孔奇尼决定要除掉孔代亲王，因为他总是处于叛乱的边缘。太后在自己的住处给泰米内下达了刺杀的命令。

1616年9月1日，财政议会如往常一般在卢浮宫举行。结束时，孔代亲王走进了太后的住处。在候见厅，他看见国王在几位侍官的陪同下，以微笑回应了他的敬礼，并且邀请他参加下一次的狩猎。孔代亲王礼貌地回绝了，接着在进入下一间房时，他迎面撞上一队侍卫，然后就被抓住，并关进了顶楼一个用铁栅栏封住的房间，等着被送往巴士底狱。这是孔奇尼的一次行动。国王则第一次展现了他的心机，他评论道："太好了，此龟孙可算被抓了！"

觊觎着玛丽和孔奇尼手中权力的可不是那些声势浩大却犹豫不决的大领主们，而是国王身边的这群暗中聚集在吕伊纳公爵住所中的小贵族。国王在玛德莱娜·富瓦西的提醒下,意识到在家庭和政治上做出决裂的必要性。1616年11月,他决定用一场名叫《雷诺和阿米德》的芭蕾舞剧(1617年1月)作为这次"壮举"的幌子,根据马克·高恩先生的描述,这真的是一场权力之争的表演。国王扮演火神,穿着火花纹样的服装,这是"一种审慎的警告"[J.-C.珀蒂菲斯(J.-C.Petitfils)]。可是不管是玛丽·德·美第奇还是孔奇尼,他们都不够聪明,居然没有看明白背后的含义。或许,只有莱奥诺拉懂了……

反叛分子努力集结人员。吕伊纳公爵因胆怯而在其中充当中间人,但还有一个热情且果断的人——吉夏尔·德阿让,他很快就在国王和其他人面前崭露头角。在法国历史上,一个庶民能担此重任是一个特例。目标已定:必须将孔奇尼引到卢浮宫中,要像29年前在布洛瓦城堡对吉斯公爵那样引开他的随从,这样他就落单了,再逮住他,但"不要杀了他",这是国王的旨意。"但是,"德阿让说,"若他蛮横至无视国王的命令呢?"对此,国王没有回答。

由谁负责此次行动呢?需要一名士兵,胆大且忠诚。最后维特利当选,他是国王第二贴身卫队的队长。接下来就要等他在卢浮宫当值的4月1日到来了。就在这一天,有人转告维特利在入睡仪式过后,去吕伊纳公爵的住处。到了那里,路易十三表明了对他的期望:在宫内逮捕安克尔元帅并交至司法机关。

"听命,陛下。"

要实施这一计划还需要等待几天。在一次会面中,路易十三再次明确了他的命令:要在宫殿城墙内逮住孔奇尼。

"但是,陛下,"维特利说道,"如果他反抗的话,尊敬的陛下,

第六章　走向方形庭院
VERS LA COUR CARRÉE

您想让我怎么做呢？"面对国王的沉默，德阿让接着说："国王希望你杀了他。"路易十三既没有表示同意，也没有表示反对。他的沉默就相当于许可。"陛下，我会执行您的命令。"

作为替补人员的吕伊纳公爵对此有些怀疑并惶惶不安，而"不知疲倦的德阿让，作为该计划的主心骨，一整天都在下命令，进行宣告和说明"（J.-C. 珀蒂菲斯），就如莫尔尼在 1851 年 12 月 2 日前夜的计划①中扮演的重要角色一样。

卢浮宫的东边入口还维持着查理五世时期的样子，经过巴黎城门（波旁门）和卢浮宫的宫门后是一道沟渠。沟渠上卧着一座石桥，通过一座以矩形桥墩支撑的小吊桥（桥墩在 1984 年的考古发掘中被发现）可以走上石桥。维特利计划让孔奇尼从吊桥处进来，即刻在他身后关起宫门，把他的随从阻断在后，立马对他实施抓捕。行动计划在第二天执行，即 1617 年 4 月 24 日上午。

到了第二天，路易十三推迟了狩猎的出发时间，玩起了一盘又一盘桌球游戏。马儿在焦急地蹬着蹄子，猎狗不安地吠叫，但是往常在 8 点半出现的孔奇尼，甚至到了 9 点还没现身。"维特利越来越紧张，他在守卫厅中来回踱着步子，时不时坐在侍卫休息的木箱上"（J.-C. 珀蒂菲斯）。在耐心快要磨尽时，他已经开始考虑要不要突袭这位宠臣的小屋。10 点半，哨兵拨动了 3 次帽子。终于，孔奇尼来了，他身穿一件饰有米兰花边的黑色天鹅绒外套，后面跟着 50 来位亲信。

---

① 这里指的是路易·拿破仑·波拿巴于 1851 年 12 月 2 日发动政变，建立法兰西第二帝国。——编者注

他边走边读着一封书信，跨过木门后，还在继续读着，往前走上了石桥，甚至都没有注意到身后的门被关上了。维特利飞冲上去，转身抓住他的胳膊："国王命我亲自逮捕您。"对接下来的事情的描述就出现了分歧。有人说孔奇尼当时回答了句"我？"，只有震惊。其他人——比如迪皮伊——记下了孔奇尼的大声抗议"抓我！"。

不管他说了什么，这都成了他唯一的回应。5支手枪一齐朝他发射，"其中两发射中了城门，一发射中了他的脑门，另一发射中了喉咙，第三发射中了右脸"。面对突如其来的袭击，他立即倒了下去，那顶华丽的羽毛帽滚到了泥巴中。如果要追问法国历史上这件大事的确切发生地点，应该就在如今的方形庭院中央喷泉的西南边的铺砖地面上。吊桥后的宫门则位于地下的滴水嘴兽上方。

路易十三和吕伊纳公爵以及德阿让在御床接见厅中等待着。一听到枪声，一个惊恐的人急忙跑了进来，报告逮捕失败，孔奇尼带着随从来了。在此类情况下，总是会有一两个糊涂人的。

路易十三一直保持着冷静："拿来。"一把短枪呈到面前，他执枪在手，决定"向他们走去，从他们身上踩过"，他走进了大厅。就在这时，奥尔纳诺上校来了："陛下，成功了！"

现在，需要将这一"壮举"告知玛丽·德·美第奇。果然不出所料，太后慌了阵脚。她惊恐万分，不知所措地搓着手在房内来回走动。当被问及该如何告知她那位20年的好友莱奥诺拉·伽里伽伊时，她说道："既然不能开口告诉她这个消息，那就唱给她听！"

她当时只想着要重获对儿子的掌控，向他送去一封接一封的口信。国王对母亲没有深厚的感情，他回复说，从今往后他要成为这

第六章　走向方形庭院
VERS LA COUR CARRÉE

里的主人,请太后就待在自己的房内等待被流放。至于莱奥诺拉,看守的侍卫在她的床垫下找到了金银珠宝,她被关进顶楼用铁栅栏封住的房间里,等待她的是火刑,即使她罪不至死。黎塞留写道:"在这个想要惩治罪人的时期,没有人可以高枕无忧。"

这天晚上,街区的居民亲眼看到了王朝统治更迭的证据:孔奇尼进入卢浮宫花园所经过的小桥被摧毁了。此时的路易十三在小长廊(如今的阿波罗画廊)的二楼,在人群中爬到一张台球桌上,狂喜地大笑着,"就像在集市的露天舞台上朗诵"。他反复说:"万分感谢,万分感谢你们!此时此刻,朕,就是国王!"

就在那时,还身为吕松主教的黎塞留进入了国王的视野。他在孔奇尼的引荐下进入宫廷,并犯下了职业生涯中最大的错误——没有争取到国王的信任。路易十三坦露心声:"吕松,我现在已经挣脱了你的束缚!走吧!走吧!离开这儿吧!"

黎塞留的职业生涯恢复起色还需要一些时间。从政变第二天起,路易十三就重新召集了自己的议会,叫回那些"老头儿"。除了叙利,国王不信任他。

在这幕大戏之后,宫廷的注意力都集中在了这位年轻的国王身上。他开始被讨厌的仪制束缚,相比形式化的礼节,他更享受别人的关注。在卧房中,他有时会开一些玩笑来摆脱起床礼。一天,国王的侍衣总管——近视的朗布依埃侯爵,准备伺候国王穿上衬衣,路易十三却将自己的后背赤裸裸地露在外面。

有时,进入国王套房需要通过莱斯科楼二层(古青铜器展厅)的"大厅"。大厅的墙上挂着国王、王后和王子的肖像画,顶上垂下20盏水晶吊灯,朝臣们小声的议论声回荡在大厅里。来来往往的人穿着颜色各异的衣服，傲慢的骑士身着夸张的服饰，用词粗俗，散发着一股蒜味，他们用刀尖剔牙，随地吐痰，会在门后或者地毯上甚至是阳台上方便。后世在对城堡主塔的挖掘中找到了一块陶瓦，上面画着一个穿着领饰的男性，就像是其中的一员。路易十三喜好孤独，却因肩负国王的责任，强迫自己生活在众人眼前。此外，他爱好古老的高卢滑稽剧，经常将3个丑角蒂尔吕潘、戈尔捷－加尔吉耶以及格罗－纪尧姆请到卢浮宫来。他们滑稽的动作常常让国王捧腹大笑。

1617年5月3日，在南翼楼一层太后的接待室中，上演了一幕冷漠的道别场景。太后告诉国王：“我为了完成统治大任已竭尽所能，尽管结果并不如我期待的那般完美，我很懊悔。”

路易十三站在窗前，没有道别，看着母亲离开。随行队伍的最后一辆马车里坐着黎塞留。对于太后来说，这是流放，但她还会回来。

1617年9月，吕伊纳公爵接收了孔奇尼的所有财产，"相当于国家财政预算的四分之三"（让－弗朗索瓦·索尔农），他在卢浮宫中和玛丽·德·罗昂－蒙巴宗成婚，他的妻子就是将来著名的谢弗勒兹公爵夫人。11日，他们在南翼楼二层的王后套房中订婚。13日，成婚之日，路易十三亲自去吕伊纳公爵的房间，接他一起去了王后小教堂，这个教堂已经搬到了查理五世时期留存下来的宝石加工塔。婚礼的降福仪式在8点进行，随后举办了一场盛宴，这对新人获得了一套比之前在国王楼中更为高档的寓所。这次宴会上，国王特别邀请了家人和政要出席，可以想象一下他们帽子上的羽毛被压低垂在后背、大衣、佩剑上，为了防止沾上酱汁，把餐巾围在脖子上的画面。国王则保持着波旁家族一贯强大的胃口，大啖以叙雷

第六章　走向方形庭院
VERS LA COUR CARRÉE

讷和蒙马特出产的淡红葡萄酒烹饪的菜肴。在其他的餐桌上，宾客们内心互不信任，表面上却免不了互相敬酒。

在卢浮宫的扩建上，孔奇尼没有一点兴趣，因为资金短缺，他的后继者们更没有任何重提的计划。人们早已经对亨利四世的过度开销怨声载道了。卢浮宫和杜伊勒里宫已经相连，但在这个新的组合里，卢浮宫内仍旧只有两座呈直角的翼楼连着国王楼，而北面和西面还是中世纪留下来的建筑遗迹。要重启亨利四世设想的扩建计划尚需时日，还得先关心周边的问题，因为这里住的都是宫廷的亲信。梅里安1615年的地图上显示，在卢浮宫和查理五世的城墙之间，即如今的卡鲁塞勒广场区域，从圣奥诺雷街到大画廊有许多平行的街道，而且街道两边几乎都是私人的府邸或市民的住宅。这种情况还将持续近两个世纪。

这片区域现如今属卢浮宫管辖，这里曾发生过众多历史事件。难道不应该在这些充满历史记忆的地方，在卡鲁塞勒广场周围的博物馆建筑墙基上设置一些纪念碑吗？

这一时期，卢浮宫中的社交活动远多于改建工程。我们之前讲到过建在南翼楼前的新花园，1627年，克莱芒·梅特佐在花园靠近城墙的那一面修建了一座橘园。1628年，吕伊纳公爵夫人在她位于卢浮宫的寓所内与王后共进晚餐，准备了当时知名的123道汤品中的几道。王后奥地利的安妮在这里为国王跳舞。秋天，吕伊纳公爵夫人被任命为王后的高级侍女和主管。接下来的几个月里，她将对宫廷产生不小的影响。

之前提到过，年轻王后的寝宫与国王寝宫一样，也是在南翼楼的二层，即现在的查理十世长廊所在地。安妮对住宅舒适度的要求比她的丈夫更甚，莫特维尔夫人描述为"整洁且十分明亮"。她在墙壁的凹处放了一个浴盆，让人舀满水，供她洗浴，这在当时可谓独特。和国王相比，她对装饰的品位要高得多。她曾在自己的寝宫中放了两张从西班牙带来的银质方桌，这是将来凡尔赛宫中出现银质家具的先例。每天下午和晚上，她的接待室和内室中总是挤满了侍官，他们穿着丝质短裤，膝盖上方的大腿上扎着一根镶边的松紧带。戏剧家布吕斯康比耶把他们比喻成"踮着脚尖的鹤"，这个姿势让他们"脚上的鸡眼比钱包里的银币还多"。

　　在吕伊纳公爵夫人的影响下，王后宫殿里的气氛更加轻松，几近放肆。拘谨的路易十三对此抱怨不已，甚至斥责了这位女总管。他们讨论的除了最热门时兴的话题以外，就是宫廷中一直被热议的国王的私生活。路易十三，自从他失败的新婚之夜后就不愿再履行丈夫的职责。这个问题在卢浮宫中完全被自由地讨论着，大家都把这当成了自家事。西班牙大使给王后传授诱惑之术，王后的侍女们则毫不避讳地请求年轻的国王试一试，哪怕只"结合"一次。然而一切都是白费力气。国王尴尬并敷衍地说"天气太热"，倘若是在冬天，他就借口说自己还太年轻。1629年1月，国王同父异母的姐姐卡特琳娜·德·旺多姆嫁给了埃尔伯夫公爵，人们说服国王坐下来观看他们的新婚之夜，把它当成一出戏来看，就不会觉得奇怪了。他观看了新婚夫妇的结合，"重复了不止一次"，国王甚至"当场热烈地鼓掌"。在两次交欢的间隙，半裸的新娘边笑边说道："陛下，您也可以和王后做这样的事呀，您一定可以做得很好！"

　　喜获女儿的吕伊纳公爵勇敢地站出来解决了这个难题。1月25日晚，国王再次准备独自入睡时，吕伊纳公爵抓住了他的胳膊，贝

第六章　走向方形庭院
VERS LA COUR CARRÉE

杭根高举着火把，坚定地将他带到王后的寝宫。埃罗阿尔写道："他用尽全力顽强地抵抗着，眼泪都出来了，但还是被带过去，最终完成了任务。据说以他的体力，两个小时做了两次。我知道的就这么多了。"

路易十三不是一个沉浸在温柔乡里的人，他再次回到自己的房间。《法兰西信史》报将此事广而告之，接下来的几天继续如此进行。此后，埃罗阿尔在记录国王去王后那里过夜时，都会在这条记录后加上一个数字。至于数字的含义，读者可大胆猜测。

黎塞留被流放了，而密谋者们从这次大胆的行动中获得了回报。德阿让从一个小官员被提升为国家财务总管，而维特利成为法国元帅。至于吕伊纳公爵，按照等级，他被提升到最高军阶——法国陆军统帅。他没有忘记他的家人，他的两个从未打过仗的兄弟成为公爵和上将。埃佩尔农公爵在卢浮宫的大楼梯处碰见他的两个兄弟时说："先生们，你们往上走，而我们在往下走。"

在某些特殊的日子，特别是在狂欢节时，一层的大厅挂上装饰挂毯，被 1200 个烛台照得灯火通明，伴随着音乐、舞蹈、诗歌上演芭蕾舞剧，路易十三热情地指导着百来位配角。他平日穿着低调，但在这里，他毫不犹豫地以特殊的装扮出现，贴着胡子，戴上头巾，耐心地聆听甚至有些低俗的唱段。这是为了取悦在场的观众，观众对话的水准也经常处在这个层次。皮埃尔·德·埃图瓦勒写道："宫廷中，大家只聊决斗、妓女和卖淫。"

至于玛丽·德·美第奇，她和自己的儿子在表面上和解了，并于 1620 年回到了卢浮宫，住在终于完工的南翼楼一层的寝宫中（古希腊文物展厅）。国家档案馆存有一张阿兰·埃朗德－勃朗登堡的平面图，上面可以清楚地看到这套寓所中的每间房，尤其是太后的卧房。据索瓦尔描述，太后"为了把她的房间打造成那个时代最显著、最辉煌的存在，什么装饰也没落下"。"大埃拉尔负责雕琢天花板，杜布瓦、弗雷米耶和比内尔负责创作挂在镀金墙板上的画作，其他画家则负责绘制美第奇家族的肖像画"（皮埃尔·科尼昂）。一切都装饰得过分奢华，玛丽·德·美第奇似乎是一位前所未有爱花钱的太后。

她的第二个儿子加斯东住在莱斯科翼楼的顶层，这里曾经住着吕伊纳公爵。加斯东对宫廷生活厌倦不已，时常在晚间出入巴黎乌烟瘴气的场所。让-玛丽·康斯坦所著的关于古拉回忆录的一篇文章中有以下片段：

> 加斯东夜晚会去城中，经常出入于那些令人提心吊胆的场所。国王，作为一名严厉且虔诚的教徒，自然谴责这种生活方式，并让人转告他最好改变。后来，国王在卢浮宫的门口和街上安插暗哨，以便在他夜晚外出时对其发出警告。越是禁止他外出，他反而越想出去。有时他会穿上侍从的外衣，有时是一件不起眼的长袍，有时是一身灰衣。他让人在前面提一个灯笼，从拱顶狭廊处溜走。他装得好像只是国王、王后或是他自己府里的一名官员，约了人在卢浮宫的网球场附近或在隆格维尔府邸前（旧时的谢弗勒兹府邸）见面。一天晚上，国王正在大发雷霆，但加斯东实在太想溜出去了，正巧经过的德·布里翁伯爵靠近他，耳语说让他别担心，此事交给他。他们走进藏衣室，

第六章　走向方形庭院
VERS LA COUR CARRÉE

伯爵把一件侍从的外衣扔在加斯东肩上，又给了他一顶不起眼的帽子和一座烛台，他们从一座隐秘的楼梯下了楼。当他们走过卢浮宫的桥，到达拱顶狭廊旁的门时，这位伯爵居然对着他大声叫喊道："侍从，你跑得太快了，我告诫了你几千遍不要这样做，你真是轻率呀！"然后，伯爵向他走了过去，对着他的屁股就是一脚，把他踢出了拱顶狭廊。您可以想象到加斯东有多么震惊，但他又不敢抱怨。他准备赶去赴约，脸色略显愠怒地对德·布里翁说："当然了，布里翁，别再来这里了，你给我伪装过头了。"

卢浮宫拥挤不堪，无论白天还是夜晚都住着国王、王室成员、官员、贵妇、仆人以及守卫宫廷的士兵。路易十三在身份低微的人面前比在身份高贵的人面前更为自在，所以他更愿意和守卫们闲聊。他很快就意识到增加卢浮宫的面积已经迫在眉睫。

吕伊纳公爵过世（1621 年 12 月 15 日）后，他的两个兄弟被逐出了卢浮宫，哪怕他们是公爵和上将；而其著名的遗孀已经在宫廷中稳坐其位。次年的 3 月 14 日，她在从孔蒂公主的晚会上回来时带着王后疯狂地跑过守卫厅，因为灯光昏暗，安妮王后在宝座的平台上被绊倒，随即跌落下来，两天后流产了。这场王室的悲剧使国王对吕伊纳公爵夫人产生了憎恶。不久后，她成了谢弗勒兹公爵夫人。

事实上，卢浮圣托马斯街上（靠近罗昂拱廊）的第一栋府邸是吕伊纳公爵花了 15 万里弗尔购入的。在他过世后，他的遗孀将宅子卖给了自己的第二任丈夫谢弗勒兹公爵，而公爵则在 1624 年让

卢浮宫全史
LA GRANDE HISTOIRE DU LOUVRE

小克莱芒·梅特佐翻修了这里。房子毗邻朗布依埃府邸，有一扇由西蒙·吉兰负责装饰的雄伟大门，还有精细雕琢的镶金天花板，上饰"历史主题"的画作，比如克劳德·维尼翁创作的《布永的戈弗雷》，如今收藏在圣罗克教堂。谢弗勒兹夫妇在此接待了许多好友，氛围没有隔壁的朗布依埃府邸那样克制，那里禁止说出"屁股"这类词。

自亨利四世离世以来，卢浮宫的历史，除了装饰工程外，就只有方形庭院的大事可以记录。1624年1月5日，路易十三继位后的第14年，国王也许是在财政总监让·德·富尔西的建议下，才下令开始新的建设。这就是方形庭院的开端。

国王的命令如下："卢浮城堡中的住所之拥挤（宫殿狭窄的情况将一直如此，直到国王离开此地）迫使我们为城堡和必要的住所重新考虑建设计划，为了我们及后世能拥有舒适的居住条件。这些建设计划是在国王亨利二世统治时期经过周密的商讨之后被启用或被中止的。"国王立刻禁止"在该计划范围内"进行任何其他的工程建设。

这个规划根本就追溯不到亨利二世，国王只是想借此渊源以强调事态紧急。

到底是什么促使路易十三这样急于开启一项新的工程呢？他看起来对巴黎或是卢浮宫，甚至任何建筑都没有一丝兴趣。也许他意识到自己身为国王应做此决定，这种国王意识在他身上总是很强烈。但有趣的是，议会最终通过了这个提议。这一年的1月，黎塞留进入议会，4月27日成为议长。还要注意到，国王在做出这个决定的一个月前，刚刚决定在加利山谷里一处名为"凡尔赛"的地方

第六章 走向方形庭院
VERS LA COUR CARRÉE

修建猎场。

路易十三对他的血统和权力的外部展现十分在意，所以一开始就为议会制定了一个章程：他坐扶手椅，黎塞留坐靠背椅，议员大臣坐凳子，而且发言顺序也要规定好并严格遵守。

从这天起，开启向北扩建宫殿的工程就成了卢浮宫的首要事务。我们可以从梅里安的平面图上看到，北面的区域已经被清理出来了一些，栅栏围起的花园还占据着如今方形庭院的西北角。这些规划原本是为了增加空间而制定的，但似乎没有考虑到庭院内部的空间，庭院内原本可用作典礼的欢迎地来上演各式各样的盛大表演。这种情况没有持续下去，尽管方形建筑群被扩大了，但在拿破仑时期前，庭院内部仍十分拥挤。

萨洛蒙·德·布罗斯失宠之后，工程项目由4位代表性的建筑师角逐：萨洛蒙之子，保罗·德·布罗斯；路易的弟弟，小克莱芒·梅特佐；巴蒂斯特之子，让·安德鲁埃·迪塞尔索一世；还有工程主管圣-厄斯塔什之子，雅克·勒梅尔西耶。最后，由雅克·勒梅尔西耶（1585—1654年）胜出。他在亨利四世时期就已经负责卢浮宫的工程了，当时的薪酬是700里弗尔。他以在设计规划上的严谨和对工程质量的注重而闻名。

勒梅尔西耶决定在莱斯科翼楼一侧修建一座与国王楼对称的、更高的方形建筑（我们并不清楚国王有没有参与其中）。如此一来，这个建筑和杜伊勒里宫的中央穹顶遥相呼应，而当北边的翼楼修建起来后，这里就成了中心，与莱斯科翼楼相似且对称，"并且尽可能更出色"。在扩建的过程中，查理五世时期的北翼楼和雷蒙·德·唐普勒的大旋梯都被毁了。亨利四世仅仅幻想过的伟大工程，从这个决定开始，才算真正启动了。北面的建设工程也表明了，将卢浮宫向西扩建到杜伊勒里宫几乎是不可能完成的。

对于这位哥特式建筑大师来说，雷蒙·德·唐普勒楼梯的消失是毫无遗憾的，因为直到浪漫主义时期，才出现了保护历史建筑的观念。

1624年7月16日，路易十三为新楼（现在的钟表馆）举行动工仪式。但由让·安德鲁埃·迪塞尔索承办的这个工程很快就停工了，大约是在1626年12月。王室的经费难以为继，而国王和他的父母又很不同，他对于建筑没有任何激情。他也很少来巴黎，就算来，也不长住，而更愿意待在圣日耳曼昂莱城堡。对此不难理解，相比塞纳河边不协调的建筑群、不畅通的连接、不合理的布局、难以进入的花园，还有飘散着臭味的局促环境，他还是更喜欢圣日耳曼的一层住宅、绵延的建筑、曲折的长廊，还有开阔的平地。高低错落的建筑向下延展至塞纳河，周围河水涟漪、风景开阔。在这里，国王可以忘却忧郁，没有继承人的烦恼、闹心的口吃和日夜困扰他的病痛。

在国王和黎塞留的预期中，卢浮宫的新宫殿以及即将在北面修建的翼楼，将弥补卢浮宫固有的缺陷——空间匮乏。这些空间可以用作住宅和部门机构所在地，但是支撑国家机器运作的需求越来越复杂，而需求的增长速度又远超过新增的面积。这样的竞赛，在王室接下来的统治中还在继续。我们将会看到，国王很快就会意识到，不管是在威望上还是在管理上，他都无法把卢浮宫打造成梦想中的宫殿。1678年，路易十四选择放弃卢浮宫。

1625年2月，卢浮宫先是办了一场名为"圣日耳曼森林中的仙

第六章　走向方形庭院
VERS LA COUR CARRÉE

女们"的芭蕾舞会，标志着这种几乎固定的娱乐模式已成经典。接下来又是一场高层的政治活动，即将成为英国国王查理一世的威尔士王子和路易十三的妹妹亨丽埃特订婚。订婚仪式于5月8日在国王的寝殿中进行，这里原来的床被一张豪华的扶手椅取代。《法兰西信使》描述到，新娘身披绣着金色百合花边的银袍，国王下巴上蓄着一撮短须，身披镶银边的金袍。因为新郎的父亲刚刚去世，谢弗勒兹公爵作为新郎的代表出席。这种场合下演出的是《比耶巴奥贵妇芭蕾舞剧》，以"雌雄同体起曲"开场，着男装的舞者在右，女装的在左，袒胸露乳。胸其实是假的，因为所有的演员都是男性。"贵妇"的出场滑稽可笑，踩着高高的厚底鞋，粗大的脖子上戴着一个怪诞的面具。

谢弗勒兹公爵夫人也在观看演出，她身着一件绣花缎面的长裙，露出优美的脖颈线条。丹尼埃尔·拉贝尔的画作中还保留着这段美妙的回忆。

1626年6月，在成为英国王后之后，亨丽埃特坐在用披着红色和金色铠甲的骡马拉动的马车里，离开了卢浮宫。

六年后，玛丽·德·美第奇再次离开了她在一楼的寝宫，因为她策划了一场新的叛乱，被国王永久流放了。期间，因为财政紧缺，卢浮宫的新工程被一再拖延，在1627年，显贵会议[①]请求取消工程。

部分宫廷人员跟着国王去了圣日耳曼和枫丹白露宫，也有部分

[①] 显贵会议（Assemblée des notables），或译"名人会议"。法国国王召集的特殊咨询会议。始于14世纪查理五世时期，通常在国家发生财政困难时召开，由国王从教士、贵族和上层资产阶级中挑选代表。——编者注

陪着王后留在了卢浮宫。他们处理日常琐事，也会组织活动，如果国王在的话，他也会参加。

"作为一种高级的贵族娱乐活动，宫廷芭蕾在半个世纪里蔚然成风。路易十三喜欢创作舞剧，设计服装。黎塞留借助其中真实的暗示，作为政治宣传的工具"［A. 勒比格尔（A. Lebigre）］。1635年2月，在女像柱厅中上演了《胜利的芭蕾》，16位"女神"登台，其中就有王后奥地利的安妮。路易十三注意到其中一位棕发的美丽姑娘，她是王后身边的人，路易丝·安热丽克·德·拉法耶特。国王接下来都在寻找与她相伴的机会，不过仅仅是陪伴而已，再无更多要求。一天，在王后的聚会上，国王也在场时，她成了全场的焦点。现场的气氛愉悦甚至有些低俗。在一个玩笑后，在场的人都发出一阵狂笑，年轻的女士和其他人一样笑得坐到了地上，忘乎所以，可她站起来后，发现自己的裙子上有一小滩水渍。于是大家又乐不可支，这件事很快就被传成一首歌谣：

> 小小拉法耶特，
> 您的举止太不文雅。
> 就在这间厅内，
> 当着胡子国王的面，
> 在众目睽睽之下，
> 偷偷在裙底方便。

（J.-C. 珀蒂菲斯摘录）

第六章　走向方形庭院
VERS LA COUR CARRÉE

路易十三在卢浮宫停留时，国王楼的最高层是他消遣放松的地方。这位在手工方面极具天赋的国王，在卢浮宫中拥有锻炉、窑炉、钳桌、手压机和炉灶，还会修理武器、刻印、铸钱、编篮、固定地毯，甚至制造火药。他只穿着短上衣和上面没有刺绣也没有花边的衣服，一直穿到破损。他还是一位烹饪大师，自制果酱让周围的人品尝，他会在小牛里脊中加塞猪膘。他有时也会充当理发师，为自己的亲信刮胡或剪发。有人评价他：

> 他有 100 个仆人的本领，
> 没有一个当主子的才能。

国王楼的最高层就在如今七壁炉厅之上。

一直以来，流传着一个美丽的故事。1637 年 12 月 5 日，路易十三本来要在这一天去圣莫尔过夜，家具都已经搬过去了，但是当天的暴风雨阻止了他，于是他不得不在卢浮宫中和王后度过一晚，而正是这一夜孕育了未来的路易十四。不幸的是，大事年表非常确定地否认了太阳王来自雷雨之夜的说法。因为 11 月 9 日到 12 月 1 日期间，国王夫妇住在圣日耳曼，受孕的日期应该是在 11 月的最后几天。所以路易十四并不是孕育在卢浮宫的屋檐下。不过我们注意到，负责国王寝宫挂毯工作的仆从让·波克兰也在 1637 年将这一职位传给了他 15 岁的儿子，也就是莫里哀。

尽管雅克·勒梅尔西耶在 1635 年已经被任命为首席建筑师，酬金高达 7000 里弗尔，可工程还是停滞不前，而且工地时常处于被废弃的状态。《法国公报》的创始人泰奥夫拉斯特·勒诺多对此居然没有任何评述，黎塞留曾为他特留了一处艺术家寓所。"握着媒体的笔杆，使他不再无足轻重"[P. 博纳富（P. Bonafoux）]。1638年，在红衣主教的推动下，工程重新开启。他想要推动艺术的发展，借机抬升国家的威望。也可能因为小王子的出生，国王突然变得兴致勃发。同时，制造铸币、奖章以及印刷的机构都被安顿在卢浮宫中，而且保留了很长时间。

在接下来的4年里，勒梅尔西耶在红衣主教的支持下，兴建了钟表馆（1639—1640年完工）、与莱斯科翼楼对称的西北翼楼，以及一座与大楼梯相对的楼梯，现在被称为"亨利四世楼梯"。接着，他继续修建与国王楼相对的西北翼楼（博韦楼）的一层，并且启动了四边形建筑群的北翼楼工程。在莱斯科翼楼中，女像柱厅当时还是简单的木质结构，1639年给其加筑了石质穹顶，我们如今见到的还是当时那个状态。

马勒布作诗云：

> 美丽宏伟的建筑，永恒稳固的结构，
> 最佳用材，各式作品。
> 世间最与国王相称，
> 大自然也为此折服。

这处新工程的关键是钟表馆。勒梅尔西耶明白，鉴于庭院面积计划增至原来四倍，新馆必须配得上宽阔的面积。考虑到与莱斯科翼楼的协调问题，他重新设计了建筑布局。在一处车马和行人出入的宽敞拱顶狭廊门厅上方，加上二楼和顶楼，延续了邻近建筑的格局：这栋建筑直到 19 世纪才被称为钟表馆。建筑上有 3 个圆形的门楣，这一独特的建筑造型原本中间应该还有一座雕塑，只是后来丢失了。上方是一个四边形的穹顶，越过中间密密麻麻的住宅，和杜伊勒里宫的中央穹顶遥相呼应。在钟表馆的穹顶上，能看到独特的风景，只是这里什么时候才能向公众开放呢？

在建筑立面上，重要的区域都留给了雕刻装饰，楼层越高，上面的雕刻也越多。雅克·萨拉赞是装饰负责人，与勒梅尔西耶共同进行设计，以他们的设计为模板，工作的分配和执行则由菲利普·德·比斯岱、吉勒·介朗和热拉尔·凡·奥普斯塔尔负责。这个默契的队伍也将负责凡尔赛宫的艺术装饰。

这个从 1639 年开始设计的装饰工程主要包含著名的 4 对女像柱。这是对大教堂的雕像柱的复刻，以唤起行人对这幢象征性建筑的敬意，同时成功地改变了雕像的姿势而未损害建筑整体的恢宏气势。"她们挽着胳膊，拥抱在一起，一个朝向另一个，与隔壁女像柱厅中古戎的女像柱的严肃形成了鲜明对比"（热那维·布列）。

从 1553 年起，国王楼在周边建筑中就是最高的，不管是在建筑层面，还是在人们的心理方面，都在卢浮宫占据着中心地位，取代了最初的城堡主塔。此后，在卢浮宫的历史上，这一角色落到了钟表馆身上。钟表馆高耸的烟囱加强了壮观之势，而它的造型则引领了卢浮宫后期的设计，并相继影响了勒沃、维斯孔蒂和勒菲埃尔。

期间，在宫殿内部又开展了一项大工程。叙布莱·德·努瓦耶于 1638 年被任命为建筑总监，并负责大画廊的装饰工作。同时为了降低火灾隐患，赶走了非法居住在此的艺术家们。勒梅尔西耶借鉴亨利四世的想法，制定出一个方案：展现法国有防御工事的城市景观。画家富基埃创作了 93 幅画，覆盖了整面侧墙。中央拱顶则被分割成一块块灰墁，将由另一位高水平的画家负责装饰。叙布莱·德·努瓦耶想要将这份工作交给普桑。普桑住在罗马，声名显赫。但是面对这样的邀请，他有些迟疑。他的朋友尚特鲁特意去罗马找他，于是画家就这么同意了，并于 1641 年来到巴黎。王室给了他极为优渥的待遇，他住在杜伊勒里宫中一幢"真正的 3 层小宫殿"里（如今的卡鲁塞勒凯旋门所在地）。1641 年 3 月 20 日，他被聘任为宫殿油画总负责人，待遇是每年 3000 里弗尔。

一幅气势恢宏的装饰画才配得上这个宽阔的大画廊拱顶。国王每年会在此进行 5 次触摸瘰疬患者的仪式。普桑想要在穹顶上描绘大力神赫拉克勒斯波澜壮阔的人生，他的经历足够丰富传奇，可以占据这片宽阔拱顶上的所有空间。被灰墁包围的部分由普桑亲自描绘。

他开始热情高涨地投入工作。8 月 3 日，他写道："画廊进展很快。我必须不停地投入在大幅底图创作中，而且在每扇窗户和中间的墙壁前，我还得变着花样画。我下定决心要画出大力神赫拉克勒斯的一生，一位好画家一定能够胜任这个题材。"

但是很快，普桑就大失所望。他习惯于独自工作，很难融入巴黎的艺术圈，他被妒贤嫉能的画家和朝臣的阴谋诡计弄得灰心丧气，而且他和富基埃相处得很不愉快。这位自称朋友的富基埃让普桑难以忽视，总是"带着惯有的高傲"来找他，并且指责他居然不搭理自己。而这位罗马艺术家，这位独立思考的大师，很难适应自己的官职和身份，总是被迫操劳"许多琐事，像是书卷扉页上的插图，装饰厅室、壁炉的油画，或是绘制书籍的封皮等等"。从 1642 年夏起，他就不再隐藏自己想要离开的意愿了。11 月，他找了一个借口，

第六章　走向方形庭院
VERS LA COUR CARRÉE

立即奔向了罗马,"他承诺会寄送画作过来,继续远程指导,完成垂死国王的伟大梦想"(热那维·布列)。他在离开前只完成了大画廊装饰的一部分,其中最著名的雕刻作品是《被亚马孙女王希波吕忒抓住的大力神赫拉克勒斯》。而他那些来自罗马的画作没有被使用,都被收了起来。这项工程原本能给卢浮宫增添一件当时的装饰艺术杰作,如今却只留下了寥寥草图。也许是出于愧疚,普桑在 1650 年为尚特鲁作了他的自画像,这件作品于 1797 年被收入卢浮宫。

在此期间,勒梅尔西耶继续修建莱斯科风格的建筑。在路易十三去世时,翼楼终于完工,但还未进行雕刻装饰,而这将成为第一帝国要完成的任务了。北翼楼已经动工,但是被罗斯坦私人府邸挡住了去路。

在人生的最后几年里,黎塞留还让勒梅尔西耶在卢浮宫北面修建了自己的寓所——红衣主教宫殿,并将这两片建筑区连接起来。也许这位朝廷重臣把他的新住所看作将来卢浮宫的扩建部分,正好填补了卢浮宫缺少的花园。这也解释了为什么红衣主教宫殿最后以不能再被分割为条件由国王继承了,只是这个条件很快就被打破了。卢浮宫-皇家宫殿[①]的相连计划(这是三个半世纪后杰克·朗的设想),相比在北边连接卢浮宫-杜伊勒里宫来说,更为容易。我们前面也提到过,后者在当时是绝不可能实现的。但路易十四放弃了向皇家宫殿扩建的规划,我们会在后面解释原因。同时他还停止了卢浮宫的建设,从此卢浮宫和皇家宫殿的命运背道而驰。

[①] 皇家宫殿原本是黎塞留建造的官邸,后来被献给了路易十三,再后来成了巴黎的繁华商业中心。——译者注

第七章
新兴君权统治下的卢浮宫

AU LOUVRE, LA JEUNESSE D'UN RÈGNE

1643年5月,路易十三驾崩于圣日耳曼城堡后的第二天,王室重新回到卢浮宫,继任的红衣主教马萨林开始主持王室事务。王太后奥地利的安妮和马萨林在这里见证了谢弗勒兹公爵夫人的回归。这位女士被流放了十年,她希望能重获自己从前对王太后的影响力。6月15日,王太后在御床接见厅中接待了她。这是查理十世长廊中的第二间厅室,比第一间更为宽敞。

　　安妮早已不再信任这位糟糕的参谋。归来的公爵夫人想要唆使王太后反对马萨林,与蠢蠢欲动的大领主们结盟以摆脱他。但是摄政王太后和红衣主教之间的关系非常坚固。圣西蒙[①]写道:"谢弗勒兹夫人急忙赶来,打算控制一切,但希望立即落空。"而大领主们听从的是亨利四世的孙子博福尔公爵。他曾在马萨林离开卢浮宫时组织了一个行刺计划,但失败了。王太后在接见厅中面带微笑地接待了博福尔公爵,然后立即让人将他逮捕关进了万森城堡。虽然安

[①] 圣西蒙(Saint-Simon,1675—1755年),法国政治家、作家。著有《回忆录》,该书对1691—1715年路易十四的内政外交有详细记述。——编者注

妮并不聪慧机敏，但经历教会了她怎样处事。

1643年10月7日，距离路易十三逝世已有5个月，已成为摄政太后的安妮带着她的随从和马萨林，离开了古老的卢浮宫。因为这里居住不便而且尚未完工，周围都是断壁残垣和破败的房屋，还总是让她想起那些不快的往事。他们搬进了由黎塞留建造的红衣主教宫殿。在之后的9年里，法国的历史中将不再出现卢浮宫的身影。留在卢浮宫的是被流放的英格兰王后——法兰西的亨丽埃特和她的女儿小亨丽埃特，以及几个饥肠辘辘的英国侍从。枢机主教雷斯①写道："后人应该很难相信，英格兰的王后和亨利四世的孙女居然在卢浮宫寒冷的1月，没有可以点火取暖的木柴。"那时正值1649年年初，她们得知英王查理一世被处死了。而此时的大画廊已经变成了库存充裕的粮仓，装满了"普罗旺斯的谷物"，并且鼠害泛滥。

经历了投石党运动后，法国王室再次回到了卢浮宫。1652年10月21日，14岁的路易十四"鉴于在皇家宫殿的不愉快，意识到这些没有沟渠的房子并不适合他居住"（莫特维尔夫人），他永远无法忘记这段经历。而卢浮宫的中世纪沟渠还可以在北边进行防御，人们还像在中世纪一样定期清理沟渠，捞出来的鱼卖了钱还可以上交国库。

卢浮宫历史新篇章中出现的第一人就是枢机主教雷斯，他之前一直是大主教的教区助理。这个"皮肤黝黑的小个子男人，长

---

① 枢机主教雷斯，全名为让·弗朗索瓦·保罗·德·贡迪，法国教士。所著回忆录不仅是研究投石党运动的珍贵史料，亦为法国17世纪的文学名著。——编者注

第七章 新兴君权统治下的卢浮宫
AU LOUVRE, LA JEUNESSE D'UN RÈGNE

相不佳，有一双在一切事务上都不灵巧的手"［塔勒芒·德·雷奥（Thallemant des Réaux）］。他担心自己地位不稳，于是带着所有的圣母院教士迎接国王和太后入宫。爱戏谑的莫特维尔夫人写道："这对国王和太后来说，倒还算是愉悦的一幕。"

王室需要在这座有着与王权斗争传统的都城里，展现王室的存在感和权威，并且以居住在父辈的王宫中这一举动，唤回巴黎市民服从王室的美德。路易十四可能永远不会宽恕巴黎市民在他最需要这一美德的时期将之完全抛弃的作为。一尊由吉勒·介朗所做、由国王亲自揭幕的国王镇压投石党暴动的雕像，在40多年的时间里一直竖立在巴黎市政厅中。

卢浮宫中，路易十四重新入住了他的父亲和祖父居住的狭窄寓所。尽管首相马萨林还在流亡，但朝廷一直都在他的控制下。路易十四首要关心的是让高等法院重新回到他的掌控之下。王室回归的第二天，立即召开了御临法院（lit de justice），然而不是在西岱岛，而是在卢浮宫。晚上，仆人急急忙忙收拾了小长廊的二楼，也就是如今的阿波罗长廊。

统治，即现身露面，这个公理放在当时比今天更管用。国王身着华美服饰，走在一队王室成员前面，在一顶绣着百合花徽的华盖下入座（就是如今藏于卢浮宫，之前提及的查理六世的华盖吗？）。国王命人宣读敕令，几个投石党人士被排除在外，其中就有著名的皮埃尔·布鲁塞尔。国王还宣布今后禁止高等法院干预国事。有些人不愿投票，首席大法官塞吉埃直面国王，国王却无动于衷。最后根据规定，上述命令得到了正式注册，高等法院被迫沉默了60多年。这是卢浮宫历史上的重要时刻之一。

卢浮宫全史
LA GRANDE HISTOIRE DU LOUVRE

少年国王出色地展示了对国王这一角色的掌控能力,并且在两个月后再次展现。这一次仍旧是在马萨林的指导下。马萨林不愿看到雷斯即将因其叔叔去世而成为巴黎的大主教。为了不在此事中露面,他做了一些安排。红衣主教间的明争暗斗令人难以想象,甚至也不能怪到曾经的投石党人雷斯头上,他被任命后就一直小心提防。他们为雷斯设下一个陷阱,莱斯吉埃公爵夫人让人转告雷斯可以放心地走进卢浮宫。1652年12月15日,宫中正在排演《夜晚的芭蕾舞剧》时,雷斯来到卢浮宫,受到了太后和路易十四的亲切接见。国王在离开前对侍卫队长说:"注意,剧场里要空无一人。"

这是他明确的暗示。独自一人的雷斯被逮捕了,而且被掏空了口袋,就像一个被掏空了口袋的平民。那晚,他被押往万森城堡。14岁的国王展现了他不动声色、果断坚决的处事风格。

至于那位胆敢向国王的军队下令开火的"大郡主"[1],已经被驱逐回外省的城堡。她位于卢浮宫附近的花园也被没收。这个"郡主花园"就位于杜伊勒里宫东面,在如今的两座翼楼中间。

1653年2月3日,马萨林回到朝廷,这是路易十四为母亲做出的决定,使"她处于一种难以言表的快乐之中"[蒙格拉(Monglat)]。太后和这位大臣的关系十分稳固,他们之间的信任和友谊却被许多同时代人和一些历史学家曲解了。卢浮宫对红衣主教的接待热情隆重。拉·波尔特写道:"我看见,一群身份高贵的人推搡着冲去,我看到,一个教士拜倒在他脚下,谦卑到头也不抬一

---

[1] 指的是安妮·玛丽·路易丝·德·奥尔良(Anne Marie Louise d'Orléans,1627—1693年),蒙庞西耶女公爵,以大郡主(La Grande Mademoiselle)为人所知,与路易十四是表亲。——译者注

第七章　新兴君权统治下的卢浮宫
AU LOUVRE, LA JEUNESSE D'UN RÈGNE

下。"当然，其中许多奉承欢迎的人也是几个月前将红衣主教暴力驱逐的人。这就不由得让人想起1944年巴黎人民相隔两个月对贝当元帅和戴高乐将军相对保守的欢迎。

红衣主教的回归庆典上还准备了"一场美味的肉类盛宴，为了让这位从战场上归来的男人大快朵颐，以弥补他的精力损失"[G. 帕坦（G. Patin）]。他反倒最挂心的是经济上的损失，这方面由柯尔贝尔负责进行补偿。

红衣主教的寓所占据着莱斯科翼楼和国王楼的三层。他喜欢的挂毯、画作以及小型家具都被运送至此。他的卧房在国王楼，里面装饰着柯雷乔的《圣凯瑟琳的神秘婚礼》，房间朝向塞纳河左岸。现在仍可在此处欣赏到同时期的一些法国画作。旁边是他的大工作间和办公区。此后的8年中，红衣主教一直在此为法国的公事忙碌，同时也没有忽视处理私事。马萨林的楼上住着另一位重要大臣——尼古拉·富凯。他的住所位于路易十三时期的"工作坊"和上层的阁楼中，一共6间房，但因为布局不合理，所以他很少在此居住。

自归来之日起，天生的外交官马萨林，就以低调又恭敬的方式，对年轻的国王树立起了一种绝对的威望（用西蒙娜·贝尔蒂埃的话说就是"父亲的替代者"）。他辅助年轻的国王做出决策，教他管理国家。从16岁起，路易十四就参加议会，辩论和聆听。他甚至每天都会去马萨林的住处，并带上一位国务秘书。尽管红衣主教对路易十四喜爱有加，但他永远不会忘记，这位少年的父亲在同样的年纪，而且就在这座卢浮宫中，以最极端的方式干脆利落地除掉了一位意大利大臣。

路易十三过世后工程停滞的卢浮宫，又是怎样一番境况呢？如今的方形庭院西侧在那时已经基本成型，除了墙体刚动工的西北楼（博韦楼）以及北边邻近的部分。南翼楼还只有西边的一半。而查理五世时期的东翼楼以及防御工事的入口和主体还保留着，可经由狭窄的奥地利街到达。东翼楼与圣日耳曼奥赛尔教堂之间隔着几栋沿布利街（即如今的圣日耳曼奥赛尔广场）依次排开的建筑：从北向南分别是维勒基耶府邸、隆格维尔府邸、舒瓦西府邸以及之前提到过的小波旁宫。在卢浮宫西面，如今的拿破仑庭院东端设置了膳房，花园中的花坛有序排列在南翼楼和福万码头之间，一直延伸到塞纳河边。

回到卢浮宫3周后，王室成员们用一次庆典彰显了胜利，展现了王权的地位和活力，庆典有点类似于曾经每年7月14日在爱丽舍宫中举行的游园会。与杜伊勒里宫相比，小波旁宫（原位于东柱廊处）离卢浮宫要近得多，于是它成了卢浮宫的附属建筑，专门用于举办演出。从贡布斯特的平面图上可以看到，小波旁宫中有一间大厅，内设3000个座席，实在蔚为壮观。1653年2月23日，《夜晚的芭蕾舞剧》在这里上演。当幕布拉起时，几只"猫头鹰"拉着一架战车前进。狂欢节期间，芭蕾舞是必备的演出，准备时间长达几个月。这场演出暗喻了国王对投石党人的绝对胜利。舞台由45个开场构成，音乐由年轻的吕利创作，他和路易十四一起跳舞。这是15岁的国王最体面的胜利，当时的他身着绣有太阳图案的服饰，就如画中呈现的那样。国王在他的回忆录中写道："太阳，是一个伟大君主最生动、最美丽的形象。"还有一件雕刻作品，展现了他戴着荣耀的羽毛装饰、弹奏曼陀林的样子。国王毫不犹豫地在舞台上诵读邦瑟拉德毫不谦虚的诗句：

第七章 新兴君权统治下的卢浮宫
AU LOUVRE, LA JEUNESSE D'UN RÈGNE

> 山之高顶始放光霁,
> 吾之为己自豪不已。

甚至还有:

> 耀于神灵,卓于万物,
> 天上地下,谁与争锋。

太后和马萨林劝说路易十四"由于他和臣民相距遥远,他的首要责任便是亲自上台演出"(J.-C. 珀蒂菲斯)。在另一出芭蕾舞剧中,作为杰出舞者的国王,又弹起了鲁特琴和吉他,并扮演了阿波罗(还是太阳神)。在当时的一幅画作上可以看到,他穿着轻薄的衣服,手中拿着一张弓,杀死了一只怪物。如今可以在女像柱厅中再次上演这样的芭蕾舞剧吗?能再现这样的色彩、姿态、神情以及音乐吗?

宫廷喜爱类似的娱乐活动,这些舞蹈爱好者们不计较出身高低,在舞台上与演出人员尽情展现自己。如今,我们或许很难理解舞蹈如此崇高的地位,舞蹈在当时被看作一项王室活动,举行频繁。西蒙娜·贝尔蒂埃曾经分析,这一活动是"一种宫廷贵族亲自进行完美演绎的仪式",而国王则需表现出自己是一位完美的君主。

1654 年 5 月,马萨林因为惦念家人,想给他们谋些福利,于是让自己的两个妹妹带着 4 个孩子来到卢浮宫,住在西翼楼的最高几层,和其他几位早些时候来的侄女相聚。其中有两位在卢浮宫的历史上留下了印记:一位是 15 岁的奥林匹娅·曼奇尼,虽长相平平,但才华横溢且充满魅力;另一位是 14 岁的玛丽·曼奇尼,长得又黑又瘦,"是队伍中的害群之马"[西蒙娜·贝尔蒂埃(S. Bertière)]。

王国还在战火之中,王室的财富已濒临枯竭,但是红衣主教认为组织庆典是他的职责,要为王权塑造一个绚烂光荣的形象,正如拿破仑三世在贡比涅举行的声势浩大的宴会一样。马萨林热衷于意大利歌剧,希望能将之引进法国。他试图在华美的舞台上将宫廷芭蕾舞与意大利歌剧相融合。于是,卡普罗利的《特提斯和佩莱的婚姻》,这出"与相同主题的芭蕾舞剧音乐交织的意大利喜剧"于1654年4月在小波旁宫上演。西尔维斯特的画再现了其中的装饰背景,并反映出当时的装饰绘画虚幻的特点。"人们伴着法国乐曲跳舞,随着意大利乐曲唱歌"(西蒙娜·贝尔蒂埃)。国王在4个开场中现身。1655年,在《城市和乡村之乐趣与美味的芭蕾舞剧》中,路易十四这位天才的舞蹈家总共在24个开场中现身。

红衣主教将他那几位外甥女安置在自己的这层楼中。每位姑娘的房间都朝向走廊,窗户朝向庭院。国王很快在登上庭院西南角的旋梯时见到了她们,那里曾经是亨利四世驾薨的地方。

此时的卢浮宫还未建成,布局不合理,缺少装饰,而且周围都是老旧的城墙,让人一见就生出悲凉之感。在西尔维斯特于1650年完成的一幅雕刻画中可以看到,在未完工的庭院一侧,还有宝石加工塔以及几处中世纪城墙的遗迹,这也是我们对那些建筑最后的印象。

在这栋未完工的宫殿中,能让王室、大臣和住在屋顶层的一众仆人们居住的空间非常有限。这还没算上600多名士兵,他们驻扎在中世纪遗留的翼楼里,住在那里和坐牢差不多。

虽然居住空间和场地不足,但宫廷并不缺乏欢声笑语。国王

第七章　新兴君权统治下的卢浮宫
AU LOUVRE, LA JEUNESSE D'UN RÈGNE

身边围绕着欧特福尔小姐、玛纳维尔小姐和莫特马尔小姐等诸位女士。邦瑟拉德都奉承过这些女士，他赞美古尔东小姐的玉腿，拉波尔特小姐"雪白、丰硕且圆润"的双臂，维勒鲁瓦小姐迷人的嗓音。他甚至还冒着被严厉的太后盯上的风险，无耻地向国王建议：

> 别让枝头鲜嫩的花朵老去，
> 她们正痴痴盼望您的垂爱。

路易十三去世后，不仅方形庭院的扩展中止，而且宫殿内部的装饰也失去了建筑师的管理，太后和国王的二楼套房在空间、装潢和舒适度上都有待改进。柯尔贝尔说："这些老鼠洞，配不上国王陛下和构想中卢浮宫的宏伟美丽。"接下来25年，卢浮宫的建设主旨是，让这座宫殿配得上国王的伟大，而国王的伟大与日俱增。

17世纪初，本来就对宫殿不甚满意的玛丽·德·美第奇，在成为摄政太后之后，就让人修建了卢森堡宫。奥地利的安妮则让人翻修了她在卢浮宫的寓所。而马萨林作为一个文化人士，住在宫殿和各类艺术品之中已经感到满足，他只希望王室的处境有所好转。

但现在还不是一个好时机，王国正深陷战争，国库亏空。但是在国家遭遇危机之后，就算冒着向包税人借款的风险，国王也要让根基还没站稳的王朝展现出一副欣欣向荣的面貌，显示出国王的威严和尊贵。查理五世和亨利四世在经历了类似的考验后，在同一座宫殿里，都采取了相同的行动。在圣西蒙看来，"形式高于内容"。

这再次证明了，国家的脸面是最重要的，而且第一步就是要调整权力所在。御前会议自从路易十四成年后，重新获得了重要的地位。这些各种形式的会议,过去都在国王的房间内召开。1653年,勒梅尔西耶翼楼底层(如今是古近东文物展厅)的一间大厅被用来召开会议,还有一间用于存放资料和会议准备的小厅,以及一间小教堂。这是政府第一次拥有办公地点,也是如今爱丽舍宫的前身。为装饰议会厅,夏尔·勒布伦为天顶进行了设计和创作。但国王住在卢浮宫期间,还是在自己的私人房间或在书房中召集议员。毕竟让他们到国王身边,比让国王去他们的办公地点,更符合国王尊贵的身份。

出于对王室婚礼的考虑,奥地利的安妮入住了南翼楼一层从前太后的寝宫。寝宫两面各朝庭院和塞纳河。如今这间寝宫成了古希腊雕塑厅。但是她对玛丽·德·美第奇的装饰并不满意,于是命人在1653年至1655年间把原本由勒·叙厄尔装饰设计的冬宫分为7间厅室(如今只保留下了他的几幅画作)。勒梅尔西耶是整体工程的负责人,他在太后寝宫中特别修建了一间豪华的浴室。浴室位于一排厅室的尽头,紧挨宝石加工塔(于1660年消失),如今成了古希腊埃及展厅,《米洛斯的维纳斯》曾经就在那里。浴室的壁板上雕刻着花朵和水果,廊柱和壁柱通体都是白色大理石,带有镀金的铜柱头。安妮还在这里放置了委拉斯凯兹为她家人创作的肖像画,玛利亚·特蕾莎公主的肖像画如今还收藏在卢浮宫中。

这间寝宫的装饰已经完全消失,幸好在工程契约、图纸和文字中还保留着些许记忆。这些相通的厅室的壁板上铺着有压纹的皮质墙饰,这些装饰据说来自西班牙科尔多瓦,由安妮引入法国,可以让6米高的厅室稍显暖和。整体装饰极尽奢华,一位旅行者说:"一间装修陈设极尽王室之奢华的厅室,让人不禁想象此地无奇不有。"

第七章 新兴君权统治下的卢浮宫
AU LOUVRE, LA JEUNESSE D'UN RÈGNE

或许房内的陈设确实暗含深意。安妮命人在凹室里绘制了人们常把她比作的天后赫拉,赫拉曾派彩虹女神伊利斯带话给睡神,让他的儿子们去给刻宇克斯的妻子阿尔库俄涅托梦,告知其夫的死讯。曾经几乎独守空房的王后会梦见路易十三吗?

长廊的倒数第二间房,是安妮使用强制手段维系"太后聚会圈"的地方,她的儿媳就做不到像她一样强硬。这里还是她和忠心的宫女、绰号为"独眼龙卡托"(Cateau la Borgnesse)的凯瑟琳·德·博韦闲聊的地方,安妮称她为"首席宫女"。"博韦夫人掌握了什么秘密呢?" G.勒诺特尔对此感到不解,"她为什么可以控制奥地利的安妮?我们不知道。不过,事实是她在宫中呼风唤雨。"也许是太后想起了和路易十三的夫妻生活开始之艰难,于是把路易十四的性启蒙任务,交给了这位40多岁可以当他母亲的女人。而路易十四对此确实很有天赋。如果这个情节具有历史的真实性,那得多亏这位女主角毫不吝惜地分享此事。此外,侍官们在卢浮宫的走廊上还会这样唱:

> 要没有百岁的卡托,
> 何来美貌少女在床头,
> 优渥皇恩齐享受。
> 为何莺莺燕燕在左右,
> 那您为何又没有?

狭窄不适的宫殿却非常方便交流,擅于打听往事的圣西蒙说,年轻的国王对宫女、贵妇和农妇来者不拒。1655年5月,他患上了淋病。医生瓦罗建议他"减少骑马和马术活动，不应沉迷于玩乐"，并以鹿茸和象牙磨成的粉末进行治疗。尽管如此，病痛还是过了好几周才算结束。

太后的冬宫是勒梅尔西耶的最后一项工程，但他没能亲眼见到完工。1653年6月，勒梅尔西耶与世长辞。如今这处寓所只留下了一幅夏尔·勒布伦的画作《天使的十字架》（藏于卢浮宫历史展厅）。这幅画根据太后的幻象所绘，并被她挂在小礼拜堂内，可以从她的床上看到。她家族中的几个孩子都是在这个礼拜堂受礼的。礼拜堂内摆满了缀有珐琅和红宝石的水晶物件，还有太后不顾马萨林的讽刺，不断搜集来的无数圣骨盒。

安妮让人重建了孔奇尼桥，以便通达塞纳河边的花园。工程在建时，卢浮宫于2月21日迎来了孔蒂亲王的订婚庆典。作为一名悔改的投石党人，他和马萨林的一位侄女订婚了。这堪称马萨林的一次漂亮反击。为庆祝3天后的婚礼，红衣主教安排在他的住处上演《熙德》。但国王更想见到他的侄女们，特别是奥林匹娅。1655年，国王还和这位姑娘发生了一段小小的私情。我们总在想，在这样一个国王受到密切关注的狭窄拥挤的宫殿中，这段秘密的爱情是如何展开的。这段我们不知道发展至何种程度的爱恋，又牵扯到了各种利益，成为戏剧创作的灵感来源。

安妮翻新的寝宫朝南，酷热难耐又气味难闻。她对此抱怨不已，马上决定在旁边的小长廊一楼修建一个新的住处，一座朝东的夏宫。她还希望这个新寝宫能够更加威严壮观，以彰显她战胜了对手并懂得管理国家。

马萨林对翻修冬宫十分上心，而且在我们即将讲到的国王寝宫

第七章 新兴君权统治下的卢浮宫
AU LOUVRE, LA JEUNESSE D'UN RÈGNE

工程中也投入了不少精力。为了重启工程，他任命石匠之子——42岁的路易·勒沃，接替勒梅尔西耶。自1639年效命于朗贝尔府邸后，勒沃开启了一段辉煌的职业生涯。他被马萨林任命负责万森城堡的工程，接着又接受了国王寝宫的工程，然后又为富凯设计了子爵城堡，再加上1655年3月开始的太后夏宫，他的手上一共有4大工程，这还得多亏他强大的合作团队。建筑师们在那时都开始拥有合作者。从1655年起，路易·勒沃将在卢浮宫中投入20年时间用于一项巨大的工程。贝尔特朗·热斯塔兹注意到，和当时的许多同僚一样，勒沃在工程之余，还投资了房地产以及炼铁厂和铸造厂。

1656年，卢浮宫迎来了一系列庆典活动。马萨林没有限制路易十四。于是，路易十四将庆典的规模举办得史无前例的奢华。1月，由4位美人主演的芭蕾舞剧《普赛克》上演了两次，其中的一个演员就是奥林匹娅·曼奇尼——她的妹妹玛丽在那段时间正打算以她小麦色的胴体吸引国王路易十四的注意，同时国王和他的弟弟菲利普也在这出芭蕾舞剧中担任角色。菲利普经常乐意尝试那些性别特征不那么明显的角色。9月，王室迎来了一位尊贵的宾客，这位宾客就是瑞典的女王克里斯蒂娜。女王身着一件裁剪得体的男士紧身上衣，用沾有污渍的双手将一双男式长筒靴脱下，放在旁边的扶手椅上。她被人们迎进与国王同等规格的寝宫（当时在贡比涅）。寝宫里装饰着绘有西皮翁故事图案的挂帘（如今该挂帘陈设在柱廊），铺着绣有金边的白绸床单。她此行持续一周，参观了图书馆，接待了众多学者，还拜访了马萨林府邸。她在此期间的几个怪癖，一时间成为宫廷热议的话题。

1657年，新的芭蕾舞剧《病爱》被搬上舞台，光王公贵族的服饰就至少花费了一个省的预算。宫廷的气氛轻松、奔放，充满活力。蒙庞西耶小姐在回忆录中讲述了当时的一个场景。一场舞会过后，大家前往膳厅，桌子已经摆好，但只有一副刀叉和一张扶手椅，是给国王设置的。国王说："我的堂姐，您坐下，这是给您的位置。"大郡主安妮激动地叫起来，认为他是在开玩笑。奥林匹娅则更为大胆地说："这是我的！"在她要坐下时，有人劝她："别过去！"所有人都挤在一起，扶手椅还是没有人坐。"既然只有一个位子，"国王说道，"那应该就是我的了。"国王看重用餐的礼仪，"如果没有想好是否要吃，就不要把手伸向菜肴"，他还命同伴"与他同桌用餐"。宫廷的礼仪慢慢渗入生活的方方面面。路易十四面对所有人，尤其在女士面前，时刻懂得保持文雅的举止。

勒沃的第一个工程是太后的新寝宫，他将以精湛的技艺修缮亨利四世时期的建筑。国王楼和杜伊勒里宫之间的连接是薄弱的一环，一座狭窄的单孔桥越过沟渠直达小长廊。要想在小长廊一楼规划出一套寓所，首先需要将其打通，以方便进出，还要和冬宫连接起来。于是在1655年到1658年间，勒沃用一栋两层的建筑取代了单孔桥。有人说最上层的装饰是梅里安设计的，对此说法，我们不能全信。二楼可以满足国王迫切需要的更多空间。国王在这里设置了两个新的厅室：圆顶客厅（即后面会讲到的阿波罗圆厅）和一间大工作室，取代了他父亲使用的工作室。但是路易十四既不会做果酱，又不会给亲信理发，他的工作室主要用于会面和接待大使。房间的装饰来自重复利用的旧物：天花板上是普桑的作品《时间之神让真理之神免受嫉妒和不睦之害》，来自皇家宫殿。难道路易十四还保留着对此地旧事的记忆吗？这件作品是个提醒吗？画作中

第七章　新兴君权统治下的卢浮宫
AU LOUVRE, LA JEUNESSE D'UN RÈGNE

的"时间之神"看上去十分艰难地承受着重担。这件作品和同时期的画作一起被安放在卢浮宫中。而这间展厅在王朝复辟时期经过翻新，如今陈列的是古代玻璃制品。

这栋起连接作用的建筑一楼为狄安娜厅，如今陈列的是帕特农神庙的展品。同时，为了连接太后的夏宫和冬宫，勒沃向北延长了小画廊，并修建了两座圆厅，分别是战神玛尔斯厅和太阳神阿波罗厅，并入国王套房的阿波罗圆厅，由夏尔·埃拉尔（1606—1689年）设计，埃拉尔在这个时期的卢浮宫建设中起了重要的作用。1643年，在罗马生活了十六年的埃拉尔被任命为国王御用画师，入住卢浮宫，年薪为1200里弗尔。他是1648年创立的绘画和雕塑学院最早的成员之一，他担任装饰负责人的职务达十年，之后被勒布伦替代。埃拉尔的工作主要是在卢浮宫中，当时这里全是他主导设计的装饰或者他自己的画作。1659—1660年，卢浮宫的工程给他带来了总值76 568里弗尔的高额收入。但是他不受同事待见，1666年被逐出学院，然后开始了和勒布伦的斗争。勒布伦在建筑委员会上得到了柯尔贝尔的任命。也是在那时，埃拉尔建议在罗马创建法兰西学会，1668年他成了该学会的第一任领导。至于阿波罗圆厅，埃拉尔将圆顶交给了弗朗西斯科·卡恰。卡恰在圆顶上涂抹了厚厚的灰墁，至今还可以看到。但由于后来两人起了争执，圆顶上的色彩直到19世纪才添了上去。

现在可以将小画廊一楼用于居住了，总共分出了6间拱顶厅室。马萨林在那里任由教皇至上之风发展，他为此风格在法国的传播做了许多努力。有些人甚至把马萨林看成巴黎巴洛克风格的源头所在。

"意式"装饰部分取代了"法式"。绘有壁画并饰以仿大理石和镀金装饰的拱顶，搭配圆雕和浮雕，这种风格早就在普桑的大画廊设计中出现过了。新的装饰中有一部分意大利风格似乎出自埃拉尔之手。鉴于此，马萨林在1655年请来了乔瓦尼－弗朗切斯科·罗马内利（1610—1662年）。他是多米尼冈的学生，十年前就曾在黎塞留路的马萨林府邸工作过，就是后来法国国家图书馆的所在地（马萨林画廊）。相反，马萨林忽视了当时已经出名的夏尔·勒布伦，而且在西蒙·乌埃这位大师去世后，他也拒绝让勒布伦入住卢浮宫中空出来的住所。

16世纪诞生于枫丹白露宫中的白金粉饰技术，让我们想起了一位来自罗马的雕刻师——米歇尔·安圭埃尔，他在罗马度过了十年。如果马萨林画廊中罗马内利的装饰有些学术化和单调，那么卢浮宫中的装饰则完美结合了绘画和雕塑，显得更加轻松自在。有幸的是，巴黎还保留着这两处间隔十年的装饰设计。

卢浮宫这些精美的拱顶装饰得以保留实在是万幸。穹顶的色彩和金子的光泽共同谱写了一曲洪亮的交响乐，隆重地为宫廷举行的活动伴奏。今天古罗马雕塑厅内的穹顶，在当时笼罩着被隔墙分开的几间厅室，其中装饰着帷幔、挂毯、绘画以及得体奢华的家具。就是在这装饰繁复的天花板之下，发生了路易十四统治伊始的几起标志性事件。那么首先，让我们自北向南地详述这些厅室。

第七章　新兴君权统治下的卢浮宫
AU LOUVRE, LA JEUNESSE D'UN RÈGNE

玛尔斯圆厅

埃拉尔和诺埃尔·夸佩尔在1658年设计了这里的装饰，并由马尔西兄弟负责灰墁，有些塑像的比例虽不协调，但饶有趣味。第一帝国时期前，这里的装饰工程一直都未完工。

太后客厅

这里的装饰工程也未完工。那时只启动了灰墁工程，同样是马尔西兄弟的作品。

前厅，又名"四季厅"

需要细细品味从地面到天花板的独特结构，在装饰和雕塑的作用下，被几何线条划分的结构变得柔和。顶上的格子饰有绘画和雕刻，壁画和镀金相得益彰，创造出了恢宏、富有韵律的和谐感。壁画表现的是神话场景，表现手法和程度或许遵照了太后的旨意：在阿波罗和马西亚斯的场景中，只表现了受刑前的准备。在春天主题的格子边缘，是一个刻画为牧神形象的男像柱，他吹奏着潘神的牧笛，手撑着上面的涡纹饰。

这间前厅位于长廊中央，可经由花园进入，这一设置对夏宫来说十分常见，而且这里也可以通往王后庭院，即现在的斯芬克斯中庭。所以有两处入口可以通往太后的住处，从外面进还是从里面进，要根据其中微妙的礼仪差别进行区分。前厅中还展示了艺术的守护天使为墨丘利、玛尔斯和手持百合花的密涅瓦加冠的场景：大革命时期的百合花和王冠变成了共济会的象征。横幅上的标语始于第一帝国时期。天花板上的人物在云端起舞，可谓达到了如愿的高度。

《和平赞歌》完成于战争时期，突出了富饶的风景："暗示了法国在追求和平上的诚意，不过西班牙和罗马对此公开表示质疑"（R. 克莱曼）。灰墁上描绘了法国和纳瓦拉王国的人物形象，还有罗讷河的人物形象，他的姿势扭曲，手持战利品和执法官束棒——这些都是马萨林的武器。这些寓意和平的象征使得这间厅室在《比利牛斯条约》过后，被冠以"和平厅"的称号。

大工作室

天花板上有五个分格，画着马萨林的家乡——罗马的历史图景，且都包含着寓意：《劫夺萨宾妇女》的场景象征着以联姻收尾的战争，体现了对西班牙战争后续发展的希望。这是卢浮宫里唯一一间有路易十三画像的厅室，画像挂在门上方，现存于卢浮宫。太后对路易十三的回忆可谓喜忧参半。

太后卧室和小工作室

在督政府时期[①]，这两间厅室被并为一间，卧室的天花板装饰得以补全并延伸至厅中。在天花板上可以看到被太后视作榜样的"强

[①] 督政府时期，指法国大革命中于 1795 年 11 月 2 日至 1799 年 10 月 25 日掌握法国最高政权的政府执政的时期。——编者注

第七章　新兴君权统治下的卢浮宫
AU LOUVRE, LA JEUNESSE D'UN RÈGNE

势女性",其中有正在杀害奥勒非的朱迪特——一个并不常见的宗教象征,她略显笨拙地拔剑出鞘。除了这个人物外,安圭埃尔以优美的人物形象刻画出了其他虽是猜想,但也足够真实的宗教象征:自由、威严、至福。

隔壁的工作室面积不大,可透过"查理九世的窗户"看到塞纳河。天花板上是罗马内利的《密涅瓦坐在武器战利品上》,在执政府时期①被毁。卢浮宫和贡比涅宫还收藏了几块《摩西故事》的画作,还有一些金底装饰的镶板被挪到了卢森堡宫。

这两间合并的厅室以其无可挑剔的和谐装饰,宣告了太后和首相为了拯救法兰西王国而联手。从艺术上说,这里还残存着枫丹白露派的特点,但更多的是罗马的巴洛克风格,当时在巴黎还找不到类似的装饰风格。一种更为法兰西化的风格即将产生,而勒布伦懂得吸取罗马内利的教训。

新的整修工作从外部开始启动。在小画廊前面的花园中,1656年11月,国王在朝臣面前,对红衣主教的侄子曼奇尼领导的火枪队进行了重组。红衣主教从不忘记给他的亲属谋职。而路易十四,作为军事表演、节庆以及芭蕾舞剧的组织者,极力想要表现出他才是国王,虽然实权还不在他手中。

第二年,罗马内利从脚手架上跌落。尽管国王对他照料有加,但他还是没有恢复过来,无法再继续指导北面两间新大厅——玛尔

---

① 执政府时期,指拿破仑统治前期的共和制政府(1799—1804年)执政的时期。
　　——编者注

斯圆厅和太后客厅——的装饰工程，而我们已经知道，这两间只完成了灰墁的部分。

最终，太后拥有了两套相连的寝宫，南边是冬宫，西边是夏宫。当时能不能在夏宫专设一间国家喜剧厅，还是个问题。

在太后卧室和夏宫的小工作室中间，是一间朝向塞纳河的古代文物厅，其用途不变。

在这两座寝宫中，安妮能从政治责任中暂时解脱，安心享受私人生活。她闲暇时参加宗教仪式，和随从们聊天，接见她的儿子们，同时毫不节制地展现了对美食的喜爱。"她只想着吃饱肚子。"马萨林如是说。

皮埃尔·韦尔莱曾写过，这两座宫殿中镶木拼花的地板，以光玉髓、琉璃石和玛瑙点缀工作室，摆放着泛着金光的餐具，其装饰富丽堂皇、奢华至极，给路易十四留下了强烈的印象。他将在未来享有同样的奢侈，而且他更注重整体的和谐。

1659 年，太后的夏宫差不多就要完工了。而此时在卢浮宫附近的皇家宫殿区，马萨林作为法国事务的总管，正与西班牙国王派遣来的使者商谈和平事宜，不过是在成年且加冕的国王缺席的场合下。国王是否知情呢？他后来的态度有所体现，路易十四承认那时的他只是一个"画中的国王"。

国王套房

如此，太后在奢华的寝宫中安顿下来。

我们注意到，近一个世纪以来，先后有 6 位法国王后（凯

第七章　新兴君权统治下的卢浮宫
AU LOUVRE, LA JEUNESSE D'UN RÈGNE

瑟琳·德·美第奇、玛丽·斯图亚特、奥地利的伊丽莎白、路易丝·德·沃德蒙、玛丽·德·美第奇、奥地利的安妮）曾入住卢浮宫，其中至少有3位让人整修并装饰了南翼的房间。国王呢？从亨利二世起，国王就一直住在国王楼二层狭窄的套房中，而且那里永远充斥着朝臣、仆从和狗。从入住之日起，路易十四就在抱怨住所的憋屈，一直抱怨了20年。有趣的是，不同于大多数王后的做法，没有任何一位瓦卢瓦家族或波旁家族的国王，包括路易十四，想要根本性地扩大这处住所。或许是因为，这种状态符合国王"生活在公众中"的传统要求。他白天与朝臣为伍，处处受人看管。王后反而时而独处，时而也受到众多随从的监视。要等到路易十五时期，才有了国王的"小套房"。

白天，卢浮宫的入口是开放的。经过还没正式成型的方形庭院，可以通过莱斯科大楼梯正式进入王室住所，从大楼梯出来后走进拥挤的守卫厅（如今的古代青铜器厅），接着走进前厅（亨利二世厅），再往后是国王的卧房。卧房里有3扇明亮的窗户，挂毯上点缀着金饰和丝绸。再旁边是国王的私人房间，也就是"出恭之处"，仅有一扇朝向庭院的窗户。起床和入睡仪式在国王的卧房中进行，出席人员会将这间房塞得满满当当。这两间房现在就是七壁炉厅的北部区域。再往旁边是一间工作室，如今是克拉科前厅，这是国王从王后寝宫中夺过来的。需要注意，在16和17世纪，厚厚的墙体中或装饰物后会隐藏着狭窄的过道。这些密道（如今在雕像附近还留有一个叫作"萨莫色雷斯走廊"的通道）或旋梯十分狭窄。从17世纪的一幅平面图上，可以分辨出光国王寝宫一个地方就有3处旋梯，分别位于前厅的西南角和东南角，以及大工作间后面。有些隐秘的楼梯可以作为紧急出口。在这座每天充满朝臣、守卫、跟班的宫殿中，这些秘密的通道，对于国王和他的亲信来说，还是很有用的。

1654年，早已对狭窄寓所感到不满的路易十四，决定进行内部整修。这对国库来说依然是一笔沉重的开支，但总不能让这位已成年3年、刚刚加冕的年轻国王为过上彰显其血统、能力和抱负的生活继续等待吧。同时也需要开始安排围绕国王逐渐增加的宫廷人员入住。

这项工程还是由勒沃负责。国王卧房中的天花板焕然一新（新天花板在19世纪被转移到柱廊，如今阴差阳错地出现在埃及馆中央）。吉勒·介朗和助手吉拉尔东、勒尼奥丹、勒让德尔、马尼耶一起，指导细木工路易·巴鲁瓦在天花板四周雕刻了女神像和被捆绑的奴隶像（象征着1648年法国的胜利），以及围绕着圣灵之环的爱神。在更高处还有一个环形，中间是一块椭圆形的板子，勒·叙厄尔在上面画了一幅象征君主政体胜利的寓言画（画作已消失）：君主政体在十年里摇摇欲坠，如今复仇的时刻到了。这个天花板的整体设计并不和谐，在凡尔赛宫的对称设计出现前，这是对17世纪初的意大利式繁复风格的最后一次体现。壁炉上的雕刻留存至今，就如枫丹白露宫的舞厅，分界层由男像柱支撑，在装饰繁复的壁炉台上，有一尊活灵活现的女神像。不过房间很暗，据索瓦尔所言，即使正午在此地也只能摸索着欣赏。

卧房的床置于一块平台上，周围环绕着一圈放有晚香玉的银瓶。生活在这个房间里的路易十四希望出入能更自由。当访客轻轻叩门时（"敲门的人该倒霉了，"神父卢卡特利写道，"轻轻叩门足以。"），

第七章 新兴君权统治下的卢浮宫
AU LOUVRE, LA JEUNESSE D'UN RÈGNE

有时他得自己开门。仅凭这一点，房间也需要做出些改变了。

每天清晨，在此举行起床礼。对于这个大小的房间来说，即使在场的亲信经过精挑细选，人还是太多了。外交大使斯潘海姆形容那里"人群密集"。莫里哀在1662年发表的《致谢国王》中幽默地描述了这一场景：

> 汗毛刮擦着大门，
> 这就是国王的卧房；
> 噢，不出我所料，
> 黑压压的人群聚集于此，
> 远远地晃动您的帽子，
> 要不往高处爬，
> 才能看到您的脸，
> 不带停歇地吼着，
> 和着极不自然的调子——
> "掌门官先生，来者某某侯爵。"

出现在众人眼前是国王最基本的义务，这一来象征着国王可以时时刻刻被亲近，二来可以显示王室的排场面面俱到。

于蒂内和洛朗·马尼耶一改16世纪的房门，在上面加筑了一些大型雕塑，不过有点不太相称。这些雕塑已经被移到柱廊，但顺序已经被打乱了。

我们已经讲到，国王套房拓展到了小画廊的入口，连接着阿波罗圆厅（那里曾被用作小教堂）和国王的工作室；长廊的二层则是展示排场的地方。

　　为了接待行走在两队执戟卫兵之间的大使和显贵，为了引导大批朝臣走向国王套房，这里还需要一座辉煌的楼梯，要比亨利二世的那座还宽阔和气派。自 16 世纪起，人们就明白鉴于楼梯的规模和重要性，需将其纳入室内布局中。大约 1640 年，克劳德·古非耶就在瓦龙城堡修建了一座楼梯。从 17 世纪中叶起，巴黎众多府邸的楼梯比国王的更为壮观，可以看看后来的凡尔赛宫。著名的亨利二世大楼梯上的装饰在那时或许一点都不引人注目了，而且通道过于狭窄，无法让肩并肩的两人通行。于是在 1657 年，人们打算新建一座更豪华的楼梯取代原来的，在楼梯平台上饰以女像柱。但是这个构思后来被舍弃了（也许只是因为不知道把它安置在哪里），但在 18 世纪末又被提起。

　　所以，当时只能顺应已有的布局。在女像柱厅闪闪发光的水晶吊灯下，上演着由艾瑟兰和博布伦组织的芭蕾舞剧。在守卫厅中，国王在圣母取洁瞻礼那天接待教育界的先生们，他们递给国王一根大蜡烛，然后列队跟随他绕着整理干净的庭院走；而且在圣周四那天，国王会在此给穷人洗脚，这一仪式让国王颇为厌烦。在凡尔赛宫，他没有忘记免去这些繁重的仪式。

　　在太后套房中举行过几次私密的小型宴会，路易十四在这里倾听玛丽·曼奇尼背诵《熙德》中的抒情诗，或演唱意大利歌曲，而他则在一旁用吉他伴奏。国王很会弹奏吉他，甚至比今天某些拿吉他当摆设的歌手厉害。至于玛丽，莫特维尔夫人写道："她是如此善于取悦国王，她告诉国王，她爱他，而他无法阻止她。"

　　但是，自从查理五世时期的建筑几乎全数消失，卢浮宫中再也

第七章　新兴君权统治下的卢浮宫
AU LOUVRE, LA JEUNESSE D'UN RÈGNE

没有可以匹配王室规模的教堂了。国王在巴黎时，不得不去圣日耳曼奥赛尔教堂做弥撒，有时坐轿子去，有时伴随着隆隆的鼓声，在两队身着红边蓝衣的卫兵（看守卢浮宫城门的哨兵）的护卫下步行前往。弥撒于每天中午在会议结束后进行，路易十四从未缺席。1656 年，勒沃被下令在钟阁中设置一处教堂，紧挨在王室寝宫后面，大楼梯附近。教堂于 1659 年完工，如今在临时展厅中还留存着装饰、壁龛和壁画的遗迹。1659 年 2 月 28 日，在（比利牛斯）和平圣母和圣路易的主保下，这处教堂被祝圣。只是此种设置消除了王室寝宫继续向北延伸的可能性，不过国王倒是有了一个毗邻的宗教场所和一个可供朝臣通行的宽敞前厅。博须埃在此进行了 1662 年的封斋布道和 1665 年的将临期讲道，传教士布尔达卢和马斯卡隆都曾出现在此，这间教堂也一直被使用到国王离开卢浮宫。在此期间，我们可以想象到，国王住在卢浮宫时，每天上午都会出现在这里。他有一个朴实的信仰，即严格奉行宗教仪式可以赦免品行的不端，这种想法在当时很盛行。

国王套房那时的状态与路易十四的设想还相去甚远。他希望他的住所表达并体现出他想赋予自己的光辉形象，还要为宫廷演出增色，正如 1655 年的《欢乐的芭蕾》中唱到：

> 伴随着音乐的节拍，
> 不跳舞的人真不幸。

所以，庆典和节日活动依旧在女像柱厅和守卫厅（古青铜器厅）或者小波旁宫轮流上演。当国王和宫廷人员都在卢浮宫时，会使用小波旁宫，但这种情况并不多见。国王没有舍弃迁居的习惯，特别是在春夏季，他不仅会搬到法兰西岛的王室城堡、圣日耳曼宫或枫丹白露宫（当时的凡尔赛还只是一处打猎的休息场所）这些更适宜居住的地方，而且还会长途跋涉到更远的外省。国王需要出现在百姓跟前，以获得他们的敬意。所以，要知道，在国王最终离开卢浮宫前，他也只是间歇性地住在这里。仔细算来，这些年他在卢浮宫的时间不超过两个月。

国王还是在拥挤的套房里用餐，排场小的用餐仪式在他的私人卧室里进行，排场大的则在他的御床接见厅里进行，这在他起床前就决定好了。众人前来觐见，只有佩剑的男士才能进入，他们观看国王专心享用大餐，而国王按照传统用手指拿取食物（他禁止子孙使用叉子）。他吃到的一般都是温热的食物，因为尽管这些菜是盖住的，但送过来的路途遥远。膳房在宫殿北边的博韦路上，这条小路就在杜尔哥馆旁，后来合并到里沃利路了。

在这场整体的修复行动中，从最先重新安置议会机构开始，再到王后和国王的寝宫，简单的内部装饰并不够。要安置越来越庞大的宫廷，这里还缺少居住、举办活动、安置仆从和守卫的空间。现在应该很少有人能和布瓦洛这么说：

> 是为逃离浮华恼人的纠缠，
> 我至卢浮宫不为爱慕财富。

所以，重启路易十三离世后再次中止的方形庭院的建设工程变得很有必要。依据梅里安的一件雕刻作品，查理五世时期的卢浮宫

第七章　新兴君权统治下的卢浮宫
AU LOUVRE, LA JEUNESSE D'UN RÈGNE

东立面还留存到了那个时候，不仅有宝石加工塔，还有东北方向的一座塔，大致就位于现在方形庭院内中央喷泉的位置。

在路易十四和首相的推动以及王室管理部门积极的带领下，一项伟大的工程就此开启。虽然并不一定能实现"伟大工程"，但他们已经下定决心借助国王的能力拓展卢浮宫。这项工程并不是要在北面新建一座连接杜伊勒里宫的建筑，主要还是出于清理宫殿的目的。不要忘了，卢浮宫从来都不是在一片处女地上建设起来的，每一小块地都是一点点争取来的，所以费用才如此高昂，进度才如此缓慢。这座宫殿靠着逐步占用城市的土地而扩大。虽然不曾有过征用土地的情况，但个人确实很难拒绝王室普遍慷慨的开价。因为当时没有贷款，人们通常会"决定继续保留那些没有必要拆毁的房屋"（让－皮埃尔·巴贝隆）。这与奥斯曼的巴黎改建规划完全不同。

在路易·勒沃的指导下，方形庭院的工程重新启动了。著名的"独眼龙卡托"在太后的允许下，把为工程准备的部分石料占为己有，用来修建自己的住所，即后来著名的博韦府，这种做法惹怒了马萨林。直到那时，随着工程的进展，人们才真正认识到正在建设中的卢浮宫的规模："这座庭院的比例不可思议，几乎有一个公共广场那么大了"（让－皮埃尔·巴贝隆）。而且勒沃毫不犹豫地展现出了他的设计天赋。当勒梅尔西耶继续采用莱斯科的线脚元素，并致力于后续的建设时，勒沃为方形庭院的北翼楼和东翼楼设计了一份与先前的翼楼不同，但在整体线条和尺寸上一致的方案。这是一位真正的创造者的做法，他对后来被称为附属建筑的设计抱有一种怀疑的态度。

工程进行期间，路易十四和红衣主教在为第二次穿越法国的长途旅行做准备,此举是为国王的婚礼疏通道路,但并未打断宫廷的一系列娱乐活动。1658年2月,为庆祝封斋节前3天的狂欢,卢浮宫中举行了舞会。国王的弟弟披着厚厚的金色假发,装扮成一位女士出席了舞会。这种装扮符合当时的潮流,许多朝臣都有过尝试。

两年里,路易十四一直对奥林匹娅·曼奇尼大献殷勤,我们并不知道(历史学家们对此感到可惜)这段恋情发展到了何种程度。这段恋情最终是被这位外表轻浮但头脑冷静的年轻女士本人中止的。她明白,正如莫特维尔夫人所说,"国王的情谊只是一时兴起",所以她理智地选择了迈入婚姻。在1658年的狂欢节上,年轻的国王突然开始追求另一位贵族小姐拉蒙特·阿尔让古尔。她看起来没有上一位聪明,居然梦想着与国王结为连理。王后奥地利的安妮很快介入其中,将这位轻率的小姐送进了修道院。

文学史上的一个重要时刻即将随着一场临时的演出在卢浮宫中降临。国王的弟弟是想在国王离开前向他介绍他的新剧团吗?国王会接受出身宫廷室内陈设商家庭的侍从让-巴蒂斯特·波克兰[①]做喜剧演员的主管吗?在国王动身前往里昂的两天前,即1658年10月24日,刚从外省来巴黎的莫里哀剧团在守卫室匆匆搭建的舞台上进行了演出。除了路易十四和他的弟弟外,在场观看演出的还有太后和马萨林,以及刚被赦免的大郡主、法国的亨丽埃特、查理一世的遗孀和她几个月后将登上英国王位的儿子查理,还有她将要嫁给国王弟弟的女儿亨丽埃特。甚至还有勃艮第府邸的喜剧演员——

---

① 让-巴蒂斯特·波克兰(Jean Baptiste Poquelin),为莫里哀的本名。——译者注

第七章　新兴君权统治下的卢浮宫
AU LOUVRE, LA JEUNESSE D'UN RÈGNE

他们是来评判莫里哀的吗？莫里哀和他的剧团当天表演了高乃依的《尼科梅德》，国王非常欣赏下面这一选段：

> 一旦臣下变成权势过大的角色，
> 尽管清白无辜，也绝不是无可指摘。
> 谁都想不到他会这么胆大妄为；
> 他因而可能犯下一种国事罪；
> 善于统治的君主往往审慎地凭借公正
> 而又严厉的惩罚来防止这种罪行的发生，
> 并通过对两方面都有效力的命令去防范
> 他正在酝酿的祸害或者他可能招致的灾难。①

这部剧得到了恰当的呈现并获得了礼貌的掌声。不管是莫里哀还是他的剧团都不是很擅长悲剧。在最后的欢呼声停息后，这位作家兼演员走向栏杆，向国王的亲切欢迎致谢，并且请求继续表演一出"小闹剧"，这出戏让他们在外省收获了"一定好评"。于是他们表演了莫里哀写的《多情的医生》，可惜这出戏如今已经消失。观众认为这个诙谐作品是真正的成功，拉格朗热形容"这是全新的创造"，这次成功奠定了莫里哀职业生涯的基础。面对扮演医生的莫里哀的滑稽表演（莫里哀是杰出的喜剧演员，这是他取得的首次成功），国王好几次爆发出阵阵大笑，向他恰如其分地表达了赞

---

① 此段译文节选自《高乃依戏剧选》，［法］高乃依/著，张秋红、马振骋/译，吉林出版集团有限公司，第215页。——编者注

赏,而且希望剧团能留在巴黎。第二天,他(或者很有可能是他的大臣)下令让剧团入住小波旁宫,并在特别的日子(周一、周三、周四和周六)里使用小波旁宫的演出厅,剩下的平常日子(其余三天)则留给从 1653 年起就在此的意大利喜剧团。该剧团的团长为斯卡拉姆齐,莫里哀后来与他结识,或许有时也从他的表演中得到灵感。莫里哀后来还多次受邀去卢浮宫表演,即使面对的观众数量十分有限。

莫里哀就此定居于毗邻卢浮宫的小波旁宫,"这间壮观的厅室,无疑是王宫中最宽、最高也最长的" [H. 索瓦尔(H. Sauval)]。他的剧团里有好几位迷人的女演员:莫里哀的情妇和朋友玛德莱娜·贝加尔;《太太学堂》中阿涅丝的扮演者德布里小姐;在《可笑的女才子》中出演的杜帕克侯爵夫人;还有年轻的阿尔芒德·贝加尔,可能是玛德莱娜的女儿,也是莫里哀的恋人。莫里哀在 1662 年 2 月于圣日耳曼奥赛尔教堂与阿尔芒德·贝加尔成婚(但他后来后悔了),而国王是他们第一个孩子的教父。

莫里哀也继续从事王室挂毯陈设的工作,每年工作一个季度,据拉格朗热的说法,他"十分勤勉"。所以人们经常在卢浮宫见到他,当王室在卢浮宫时,"国王在任何场合都会表扬他"。而且作为剧团的负责人,他要和官员们一起事无巨细地处理大量事务。在他为王室服务的 3 个月期间,又要如何协调这两份工作呢?我们不得而知,但是他与国王频繁见面,次数之多甚于公爵等人,这在他的职业生涯中起到了关键作用。

国王和马萨林以及部分王室成员于 1658 年 10 月 26 日动身前往里昂。一周后,莫里哀第一次在小波旁宫为巴黎市民演出。成功

第七章　新兴君权统治下的卢浮宫
AU LOUVRE, LA JEUNESSE D'UN RÈGNE

接踵而至，尽管报纸还不习惯用拙劣的诗句谈论这个新剧团，但剧团就此开启了光辉的艺术生涯。路易十四在巴黎卢浮宫度过的这段时期是最幸福和充满活力的。

国王不在的这段日子，国王套房的两处前厅被并为一间，即如今的亨利二世厅。这间厅室重新装上了西伯克·德·伽皮的天花板，并在两旁增添了由细木工贝尔热拉和图里制作的爱神和绶带装饰。天花板整体都被保留了下来，成为国王套房唯一留在原地的遗物，我们后面还会讲到其他东西后续被占用的情况。同年，西北角的建筑（博韦楼）和北翼楼一半左右的楼体都被加高并且盖好了屋顶，至少都已具雏形。

1659年1月底，国王和宫廷人员回到卢浮宫，此时正值狂欢节活动期间，作为此次出行的纪念，他们组织了一场身着布雷斯地区传统服装的舞会，音乐由"江湖艺人巴蒂斯特"（吕利）演奏。玛丽·曼奇尼装扮成牧羊女，不过是喜剧中的牧羊女，因为她的胸衣上佩戴着珐琅，牧羊棒还是银质的。

"我的女王，"路易十四说道，"这套衣服与您是绝配。"

但是最成功的应该属《阿尔西迪亚娜的宫廷芭蕾》，灵感源自贡贝维尔的一则河流故事，邦瑟拉德把其中的内容谱写成了70段起奏，再搭配上吕利的音乐。

热闹喧嚣的庆祝活动只是暂时的。6月初，卢浮宫中爆出了一条消息，开始只有太后和马萨林知晓，但消息很快传开。而此时红衣主教正准备前往圣让-德吕兹。他听闻路易十四宣布反对和西班牙联姻，想娶玛丽·曼奇尼。据蒙庞西耶小姐所说，他甚至跪下乞求他的母亲和马萨林，甚至还威胁要驱逐后者。太后和首相在这个问题的立场上，还是和以往对待所有国务一样团结和坚定。年轻的国王虽然不能说是让步了，但至少也开始重新考虑了。

这对统治国家的搭档还是让国王的理智占了上风。路易十四似乎让步了，他在6月22日深情告别了玛丽，而这位姑娘或许回答道："啊，您是国王，我会离开……"

这句台词很快被拉辛借用，成为贝蕾妮丝的台词。

马萨林先去了西班牙，他还没有在和路易十四的争执中完全获胜。此时的国王和马萨林分处卢浮宫和西班牙两地，频繁进行言辞激烈的通信。路易十四很固执，他拒绝前往西班牙，在书信中宣誓自己的爱情。马萨林晓之以理，劝他以责任为重，最后还孤注一掷，以自己隐退并带着外甥女离开法国作为威胁。路易十四最终妥协，于8月踏上了西班牙之行。"这是他人生中唯一一次，像小说里的主角一样恋爱，真正受到了爱情之苦，今后再也没有了"（菲利普·埃朗热）。

这一切发生的时候，卢浮宫中几乎从未停止节庆活动，莫里哀的表演也持续上演，演员和观众们交流着宫中的闲言碎语。

1660年7月，国王又回到卢浮宫，19日，莫里哀在他面前表演了《可笑的女才子》。8月26日，路易十四与王后在巴黎受到了隆重的欢迎。这是最后一次王室欢迎仪式，标志着国王的到来给这座城市带来了和平与繁荣。国王的队列穿过欢庆的城市（中途停靠在博韦府），在巴黎人民的欢声雷动中抵达卢浮宫。装饰繁华的卢浮宫前停靠着一艘大船，大船前游动着上千只悬挂彩旗的小船，船上进行着水上比力和各类游戏，即将消失的奈斯尔塔高处火炮齐鸣、烟花绚烂。王后玛丽亚·特蕾莎住在南翼楼二层的摄政太后的

第七章　新兴君权统治下的卢浮宫
AU LOUVRE, LA JEUNESSE D'UN RÈGNE

套房，和国王套房同等规格。太后应该也像48年前的玛丽·德·美第奇那样将这座寝宫让给了王后。

　　王后和她的随从占用了五间房：御床接见厅（如今的第一个厅）、卧房、大工作厅、大房间和侧厅。它们如今都被皮埃尔·方丹装饰一新。从这些房间望出去，既可以看到宫殿的庭院，也可以欣赏到塞纳河的风光（后面会讲到，靠塞纳河这一侧还会新建一座建筑）。这里原来还有一层半楼，用来安置女仆和从西班牙带来的两三个侏儒小丑。王后娇小、笨拙、害羞，无法顺畅地用法语交流，她在这里过着平静而封闭的生活，整天就是祷告和饮用巧克力。她身边都是"王后圈子的人"，尽闲聊别人的坏话。普利米·维斯孔蒂说："她有许多小狗，狗的待遇比滑稽演员还好，散步有车马和仆从护送，吃的是佳肴的残羹冷炙。我不记得谁有天跟我说，这些小动物每年要花费4000埃居。那些滑稽演员不知道能不能捞到1皮斯托尔①。"

　　路易十四晚上会去王后的卧室，而且从不缺席，但有时很晚才会到。布西-哈比旦讲到玛丽亚·特蕾莎时常为等待这个迟到的人而闷闷不乐。帕拉丁夫人写道："她很高兴国王和她一起入睡，因为作为一个西班牙女人，她不讨厌这份工作。"

　　每当与国王共度良宵后，王后第二天"高兴得每次都会让人注意到她，她会发出笑声，一边眨着眼睛，一边搓着自己的小手"。

　　一大清早，为了遵守自己制定的规矩，路易十四离开王后的房间回到自己的房间进行起床仪式。

---

① 埃居和皮斯托尔都是法国古代的钱币名，1皮斯托尔大致等于2埃居。——编者注

卢浮宫全史
LA GRANDE HISTOIRE DU LOUVRE

  国王真的有必要在自己的卧室中进行起床仪式吗？据康邦夫人说，路易十四会让人给坐在他对面的莫里哀上一道王室"半夜餐"，聚集在栏杆后的朝臣则一个个都目瞪口呆。19世纪的学院派画家描绘的这一情景，看着不太真实。

  婚礼过后，众多庆祝活动接踵而至。马萨林甚至要求意大利作曲家卡瓦利制作了一部歌剧《情人赫拉克勒斯》(*Ercole amante*)。在这部剧中，路易十四继太阳神之后，又被比做大力神赫拉克勒斯。但是杜伊勒里宫中的演出厅还未完备，于是11月在卢浮宫的女像柱厅中，取而代之上演的是一部难度较低的歌剧《薛西斯》。不过，真正激起宫廷和市民热情的剧是于11月18日在小波旁宫上演的《可笑的女才子》，10个月中一共上演了40回。

  另一边，红衣主教为庆祝他在1659年的胜利，打算在南翼楼对面，即如今的艺术桥处，修建一座新桥，取名为"和平桥"。这个规划最终没有落实，但这是巴黎历史上第一次有人想到为纪念战争胜利给桥命名，这一传统一直延续到了德比尔哈克姆桥。

  同时期（1660年），诗人克劳德·勒皮迪作了下面这首讽刺巴黎的韵律诗：

> 看呀，缪斯，向我们展露，
> 光芒耀眼，
> 这座崭新的古建筑，
> 如今被称为"卢浮宫"。
> 瞧这墙壁如此畸偏，
> 这片长廊和这些房间！

第七章　新兴君权统治下的卢浮宫
AU LOUVRE, LA JEUNESSE D'UN RÈGNE

> 再瞧瞧这座楼阁，
>
> 比旁边建筑还短一截。
>
> 赏析天顶分隔，
>
> 什么都不缺，
>
> 除了壁龛上面的雕刻。
>
> 冬日等待出租的房子。

国王并不担心这些揶揄，但是用于工程建设的资金总是得不到保证。1660年6月中旬，建筑工人中发生了一起暴动，最后一如既往被毫不留情地镇压了。

接下来的8月6日，莫里哀的兄弟让·波克兰过世。他的兄弟继承了家族的宫廷室内陈设侍从职务，为了后继有人，莫里哀决定填补这个职缺。此后，每年有一个季度，他每天都在国王身边。我们不知道他是如何协调好侍从、剧团负责人和作家这3个身份的，尤其当宫廷不在巴黎时他是怎么做的。后来又有一件烦心事找上了他。

为了方形庭院东翼楼的建设，需要拆除小波旁宫，只留下建筑主体。1660年10月11日，莫里哀和演员们回到他们的剧院时，惊愕地发现工人们正在进行拆除工作。这是建筑总监的命令，演员拉格朗热写道："（总监）德·拉塔本先生的险恶用心显而易见。"对付一个喜剧团，高层官员毫无顾忌。路易十四对此也无能为力，这是"相关部门出于技术需要进行的不当处理"[罗歇·杜舍纳（R. Duchêne）]。剧团保护者莫里哀在震惊之余，请求国王允许他们入驻卢浮宫对面的皇家宫殿区中的美丽厅，那里可容纳1500名观众。于是，莫里哀的全部事业在此地展开。剧团的热情不减，并且在10

月末前，就已经被召进卢浮宫3次。26日，剧团在马萨林的府邸表演了《冒失鬼》和《可笑的女才子》。身体抱恙的国王撑着红衣主教的椅背站着观看了演出。同年，国王还给了莫里哀500里弗尔，以便他"支付留在巴黎这座都城的开销，他来到巴黎是因为国王的命令，也是为了他敬爱的陛下的消遣和快乐"。

工程的重启已被批准，马萨林在他最后的日子里还记挂着此事。1660年10月31日的法令写道："国王批准首相马萨林主教大人的意见，同意推进卢浮宫和杜伊勒里宫中的建筑工程。"而且，1660年10月3日颁布的法令禁止该街区的居民"修建任何新建筑"以免"耽误陛下的公事"。这是一条重要的法令，用伊夫·德·基施的话说，该法令"引起了一系列的土地估价购置行为，拉开了大范围拆毁房屋的序幕，特别是在河岸东边的福满多街（卡鲁塞勒广场）。"路易十四在那个时候确实设想过建设一座大卢浮宫，只是后来改变了主意。

当时还出现了一些个人的卢浮宫扩建方案，例如莱昂诺尔·乌丹在1681年提交的、经过贝鲁斯·德蒙克洛研究的方案。该方案建议通过修建北翼楼完成四边形建筑群，并修建一些封闭的庭院。这是一个彻底的几何主义方案：东边，在圣日耳曼奥赛尔区修建一个比方形庭院更大的圆形广场；西边，在杜伊勒里花园的尽头，也就是如今协和广场的位置，建起一个圆形广场，由此形成一个完整的建筑群。这是一个不切实际的方案，可以预见到拆除工程之庞大。谈到要作为主入口的东立面，他提出修建柱廊，中心为正面凸出的前廊，两端为高耸的宫殿。

还有一些设计方案展现了当时建筑师多元的灵感。其中一位叫

第七章　新兴君权统治下的卢浮宫
AU LOUVRE, LA JEUNESSE D'UN RÈGNE

做弗朗索瓦·杜布瓦的建筑师提议（这是原定给军火库图书馆的方案），在方形庭院中央建一座可经由旋梯爬到顶端的尖塔，就像比萨斜塔或尚特卢普塔。

西边还在尽可能进行修缮。在1657年的一张平面图上，标识出了为修建新的膳房庭院而购入的府邸和民居，第二年这个庭院就修成了，就在如今拿破仑庭院的位置。这些附属建筑一直往西延展到了壕沟的另一边，通过一座小桥连接。这座桥是勒沃在1661年在壕沟外护墙一侧的一座大桥台上搭建的。桥台是一座半月形的土台，位于大钟阁后方。这道被称为"勒沃墙"的建筑面，经过精心研究，平面和斜面的设计都非常出彩，或直或斜的墙壁上装饰着大型凸雕饰（一如勒沃要在东边设置的那些雕饰）。这个地方过去一直都在平面图上，后来被人遗忘，直到1985年的发掘才重现并被存于叙利长廊。

方形庭院的工程还在继续，但被1661年2月6日降临的一场灾难中断。当时正在准备排演新的芭蕾舞剧《不耐烦》（此时王后第一次怀孕）：

> 国王芭蕾，演出在即，
> 据我所知，十分有趣，
> 我所认为，它就叫作
> "不耐烦芭蕾舞剧"，
> 卢浮宫即将上演。

为了演出舞台的布置和器械，工人们经常工作到深夜。有人忘记把取暖炉熄灭，结果烧着了舞台上的帷幔，一场大火突然爆发，火焰吞没了挂着自亨利四世时起的法国国王肖像的小画廊二层。

对此劳莱还编了一篇顺口溜：

> 周日大火淘气突现，
> 燃烧到了早上九点，
> 烧着了国王的宫殿。
> 在这长廊或厅里面，
> 本来这里还有传言，
> 十天之后芭蕾上演。

一支自塞纳河边传递水桶的队伍实在不够高效，国王和王后让人拿来了圣日耳曼奥赛尔教堂盛圣体的器皿，叫来了奥古斯丁大教堂的修道士们过河救援。他们中间有人甚至爬上了屋顶，用随手拿的工具扑灭了火。

太后夏宫的一楼还是崭新的，几乎处于完好无损的状态，但二楼毁于一旦，这场灾祸对马萨林影响颇大。他已经被急性肾炎折磨了好几个月，后来又加上肺水肿。他的病痛继续折磨着这位原本以温和亲切著称的主教，他甚至粗鲁地打发走了太后，还让国王在前厅中等候。他越来越难以登上自己寓所的阁楼，所以就住进了长廊旁边的小屋。他整日穿着红色长袍，头发胡须卷曲，脸颊上泛着潮红，嘴里还含着掩盖口气的香片。他在这里被大火包围，惊恐不已。他的同事布里翁纳写道："我从未见过这个男人如此苍白不振……他爬上轿子来到大楼梯高处，又在四个脚夫和侍卫的搀扶下

第七章 新兴君权统治下的卢浮宫
AU LOUVRE, LA JEUNESSE D'UN RÈGNE

走下了楼梯。此时的士兵们，排列在台阶的左右两边，手把手传递着水桶，也有人跑过去将水泼向火。"此后红衣主教再也没有出现在卢浮宫。第二年的4月11日，玛丽·曼奇尼在卢浮宫与科隆纳成婚——这是卢浮宫最后一次承办婚礼。

这场灾难给了柯尔贝尔一个机会，让卢浮宫首次成为彰显国王荣耀的殿堂，这种趋势不断显现，并在凡尔赛宫时期达到顶峰。"王室无法抑制兴奋之情，他们将通过建筑找到展现王室礼仪的一席之地"（热那维·布列）。如今我们很难掌握这个概念背后的内涵，这是君主体制运行的基础，特别是在统治最初几年。这一概念在政治上和艺术上都很关键，而且契合那个时期卢浮宫的氛围——一座属于年轻气盛的君王的宫殿。1661年7月，国王和露易丝·德·拉·瓦里埃尔在此坠入了爱河。

路易·勒沃负责画廊二楼的重建。1661年夏天，路易十四批准了他的设计方案。他修缮了朝向花园的立面，以爱奥尼亚柱壁柱装饰，立面的一端朝向塞纳河，二楼的窗口环饰着壁柱，上置一方三角楣，如今我们还能看见。同时，还是为了增加空间，他新建一座新的楼体（1663年）以拓宽画廊，导致西边密不透光。新建的楼专门用来存放王室藏品，其墙立面朝向斯芬克斯中庭，即当时的王后庭院。立面上的壁龛、窗户和凸雕饰优雅别致，装饰分布有序。三角楣上是值得被更多人关注的巴黎雕刻师莱斯帕尼翁代勒在1663年设计的浮雕，太阳王路易十四周围环绕着代表艺术和科学的标志。这处庭院现在变成了博物馆展厅。

那时，庭院有一处可以从外面进入的花园，是宫殿的一个新的专用入口。但即使这样，拥挤的问题还是没有得到解决。一张18世纪的平面图显示，荨麻街和私人住宅就在离花园几米远的地方，也就是说居民区还占据着如今的拿破仑广场和卡鲁塞勒广场。直到后来维斯孔蒂和勒菲埃尔主持工程，人们才封住了这处庭院，并且将入口重新安置在了阿波罗圆厅。

和王室宫殿相比，小画廊在之前其实只是附属建筑，就像巴黎府邸里的豪华长廊一样。勒沃的重建工程使它真正成为配得上国王的长廊（长 62 米、宽 10 米），作为一直很狭窄的国王寝宫的豪华附属建筑物。

这是继先前的肖像画廊后，卢浮宫中的第二条装饰画廊。这里的整体装饰经过国王同意了吗？当然，但似乎国王的参与度并不像在镜厅中那样高。首席宫廷画师夏尔·勒布伦负责了新装饰的构思，以颂扬年轻国王为宗旨，主要表现了太阳神（阿波罗）主题和太阳在空间（水、陆、空）和时间（黄道十二宫和时辰）中的移动。这是一种宇宙观的体现，阿波罗是宇宙和谐的维护者。神位于天花板最中央，为万事万物、时间季节制订法则。经过深入研究，着色的藻井平顶既有叙事作用，又有装饰作用。这一原则在镜厅中也有体现。

这就是长 62 米、宽 10 米的阿波罗画廊，其设计和施工过程都受到了勒布伦的严密监管。他主要负责中央天花板（但后来没有实现）、两个球形拱（北边的已经不见了）和几处藻井平顶，如今上面还留下了《梦神或睡眠》以及《夜与狄安娜》。

灰墁交给了吉拉尔东、勒尼奥丹以及马西兄弟，他们没有放弃突出雕像的肌理。这种神话装饰，一定程度上象征着君主的光辉，但除去其中的象征性，还是值得欣赏的。要知道玛丽·德·美第奇

第七章 新兴君权统治下的卢浮宫
AU LOUVRE, LA JEUNESSE D'UN RÈGNE

将她的画廊用于展示她的生平,黎塞留的画廊则是包括他自己在内的伟人展览。在镜厅的拱顶上,对路易十四的颂扬更具个人色彩,而阿波罗画廊上的装饰则更具有警告意味。我们可以看到勒布伦的《海王星的胜利》中,天神和他胸脯高耸的妻子,他们与周围的一群守护神同样富有活力。只有被缚的奴隶没有展露出一丝安宁的神色。

吉拉尔东的灰墁,同样依据的是勒布伦的草图,在配合一致的同时,又展现出了创作上的自由。要想辨别其中人物的姿态,每个部分都值得细细研究。他在限定的框架中自由地阐释既定的主题:林神似乎在犹豫要不要抓走仙女,也许是因为这里的主题是天秤座;而巨蟹座以年轻的牧神形象出现,在一只看起来更像龙虾的巨蟹前飞奔。巴尔扎塔·马西也选取既定主题进行创作,他用一个沉睡的人物形象表现二月,神态正如那个时期的自然之神。

圆雕饰的工作交给了画家雅克·热尔韦斯,他采用了中世纪主题中每个月所代表的元素,外围则是画家让-巴蒂斯特·莫努瓦耶绘制的花环。

勒布伦还绘制了13张萨伏纳里地毯的大幅底图,地毯的编织工作一直进行到了1667年(地毯工厂与卢浮宫位于塞纳河同岸,就在卢浮宫往西2000米处)。卢浮宫和国家家具馆中留存了3张长约10米的地毯,它们体现了精湛的编织技艺。这些地毯应该就相连着铺在长廊的地面上。追求装饰统一性的勒布伦,不会放过绘制锁和闩草图的机会——维欧勒·勒·杜克同样如此。大画廊借鉴了阿波罗画廊中的地面装饰,从1668年起,93张萨伏纳里地毯被陆续运到那里,每张长9米,但从未被使用过,半数留存至今。不仅要扩大宫殿的面积，还要注重内部的装潢。

阿波罗画廊的装饰中大量使用镀金，不仅是为了展示威望，也为了增强采光。因窗户朝东，所以午后微弱的光线可以被金子的反光增强。

画廊并没有接待的功能，接待工作仍旧是在守卫厅和女像柱厅进行。不过阿波罗画廊和隔壁的穹顶厅多了一个新的用处：作为枫丹白露宫王室收藏的分部，用来收藏国王的画作，其中许多画作现藏于卢浮宫。这些藏画丰富了内部的装饰。一幅幅油画被放在"平整地涂有油彩的装饰壁橱中"（可能就依靠在画廊的墙板上，因为直到19世纪墙板才进行了装饰）。柯尔贝尔就这样首次出现在卢浮宫的历史上，而勒布伦负责作品的保存、购买和鉴别。人们可以申请参观这间画室，1681年时共有画作400件，1715年有2000件，许多至今仍在卢浮宫中。路易十四的这种收藏爱好一直持续到了他的统治末期。

同一时期（1660年），勒沃再次开启大画廊拱顶的装饰工程。这位年迈的布洛涅画家，在两个儿子的帮助下，从普桑的作品中汲取灵感创作壁画。尼古拉·勒让德和洛朗·马尼耶负责灰墁，卡菲耶里和莱斯帕尼翁代勒负责护墙板，可惜这些装饰如今荡然无存。

阿波罗画廊确实是路易十四时期卢浮宫建设中的重要内容，当时的人相信——也许路易十四自己也认为，国王会把这里建成一个辉煌王朝的最终所在地。尽管阿波罗画廊装饰得如此恢宏，但也不过是宫殿的一部分。除此之外，还需大量建设同等规模的相邻建筑，才配得上一个人数众多、等级分明的宫廷，还要有延展到天边

第七章 新兴君权统治下的卢浮宫
AU LOUVRE, LA JEUNESSE D'UN RÈGNE

的、精心设计的花园,以及可以狩猎的树林。这一点,即使是世界上最强大的君主也难以在塞纳河边实现,路易十四很快也意识到了。画廊的装饰工程如同国王的积极性一样放慢了脚步,宫殿的拓展工程在17世纪70年代中止。尽管勒布伦已经进行了20年,但最终没有完成画廊的整体装饰,计划中的11幅画只完成了4幅。这一切都要让位于镜厅了,一如卢浮宫让位于凡尔赛宫。我们后面会再回到这里。

第八章
大衰败

LE GRAND REFUS

1661年3月8日，马萨林在万森城堡辞世。次日早7时，路易十四向他的大臣们宣布今后要亲自管理国家。就在国王楼的套房里，他将用十年的时间，即在卢浮宫设立宫廷的这段时间，"日夜处理政务，玩乐，祈祷和履职"[普利米·维斯孔蒂（Primi Visconti）]，管理国家，定期召开国务会议，更确切地说是召集国务议员们，其中最重要的是召开由国务大臣列席的楼上会议①。为此，人们给国王专设了一张桌子、一把扶手椅，并给大臣们搬来凳子，这些大臣往往在国王一早起床时就被召唤来了。

　　路易十四非常清楚自己肩负的任务，这说明他对此早已深思熟虑。"把不安分的贵族聚在国王身边，让战争期间一直不稳定的王室财政走出泥潭，清偿积压的负债，控制金融家"（J.-C.珀蒂菲斯），让国家走向现代化，拓展疆域，这些问题经常在国务会议上被提出。很快，路易十四用不失敬意的方式把他的母亲，以及在投

---

① 楼上会议（Conseil d'en haut），绝对君主制时期法国王室政府下辖的重要议事机构。——编者注

石党运动中表现懦弱的大法官塞吉埃排除在国务会议之外。另一个更出人意料的清除行动震撼了整个卢浮宫。9月初，在著名的沃勒维贡特庄园招待会举办后第20天，财政总管富凯被捕。

路易十四于秋天回到行宫，而1661年的夏天永远留在了他的记忆中。这年夏天，他先后获得了绝对王权、弟妹亨利耶特的温情、露易丝·德·拉·瓦里埃尔的爱情，坐视富凯下台，在真正的王室领地枫丹白露宫度过了愉快的时光。和那里的建筑、公园、水池、森林相比，卢浮宫显得那么平庸，国王急切地想要修复它，开始考虑是否能把这里划入他的"荣誉"范围内，这个将要持续十五年左右的想法此时才刚刚显露。路易·奥特格尔说，自此刻起，柯尔贝尔在卢浮宫得到一处住所，而路易十四急欲将他掌控于手心。

12月，主教博须埃为了恢复王国秩序，在卢浮宫小教堂宣读了《最后的审判》中的一篇布道：

> 来吧，滥用公职的人，
> 受猎物奴役的可悲的俘虏们！
> 来吧，让我们揭开这个面具，
> 除掉这个伪装！

1662年2月，芭蕾剧《恋爱中的赫丘利》在卢浮宫上演。"一位新美人来到宫中，她就是唐奈－夏朗德小姐，即后来的蒙特斯庞侯爵夫人，她将在此崭露头角。但是国王几乎一眼都没瞧这个金发碧眼、冰肌雪肤的美女。那个时候，他心里只有露易丝·德·拉·瓦里埃尔"（J.-C. 珀蒂菲斯）。

第八章　大衰败
LE GRAND REFUS

与此同时，柯尔贝尔已经在国王楼高处、他对手的"套房"里办公了。法兰西第一帝国时期，由于这个建筑没有顶楼，很多人得以逃脱。财政总管打起算盘。夏尔·佩罗写道，1662年年底，柯尔贝尔早就预料到，或者本就知道国王会让他担任建筑总监，他开始为担任该职着手准备。他认为自己不仅要完成卢浮宫这项开始了无数次却总不能完美结束的大工程，还要为彰显国王的荣耀而建起不计其数的新建筑……

1662年饥荒袭来。从普鲁士进口的小麦被堆放在卢浮宫，"好以公道的价格分售给城里的居民"。

尤其是在1663年至1665年，路易十四常住卢浮宫，在其他时间，他也经常出入于此。拉法耶特夫人写道："国王勤于政务，大部分时间都在处理国事。"他每天早上9点30分左右召开议会：周日召开国务会议，周一召开政务会议，周二召开财务会议，以此类推。那个时期的国务会议接连讨论着重大事件（权利回归之战、征战法属佛兰德斯、征战弗朗什-孔泰，签订埃克斯·拉夏佩尔和约）和其他一些普通事件。路易十四坐在桌前的扶手椅上，头戴礼帽，向坐在桌子另一端、身着黑衣的大臣们征求意见，他一直在聆听，打断他们的发言，进行总结。他有时也会说"你们看着办吧"，甚至"我允许你们随心所欲"。

即使路易十四曾经有过安逸享乐的想法，但自从亲政以来，他就放弃了这种想法，转而立志把他在众目睽睽之下居住的地方建成展示其"荣耀"的领地。柯尔贝尔维修旧宫殿、建造王室居所付出的努力也是为了使这荣耀之地得以升华。

正是马萨林生前举荐给国王的柯尔贝尔，在1664年成为建筑总监，指挥施工，成为建筑史上这一伟大篇章的开创者。

　　凡尔赛宫后来的辉煌就是最好的见证。当宫廷迁入卢浮宫后，国王就是在这个狭小且不怎么舒适的地方召开了国务会议，并且在某次会议上做出决议，于1661—1670年完成了行政、财政和军事上的改革。必须承认，卢浮宫亲历了路易十四王朝的荣耀，而凡尔赛宫则见证了王权的没落。尽管卢浮宫狭小不堪但还是随处可见这样的场景：王国的精英们聚集在国王周围，协力实现国王的荣耀。这一场景在1682年后屡见不鲜。他们也将遵循以下原则："一年中有两季的时间住在双套内宅的官员，现在搬到卢浮宫的间夹层里，此举并非出于谦逊"（拉布吕耶尔）。

　　至此，国王的行程被确定在一个详细的时间表上，用圣西蒙的话来说，在宫墙外的人也能借助星历表和钟表猜测到国王每时每刻的行动。拉·波尔特写道："国王召开完国务会议或者看完喜剧就用晚膳，之后他伴着小提琴演奏跳舞，王后的女儿们和其他人也加入其中。然后，他们会像传奇故事中描述的那样玩一些小游戏——大家坐成一圈，一个人开始讲述某个故事，直到讲不下去的时候，旁边的人再讲述，一个接一个……"

　　因马萨林去世而一度暂停的庆祝活动并没有因为施工而被延迟，这些活动就如宗教仪式一样成为宫廷生活必不可少的一部分。1662年春天的封斋期，应太后要求，主教博须埃再次站在卢浮宫的小教堂里布道。"他阐述了教徒们的政治观点，指责当时新宫廷里盛行的自由风气"（罗歇·杜舍纳）。3月24日，在大书房里，路易十四在回忆录中讲述到，国王接见了为外交事件请罪的西班牙大使。那只是很小的过失，但事关政治，就得另当别论了，此事还被

第八章　大衰败
LE GRAND REFUS

织成了挂毯。同年，因西尔维斯特的画而出名的一场舞会在宫内的前厅中举行。

这些庆祝活动以及出游，在路易十四看来是一种内部管理的方法，"为了区分和折磨那些每次都没有尽到他们义务的人"（圣西蒙），这一方法比发放年金的花费更少，却能作为朝臣对国王忠心的奖赏和鼓励。

1662年6月5日至6日庆祝了这一年中最盛大的节日，为庆祝王储出生而进行了骑兵竞技表演。这种露天表演是宫廷独有的，在上一个国王统治时还在王家广场（现孚日广场）上举办，但那一场有点过时。方形庭院上的建筑拔地而起，虽然这里是展示王朝盛世的必选之地，但是此地各式建筑物林立，国王也不想为了举办庆典活动就把建筑逐一拆除。因此，骑兵竞技表演在杜伊勒里宫前，原来的"郡主花园"上举行。此地经过开发，现在是卢浮宫两座翼楼之间的一片大广场。为什么不在这里立一块纪念牌呢？

西尔维斯特为我们描绘了当时的情景。在塞纳河堤岸上，由1500名盛装的舞者组成罗马人、波斯人、土耳其人、印第安人和美洲人5组骑士队伍。国王骑在浅栗色的宝马上，身着金线钩织加宝石镶嵌的银色绸缎，脚蹬绸缎短靴，头戴饰有火红羽冠的盔帽，对罗马人发号施令。在宫廷的贵妇们中间，露易丝·德·拉·瓦里埃尔是这次庆典的女主角，此时她正看着他的情人驯马。马萨林离世15个月后的这场盛大表演，说明国王摆脱摄政后掌握了全部统治权，成为国家唯一的统治者、毫无争议的元首、王朝延续的保证。"向路易十四致敬，他是唯一的引力中心，作为帝王，接受所有王国的臣服，甚至包括那些十年前还站在对立面的强国"［J. 科尔内特

（J. Cornette）]。

对那些阿谀奉承的朝臣，拉·封丹表达了他的不屑：

> 然而所有贵族们的头上，
> 都用翎毛、角饰或羽饰装饰。
> 脑袋上顶着羽毛，
> 那可真够滑稽的！

西尔维斯特从不同的角度描绘了这场竞技表演。从观众背对杜伊勒里宫的画中，我们能发现从这个角度根本看不到卢浮宫，从北到南沿着杜尔哥馆至莫利安馆，视线被一排建筑物挡住。这种情况直到拿破仑时期才有所改变。

这场表演比凡尔赛宫第一场盛大节庆早了两年，有1.5万名观众前来观看，但我们并不清楚这个数据从何而来。这场表演的公开性是由一项政策规定的，路易十四在《王储教育回忆录》中对该政策进行了描述：

> 在某些国家，君主威严，不容臣民窥视，对于那些习惯于受奴役的臣民来说，对于仅仅依靠敬畏和恐惧进行统治的国家来说，这是合情合理的。然而这不是我们法国人的天性，这也不是历史给我们的教训，如果我们的君主制度有什么特别之处，那就是臣民们可以自由地接近君主。

第八章 大衰败
LE GRAND REFUS

就像后来在凡尔赛宫一样，此处的"接近"仅仅意味着可以观看一场以国王为中心的表演，但是观看者不能参与其中，只可远观，不可攀谈。尽管现在大众对把此地的商业中心称为"卢浮宫骑兵竞技场"还有争议，但这场宏大的表演还是使此地保留了这个名字。

被路易十四称为"大太子"的王储和女管家住在国王楼的顶层。

1663年1月，拉弗伊拉德公开辱骂莫里哀，这种态度令路易十四震怒，他将莫里哀邀入卢浮宫，三王来朝节那天让他给"宫中最精致的花儿"上演《太太学堂》，洛雷称之为一场"让陛下笑到不能自已"的表演。12月，为庆祝昂吉安公爵和巴伐利亚的安娜的订婚，剧目再次上演。洛雷描述道："聚会既宏大又漂亮，宫殿里很久没有看到如此多的王子、公主、公爵、公爵夫人、领主、法官、军人和主教了。"国王慷慨地宴请了所有人。

1663年还发生了一件值得关注的事。尽管有很多繁文缛节的讲究，但国王起床是被允许观看的。11月初的几天，凭借双重身份可以自由出入宫殿的莫里哀，遇见了当时名不见经传的让·拉辛。拉辛在与他人的信件中表示国王对莫里哀的赞扬令他"很高兴"，并且带着年轻人特有的虚荣心补充道"我在场时他也很高兴"。但是这一天诞生的友谊却因《安德洛玛克》作者（拉辛）的糟糕态度而未能持续。

第二年新的庆祝活动上，莫里哀和吕利的芭蕾舞喜剧《逼婚记》在太后的"楼下套房"上演。这部剧如果不考虑安妮的假正经，倒是有点拉伯雷的风格。国王钦点喜剧演员跳埃及舞（更确切地说是波希米亚舞），他打扮得就像想象中遥远国度的人。但是国王并没有出演这部剧。国王跳了舞，甚至唱了歌，但就是没有在喜剧中出演。

同年，王后在夏宫里举办了一场假面舞会，给狂欢节画上了句号。

> 在最迷人的沙龙，
> 时髦的居住场所，
> 极为恰当又舒适。
>
> （洛雷）

露易丝·德·拉·瓦里埃尔没有露面，但是大家都很迷恋刚刚嫁给蒙特斯庞侯爵的金发美女弗朗索瓦丝－雅典娜·德·托奈－夏朗德的美貌。

在此期间，方形庭院一直处于施工中，工程由勒沃指挥、柯尔贝尔监管。人们常说，柯尔贝尔是为建造路易十四的凡尔赛宫，才启用了沃勒维贡特庄园的艺术家勒沃、勒布伦和勒诺特尔，实际上他们当时早已受其领导，在卢浮宫和杜伊勒里宫供职了。但比起探寻富凯的遗产，要他们去凡尔赛宫工作可能更容易一些。此外，勒沃自1661年凡尔赛宫动工时就在那里履职了。

很可能是在1658年到1660年期间，查理五世时期的卢浮宫最后的遗迹都消失了。为了兴建方形庭院的东翼楼，勒沃拆除了东面原来筑有防御工事的大门，那里承载了众多回忆。这个时候，原本可能在此处作装饰用的查理五世和珍妮·德·波旁的半身雕像，被存放在了古代展厅的大使陈列馆底层的大画廊入口处。恰好，勒沃

第八章 大衰败
LE GRAND REFUS

1664年翻修了这座陈列馆，在二层建了一个用高窗采光的大厅，尽管这个大厅是长方形的，但被命名为方形沙龙，而且名声大震。在此后的两个世纪，它在卢浮宫的历史中发挥了举足轻重的作用。

就这样，新的建筑陆续拔地而起。但奇怪的是，就我们所知，除了之前提到的搬移王室套房，再也没有任何对方形庭院其他新建筑的用途规划的方案形成：新建的建筑不知道有何用处。1661年多尔拜的一张平面图似乎是唯一的参考，上面标着"不同的房间用于存放画、书、纪念章和其他珍品"。也就是说，这里将会像18世纪末的规划一样，成为收藏王室珍品的博物馆。最终，一些住房被赐给了当红的朝臣。在广场中间的奥地利街，艺匠和寄宿者住的"临时搭建的棚屋"被保留下来。工程没有停止，甚至过了一段时间，在这堆棚屋中间又多了一座房子，那是国库出资为王室建筑总管、未来的爱丽舍宫建筑师阿尔曼-克洛德·莫莱而建的。

勒沃只负责外围建造，在随后的工程中他展现了清晰的思维，做出了最庄重、最明确的决定。在南面朝庭院一侧，连着瓦卢瓦王朝后期翼楼，他在一个模仿莱斯科翼楼的建筑东面建起一个三角楣和叠加柱形的正面凸起建筑。靠近塞纳河的一侧，他想延续亨利四世的想法，让卢浮宫面朝塞纳河（不改变东面的入口立面），就必须和既存的建筑——庄严的国王楼——相协调。国王楼在左侧，要在右边建一个对称建筑与之呼应，两个建筑之间的楼体得再大一点。于是，建筑师改建了莱斯科建造的国王楼和瓦卢瓦王朝后期翼楼的外立面。然后，他在宝石加工塔的位置，在今天的艺术桥后，建起了一个有着穹顶、立柱和雕像的纪念馆，后来这里在很长时间内被称为"艺术馆"。他又在东面完全照着国王楼建了一栋对称的翼楼，在某段时间内被称为"王后楼"。这3栋建筑构成了略显复杂的整体，位于中间的楼因其繁杂的装饰显得隆重庄严。外立面整体不如内立面高雅，但从塞纳河望去，宏大的外观可以彰显出建筑之辉煌。虽然该建筑立面仅留存了5年，但巴黎人将其视为宫殿真正的象征，众多艺术家也将其作为绘画的主题，画家源源不断地来到塞纳河畔作画。该立面于1663年竣工，与"四区学院"（即后来的法兰西学院）的穹顶和楼馆遥相呼应，该机构也是勒沃同期设计建造的。他构想出了一种水上广场，第一帝国之前这里一座桥也没有。

如今这部分新建的南翼楼，朝向庭院的立面有一部分是文艺复兴的风格，朝向塞纳河一侧是路易十四时期的风格，底层安放着古希腊陶瓦，二层在富丽堂皇的查理十世长廊中陈列着古埃及展品。历史、装饰、藏品穿越几个世纪汇集于此。但是塞纳河一侧的立面被遮住了，我们之后马上就会讲到。

同时期方形庭院的北翼和东翼延续了勒梅尔西耶的风格，而此人正是莱斯科的继承者。北翼楼的马伦哥馆外墙，以精密绘制的正面凸起部分为中心，布局美轮美奂。

壮观的方形庭院终于竣工了，至少地面工程已经完结，但是广场东部还有一些房子保留到了拿破仑时期。工程耗费巨大，虽然1664年建造卢浮宫和杜伊勒里宫的花费超过了100万里弗尔，而建造凡尔赛宫只用了80万里弗尔，然而从面积来看，两者的花费应该互换才对。

尽管如此，方形庭院新建的翼楼顶层并没有完工，并且在接下来的100年内都不会完工。事实上，勒沃一直等着在工期的最后阶

第八章　大衰败
LE GRAND REFUS

段，找一个合适的时机把这些建筑的顶层进行统一（是屋面层还是顶层？争议不断）。在此之前，他先着手设计了东立面的外墙，这一立面将在四年的时间里成为历史上著名的建筑议题。

人们延续弗朗索瓦一世的观点，认为卢浮宫的东立面是人们从市中心沿着塞纳河最先到达的地方，应该是象征荣誉的立面，为了能在建筑和政治上都给人留下深刻的印象，应当采用雄伟庄严的风格。我们可以大胆推想，柯尔贝尔计划把王室套房安置在这个有着全新外观的建筑里。在同时期修建的巴黎府邸里，主人住的地方位于庭院和花园之间。而在这里，国王可以端坐在位于城市大庭院和方形庭院之间的城门楼中，那个大庭院原来是圣日耳曼奥赛尔教堂所在地，而方形庭院周围则是一些配套建筑。

这个雄伟的新立面前方必须要有一片宽阔的广场，但是卢浮宫东面的空地并不比西面的多，一直要到拿破仑三世时期才能完全解决这个问题。在圣日耳曼奥赛尔广场的原址上有小波旁宫，沿着布利街矗立着4座重要的私人府邸（原先是16世纪古老庞大的阿伦康府邸），分别是舒瓦西府邸、维勒基耶府邸、奥蒙府邸和著名的隆格维尔府邸。最后的这座府邸是一对投石党夫妇的财产，但是他们从未在那里居住。为了修建这个广场，除了要拆除小波旁宫（当时属于王国）和这4座府邸，甚至连圣日耳曼奥赛尔教堂也要拆除，就算只考虑经费，这项城市化的工程代价也确实太大了。

然而工程还是启动了。1660年，小波旁宫被拆。1662年，隆格维尔公爵夫人的府邸（位于方形庭院东北角，巴黎建筑与遗产之城里还保存着这座府邸的模型）以48.9万里弗尔的价格被买下。公爵夫人得到了补偿，国王还把位于圣托马斯卢浮街上原本属于另一位投石党人——谢弗勒兹公爵夫人——的府邸（现位于罗昂拱廊）赐给了她。

让我们来看看这项巨大的工程。勒沃考虑把宏大的东入口立面设计成以椭圆形大楼为中心的结构，12根科林斯柱围成半圆，架起穹顶。该设计很可能得到了柯尔贝尔的允许，勒沃于1661—1663年，在如今柱廊前方11米的位置建起一个带有圆形凸纹的华美基座，作为中心大楼的墙基。该基座长150米，宽5米，外面紧临壕沟，用来防卫随时可能发生的骚乱——投石党运动令人记忆犹新。这个雄伟的基座和西面的"勒沃墙"风格一致，功能相同。经过漫长的三个世纪，直到马尔罗决定开挖壕沟，被遗忘的基座才重见天日，位于半月形地面下的部分被保存在地下室中。夏尔·佩罗写道："当柯尔贝尔先生在1664年第一天被任命为国王建筑总监时，立面的一部分已经高于地面8到10法尺（4.3—5.4米）了。"

于是，作为宫殿庄严的入口，楼体加宽的东翼楼已经做好了迎接王室入住的准备。王室套房即将离开国王楼，迁入此地。

路易十四原则上同意迁宫，他当时还未想过完全定居圣日耳曼，更不用说住在凡尔赛了，当时凡尔赛宫仅仅进行了一些内部装潢和花园修葺的工作。他本不想在凡尔赛建一个固定的住所，只是想去那里狩猎（卢浮宫周围不能狩猎是一个重要原因），私下见见露易丝·德·拉·瓦里埃尔，陪家人吃吃饭或者一起度过几天。因此，他只能期望巴黎的工程早日竣工。至于柯尔贝尔，他倒是希望看到国王在巴黎，在卢浮宫最辉煌的地方重新宣告国王尊贵的身份（戴高乐将军入住爱丽舍宫时也是如此）。由于急切地想要把这里变成宣扬王权威望之地，柯尔贝尔十分认真地指挥着宫殿的施工。然

第八章　大衰败
LE GRAND REFUS

而，他对勒沃产生了敌意，指责他为富凯修建勒沃宫而让支出变得庞大。他的骄傲自大或许是因作为第一建筑师的他拥有跟国王直接面谈的特权。也许是因为个人恩怨，也许是因为在建筑方面缺乏信心，1664年1月1日，被任命为工程总监的柯尔贝尔决定暂停东翼楼的施工，转而征求意见。

勒梅尔西耶临死前画过一幅独特的东立面设计图，但不包括7个逐渐变低的圆顶。柯尔贝尔并没有就此满足，而是再三研究勒沃的设计图：柱廊上设一层顶楼，建筑正面有3个前凸，布局就像南面已建成的立面一样烦琐。

如果相信柯尔贝尔的合伙人夏尔·佩罗所言（尽管这位合伙人既不公正也不诚实），那么几乎所有被征询意见的建筑师都反对勒沃的设计，认为它不够宏大、高贵。但是没有一个人能拿出更好的设计。受柯尔贝尔赏识的弗朗索瓦·芒萨尔因他犹豫不决的性格吃了亏，他拿出"好几张极其精美的素描"（夏尔·佩罗），但是有多幅是用铅笔或红粉笔绘制的草稿，也没有做出预算。实际上，许多相似版本的素描都被保留了下来，上面有反复修改的痕迹，绘制着拱底石和拱底石基座，其中完成度最高的是带有巨大的、叠加的壁柱的立面，上方是圆屋顶，让人联想到勒沃后来设计的法兰西学院。佩罗继续写道："柯尔贝尔说，必须从中选出一个方案立即动工，一旦开工就不再改动了。芒萨尔先生则回应说他不能就此任人摆布……他们各执己见。"建筑的历史中往往交织着工程长和建筑师的矛盾，芒萨尔为他的拖延付出了代价，对后人来说也是一种损失。

与此同时，芒萨尔和勒沃考虑到的另一种可能性让他们更加犹豫不决。如果预算上不允许在东翼前建一个大的军事广场，那为什么不利用西面膳房的空间呢？但是他们很快就发现两边的空地都已经被占用了。

　　因此，柯尔贝尔遵循有些过时的艺术传统，向皮埃尔·德·科尔多纳、拉伊纳尔迪、坎迪亚尼等意大利建筑师征求设计方案。然而，他们的方案也不尽如人意。"皮埃尔·德·科尔多纳一点也不考虑已经建好的部分，坎迪亚尼的想法被认为太过夸张，拉伊纳尔迪激情洋溢的设计（球形圆屋顶）也让人大跌眼镜"（皮埃尔·科尼昂）。实际上现在看来，这些人的设计没有哪一个能让人提起兴趣。

　　柯尔贝尔只能向欧洲最著名的建筑师兼雕塑家洛伦佐·贝尼尼求助，当时贝尼尼已经67岁，正是声名显赫的时候。柯尔贝尔字斟句酌地恭维这位自命不凡的人物：

> 您如此卓尔不群，没有您的意见，卢浮宫是不可能建成的……

　　1664年6月24日，这个意大利人寄来了一份整体规划图，与莱昂诺尔·乌丹一样，他也极力建议建一条和圣奥诺雷街平行的北面长廊。至于东立面，他的提议大胆、打破常规，也不失风范：中心是一个圆形建筑（里面有接待大厅），由两座呈四分之一圆弧的翼楼连接旁边的建筑，整体墙面上饰有巨型壁柱，配有内阳台，顶上是雕像林立的平台，类似圣天使桥。

　　"这种设计虽然不乏天马行空的想象力，但在柯尔贝尔看来，忽略了一些事实。不仅要更好地保证宫殿的安全，还要考虑到巴

第八章　大衰败
LE GRAND REFUS

黎的气候不同于意大利，不能建屋顶平台和昏暗的内阳台"（皮埃尔·科尼昂）。

柯尔贝尔不停给贝尼尼提意见，要充分考虑宫殿的安全性，"这是全世界最大、人口最多的城市，很容易遭到暴乱的侵袭，而历届国王都将在此度过大部分时间"，整个建筑结构要能"在人民心中烙上崇敬的感情"。

这位"新米开朗琪罗"对这些批评大为震怒，他向教皇身边的使臣克雷吉公爵抱怨说"他提的意见、挑的毛病用来盖一整座卢浮宫都绰绰有余了"。在齐吉主教的劝解下，他才平息了怒火。1665年2月，第二份设计图被寄往巴黎，一起寄去的还有两个设计模型（没能保存住它们实在太可惜了）。这一次，设计者回答了柯尔贝尔事无巨细的问题，但柯尔贝尔仍对第一份设计的布局更感兴趣。他还让贝尼尼设计一些专门存放国王藏画的厅室，这种想法超前了一个世纪。然而，无论做出多少妥协，这一罗马式的设计方案中的屋顶平台、灰泥立面、采光不良的房间以及岩石底座都与宫殿的其他部分和巴黎的气候格格不入。投石党运动的阴影始终让柯尔贝尔觉得这个新立面不足以抵挡可能出现的袭击者，把国王居住地布置在入口楼的弊端开始显现。

这种缺陷在贝尼尼的设计里愈加明显。他设想东翼前有一个巨大的广场，周围环绕着栅栏和圆柱，与罗马圣彼得大教堂如出一辙，而这种设计需要拆除好几个府邸，甚至包括圣日耳曼奥赛尔教堂。

综上所述，修建国王套房要付出的代价似乎太大了，柯尔贝尔的总结道出了这个工程的命运，他说国王的居住条件一直都无法变好，因为国王拒绝为了实用而牺牲外观。

然而路易十四却很喜欢贝尼尼的设计，他偶尔也想要摆脱众人希冀的完美古典主义，考虑到不想隔空喊话，他决定向教皇施压，让贝尼尼来法国。这位建筑师领了3万里弗尔的盘缠，带着儿子、两个学徒和一些仆人，于1665年4月29日踏上了旅途。

夏尔·佩罗后来写道："贝尼尼受到的礼遇让人难以置信。"像20年前的普桑一样，这位贵宾到达时得到了王室规格的礼遇，住处十分奢华，仆人殷勤伺候。他的旅程被一个叫弗雷阿·德·尚特鲁的人详细上报，这是个客套的、会讲意大利语的人，国王派他"随时随地"照顾好艺术家。如今存放在凡尔赛宫的一尊贝尼尼于1665年10月13日完成的路易十四半身雕像[1]，就足以反过来说明国王对这个意大利艺术家的宠爱。但是贝尼尼很快就和警惕的柯尔贝尔针锋相对了，他俩性情一点儿也不合。夏尔·佩罗写道："贝尼尼不考虑细节，对起居设备一点也不上心，他认为如果一直纠结一些细枝末节的事情就不配是个建筑大师了。"而柯尔贝尔"正相反，他追求精确，他需要知道国王在哪里住，怎么住，设备怎么用起来方便"。贝尼尼的妄自尊大让人想起五十年前他的同胞孔奇尼，一个让人"不敢跟他谈任何琐碎事情"的意大利人，他也总是批评勒沃的作品是"没加石灰的灰浆""毫无价值的堆砌"。他时刻表现出自大，对法国的东西一概蔑视，批评勒布伦，参观王室收藏的时候都没注意到《蒙娜丽莎》（那个时候这幅画还不怎么出名），抱怨一切，对国王都几近无礼。说实话，他很令人讨厌，无法忍受一直拿

---

[1] 还有一种说法认为此雕像出自普杰之手。——编者注

第八章 大衰败
LE GRAND REFUS

"诸如突饰、栏杆、楼梯形状、壕沟、墙的厚度这样过于细致的问题"[I. 穆拉（I. Murat）]轰炸他的柯尔贝尔。夏尔·佩罗还说："贝尼尼只想着建造大剧场和宴会厅。"而柯尔贝尔则认为"不仅要让国王和王室里的人住得舒适，还得让官员们，甚至是最小的官员住得好，这是很有必要的"。（这里的官员是指履职者，即在宫内执行公务的人。）对待此事，佩罗一点也没有偏心，他反映的只是宫廷的态度。

贝尼尼毫不犹豫地要重建整个卢浮宫，而布隆代尔呈上的方案中不仅构思了著名的北长廊，还计划在方形庭院内外增添新翼楼，使之扩大一倍，并修建大量的内院。

最终，路易十四和柯尔贝尔决定嘲弄一番这个自命不凡的"罗马佬"。1665 年 10 月 17 日，国王当着众多随行人员的面，在新建筑的地基上放下第一块石头，举行了开工仪式。因为这位意大利"骑士"总是傲慢地说教皇要他回去，所以国王就顺势遂了他的心愿。仪式结束 3 天后，他荣誉加身，满载而归，深信即使自己不在场，一切也会按照他的设计进行。他们还轧制了一枚印有这个假立面的奖章。

洛伦佐·贝尼尼被秘密地拒绝了，而拒绝罗马艺术家（普桑）的故事早就在卢浮宫上演过了。贝尼尼离开的时候没有料到路易十四和柯尔贝尔还在考虑更好的设计。这面由他设计的立面只打了几处地基，1984 年发现了该地基的遗迹。"贝尼尼的失败通常被认为是法国建筑完全摆脱意大利模式获得新生的节点，而这一失败归根结底是因为他的设计太过决断，不允许为已有的建筑做任何妥协"（A. 皮贡）。

太后奥地利的安妮没有亲眼看到东翼楼竣工。数月来忍受着乳腺癌的折磨（有人试图用生石灰给她灼疗），她曾经想死在圣宠谷，但是遵照儿子的旨意，她不得不离开那里，她让人在胸口马马虎虎抹了药，然后连人带椅子一起搬入卢浮宫的寝宫。

她躺在冬宫里遭受折磨，路易十四命人在她的床脚支起一张小床，好奇的众人围在她那绘着花枝图案的蓝色天鹅绒床边，这种众目睽睽的生活让她难以忍受。"都进来了"，大郡主写道，"形形色色的人都进来盯着她看。"医生用剃刀把她得了坏疽的腿上那些腐烂的肉割下来。莫特维尔夫人说："这个手术看上去让人心惊肉跳，每天早晚都当着王室的人和以服侍太后为荣的人的面进行。"同时，在这个充满戏剧性的地方，莫里哀的《爱情灵药》上演了。

大郡主写道："派人去请人来做临终涂油礼……一刻钟后，太后说了些话，她高声叫了一下，国王以为太后逝世了，他倒在埃尔伯夫小姐和我身上，几乎要昏过去了。我们把他从两张床之间移出来，太子和克雷吉先生把他带到书房。他呼吸困难，有人给他泼了点水，但没有用，我大着胆子给他解开衣扣，他不再气闷了。"博韦夫人露面说："夫人，一个占星师曾经说过，只要您不是周二去世，就能化险为夷。"

没过多久，她就去世了。

那是1666年1月20日。按照王室的规矩，国王要即刻离开卢浮宫，在凡尔赛宫守灵一段时间再搬进杜伊勒里宫。勒沃在杜伊勒里宫的整修工程马上就要结束了（太阳王在位期间几乎都住在工地上）。但他坚持留在卢浮宫，看着每天发生的变化，直到最终离开这里，几乎不再回来。除了摄政期间，再也没有哪个法国国王住在卢浮宫

第八章 大衰败
LE GRAND REFUS

了。王后住的那个鼎鼎有名的冬宫没有让给任何人，但也经常遭到秘密的盗窃。随后的一个世纪里，家具、画作、艺术品、墙饰都一点点消失。至于夏宫，我们后面会讲到，它仍会时不时得到垂怜。

路易十四和柯尔贝尔仍然忙着卢浮宫的事（1665年国王9次到访巴黎），东立面的问题还没解决。柯尔贝尔和弗朗索瓦·芒萨尔一直有来往，他又画了几幅保留至今的新设计图，但1666年9月13日，他突然离世（值得注意的是他的侄子兼继承人朱尔斯·阿杜安此时不会出场）。大概就在这时，夏尔的兄弟克洛德·佩罗在设计中提出建造柱廊的想法，这让国王和柯尔贝尔大为喜悦。但是他们也听到了某些艺术界人士戏谑地说这个建筑病得这么严重，都需要交给医生了。最终，柯尔贝尔让步，他继续让深受国王欣赏的勒沃担任首席建筑师。但是1667年4月，他组成了一个叫"小型委员会"的工作小组，其中包括勒布伦（在建筑委员会里出现的这位画家在当时的一些国家项目里扮演着重要角色）和克洛德·佩罗（1613—1688年）。克洛德·佩罗是个爱好建筑的医生，在他兄弟夏尔的推动下加入。夏尔是一位行文冗长的作家，但那时候他还没有引起"古今之争"，也没发表《鹅妈妈的故事》。作为柯尔贝尔的共事者，勒沃担任了委员会的秘书。柯尔贝尔的女婿、协作人、将来接替勒沃的弗朗索瓦二世·多尔拜也参与到这项工程中。这个小型委员会在杜伊勒里宫召开会议。

克洛德·佩罗有点像120年前的莱斯科，是一个人文主义的建筑爱好者。三个世纪以来，人们都对这位爱好艺术的医生所负责的卢浮宫主工程心存质疑，他也没有反驳，承认"他不属于能让卢浮宫的正门变成全世界最壮美的建筑的智者"。他参与建设时表现得很谨慎，这也合情合理，因为勒沃可不是一个愿意退让的人。另外，柯尔贝尔也要求这3个合伙人必须通力合作，拿出一份"3人共同的创作"，明确地说"谁也不许因为对其他两人有偏见而自诩为唯一的创作者"。

克洛德·佩罗在他那个时代遭到一些人反对，布瓦洛说：

> 坦白说，
> 您是一个庸医，
> 而不是巧匠。

他死后，人们还说全靠他的兄弟夏尔帮他造势，他才得以颇有名声。如今我们认识到在建造柱廊过程中克洛德的功劳，才还给他公道。

1667年5月14日，小型委员会向国王呈递了两份设计，一份是有柱子的，很可能是勒沃和佩罗提出的，另一份里没有设计柱子，应该是勒布伦提出的。总之，放下分歧，"勒沃和佩罗可能达成一致，交出合作的设计，而且很可能是勒沃的制图员最终把设计图画了出来"[A.皮贡（A. Picon）]，并且勒沃好像还从国王楼的设计里得到灵感，计划在柱廊周围建造两个阁楼。路易十四这一年来巴黎7次，最终选择了第一套方案（据一份遗失了的笔录记载），"1667年6月7日，在沙勒罗瓦营地"，由柯尔贝尔签下这个决定。或许我们可以猜测，佩罗是不是在这次合作中放弃了勒沃设计的大量昂贵的装潢，而选择了硬朗的线条和整体的协调？毕竟侧面的阁楼很快就消失了。

第八章 大衰败
LE GRAND REFUS

7月15日，柯尔贝尔给贝尼尼写信说："国王很后悔……"次月，传来了禁止在圣日耳曼奥赛尔教堂周边动工的决议。11月，部长刚接到这项工程的任命，就为新立面的开工奠基。同月，杜帕克侯爵夫人在卢浮宫首演《安德洛玛克》，蒙特斯庞侯爵夫人也在场，她从春天起成为国王的情人，这让王后连声抱怨："这女人真要我的命啊……"

动工的位置第一次后移。由于建筑物的平面不同，不能在勒沃前几年打下的地基上开工，为了避免拆除地基，他们选择往后挪11米，这同时给东面巨大的广场腾出更多空间，也不用进行计划中费用巨大的拆除工作。在新的选址上新建的建筑仍旧作为国王寝宫。

经过这么长时间的拖延，柯尔贝尔开始了反思。在这样一个布局奇怪且不合理的、由不同时代的建筑拼凑而成（很像枫丹白露宫的情况，但这里更糟糕）的宫殿里，把国王的寝宫放在一堆脱节的建筑群之外的"正门"合适吗？这个"正门"既不够安全也不算庄严，只不过面朝一个大广场。购置东西需要一大笔经费，而现在凡尔赛宫已经花销很大了。难道国王夏天来这里的时候，王后和她的寝宫，还有会议机构也要跟着一起搬过来吗？如果保留传统的国王套房，只把它向东延长至和王后套房毗邻，在阳光更充沛的塞纳河边扩宽方形庭院的南翼楼，是不是更简单呢？

这个方案更加审慎合理，刚好可以实现柯尔贝尔急切想把国王留在巴黎的愿望，却遭到了路易十四的反对。把国王住房从东边搬到宫殿中心的做法，意味着放弃了历经五十年的方案，即让新的东立面成为宫殿恢宏的入口——这个设计永远不会成真了。

从1668年开始，可能在佩罗的干预下，东立面的柱廊有所变动。顶层阁楼被正面凸起的楼体取代，立面向南北两端加长，同新建筑衔接起来。于是，佩罗和勒沃，以及后者的助手多尔拜，让方形庭院拥有了新的外观，正如同时期勒沃在凡尔赛宫的做法。这堵墙把勒沃建的南立面遮住了，这个立面虽然只建了不到5年，但已经有点过时了。国王赞成这个大幅度的改动吗？当然（必须经过他的同意），但是他真实的想法是什么呢？其实很难还原事件发生的时间顺序，尤其是国王在不同阶段有不同的意见，有时还会反悔。

柱廊的位置也有变动，整体向南北方向扩展，总长达到了183米。相比上一个方案，佩罗和多尔拜可能在这个被修改的方案中占了更大的比重。由于当时勒沃正忙于凡尔赛宫的工程，佩罗甚至有可能获得了工程的总领导权。这个浩大的工程从1668年一直持续到1670年勒沃去世才完成。完工后，前面是成对的巨大立柱，后面对应的是围着壁龛的壁柱，整体看起来很轻盈，这一效果颇受赞赏。

根据这封给柯尔贝尔的信可以判断出，国王一直在跟进施工进度：

> 我明天早上9点动身，最晚11点到凯旋门（民族广场），我先去瞭望台，然后和我兄弟用膳（很可能是在皇家宫殿）。一早做完圣洗，我就会去卢浮宫，再从那里去杜伊勒里宫……

必须给国王开辟一条通道，然而，不知道国王有没有注意到，进出深藏在拥挤街区的卢浮宫多么不容易。塞维涅夫人在1678年7

第八章　大衰败
LE GRAND REFUS

月 12 日给她兄弟的信中抱怨说，从圣奥诺雷街到马莱区来回要用两个钟头。

与此同时，王国的历史也在继续。1669 年 2 月 3 日，路易十四在卢浮宫招待了教皇特使，此人带来教皇敕令。这是教会的和约，由此皇家港口的紧张局势得以缓和，《伪君子》可以继续上演。

柱廊的庞大工程结束后，宏大的设计带来一些结构上的问题。其中一位工程长（可能是佩罗）一直对技术很感兴趣，他想加固石块，这一做法始于圣礼拜堂建造时期，把金属固件钉入砖石中（房顶上还能看到一些铜钩）。尽管这些链子混入了铅，比较耐用，但可能是因为钉得不够深，导致后来出现了一些麻烦。

1672 年，中央三角楣的斜面由两块长 16 米、宽 2.5 米的独石大梁构成，索瓦尔说，这石块是从默东采石场开采来的，后被一分为二。细木工克里克坎借助制作完备的机器（可能由佩罗制造）把它们竖起来，并放置到位。塞巴斯蒂安·勒克莱尔精细的版画表现了整个工程，画中显示了用 7 对套着车辕的马匹运输材料的大车、绞盘，还有在脚手架侧面的一个入口的斜面，这个斜面让人想起蓬皮杜文化中心外面的自动扶梯。这幅版画很可能是在现场速写下细节，后将之重组而成，因为所表现的场景发生在一个假想的广场上，当时还不存在那么宽阔的广场，况且工地也十分狭小。

1674 年工程结束后，本应在这个长 178 米、不知道有什么用途的建筑下，挖一条壕沟，这会导致勒沃之前建到一半的地基消失。原本在这片宽阔的广场上修建奢华建筑的计划破产，原有的建筑也没有拆除。为了节省空间，人们决定把一切都填平。

根据不同的设计图展开施工总是很难。柱廊在南北方向加长后，按照比例，高度也需要增加。广场上，按照莱斯科风格设计的顶楼不能遮掩多出来的部分，于是又加了一层楼，由此导致的方形庭院的布局问题一直持续到了第一帝国时期。自从勒沃死后，克洛德·佩罗权力变大，他在1674年将立面圆雕饰和柱头的雕刻工作交给了刚刚入驻卢浮宫的绘画和雕塑学院负责。确实，圆柱后面以及现在从"母鸡走廊"能看到的所有部分都有华美的雕刻装饰，而且都铺着镶嵌面，但不能肯定的是，这应该归功于佩罗、佩西耶和方丹，还是归功于法国王朝复辟时期（因雕刻上饰以代表该时期的双L）的雕刻师们。

东柱廊南北两侧各立一座阁楼，以三角楣为冠，作为一个稳固的建筑，被后世反复称赞、讨论、研究（孟德斯鸠后来评价其为"世上最美的建筑之一"）。后人经常以此建筑作为与意大利式建筑影响决裂的象征，赞其为"法国的帕特农神庙"[G. 巴赞（G. Bazin）]，并认为贝尼尼的失败是法国古典主义战胜意大利巴洛克主义的标志。然而，勒沃和克洛德·佩罗还是保留了平屋顶结构，尽管在巴黎这种气候条件下，这种平屋顶并不合适，建筑内部也不比贝尼尼设计得更宜居。但是这两位建筑师制定并实现了一个宏大的计划，凭借简洁的线条、协调的比例、纯洁的外观、光影的对比，让法式的古典主义建筑风格成为一种象征，在很长时间内被整个欧洲作为参照。这也象征着柯尔贝尔想通过国王风采征服世人的崇高理想得以实现。柯尔贝尔如果知道路易十四放弃了这个象征"荣耀"的宫殿，可能永远不会安息。

东柱廊尽管时常被夸赞、被提及、被仰慕、被模仿，但也逃不过失宠的命运，这表现在两个方面：它永远不会成为王室寝宫的

第八章 大衰败
LE GRAND REFUS

所在地，也不会被用作卢浮宫庄严的入口。东翼的房间饱受称赞却不舒适，而且不能真正融入卢浮宫的建筑群，更别说如今入口设在金字塔一侧的博物馆了。要想参观柱廊，就必须从建筑物里面走出来，但或许正是因为柱廊的无用才使它显得更加美丽。

在施工期间，宫廷的生活当然一如既往地进行着，每天发生的故事不胜枚举。1668年《亚琛和约》签署后，卢浮宫和凡尔赛宫都举行了庆祝活动。1669年2月，在路易十四的推动下，最后一场宫廷芭蕾剧在国王当时居住的杜伊勒里宫上演，这是弗洛拉的戏。这一次他最钟爱的女观众是蒙特斯庞侯爵夫人，阁楼的名称沿用了这出芭蕾剧的名字。国王对艺术品收藏的热爱一直很明确。1671年，他在卢浮宫创建了王家绘画藏室，表明他对这座宫殿依然很感兴趣。这个藏室是现在藏有众多艺术品的书画刻印艺术部的前身，曾多次搬动，但从未从卢浮宫挪走。

同时，方形庭院的北翼楼也在继续施工，当时第三层还没有完工。在如今的里沃利街上，建筑师（佩罗？多尔拜？）巧妙地预先考虑到了壁凹，避免了增加翼墙的厚度。尽管翼楼的外观平平无奇，但是其不对称的结构很和谐。仅仅通过墙的砌缝和窗户三角楣就突显出了建筑的厚度。建筑的朴素感被由勒洪格尔、图拜、勒杰德尔和马素乐设计的怪面饰拱顶石的新奇感调和。这些怪面饰值得我们走近一观。

在此期间，方形庭院的南翼楼从1668年开始进行扩建，整个工程的首要目标是遮挡勒沃的立面。很可能是他的继承者弗朗索瓦·多尔拜在立面往前15米的地方，按照柱廊邻近的布局，沿着塞纳河建造了这个新的"河翼"。翼楼外形优雅，比例协调，设计

卢浮宫全史
LA GRANDE HISTOIRE DU LOUVRE

理念与勒沃截然不同：在布局上，与勒沃的设计有些冲突；在外观上，装饰繁多，房间整齐连贯地排成一列。这两个新旧立面完美地紧贴在一起。旧立面的凸出部分被削去（在公主花园进行勘探可能就会发现立柱的石块或建筑残片），被磨平的立面变成隔断墙。从平面图上可以看到国王楼如何像一块拼图一样嵌入西面不那么突兀的凸出楼体中。相反，勒沃设计的南立面上的3个圆屋顶，即国王楼以及在中间和东面后加的圆屋顶，则很长时间内都突出在新立面上。从存放在卢浮宫历史展厅的拉格尼特的一幅画上就能看到它们。

就和当时所有的工程一样，这个工程也发生了劳工意外，导致有人死亡或伤残，而他们只能领到一些微不足道的补偿。

这个新立面一直很精致，后来建的一个漂亮阳台更是锦上添花，只需要在三角楣的王室盾形纹章上加上百合花就完美了。

为了新立面的修建，王室放弃了对卢浮宫和塞纳河之间的小花园进行整修，就和几年前因为扩建而放弃了北面的花园一样。因此，方形庭院这边的宫殿失去了全部的绿化带，这很快就会引起严重的问题。由于不断扩建宫殿，空间变得越来越不够用。

这些新厅室（现在的坎帕纳长廊）已经准备好迎接国王入住了，国王的窗外本应该是首都的风光，但这永远无法实现。如今参观古希腊陶瓷长廊的游客有哪位会知道这些长廊是在不同时期里为了王室套房而修建的呢？最终，国王在塞纳河沿岸拥有了一块专属的区域，但他从来没有在这里居住过。彼时，法国在军事上节节胜利（马斯特里赫特之战、瑟内夫之战、阿尔萨斯之战），路易十四早已把卢浮宫抛在脑后。

第八章 大衰败
LE GRAND REFUS

1674 年，王室第一次在凡尔赛宫长期居住，多尔拜在那里修建了大使楼梯。

克洛德·佩罗打通了进入方形庭院的拱顶狭廊。西面的拱顶由 3 个梁跨组成，它们之间被精美的平顶搁栅分隔开；南面的布局十分美观，成对的爱奥尼亚式柱支撑着柱顶的下楣，在最后一个梁跨上，下楣与线条优美的拱顶交会。

方形庭院本身也一直没有完工，这种局面一直持续到了拿破仑时期。最终，这一持续了半世纪的工程没派上任何用场。"把庭院扩建至 4 倍，本是为了让挤在顶楼的宫廷生活更加便利，结果只不过让职员、寄宿者和擅自占地的人占了便宜"（J.-P. 巴贝隆）。

另外，自普桑时期就被放弃的大画廊也重新开始了内部装潢。两位如今被人遗忘但在当时的雕刻行业占有一席之地的雕刻家尼古拉·勒让德和洛朗·马尼耶重新制作了仿大理石的隔间模型，其中一些隔间被安排给了装饰画家。这几位 18 世纪的雕刻家将拱顶装饰得过于繁杂，但这些装潢很快就消失了。

宫殿的周围环境与内部奢华的装饰形成了鲜明的对比。1676 年的一封申诉书中写道："在卢浮宫附近和宫内许多地方，甚至在林荫大道的大台阶上、门后面，垃圾随处可见。不管是住在卢浮宫的人，还是平日来往的人，他们每日排出的废物臭气熏天。甚至阳台或者前突的楼体上全是仆从们每天倒出来的垃圾、秽物。"路易十四对气味十分敏感，他实在忍受不了这种气味，这很可能是他离开臭气熏天的卢浮宫的一个原因。另一个更重要的原因是自从投石党运动以来，他对巴黎市民深恶痛绝。他对巴黎市民的反感更甚于对这座城市的憎恶，有时人们会轻率地说国王从来不去这座城市。

但实际上,他经常去剧院,不仅去莫里哀的剧院,也去勃艮第公馆剧场,有时也去看看荣军院的工程进度。威尼斯大使弗斯卡尔尼写道:"国王从来不讨厌巴黎,他憎恨的是巴黎市民,他喜欢住在唯我独尊的地方。"

路易十四认为卢浮宫最严重的缺陷是没有花园。方形庭院北面和南面的花园都因为扩建而被拆除了。原来举行骑兵竞演的"郡主花园"渐渐变成杜伊勒里宫的附属庭院。因此,要想看真正的绿化带,就得走很远去西面的杜伊勒里公园。直到2005年,这个公园才和卢浮宫相连。

宫殿里还有一个不利的生活条件,就是水不干净。当时宫殿里用的还是塞纳河里的水,而塞纳河是整个城市的排水池。即使用沙子和木炭过滤也是徒劳,河水还是会危害健康,引发严重的痢疾。住在卢浮宫里的人都得忍受可怕的腹泻,直到身体适应微生物。

勒沃、佩罗、多尔拜甚至贝尼尼都曾经设想过卢浮宫和杜伊勒里宫连为一体的未来,他们的笔下诞生出了许多将两座宫殿相连的计划,包括修建北面的长廊和居所。佩罗的设计以细分空间为主,划分出了至少15个内庭。勒沃计划在西区密集的小块土地上另建一个方形庭院,把一侧的宫殿搬过去,但是这种有关地产变动的计划是无法实现的。

他们天马行空的想象充满吸引力,但是国王作为当时唯一的决策者,深知其计划的不可行,因此统统否决了。不过也是建筑师们最早发现了两座宫殿之间的密集街区所掩盖的一个问题:卢浮宫和杜伊勒里宫都面向或说垂直于其所对应的一段塞纳河而建,而塞纳河整体是弯曲的,所以两座宫殿并不在一条中轴线上。这也说明它

第八章　大衰败
LE GRAND REFUS

们从未相互参照。在整整两个世纪里，这5.5度的差异（现代建筑师贝聿铭在主干道起点立的一座骑士像显示出此差异）让在这个地点动工的设计师们大伤脑筋。他们想尽了各种办法，例如，勒沃开辟了一条垂直于中轴线的路来掩盖差异，克洛德·佩罗则设计了一座椭圆形的剧场来掩盖差异。

虽然我们一直在说，连接卢浮宫和杜伊勒里宫是设计师们的空想，是绝不会被采纳的空中楼阁，但非常具有实干精神的柯尔贝尔，重新审查了两座宫殿之间的空地条件。他马上观察到，卡鲁塞勒小广场外的这片土地被卢浮宫和杜伊勒里宫共同的王室服务机构占用了，马厩、工具棚里放置着王室必需的众多马匹、椅子和各种车辆，建筑物外拥挤不堪。另外，这块土地上有需要强制征用的平民住宅，这部分费用不可忽视。最后，还有权贵的府邸，这样一来，除了给王室的财政支出增加负担外，王室对贵族还形成了一种不同于以往的约束，这必然会引发贵族的怨恨。这样一来，在行政、财政、心理上都行不通。而社会政策的形成往往需要经历一系列的妥协。因此，旧制度下的王朝不会再重提此事了。

然而，勒沃本来对这块地有这样的设计：仿照对面迪塞尔索的布局，连着马尔桑馆的东立面修建一个梁跨，作为北面长廊的搭接石。在藏于卢浮宫的某些版画上或者在版画陈列室里的塔拉瓦尔的一幅水彩画上可以看到这个梁跨。他想继续这个设计吗？再等140年吧……

经费继续减少，这是国王的意愿，他在经过漫长思考后——很遗憾我们并不知道这一思考经历了怎样的过程——最终决定离开卢浮宫。需要注意的是，这次不同于1682年的整体迁宫，国王还没有放弃巡游的习惯。"路易十四把他的宫廷从一个城堡搬到另一个,好似临时住在这些不适的居所里是他找到象征其荣耀千秋万代的宫殿所需要付出的代价"(P. 魏莱)。多次的搬迁让他得以对各个居所进行比较,这样一比,卢浮宫就败下阵来。与以前的黎塞留府邸、沃勒维贡特庄园,现在的默东宫和圣克卢宫相比,国王的宫殿理应是最美的。1671年2月11日,国王最后一次在杜伊勒里宫就寝时,凡尔赛宫的大使楼梯设计初稿完成。由于国王对建筑情有独钟(他在临死前还自责对建筑过分喜爱),在巡游过程中他相信一座华美的宫殿既能彰显国王的荣耀,也能让外省信服。国王的城堡要胜过任何亲王或大臣的府邸。宏大的王城(即1682年之后的凡尔赛宫)能够让人理解放弃卢浮宫的决定,这一决定显然是在1670年前后做出的。当时,卢浮宫中新建的南翼楼已经竣工,但是还没根据王室规格进行布置。后来王室娱乐事务总管处在底层开了作坊和商店。东柱廊刚建起就被闲置了。南翼楼同样也半途而废,没有布置。

和亨利四世不同,路易十四不需要宫殿来表明他的正统性。他不需要证明什么,就像腓力·奥古斯都的主塔楼对弗朗索瓦一世来说毫无必要。这个不舒适且过时的卢浮宫于他而言可有可无,国王要建一座只属于他的宫殿。最终,方形庭院在经历了半个世纪的扩建后,成了各种学院和寄宿者的容身之地。

路易十四想到了他经常小住的圣日耳曼昂莱城堡,他可以和王室正式地长期居住于此。这次,建筑师是路易·勒沃的兄弟弗朗索瓦·勒沃,当时他正忙于"清理新旧城堡混乱的住所和套房"。弗朗索瓦·勒沃于1676年去世后,由朱尔斯·阿杜安·芒萨尔接任。国王让他扩建城堡,将它改头换面。

第八章 大衰败
LE GRAND REFUS

有一阵子，柯尔贝尔希望至少挽回杜伊勒里宫，因为国王似乎很喜欢1667年勒诺特尔绘制的平面图中的香榭丽舍大街：花园的小路一直延伸到夏佑山，这让杜伊勒里宫不受巴黎的控制。勒沃刚刚翻修了这里的建筑，但一个致命的缺陷最终导致它不得不消失。杜伊勒里宫是一个灯笼式的城堡，整体瘦长，两面朝外开放，每一层的房间都相通，因此不可能在这里安置独立的套房和服务设施。当时的杜伊勒里宫看起来无法进行扩建，后来，拿破仑三世才完成了对此地的扩建。

柯尔贝尔请求保留这座宫殿作为国王的正式住所。但是，路易十四认为，大画廊始终没有把卢浮宫和杜伊勒里宫连接起来，这两座宫殿因此没资格成为王宫。

柯尔贝尔向国王建议说，"陛下忽略了卢浮宫，这是世上最美的、与陛下的伟大最相称的宫殿"，他还附上了那幅图。但是，路易十四比他的大臣更清楚，即使扩建了卢浮宫和杜伊勒里宫，它们与拥挤的街区离得那么近，臭不可闻，出入不便，让人充满了痛苦的记忆，还离狩猎场那么远，而国王几乎每天都要打猎，而且我们已经多次提到，这里没有花园。这些缺点就足够让国王毫不犹豫地离开卢浮宫，每年回来看几次就够了。这两座脱节的宫殿不能长久地接待国王、王室、随从人员，尤其是现在宫廷里的人越来越多。等级分明的宫廷是国王权力的象征和充分行使王权的必要条件。国王需要这样一座宫殿，能把内阁、官员、仆从，尤其是贵族们聚集在宫内或宫外以监视他们。当时还在襁褓中的圣西蒙，后来清楚地了解到国王的心思，写道："谁不在场一眼就能看出来，阴谋也就难以掩饰了。国王说的那句名言'这个人我永远也见不着'，就是这个意思。"

只有远离巴黎的中心，路易十四才能实现这个目标，他深谙这个道理。大臣柯尔贝尔没有完全弄明白的是，国王也需要户外生活，需要看到绿地，需要有马，他每天都要通过马术、狩猎、射击、散步和网球释放精力，更别提只能在高墙之内才可以享受的床笫之欢了。他的脑力劳动和工作精力需要在公务、美食、爱情和运动之间达到平衡。

此外，相比跟随先辈的步伐居住在巴黎，独自创建一座标志性的宫殿并且建一座王城不是更加光荣吗？而这在巴黎是无法实现的。国王的想法在几年间发生了很大变化，他曾试图在圣日耳曼建造这样一座王城，但该计划还未完成，他又要求朱尔斯·阿杜安·芒萨尔在凡尔赛宫建造两个长翼楼供王室居住。1682年，他把宫殿迁到此处，代替了位于巴黎中心外的某处住宅，就像教皇用梵蒂冈取代了拉特朗。同样是在1682年，为庆祝小王太子勃艮第公爵的出生，卢浮宫的长廊都被点亮了，但是这位公爵从来没在卢浮宫住过，也没有戴上王冠。

可以解决部分问题的方法是存在的，这可能是黎塞留的想法：把皇家宫殿和卢浮宫连接起来。皇家宫殿位于卢浮宫对面，是1639年路易十三的内阁大臣贡献给王室的，但"前提是永远不得转让，只能作为国王的住所"。只需修建一座跨过圣奥诺雷街的连通翼楼（那时里沃利街并不存在），那里有一座宽阔的现代宫殿，布局合理，为奥地利的安妮重新进行过装潢，能够容下王室套间，包括两条豪华的长廊和一个演出厅。1660年，路易十四把演出厅赐给了莫里哀，他也经常来看莫里哀的表演。国王可以和在凡尔赛宫一样，

第八章 大衰败
LE GRAND REFUS

把他的房间安置在宫殿中央，面朝当时还没有柱廊（和布罕柱）的大庭院和更远处的花园。这个建筑实际上配有巴黎最美的花园之一，王室服务机构和朝臣们的府邸本来计划建造在花园周围。这座宫殿富丽堂皇，在整个巴黎都广受赞誉。1643年高乃依创作的《说谎者》中的人物这样说：

> 主教宫壮美的外观，
> 乃世间万物不可比。

我们无从知晓路易十四或柯尔贝尔是否研究过这个方法，但是国王的记忆决定了他的行动。他从未忘记自己童年时被丢在宫中，某一天跌落公园的水塘里后没有一个人来救他的事（他自己讲述过这件事）。他还记得1651年2月9日的夜晚，在这个皇家宫殿里，他穿着衣服窝在被子下，装作已经入睡，一群人涌入他的房间，屋子里熙熙攘攘，气味难闻，他们来确认国王是否在此，是否顺从。他当时12岁，永远都忘不了巴黎市民对君权的侮辱。回到这里和路易十四的使命水火不容，他后来写道："我生来就是做国王的。"可能是为了明确表明这个态度，他不顾黎塞留的遗嘱，硬是把宫殿赐给了他的兄弟奥尔良公爵菲利普，没想到后来这个亲王差点把这里建成比旁边的卢浮宫更"光荣"的宅邸。值得注意的是，卢浮宫和杜伊勒里宫经过两个世纪的设想后最终相连，而把卢浮宫和皇家宫殿连接起来虽然合理，并且容易执行，但该计划最终并没有付诸实施。杰克·朗①还一度幻想过这种可能性。

1670年10月10日，路易·勒沃在卢浮宫门口的隆格维尔府邸（该府邸最终没有被拆除，柱廊大广场后来被放弃了）猝死。但是没有人接任他的首席建筑师职位，次年卢浮宫的预算从50万里弗尔减少到5万里弗尔。新建的楼没有封顶，内部没有整理，里里外外都是粗凿的石块。工地慢慢停工，一切悬而未决。新楼在一个世纪里都像一个没有盖子的盒子，糟糕的天气蚕食着未完工的立面和徒有四壁的房间。1678年，佩罗呈递了封顶的提议，但遭到拒绝。

限制卢浮宫的费用一开始让人诧异不已，但现在能更好地理解了。卢浮宫的工程首先是因居住条件不佳而起，国王套房有时被安置在南翼扩建的国王楼，有时在柱廊，有时在杜伊勒里宫，导致翻修不断。但是，自从国王意识到他的宫殿不可能摆脱城市的限制，又远离狩猎区，也不能给宫廷和随从提供舒适的住处，他就放弃了巴黎，和他的祖辈放弃西岱宫一样放弃了卢浮宫。因此，新建的南翼不再进行布置，工程也没必要收尾，他的继承者们更不会完成这个任务了。国家预算的削减不是卢浮宫工程中断的决定性要素，因为当时只有卢浮宫的预算减少了。1670年，卢浮宫的经费减少，但荣军院在这一年应运而生，这是比扩建后的卢浮宫更有威严的建筑，更能象征君主的统治。我们曾提到，国王认为荣军院在首都扮演的角色不亚于皇家宫殿。1674年，卢浮宫的经费急剧缩减，直到

---

① 杰克·朗（Jack Lang, 1939— ），法国政治家，社会党人士，曾任法国文化部部长和教育部部长。——译者注

第八章 大衰败
LE GRAND REFUS

1678年完全停工。同样是在1674年，多尔拜开始建造大使楼梯，国王和宫廷入住了凡尔赛宫。作为王国的缔造者，路易十四想在凡尔赛宫和荣军院进行创造性地建设，而不是在卢浮宫继续修缮先辈们留下的作品，没建完的就让它们保留原样吧。直到18世纪中叶，凡是能称为工地的都不包括卢浮宫。在财政监管部门的档案里，只有一份1697年在柱廊底层建工具棚和马厩的平面图，可以看出这一部分几乎被完全放弃了。在这份平面图的空白处，可能是维拉塞尔财政总监写了一个"好"字。

上文提到过，1671年2月，国王在杜伊勒里宫度过了最后一晚，但是他白天偶尔会去卢浮宫，比如"与他的陪同者在卢浮宫用膳"（塞维涅夫人）。1675年5月，她跟布西-哈比旦写信说："我对陛下的旨意心怀敬意，不管他是在佛兰德斯还是在卢浮宫。"这说明国王还是经常到访卢浮宫的。国王的每次迁宫都只是在几个落脚点之间来回，这种情况一直持续了好几年，期间可能还曾反悔。1677年，勒沃的继承者多尔拜突然离世，这标志着一种建筑流派也随之消失（这在凡尔赛宫也可以感觉到）。从此以后，朱尔斯·阿杜安·芒萨尔挑起大梁。1675年11月，他进入学院，不久后成为国王御用建筑师，1677年负责荣军院的工程，他似乎从未对卢浮宫感兴趣。17世纪70年代，国王似乎只关心宫殿工程的进度，而尽量不在这个地方居住。

1678年，《奈梅亨条约》的签署标志着法国取得了巨大胜利，这也是一个关键转折点。卢浮宫和凡尔赛宫举行了多场庆祝活动，这场胜利开启了两个具有代表性的篇章：国王不允许城市军大张旗鼓地返回巴黎；同时凡尔赛宫的重要工程开始动工，镜廊取代了原来的平台。1681年12月,《风流信使》还报道了国王参观卢浮宫的绘画陈列室,但是时局的改变已成定局,并且还在发酵。谁都不会想到,这是路易十四统治的巅峰。在最终把卢浮宫从法兰西历史上"抹掉"的那一刻,路易十四怎么会预料到他的辉煌时代已经结束了呢?胜利的时代已成过去,莫里哀也离开了人世。

从那以后很长一段时间内,卢浮宫都没有参与到法兰西王国的历史中。

在卢浮宫居住了25年的国王最终决定放弃它,这在卢浮宫历史上是一件大事,值得我们去论证和反思。路易十四是何时做的决定?这很容易推断出来。他已经同意修建南翼,翼楼在1668—1678年筹建,他也同意柯尔贝尔的提议,并住了进去。但是装修工程没有得到他的批准,也就是在那个时候,这项大工程还未完全结束之时,国王的想法发生了转变,那是在1678年,也正是签订《奈梅亨条约》的那一年。

为什么做出这个决定?自1652年起,国王就一直在忍受卢浮宫及周边街区的缺陷,虽然南翼的整修本应该可以在一定程度上改变这个局面。为什么国王又变卦了呢?很有可能在他眼里,尤其是经过对比之后,1678年卢浮宫的问题依然棘手,令人不快,应该喊停。也有人猜测是不是他的兄弟菲利普的行动让他最终态度大转弯。菲利普于1660年当上奥尔良公爵,是法兰西最富有的大人物之一。他在1677年取得了卡塞尔大捷,这让路易十四龙颜大怒,毕竟他从来没有亲自带兵凯旋过。这位亲王在巴黎和凡尔赛之间的圣克卢修建了一所府邸,堪称新沃勒维贡特庄园,他请来朱尔斯·阿

第八章 大衰败
LE GRAND REFUS

杜安·芒萨尔、勒诺特尔和米尼亚尔，声称要建设比卢浮宫和凡尔赛宫更奢华的建筑。1677年，米尼亚尔开始装饰圣克卢长廊，该长廊比阿波罗长廊更长，更光彩夺目。国王难以忍受此事，他在某次到访圣克卢时表露过这种想法。在杂乱的卢浮宫面前，这座府邸显得鹤立鸡群。既然不能毁了它，就必须取代它。国王的行宫必须更壮观、更威严，要把他兄弟的府邸比下去。

1678年的卢浮宫似乎已经配不上在奈梅亨获胜的"荣耀之王"了。它辜负了这场光荣的胜利，国王渴望展示更多。从今以后，国王的行宫应该比其他所有宫殿更有分量，配得上他在世界上的地位，能够彰显国王的荣耀，因此它不能安在巴黎了。

国王一度认为自己的选择是对的。1682年宫廷迁入凡尔赛，两年后《雷根斯堡停战协定》签署，国王成为新征服地的主人。但这只是暂时的。1685年南特赦令废除，1686年奥格斯同盟建立，1688年英国国王被流放，形势越来越严峻。1697年，《里斯维克和约》标志着国王的威望和领土第一次受到打击。之后的西班牙王位继承战把法国拖到了深渊的边缘。同时，像是受到了老天的惩罚，国王的继任者们几乎全部离世。卢浮宫见证了王国的胜利，凡尔赛宫则目睹了它的没落。直到临死前，路易十四还在装饰凡尔赛宫。他在凡尔赛宫看到了辉煌的法兰西，而这是他在卢浮宫难以见到的。

*

这次事件后，尊贵的学院院士们走进卢浮宫，占领了宫殿。

这一行动由来已久。早在1667年，绘画和雕塑学院就已经被准许在卢浮宫召开讨论会,之后还进行了一场辩论,这些都有记载。第一次是夏尔·勒布伦发起的,他对拉斐尔的《圣米歇尔》进行了点评,与会者也表达了意见——这是如今在玻璃金字塔礼堂召开座谈会的前身。

1671年,路易十四批准了亨利四世时期的一项法令——在大画廊安置艺术家。直到17世纪末,贝杭、伊斯拉埃尔·西尔维斯特和吉拉尔登在卢浮宫都有一套"双层套房",另外还有地理学家桑松、机械师皮罗波、抛光师勒努瓦和钟表商布里杜。

1672年,也就是卢浮宫停工的时候,法兰西学术院向路易十四申请搬进卢浮宫,国王同意了,而且很快就着手安排。1667年起成为学术院成员的柯尔贝尔想把法兰西学术院安排在皇家图书馆。但是国王考虑到卢浮宫的命运,在柯尔贝尔的来信空白处写道:"尽管有些不便,但把法兰西学术院放在卢浮宫,在我看来应该更好。"

国王选择了学院里最尊贵、为了他的荣耀而工作的人,作为接替他入住卢浮宫的人选。他或许已经打算把卢浮宫变成所有学院的驻地,这或许是在大革命时期应运而生的法兰西学院的最初设想。他对这个学院兴趣极大,从他的藏书阁贡献了666卷书,也拨款奖励参加例会的人,这个机构就这样一直延续下来。

勒梅尔西耶翼楼的底层原来是国王议会,法兰西学院搬到这里后一直待到了1793年。柯尔贝尔在会议室安装了挂钟,意在提醒法兰西学院的"不朽者"们守时。正是在现在存放东方古代文物的大厅里,学院100多年的历史经历了几个不同的阶段。第一次例会时,拉辛入选法兰西学术院,这也是例会首次面向公众,此后这个传统一直延续下来。然后学院迎来了成员配置豪华的繁盛期:1675年,

第八章　大衰败
LE GRAND REFUS

高乃依、拉辛、弗莱希埃、布西-哈比旦、夏尔·佩罗、基诺、当若、博须埃和柯尔贝尔都在此拥有一席之地。从一些画上能看到，大厅的天花板上饰有图案，墙上挂着挂毯，壁炉上方有挂画。学院尽力收集前院士们的肖像画，填满墙上的每一处空白，维吉·勒布伦为此捐赠了拉布吕耶尔和大主教弗勒里的肖像画。后来代替肖像画，又形成了给院士制半身雕像的传统，如今这种做法也消失了，但是雕像已经把卢浮宫的顶楼和地下室都塞满了。

1683年，学院勇敢地在国王面前展现了其独立性。学院拒绝路易十四支持的布瓦洛入会，反而推选拉·封丹。学院对主流权力持反对意见的传统由此产生。随后的几周颇不平静，直到出现另外一个空缺，让布瓦洛有机会进入学院，两个人才得以同时入选。

另一场风波是拉布吕耶尔引起的，尽管在我们的印象中，他是一个幽默的伦理学家。1693年，他在入选演讲中清算旧账，以合乎规范的方式对曾经反对他的人一一进行抨击。这么不合常理的做法让他的新同僚们十分不满，他们补充了一条新规定，新入选者必须把自己的演说稿递交同僚审查，这条规定一直延续至今。

路易十四去世前乃至过后，卢浮宫内举办了不计其数的学术活动，但大多数都是小插曲：维拉尔成为入选院士的第一位元帅，他认为应该把自己的肖像画送给学院；国王想让人接受其子曼恩公爵进入学院，但是他后来明智地放弃了；热耐斯特、马勒丢、波利涅克都当选了院士，他们在索园秘密进行文学活动，是那里的名人；拉布吕耶尔、菲雷蒂埃和丰特奈尔在学院里障碍重重，等等。这些插曲中最重要的应该是1694年第一版《法兰西词典》的出版。

随后费奈隆、黎塞留、杜布瓦主教、马里沃，还有许许多多姓名不详的名士都当选了院士。庄严的当选仪式在今天的阿卡德厅举行,当选者们发表就职演说,其中最著名的是布封的演讲。"古今之争"在这里进行,外国元首们来访此地。

1685年,法兰西文学院入驻卢浮宫,同法兰西学术院共享此地。

国王基本上尊重学院的运行,他尊重院士们的独立性(当然是在既定范围内)以及他们之间的平等性,这是学院的成立原则。1713年,德斯特雷主教提出由于自己年事已高,希望换一把更舒适的椅子,国王就命人搬了40把扶手椅到卢浮宫。另外,国王对宗教过分虔诚,他大力支持的大部分院士出自教士:1712年,有24位主教进入卢浮宫,占了院士中的绝大多数。

最活跃的学院要数深受公众欢迎的绘画和雕塑学院。自1664年入驻卢浮宫以来,该学院还迎来了许多雕刻家。1670年以后,最著名的一位雕刻家是伊斯拉埃尔·西尔维斯特,他住在大画廊,1691年去世,他的家人继续留在此地。1692年,学院获准在阿波罗圆厅展出参加罗马大奖竞赛的学生的作品,展览很快就在每年11月25日定期举行,一直持续到了大革命时期。还是在1692年,绘画和雕塑学院把勒沃在1661年至1663年在王后庭院(如今的斯芬克斯厅)建的第二层据为己有,这些房间挨着方形沙龙。1702年,方形沙龙也被占用了。

1711年,绘画和雕塑学院搬到了冬宫底层,人们在那里摆满了藏品、入会作品、罗马制的模型,并召开例会,活动范围很快又扩展到女像柱厅。J.-B. 马丁的一幅画展示了院士们在狄安娜厅里开会的场景,他们围成一圈端坐着,墙上的画作层层延伸至天花板,窗洞里则是透视立体画。学院里也授课,"'模特'厅里上课时有真人

第八章 大衰败
LE GRAND REFUS

裸体模特。自此,'académie(学院)'这个词也有裸体画的含义"[G. 布雷斯克(G. Bresc)]。当然,模特必须是男性。

1699年,绘画和雕塑学院被批准于8月20日至9月16日在大画廊东面举行展览,这次展出大获成功。在一些画上,我们能看到在装饰精美的拱顶下,艺术家们身着礼服,头戴假发,亲自把他们的画作挂上去。画作密密麻麻占了好几排,艺术爱好者们蜂拥而至。1709年,这一幕又重新上演。

这些在国王的安排下入住卢浮宫的院士们有没有给建筑进行整修或装潢呢?布鲁诺·蓬斯指出,雕刻家安托万·安德烈曾两次被派往卡拉拉矿山"挑选最奇美的大理石来装点王室住宅,尤其是卢浮宫"。这项任务可以追溯到1688年,表明这个时候卢浮宫的工程还在继续。

从种种迹象来看,路易十四似乎已经决定把卢浮宫变成一座文化宫,这个想法比马尔罗早了三个世纪。法兰西建筑院在1692年搬到南翼楼二层,也就是原来的王后寝宫。建筑模型被运到这里,其中有一些保留至今。1699年,法兰西科学院(克洛德·佩罗刚刚入选该院)搬进了国王楼的国王套房。"这是法兰西王朝抛弃卢浮宫的有力证明!""在亨利三世跳舞的演厅,历代国王就寝的卧室,亨利四世驾崩的房间,天花板上雕刻着象征路易十四的天神们的小书房,都摆上了学院的藏品、被制成标本的骆驼(这是否预示着2010年杰夫·昆斯会在凡尔赛宫国王卧房里展览龙虾?),还有佩罗解剖的大象骨骼。"学院的例会在前厅西伯克·德·伽皮设计的天花板下召开。

科学院还要不到一个世纪后才在这里真正运行,它被强制要求持续不断地进行研究。选取科学院历史上的一个片段来讲，1699年沃邦被选入科学院，1707年他过世的时候，学院终身秘书丰特奈尔（他入选了3个学院）在这里为他举行了盛大的追悼会。

在学院蓬勃发展的这几年，卢浮宫正处在最悲惨的境况中。1693—1694年，由于天气原因，粮食连续两年收成欠佳，整个法国都陷入饥荒。国王命人在方形庭院建造了4个面包烤炉，每天烤制10万份"国王面包"，以每古斤①2索尔②的价格出售，尽管这遭到了面包商们的抗议。在全国上下叛乱四起时，一场及时雨挽救了王国。

国王和宫廷离开了卢浮宫，大画廊不再起连接作用，而另有他用。1697年，大画廊中陈列了由卢福瓦侯爵开创的缩尺模型的藏品，藏品数量逐年递增。从此，大画廊迎来两类参观者：确定下一次战役发生地的将军和有威望的贵宾，他们前来欣赏这场现在我们再也无法完全复原的精彩展出。不知将来某天我们是否能有幸看到？

在同一时期，不知道出于什么原因（可能是绘画和雕塑学院想要寻找新的落脚点），自亨利四世时期就存放在河畔厅（奥古斯特厅）的"国王文物"被搬到了女像柱厅。马萨林和柯尔贝尔为丰富这些文物出了不少力。藏品中除了古罗马雕塑外，还有两座中世纪的雕像，分别是查理五世像和珍妮·德·波旁像。

学院的入驻是对卢浮宫集体性的、有许可的、有节制的渗透。那个时期还出现了个人的侵入，并且贯穿了整个18世纪。那些艺术

---

① 法国1古斤在巴黎为400克，各省为380克到550克不等。——译者注
② 索尔（sol），法国旧货币单位，2索尔等于0.1法郎。——译者注

第八章 大衰败
LE GRAND REFUS

家或者自称艺术家的人，除去大画廊已经被侵占的空间，无论是否获许，都把手伸向了卢浮宫及其周边的住房。1701 年，细木工安德烈－查尔斯·布勒在旺多姆宅邸（现拿破仑庭院）遗址建立了一个作坊。1699 年，从罗伯特·德·科特的一幅平面图上可以看出，在王后庭院，也就是斯芬克斯厅周围，分布着吉拉尔登、勒尼奥丹以及布勒的住处，可以看出他们享有极大的特权。吉拉尔登在工作坊里放了一具木乃伊，他很乐意展示给人看，英国旅行家李斯特就曾于 1698 年前来参观。大多数人凭借会使用钳子或凿子的名义混进卢浮宫抢占一处居所，国王的准许（如果有的话）也只不过是确认了房子被占据的事实。无论是否得到允许，这些寄居者依照自己的品位和方式着手装修房间。有的砌墙，有的在壁炉厚厚的烟囱壁甚至是隐秘的楼梯上凿洞，有的在大厅的一二层之间隔出中二楼。"一些爱好美景的人把方形庭院的盖顶改成了阳台"[G. 勒诺特尔（G. Lenôtre）]。

还有一些大领主甚至还占据着施工未完成的地方。"国王颁发的敕书上点明了他们的名字，平面图则让我们了解到他们占据了哪些房间"（皮埃尔·科尼昂）。在勒梅尔西耶翼楼二层和顶楼宽大的双层套房，住着蒂昂热夫人，她是蒙特斯庞夫人的姐妹。圣西蒙认识她，说她"比蒙特斯庞夫人更机智，也更恶毒"。她甚至填平了原来堡垒的壕沟，在那里建了一个花园。其他房间则被卢浮宫的官员们合法占据了："可怜的城堡总管赛甘先生，他要对付不法入侵者，维持秩序，监管散置的材料，查找不合理的转租，对抗宫内的妓女，这些足以让他晕头转向了"[F. 布吕什（F. Bluch）]。

在路易十四统治后期，卢浮宫的身影只会出现在庆典活动时。

1699年8月13日，为给旺多姆广场上的路易十四雕像揭幕，塞纳河上举行了"精彩的烟火表演"（圣西蒙），烟火从大画廊中就能看到（这时候的大画廊已经归巴黎市政府所有），而奥尔良公爵和公爵夫人正在底层（可能是在古代厅）中观看这场表演。1704年，为庆祝布列塔尼公爵的出世又举行了一次庆典，这是法国国王第一次看着重孙出生，于是塞纳河上又举行了一次烟火表演。"殿下、王子们、勃艮第公爵夫人都从卢浮宫的窗户往外看，众多贵妇、朝臣集聚一堂，美酒佳肴相伴"（圣西蒙）。这场烟火表演标志着塞纳河和特茹河战胜了泰晤士河。但不幸的是，伊赫施塔特（英国人称为布莱尼姆）战败的消息也传到了巴黎。

1701年又有新的情况出现。蓬查特兰写道："国王听说卢浮宫成了无耻荒淫之地，守门人打开庭院的通道和入口，为放荡之事行便利。"从被放弃到变成放任自流之地，卢浮宫在整个18世纪都是如此。

1715年9月1日路易十四驾崩时，堤契诺给一个瑞典人写信说："巴黎的卢浮宫再也不收留鼠流之辈了，它将重新成为法兰西国王的行宫。"但这不过是虔诚的愿望罢了。再也不会有人把卢浮宫称为王宫，国王在40年前就已经抛弃了它。

PAVILLON SULLY

第九章
"艺术之城"?

« CITÉ DES ARTS » ?

在摄政时期，卢浮宫又重新获得了一段时间的重视，勉强算是焕发了活力。原因很简单：宫廷迁出了凡尔赛宫。路易十四临死的时候叮嘱过，继任者要定居在万森城堡，但是几周之后，新一任摄政王就违背了先王的遗愿，迁居到他珍爱的巴黎。路易十四死后的几年对这个老地方有着举足轻重的影响。

杜伊勒里宫和皇家宫殿这两座邻近的建筑，此后成了王权所在地。年幼的国王和摄政内阁都位于杜伊勒里宫；摄政王奥尔良公爵则在皇家宫殿生活、工作、玩乐。

这个时候，卢浮宫和杜伊勒里宫的地位发生了决定性变化。直到路易十四离开前，卢浮宫一直都是王室的正式居所，虽然杜伊勒里宫更舒适，它也只不过是附属建筑。而此后，卢浮宫就被永远地丢给了艺术家、院士、权贵，甚至是些没有头衔的侵占者，而杜伊勒里宫成为国王在巴黎的正式居所，无论他是否住在里面。玛丽·安托瓦内特偶尔会去卢浮宫暂住，这种情况一直持续到了1792年。

1715年，由圣西蒙创立的混合型领导队伍，我们称之为各部行政会议制的议会内阁，也需要地方安置。如圣西蒙所言："修缮一新并配备家具的旧卢浮宫被分成了许多套房。"早上内务会议在勒梅尔西耶翼楼（阿卡德厅）召开，下午则换成法兰西学术院会议。另一些会议被安排在奥地利的安妮原先的夏宫举行。1717年春，在一次会议上，圣西蒙靠着出色的口才，成功劝服国王购买了一颗无与伦比的大钻石，"这颗钻石有李子那么大"，一个大莫卧儿矿山的矿工曾"成功把它藏入肛门"。这颗钻石被命名为"摄政王"（重140.64克拉）。圣西蒙可谓是对卢浮宫有大贡献的人之一。

1717年的几封公开信又一次明令禁止在卢浮宫周围新建建筑。扩建的希望彻底没有了。

但是这个街区的人，尤其是居住在卢浮宫的人，为1717年彼得大帝的来访兴奋不已。为迎接他，像以往一样，著名的夏宫又添置了家具，但当时的情况是这样的：

"沙皇晚上9点到达卢浮宫后，被带到了太后的寝宫。那里配备了奢华的家具，灯光照得恍若白昼，但是他觉得这种装修太过了。人们给他准备了两张餐桌，每张桌子上各摆放了25套餐具。但他既不想在卢浮宫进餐，也不想在这里就寝，后来他又被带到准备好的莱迪吉耶尔府邸。他觉得这间套房太华丽，就命人在衣帽间铺开了他的行军床。"

俄国沙皇说"更喜欢小地方"，会客室里则是沾满泥浆的靴子、醉醺醺的贵族以及每顿饭都要喝掉几瓶香槟的神父。沙皇经常去看大画廊的缩尺模型。同时期，华托向在卢浮宫的法兰西艺术院呈上了他的入院作品《舟发西苔岛》（1717年8月28日）。

宫中还在谈论另一件事。科罗内利在1683年制作并献给路易十四的两个浑天仪（陆地仪和天体仪），于1704年被安放在马利

第九章 "艺术之城"?
« CITÉ DES ARTS » ?

城堡中,1715年又回到卢浮宫,并一直在箱内存放到了1722年,之后被送到皇家图书馆。现在我们在道尔比亚克街图书馆(弗朗索瓦·密特朗图书馆)内还能看到它们,但可惜精美的托座已不见踪影。

1718年9月,议会纷纷离开卢浮宫,学院迫不及待地"收复失地"。

很快,约翰·劳(他也曾在卢浮宫住过一段时间)带起的投机狂潮又让这个古老的宫殿焕发生机,但这只是众多昙花一现的辉煌之一。"随着坎康普瓦街狂热的投机,一群比过去更加可疑的人闯进宫殿。在方形庭院的拱顶狭廊下面,一个珠宝商开了一家商店。所有人都知道这里是赃物的窝主,但与其冒着生命危险去揭发,倒不如赎回自己的财产……或者把别人的财产买过来"[Y. 桑热-勒考克(Y. Singer-Lecoq)]。1722年,约翰·劳公司的结算办事处,设立在卢浮宫的奥地利的安妮套房中。这里雇用了800人,变得越来越行政化,场所也经常被临时占用。这对太后套房来说是一种损害。

年幼的国王长大了,也被唆使进行先王们传统而徒劳的活动。德国人若阿希姆-克里斯多夫·内姆兹于1719年发表了巴黎游记,他说,每逢盛大节日前,为了接受国王的触碰,患瘰疬的病人们聚集在女像柱厅两侧。国王触碰后,他的随从就给每位病人一枚银币。这位现实的德国人还补充道:"在我看来,那枚银币才是病人们愿意来的原因。"

圣西蒙也十分担心路易十五,1719年他向主教弗勒里提出一个独特的建议。小国王在花神馆的书房位于大画廊尽头,对面是一扇堵死的门，圣西蒙建议把这扇门重新打开，在大画廊里展出他的好友罗杰·德·盖尼埃雷赠给国王的藏品，其中有很多国王和名人的画像。出于教育年轻国王的目的，也算重现了亨利四世的想法，这应该是第一次在卢浮宫内设置陈列馆，已初具启蒙思想。弗勒里习惯性地批准了该提议，但他没有付诸任何行动。何况他对一切文化都不感兴趣，"太过胆小怕事而没有任何建树，太斤斤计较啥也庇护不了" [肖希南·诺加雷（Chaussinant-Nogaret）]。15年后，弗勒里将被我们后面会提到的一个叫"圣耶讷的拉封"的人控诉，控诉他变卖了卢浮宫里的财物。当然这只是传言，但是这位大主教就此戴上了破坏艺术的贪财鬼的帽子。

1719年7月，为了清理杜伊勒里宫，路易十五在夏宫住了3周，可能这里是唯一比较像样的地方了。在原来的太后书房里，他收到了联合外省大使的国书。在一幅相关的画上，国王小小的身躯后是威严得有些夸张的御座。

在这段时间里，路易十五去各个学院参观，让人给他解释院长选举制度。他也到访了"造币机"，也就是硬币铸造中心，曾有一枚硬币是专门给他铸造的。

摄政内阁按照惯例都是在杜伊勒里宫里开会，但在1720年3月3日这个周日却例外地在卢浮宫召集。这段时期恰巧是在杜布瓦被依次授予副助祭、助祭和神父之后，在被授予大主教之前。圣西蒙记载道："人们惊讶于摄政内阁里没有了杜布瓦主教的身影，他总是带来一些他喜欢的奇怪东西。人们还是更希望看到他来，因为他对遇到的一切都十分宽容。"

同年，一场大火吞噬了布勒的工作坊，鲁本斯的一本画集被烧

第九章 "艺术之城"？
« CITÉ DES ARTS »？

得只剩 1 页。幸好他保住了自己的一件作品，即那时刚获得尚蒂伊城堡的第七代孔代亲王路易-亨利的书桌。在 1985 年的发掘中，我们能看到这场灾难的痕迹。

鉴于整个 18 世纪卢浮宫都处于混乱之中，因此，后续没有再发生火灾，还是挺让人惊讶的。

布勒开辟了一条道路。在水边画廊之外，许多艺术家，尤其是无法在亨利四世设计的狭小工作坊里施展技艺的艺术家们，开始分散在旧卢浮宫内。特别需要指出的是在皇家建筑部门下工作的那批艺术家，布鲁诺·蓬斯特别提到了几位装饰雕刻家，有住在方形庭院的勒古皮尔（他死后的财产清单还留存着）、德古龙、罗伯特·德·拉朗德和瓦斯。有些人甚至在卢浮宫之外的福满多街搭起棚屋。最有名的是雅克·维尔贝克，18 世纪最精美的细木作中就有几个是他的作品。他娶了勒古皮尔的女儿，在卢浮宫得到一所住处，以及位于国王楼附近的一个面朝王后花园的工作坊。

那是一段空前自由放任的时期。1720 年，负责大画廊缩尺模型保存工作的马赞先生获准在方形沙龙自费为自己和家人修葺房屋。但是他没能完成这件事，因为卢浮宫暂时又在国际政治舞台上登场。路易十五被安排迎娶只有 4 岁的西班牙公主玛丽安娜·维多利亚。圣西蒙找到摄政王说：

> 我问他这个女孩来这儿以后，他打算把她怎么办。他告诉我会把她安排在卢浮宫。我回答他说，不应该这么做……

卢浮宫全史
LA GRANDE HISTOIRE DU LOUVRE

紧接着就是一场关于圣宠谷是不是更好选择的激烈讨论。"奥尔良公爵十分平静地听着，他说我是对的，这样会更好……"但奥尔良公爵还是坚持己见。这就是他们之间的关系：圣西蒙竭力争辩，摄政王彬彬有礼地聆听，然后固执己见。不过，圣西蒙后来被任命为特使前往西班牙迎接年幼的公主，这应该是他一生中最荣耀也最空虚的时光了。1721年，这位西班牙公主被接到了夏宫，为了安置她的随从，冬宫的隔墙和细木护壁板再次遭到破坏。马赞先生被迫迁出来，摄政王把圣奥诺雷街上的一所"正面13尺高的破房子"赐给他作为补偿。他必须重建房子，"这让国王的恩赐变得昂贵"。大画廊里的其他厅室也经过一番整修，这部分的装饰都已消失。另外，勒沃在50年前设计的雕花护墙板也都被老鼠和蝙蝠们侵占了。

西班牙公主需要一个花园，但是卢浮宫已经50年没有过花园了。新建南立面和塞纳河河岸之间确实有两块稀稀疏疏种着植物的绿地，在通往艺术楼拱顶狭廊的路上。人们把这两块绿地重新装点成花圃，西面的这块供小公主玩耍，所以保留了"公主花园"的名字。如今这里是一片平平无奇的黄杨苗圃，只能从画上看出那时的景象。

1722年6月15日，摄政王把宫廷迁回了凡尔赛宫，小公主也跟了过去。1725年，她又被送回了西班牙。她只在卢浮宫住了3年，但她的名字留在了那里，在属于她的花园里，还有她的纪念牌。之后再也没有公主和王子住在那里，也不会有等着竣工或启动的工程，这种状态持续了相当长的一段时间。

第九章 "艺术之城"?
« CITÉ DES ARTS » ?

*

我们可以从两个角度审视 18 世纪的卢浮宫。在以马可·福马罗利为代表的一些人看来——或许有点夸张地说,他曾怀着极大的信心为这项事业辩护,"艺术之城"(让-皮埃尔·巴贝隆)卢浮宫,直到大革命时期都是丰富多样、生机勃勃的文艺舞台,是这个启蒙世纪知识和艺术运动的重要组成部分。对于另一些人来说——我也自认为属于这个行列,当时的卢浮宫混乱无序、自由放任,上演的是放纵浪荡的戏码。这两种看法似乎都是正确的,前者是在后者的背景之下发生的。况且这两种局面都不利于改善卢浮宫。

我们先来看混乱的一面。用一个词描述 18 世纪卢浮宫的状态,那就是"放任自流",无论在建筑方面还是在行政方面都是如此。柱廊和新建的北翼突然停工,第三层既没有地板,也没有屋架和房顶。其他建筑既没人维修也没人监管,渐渐都被那些获准或未获准的寄宿者们侵占了。首先是享有特权的人:罗昂主教、达让松伯爵、大使引见者布勒特伊男爵、马勒泽布、阿姆洛、德斯特雷公爵夫人和戴斯伯爵。"18 世纪中叶,任皇家军队旅长的加里侯爵和家庭教师维尔福夫人共享南翼楼二层的王后套房"(皮埃尔·科尼昂)。这些占巢者不仅住在那里,还挪用公款,依照自己的品位改建楼房。

"卢浮宫成了客栈,甚至是退休疗养院,王室在这里招待需要在巴黎有个临时住所的侍从或王室的姻亲,那些寡妇和远亲,他们有权利住在这里,但不能住在凡尔赛宫"(M. 福马罗利)。这些退职的人能在走廊和楼梯上遇到艺术家或自称艺术家的人,有些人或多或少是偷偷来的,就像罗马古老废墟上的居民一样,他们在这个被遗弃的宫殿里找到了容身之处。他们拔掉护墙板,隔开房间,凿穿天花板,连通上面的阁楼,把炉管通到窗户外。便桶椅里的排泄物和污水让原来壕沟里的臭味变得更难闻。在柱廊下面有一些公共厕所,"巨大的排水沟里散发出的恶臭从未好转"。

有些艺术家在卢浮宫肆无忌惮。建筑师德戈德斯虽然名气不大,但得到一个位于第三层的住处,还抱怨爬楼梯让他的妻子很劳累(就是那座著名的西南旋梯,亨利四世死亡之梯),要求在卢浮宫外再要1套房。艺术楼被木板封住的一半拱顶狭廊成了雕塑家巴鲁瓦的工作坊,同时后来变成亚述博物馆的底层大厅被改装成了膳房和干草仓。尽管本书不论述杜伊勒里宫的历史,但要注意,那里的情况和卢浮宫差不多。

卢浮宫里,被侵占的楼房、被大大小小临时搭建的木板屋占据的方形庭院、周围30来个非法的工作坊以及挨着柱廊底部摇摇欲坠的棚铺,这一切拼凑起来的场景令公众大跌眼镜。但王室似乎并不为此担忧,只有在公开节庆的时候才想起卢浮宫来,比如1729年8月29日在此举行了法兰西的伊莎贝拉和西班牙小王子唐菲利普的婚礼:水边长廊前的塞纳河上张灯结彩、灯火通明,还举行了烟火表演。国王及王室成员坐在奥地利的安妮的小书房里观看了这场表演。"这是法兰西国王最后一次在这个阳台上接受来自子民的欢呼"(皮埃尔·科尼昂)。

国王只短短停留了1个小时。路易十五对先王留下的这座宫殿如此不感兴趣的原因何在?路易十四有意剥夺了卢浮宫作为300多年王室行宫的资格,我们揣测,这是因为在他看来,在巴黎,荣军院已

第九章 "艺术之城"?
« CITÉ DES ARTS » ?

经成为象征王权的建筑。这样有意识的选择体现了对这座久未竣工的建筑的否定，意味着它永远不能展示出象征王权的建筑应有的威严和魄力。相反，路易十五不顾宫廷在凡尔赛宫扎根的事实，在执政期间始终表现出对建筑的兴趣以及建设公共纪念物的意愿，但对卢浮宫不喜，这倒是奇怪。这是他推崇自由主义的本性使然，所以对卢浮宫内的侵占者、权贵或不法牟利者放任自流吗？说回去，塞纳河上举办庆典时，一些住在大画廊的艺术家（被称呼为"名流"）迫不及待地在住处的外墙上搭起支架，租给前来观看的人，以此大赚一笔。

这个时候（1738年），由巴黎市长米歇尔-艾蒂安·杜尔哥发起，路易·布莱太兹创作的巴黎城市地图暴露了这座宫殿所有的缺点。在这幅地图上，卢浮宫北翼楼和东翼楼像一些"没盖的空盒子"，旁边是一堆占据着方形庭院的参差不齐的楼房。从地图上还能看出拥挤的卡鲁塞勒街区把卢浮宫和杜伊勒里宫一分为二，南北方向有几条平行的大街：福满多街、卢浮圣托马斯街和圣尼凯斯街上都是住宅，还有一直存在的三百人收容所。想象中的"伟大工程"消失得无影无踪，卢浮宫所在的街区一直难逃土地转让和改建的命运，使得宫殿被王室遗忘这件事愈加令人震惊。举例来说，1744年，在今天博物馆（莫利安馆）的馆址上，金银匠托马·日耳曼让人按照他的设计重建了位于奥尔提街北面的卢浮圣托马斯老教堂。这座教堂以卢浮圣托马斯为新的主保圣人，由皮加勒和勒莫因负责装饰，弗勒里主教就安葬于此。

成为旅客云集的客栈的卢浮宫，对于路人和猎奇者来说不无吸引力。圣日耳曼奥赛尔拱顶狭廊下开设了各类画铺，吸引着顾客前往。但是警察当局总是接到民众对皇家宫殿里"最可耻的淫乱风气"的投诉。

不断有新的观众前来参观沙龙展览，唤起对这个"变成猫头鹰窝的、被遗弃的"［圣耶讷的拉封（Lafont de Saint-Yenne）］卢浮宫的关注。1704 年，绘画和雕塑学院暂停在大画廊举办学院成员的作品展览，1725 年又获得许可重新开始举办，直到 1757 年学院搬入方形沙龙，展览便由此得名。自 1747 年起，展览每两年举行一次，"沙龙"成为年度艺术盛会，吸引了广大艺术爱好者，并在一个多世纪内在巴黎越来越流行。对于艺术家来说，作品能在沙龙展出，意味着声誉和客源有了保障。

画作的陈列遵循所谓的"累积悬挂"的方式，这个方式在卢浮宫延续了两个世纪。一幅幅画作紧紧排列成若干行，不留一点空隙。这份类似拼图的细致工作，每年会交给画家们推选出的一人负责，这个人就被叫作"安装工"。这就像拼图，用今天的话说就是"拼贴"（patchwork），像摆放相册里的照片一样，并且要按照一定的顺序：著名画家的放在下面，新手的放在靠近天花板的地方。我们如今要是能再多了解一点挂画的方法就好了。每块墙板上的展览示意图确定后，如何把画作挂上去呢？首先要在墙板上钉入粗大的锻造钉，如果出了错就要重新弄。沙龙结束后还要把钉子拔出来吗？那样的话，画廊的墙上就会布满洞眼。

紧挨着画作的是摆放在桌子上的丰富多样的雕塑和摆件。"整个巴黎的人都来欣赏、嘲弄、评论展品，参观者数以万计"（D. 苏利）。1848 年起，方形沙龙开始每两年展出当代艺术作品，取得了不错的名声。

沙龙的举办时间是在每年的圣路易节，8 月 25 日 9 时，展期为

第九章 "艺术之城"?
« CITÉ DES ARTS »?

一个多月,入场免费。公众可以花 2 索尔买一份"说明书",也就是展品目录,然后一面墙一面墙地看,这些画作没有标注作品的标题和作者姓名,因此目录里的描述非常有用。目录的页边空白处充斥着各种评论。在其中一份目录的空白处,画家加布里埃尔·德·圣奥班速写了几幅被展出的画。同时,在拱顶狭廊下,有人会出售一些滑稽的小册子(《鲁斯图可胡在沙龙》),上面有对展品或褒或贬的评价,后来催生出了大受媒体欢迎的展评。也有一些言辞激烈的抨击性小册子,比如《盲人的沙龙》。

1745 年举办的沙龙上首次出现了换位,也就是把一个托架上的一层画移到另一层。如今博物馆修复文物也会采用这样的做法。

学院等级森严,"说明书"也十分注重这一点。"最前面是'官方'作品,即学院主管和院长的画作,然后是教授、顾问、普通院士的画,其中女性有维恩夫人、泰尔布什夫人、瓦莱耶夫人(维吉·勒布伦夫人还要过段时间才加入)。再往后是注册画家,他们是未来的院士,这是他们第一次被允许展出作品……画作的类型也有等级高低:肖像画低于风俗画,风俗画又在'历史风俗画'之下,只有历史画家才能晋升为教授。狄德罗曾提到,他的一个朋友格勒兹对此感到愤怒,他于 1769 年凭借《塞维鲁和卡拉卡拉》(藏于卢浮宫)申请历史画家头衔,但经过长时间的审议,他最终被评为风俗画家"(L. 维尔西尼)。于是狂怒之下的格勒兹再也不参加沙龙的展览了。

每年来参观的人不断增加,他们对卢浮宫及其周围建筑的状况极为愤慨,公众的意见推动了局面的改善。1747 年,圣耶讷的拉封发表的一篇抨击性文章《伟大的柯尔贝尔的幽灵》大获成功,他用戏剧文体抨击了这座宫殿被遗弃的事实。"老天啊",柯尔贝尔的鬼魂嘶喊着,"我看到了什么!哦,可怕的景象!什么!看看这座未完工的宫殿内部,没有封顶,居然和饱受摧残的破房子一样被遗弃了……还和我走时的状态一样,已经快 60 年了!"

同时,拉封传递出一种新的思想,他请求公开展出皇家的绘画收藏。还是在那篇文章里,他感叹:"哦,伟大的柯尔贝尔,您要知道这些精美的作品还没重见过光明。它们被从陈列室光荣的位置摘下,放进凡尔赛宫昏暗的牢房中,已经 50 多年了!"

宫廷绘画藏品本身就足以构成一座博物馆,最初由路易十二发起,后来弗朗索瓦一世在枫丹白露宫的收藏真正具有了规模(部分画作已受到无可挽救的毁坏)。藏品中包括 8 幅达·芬奇的作品,7 幅仍然收藏在卢浮宫,另外还有安德烈·德尔·萨托的《慈祥》、于勒·罗曼的《雅娜·达尔贡》和拉斐尔的《弗朗索瓦一世的神圣家庭》(来自莱翁十世教皇的礼物,总共好像有 39 幅画)。

路易十四大大增加了藏品数量。首先是通过购买。比如拉斐尔的《巴尔达萨雷伯爵像》就是 1661 年从马萨林的继承者手中购入的。又比如 1671 年从银行家亚巴什的收藏中购入的卡拉瓦乔的《圣母之死》和当时被认为是乔尔乔内创作的《田园合奏》。其他还有像荷尔拜因的《克里夫斯的安妮画像》和沃夫曼的油画《奈斯勒塔》。相比技法,《奈斯勒塔》的主题更是有趣,难道国王是想留住记忆中在位前期在卢浮宫窗前看到的风景吗?马尔古伊勒先生说,他有时会毫无顾忌地把手伸向马萨林留给家人的藏品。雕塑方面,有皮热的《亚历山大和狄奥奇尼斯》。

此外,当然还有一些赠送的藏品。比如庞皮利亲王在 1666 年

第九章 "艺术之城"？
« CITÉ DES ARTS »?

赠送给国王的卡拉瓦乔的《女占卜师》，该画作精湛地表现了一位和凡尔赛宫里同年龄段的朝臣一样天真的年轻贵族。此外，还有一些意想不到的途径。1665 年，在一场网球赛中，路易十四和黎塞留打了个赌，结果他赢得了 13 幅普桑的画，其中就有《四季》。从藏品清单上可以看出，王室的收藏一直在持续增加。1701 年，路易十四让里戈为他的孙子西班牙的腓力五世画一张肖像画，但因为国王太喜欢这幅画，于是就自己留了下来。这就是为什么这幅画如今收藏在卢浮宫，而不是西班牙普拉多博物馆。1715 年，朱迪切主教献给路易十四一块板岩，如今就挂在大画廊中央，板岩的两面上是达尼埃莱·里恰莱利画的大卫和歌利亚战斗的两幅场景。

为什么路易十四要囤积如此多偶然才看几眼的画作？首先是因为他喜欢绘画。他在欣赏佳作的过程中能感受到乐趣，并且他有自己喜欢的艺术家。其次，他认为艺术品收藏、绘画、雕塑、素描、玉石，就和建筑的装潢、家具、庭园和水景一样，对国君的素养提升十分必要，得发展这些"特长"，将它们展现给他的臣民、盟友和敌人。就像画框能够凸显画作，各个时期的艺术珍品都应该聚集在国王周围，彰显他，跟随他，为他的光荣服务。这种光荣是他周围人口中的关键词，而我们则可以诠释为威望。

蒙特斯庞侯爵夫人失宠后，被从凡尔赛宫的贵族楼层贬到底层。1684 年，路易十四把挨着他房间的空房占为己有，用以存放藏品，其中就有《蒙娜丽莎》，他有时会深夜去看看这幅画。

路易十四离世时共收藏了 2000 多幅画和不计其数的艺术品，这笔巨额财富被收藏在凡尔赛宫。卢浮宫里还有一个"分馆"，即国王藏画室，路易十四离开卢浮宫的时候，这里大约有 400 幅画，连阿波罗画廊都放不下。尽管画室一片混乱，但国王和王室成员以及尊贵的访客都可以欣赏到这些作品。

路易十五不爱收藏，更关心舒适的生活设施和友谊。他把凡尔赛宫的内室用于私人生活，把画作送到储藏室。在他统治期间，藏品一点也没增加，但卢浮宫里藏有国王向雷斯图订购的大幅油画。

在那个时代，大众还没有质疑王室对这些藏品的所有权和处置权，但在启蒙思想的影响下，他们开始要求将藏品向大众开放。中世纪所宣扬的国家的一切归国王所有的观念已经太过时，17世纪时这一原则就已被打破。那时（进步）的舆论认为，既然这些藏品属于国王（还不涉及国家），国王就应该把它们展示给全体民众欣赏。民众要求同属于王室财产的水边长廊永久性展出最精美的画作（大概有2000幅）的呼声也越来越强烈。这是年轻画家对学习的诉求，他们想亲眼见识藏画室里谁也不曾见过的王室藏品，以提高他们的绘画技能。教皇没有察觉革命的苗头，在1734年以身作则地开放了卡皮托勒博物馆。

"'遗产'情感（一般我们认为大革命时期才出现）如此激烈地迸发尚属首次，皇家建筑部长和建筑总监受到了质疑和破坏文物的指控，被破坏的建筑物在控诉信中已被视为国家财产"（M. 福马罗利）。

1749年，伏尔泰紧随其后，在一本题为《美化巴黎》的小册子中说："我们路过卢浮宫，看到这个立面不禁悲叹，这座凝聚了路易十四的光荣、柯尔贝尔的影响力和佩罗的智慧的建筑物，竟被破坏文物的粗野之人所搭建的楼房遮挡住。"他感叹道：

第九章 "艺术之城"?
« CITÉ DES ARTS » ?

> 多么可耻的残骸,多么粗野的堆积,
> 埋葬了如此神圣的杰作!
> 把卑劣的哥特风格混进伟大的希腊罗马建筑,
> 这是怎样的野蛮!

以及:

> 卢浮宫,法兰西引以为豪的奢华宫殿。
> 配得上路易十四,你的主人和你的依靠。
> 从世人憎恨的可恶状态中走出来!
> 像国王一样绽放你所有的光芒!

实际上,卢浮宫不仅没有完工,而且被各式各样的建筑物侵占了。

建筑总管勒诺尔芒·德·图仑尼姆这个时候也想重新清理混乱的柱廊。柱廊前挤满了各种建筑物,周围只有一条很窄的街,还是从勒沃和佩罗设计的广场变形而来的。他有一个宏伟的设想。1749年,他让两位建筑师呈递了在柱廊前修建一个大广场的方案(这要等奥斯曼来实现了),还要牺牲古老的圣日耳曼奥赛尔教堂,并在稍远一点的拉莫内街以全新的风格进行重建。历史上,这座教堂曾经几次面临被拆除的威胁,它能原封不动地保留下来着实是巴黎历史上幸运的巧合。

路易十五对建筑的命运不太关心,但对有关王室藏品的诉求并非无动于衷。1750 年,他批准每周三和周六在卢森堡宫展览来自凡尔赛宫的 110 幅画作。要注意,这个时候《蒙娜丽莎》的名声仍然不大,并不在展览之列。

在此期间，卢浮宫内的法兰西学术院渐渐被哲学家占领。孟德斯鸠在1728年、伏尔泰在1746年、布封在1753年、达朗贝尔在1754年、马蒙泰尔在1763年陆续进入学院。当时一些伪善者极力反对，其中为首的是一个成为诗人的外省法官伯特兰·德·蓬皮尼昂，他在就职演说中抨击百科全书派，招致了更多的讽刺和挖苦。伏尔泰发表了讽刺短诗：

恺撒尚无安息之地，
蓬皮尼昂伙计竟自以为是什么人物！

《老实人》的作者没能帮助狄德罗入选。"他树敌太多。"路易十五这样说。

1778年，伏尔泰重返巴黎，法兰西学术院为他准备了盛大的加衔仪式，标志了对启蒙思想的认可。

那些住在卢浮宫大画廊的艺术家，那些"名流"呢？马克·福马罗利阐述了一个事实，当时，卢浮宫已然变成"一个世纪中最多产的艺术创作中心和最卓越人才的聚集地，这在欧洲同类城市中是空前的。布歇和布夏，弗朗索瓦·勒莫因和查尔斯－安东尼·夸佩尔，卡勒·凡·路和维恩，布勒和乌东在此亲密生活和工作"。这一点无可争议，但是艺术家住在卢浮宫真的启发了他们的才智、催生了众多杰作吗？有些艺术家（勒布伦、米尼亚尔、华托、德波尔特）并没有入住这座旧宫，但还是成为那个时代的荣耀。

宫廷的行政部门还是保留了亨利四世时期制定的管理长廊26间住房兼工作坊的规章，至少在继承方面如此：由国王或以国王的名

第九章 "艺术之城"?
« CITÉ DES ARTS » ?

义选定一位新艺术家接替逝者。然而旧卢浮宫周围,也就是方形庭院四周的制度比较宽松,有些重要的艺术家得到允许,在新建的翼楼底层安顿下来。有些艺术家甚至秘密或公开地住在已经要求拆除但还存在的楼房中。

1751 年,勒诺尔芒·德·图仑尼姆去世,其侄马里尼侯爵接任他的建筑主管一职。这位侯爵是蓬巴杜夫人的兄弟,经过意大利之旅,他已准备好接手这一主务。另外公众很看好他,圣耶讷的拉封这样写道:"受意大利精美作品的启发,这个热忱的法国人胸有成竹,要平息同胞们的喧哗——他奉国王之命重建这座宫殿。"

一上任,这位精力充沛的新主管就被一个革命性的提议刺激到了。市政府主张购买卢浮宫并将市政厅搬到此地,因为原有的市政厅是哥特式的(文艺复兴时期的杰作),狭窄不便。这一提议必然不能接受。虽然卢浮宫丧失了原有的地位,但它毕竟是国王的宫殿,把它出让给巴黎的商人实在难以想象。

马里尼住在莱迪吉耶尔府邸,办公室里放着《蒙娜丽莎》,他突然意识到处理这座宫殿迫在眉睫,方形庭院的景象无论谁看都太令人难过了。除了两座未竣工的翼楼遭受着风雨的侵蚀,建造方形沙龙时遗留在中间的两三处楼房非但没有拆除,反而慢慢壮大起来。如今能看到的多层楼房中有一处是一个骗子花了皇家建筑处 10 万埃居建起来的。

我们有幸还能看到布隆代尔在《建筑》中的一张 1752 年的街区地图,从图上能看到在卢浮宫馆址上的一些建筑:卢浮圣路易教堂(位于莫利安长廊)、隆格维尔府邸(位于金字塔及其北面)、大烟草局(原来的谢弗勒兹府邸,位于卡鲁塞勒圆形广场)、三百人收容所（位于罗昂拱廊）、王室马厩总管布里奥讷伯爵的府邸（位于伊特鲁里亚厅），还有邮局和驿站、圣尼古拉卢浮宫礼拜堂（位于斯芬克斯庭院西面），以及另一座隆格维尔府邸，它后来成为建筑总监的府邸，其马厩分栏紧挨着柱廊底座。图上还有一处特别说明："这些住宅属于私人所有，数量之多足以产生一定影响，让卢浮宫和杜伊勒里宫相连的计划变得更加棘手。"问题不在于建筑占地面积大，而是居民的身份。卡鲁塞勒街区是旧制度的象征，一直扮演着调解王权和贵族矛盾的角色。讷韦尔公爵在柱廊南面有一套32间房的豪宅，在河畔还有一个小花园，如今是"拉菲花园"，仅有一根孤零零的圆柱做装饰。

　　首先要考虑的是竣工这个紧迫的问题。1753年4月11日，工程监理卡尼埃·狄思乐向马里尼指出柱廊的混乱情况，勒沃和佩罗在砌体里安放的金属铸件尽管有铅层包裹，但还是生了锈，石头都开裂了。1755年，马里尼提出的一项为期四年的修复方案获路易十五批准，他委任曾经的旅伴苏夫洛负责，负责监管的则是首席建筑师加布里埃尔。

　　1756年，马里尼终于对方形庭院中的矮房动了手，住在那里的主要是手工艺人，还有由两个嘉布遣会修士开设的药厂。拆除工作以4500里弗尔的价格外包出去。卡纳瓦莱博物馆收藏的一幅水彩画表现的就是拆除时的场景，除此之外还有清扫堆积了4尺厚的瓦砾的场景。但还是有两三个人逃过此次拆除，继续住在那里。

　　相比处理寄宿者赖着不走的内部，宫殿外部的整修要容易多了。临河的南立面仍然是勒沃设计的3个凸起屋架，中间和东面的屋架按照马里尼的命令被削平了，而西面原来国王楼的屋架则幸免

第九章 "艺术之城"?
« CITÉ DES ARTS » ?

于难。与其认为这是出于对过去的尊重——当时还不怎么有这种做法,我们更偏向于猜测是因为预算不足,工程再次耽搁下来。

苏夫洛于1759年开始重新清理柱廊,同时着手进行路易十四广场项目。最主要的障碍是破旧的小波旁宫,更确切地说是被用作皇家家具储藏厅的剩下那一半。它被推倒了,同时被推平的还有原来的邮局(1760年)。接着就是附近布利街(圣日耳曼奥赛尔广场)的麻烦了,这条街道两侧是私家宅邸,比如鲁耶府邸,但最终问题还是解决了。这一系列工程都被记录在德·马希的油画和素描中(现藏于卢浮宫和卡纳瓦莱博物馆),玛丽安娜·罗兰-米歇尔和玛丽-皮埃尔·佩特罗斯卡对这些作品都有过研究,但还要考虑到画家的想象也掺杂其中。最终在柱廊右侧原本要建壕沟的地方,开辟出了一片空地。到下个世纪,这里就会变成一片广场。

小资产阶级的私人府邸依然矗立在宫殿内的其他地方,有一些还出了名的热闹。原来在卢浮圣托马斯街上的朗布依埃夫人府邸,在1765年被沃兰德夫人租下,她就在此地接待了她女儿的情人——狄德罗。

宫殿本身的施工从北翼楼开始,这与一项政治安排密不可分。路易十五打算创立一个可以与高等法院抗衡的大参事院,就安置在北翼楼里。这项工程的唯一结果可能就是让王室改头换面。

还是在北翼楼里,苏夫洛修建了通向方形庭院的公鸡拱顶狭廊。狭廊的穹顶是装饰精美的平顶搁栅,由几对爱奥尼式柱支撑,吸引着前来观赏的游客。

米歇尔·加莱说,加布里埃尔和苏夫洛两人都把"柱廊的修复,更确切地说是重建"做得很好,前者为规划中的大参事院绘制了一幅精美的楼梯设计图，但是这个楼梯和凡尔赛宫新翼楼里的楼梯都没能实现。苏夫洛也打算重新布置方形庭院：各学院安排在北面和西面，皇家图书馆（黎塞留街）在柱廊翼楼，商店在南翼楼。路易十五在信中写道："我的意愿是把图书馆安排在卢浮宫。"但是这种意愿在任何国王的统治下都未能实现。因为卢浮宫成了一座由混乱的建筑拼凑起来的坚不可摧的堡垒。据克里斯蒂娜·奥拉尼耶讲述，1761 年，格尼侯爵夫人曾对楼上的德·尚普洛斯特先生厨房里传来的噪声大加抗议。"德·拉朗德夫人和她的母亲以及丈夫不得不躲到中二层避暑，尽管他们的两个房间相邻，但并不相通。他们必须先下楼再上楼才能见面。"

萨尔夫人则全然不顾规定，凿穿了墙，推倒了隔墙，王室行政管理部门对她罚了款，根据惯例，这些钱分发给了圣日耳曼奥赛尔教区的穷人。

北翼楼和东翼楼差不多都封了顶。还要把侧院里的最上层建起来。莱斯科在西面和南面已经建好了顶楼，佩罗和勒沃也建好了北面和东面一部分的 3 层。建筑整体是哪一种风格呢？马里尼得到国王的批准——尽管国王爱好建筑，但他并未亲自前来，最后选择了后者。加布里埃尔和苏夫洛都按照这个风格建造整个立面，并用纪尧姆二世·库斯图设计的三角楣装饰：中间是光芒四射的太阳，四周是女性人物。北面第三层也建了起来，但西面和南面的莱斯科顶楼没有变动。这个不和谐的整体给佩西耶和方丹留下了难题。

在不可置信的混乱中，住在这里的艺术家的生活还在继续，他们似乎没有被拆房的镐头扰乱。1755 年，夏尔丹被同仁推选为学术院财务总管和沙龙"安装工"。在这项棘手的工作中，他亲和的性

第九章 "艺术之城"？
« CITÉ DES ARTS » ?

格和一直以来受到的尊重起了很大作用，但他最终得到的牢骚要比赞扬多。结果理所当然，1757 年 5 月 17 日，他在大画廊得到了一处工作坊兼住房，"前提是不能以任何借口出租或转让"，这是自亨利四世在位时就生效的规定。格勒兹也和这些"名流"住在一起。外事档案保管室也设置在卢浮宫，圣西蒙的回忆录就存放在此，我们看到的就是作者的手稿。

  沙龙继续举办，但偶尔也会出现分歧。1759 年，让·奥诺雷·弗拉戈纳尔寄送的作品因为"太过轻浮"而遭到拒绝，但这又恰恰为他吸引来了顾客，他的商业资产足以证明这一点。两年一度的沙龙大获成功，狄德罗自 1757 年起就一直是沙龙最著名的评论家，他从 1759 年开始对沙龙做详细评论（他在 1761 年写道"从未见过如此精彩的沙龙"）。年复一年，他毫不避讳地陪在情妇索菲·沃兰德身边，长时间参观沙龙（1767 年每天参观 7 个小时，持续了一个月），写了满满几本笔记。他把笔记以"艺术批评"（他创造了这个说法）的形式整理成越来越详细的展评，寄给格林。他的智慧、感性和成见都展现在了评论里，他对喜欢的艺术家大加赞赏，对布歇大肆批评，称他的作品里"只有臀部和乳房"。他对蹩脚的画作心生厌倦，不惜在评论里偏离主题。这些文章没有被大众广泛阅读，但让狄德罗和已经成为朋友的艺术家们的关系有所发展。他的画家朋友有夏尔丹、拉图尔、路易斯·米歇尔·凡·路，以及雕塑家法尔科内特和雕刻家瓦特莱特。他评论道："夏尔丹的画是那么真实，那么协调，尽管在画上看到的只是静物，花瓶、大碗、面包、葡萄酒、水、水果、馅饼，一切都静止不变，但有可能让您变得振奋……"

卢浮宫全史
LA GRANDE HISTOIRE DU LOUVRE

在狄德罗所有的朋友和艺术研究对象当中，在他的艺术批评论著里占据最大分量的是格勒兹，狄德罗是他的支持者。《修女》和《泄露隐情的宝石》的创作者狄德罗认为《乡村里的订婚》（1761）和《惩罚坏孩子》是基于道德的最理想的绘画。狄德罗和格勒兹做了十年朋友，他还去参加了格勒兹和其妻安娜-加布里埃尔·巴布蒂的婚礼（1759）。格勒兹的妻子是格兰斯-奥古斯丁河岸的一个书商的女儿，她家存放着拉·封丹的《故事集》，甚至还有《穿男士衬衣的修女》，这在当时是被列为色情书的一部文学经典。这个女孩儿看上了格勒兹，和他在卢浮宫长廊同居，有时给他当人体模特，《打碎的罐子》（现存于卢浮宫）和《怀孕的格勒兹夫人》中的原型就是她。

狄德罗在《沙龙集》里也对同时代其他艺术家进行了丰富有趣的评论，尽管与当今的评价有些出入，比如休伯特·罗伯特、夏尔丹、弗拉戈纳尔、贝内特、帕茹、大卫、维恩、乌东，其中几位在大革命时期的卢浮宫史上还占有一席之地。

帕茹首次进入卢浮宫是在 1764 年，他向马里尼申请将学术院的雕刻家安排在方形庭院的底层。马里尼同意了，只不过"所有人都不能忘了这只是暂时的恩惠，国王一声令下就得搬出去"。但国王最后没有下令，况且雕塑都太沉了。帕茹也安顿在此，但居所只有四面墙和一块夯实的地面，让人不禁怀疑北翼楼和东翼楼的底层都没完工。1770 年，休伯特·罗伯特也住在这样的地方，后来他自费在工作坊里铺上了地板。

1765 年，弗拉戈纳尔向学院递交了《克里休斯与克莉尔》，现在对这幅作品的评价是空洞浮夸，但当时这幅画不仅被学院接受

第九章 "艺术之城"?
« CITÉ DES ARTS » ?

了,还受到狄德罗的热情赞扬,国王甚至以 2400 里弗尔的价格买下了它(至今还在卢浮宫)。画家也因此在 2 号长廊得到一处房子,未来有了保障。他和玛丽-安娜·杰拉尔于 1769 年 9 月 2 日结婚后一同住在那里。

但是弗拉戈纳尔面对官方的订单有时不太乐意,因为宫廷的酬劳不多还总是拖延。这一点倒是不假。1766 年,绘画和雕塑学院想重新接手一个世纪前勒布伦遗留的阿波罗画廊拱顶工程,为翻修宫殿贡献点力量。那时候,学术院刚刚搬进这个画廊。为了绘制 4 个还未动工的以四季为主题的隔板,许多画家被委以重任。弗拉戈纳尔则借口要装饰杜巴利夫人在卢维锡安城堡的阁楼,而没参与这项翻修工程。这属实遗憾,不然我们就能在这个著名的拱顶上看到勒布伦、弗拉戈纳尔和德拉克洛瓦 3 个人的合作成果了。但我们还能看到杜拉莫于 1774 年完成的作品《夏》,在这幅画上,一阵微风将一股清泉洒向指代酷暑的小狗。

卢浮宫的工程引起了人们的兴趣,引来各种建议。1765 年,狄德罗在《百科全书》第九卷的《卢浮宫》一章写道,要求"完成这座豪华的建筑",把它变成艺术和科学的神殿,"建筑的底层用于摆放国家最精美的雕塑","正中部分可以摆放国王的藏画"。

两年后,加布里埃尔·德·圣奥班的一幅水彩画展现了沙龙的景象:还是在方形沙龙里,依旧很拥挤,墙上的画一直挂到了拱顶,桌子上挤满了雕塑,参观者摩肩接踵。休伯特·罗伯特的作品出现在 1767 年的沙龙上,很快狄德罗就在为展览撰写的 300 页评论中提到了他。这次展览成了宫外著名文学沙龙(圣奥诺雷街的乔芙兰夫人沙龙、圣马克街的爱尔维修沙龙、克莱里街的维吉·勒布伦沙龙）中的重要话题。"卢浮宫的街区以及容纳院士和艺术家的卢浮宫，是新文化的中心之一，宣告了新时代的到来"（G. 布雷斯克）。

还有一种广受欢迎的艺术活动。1767 年，沙龙举行了华托之友让·德·朱利安的著名藏品拍卖会。随后又有几次拍卖，圣奥班在目录的空白处画的插图为今天的艺术史学家们提供了不少信息。充当游客的丹麦国王克里斯蒂安七世（那个时候国王们都爱微服出游）在 1768 年写道：

> 我看到卢浮宫和高大的围墙，
> 两百年来这座宏大的宫殿
> 始终在竣工，又始终在重建。

1769 年的沙龙上，弗朗索瓦-休伯特·德鲁埃的《杜巴利伯爵夫人像》（现藏于凡尔赛宫）刚刚呈递给宫廷就大获成功。仿效帕尼尼"描绘废墟古迹的画家们"涌入学术院，其中接任雅克-弗朗索瓦·阿芒的皮埃尔-安托万·德·马希获得了卢浮宫的一套住房兼工作室，"艺术家楼梯，在圣日耳曼门下面，左手边，第二层"。他的同僚休伯特·罗伯特也是这类画家，甚至更受帕尼尼启发，他于 1771 年在沙龙展出了 11 幅画，有好几幅意在向其致敬。狄德罗在评论中提及了这一点，同时暗讽了被指责糟蹋丈夫才华的罗伯特夫人。她是一个好的代理商，当时这个职位在艺术家的妻子中还不多见。

马里尼做得很好，但他还想做更多。以王室收藏为基础，建立

第九章 "艺术之城"？
« CITÉ DES ARTS » ?

一个博物馆一直是一部分舆论的要求。他计划在大画廊和方形沙龙展出王室收藏的绘画、勋章和版画。1768年，路易十五批准了这项计划，但一直没有进展。

1773年马里尼辞职，1776年加布里埃尔也辞职。"三头执政"成员之一的泰雷神父，被任命为财务总管和建筑总监。他很快建立了一个委员会，由首席建筑师米克领导，目标是建造博物馆，这一名称渐渐从口头闲谈变成了官方认证。我们需知道，建造卢浮宫博物馆的这一"伟大工程"，虽说归功于大革命——大革命将计划重启并最终实施，但最开始是由王室发起的，且在旧制度的最后20年内从未间断。

把博物馆设在宫殿哪里呢？卢浮宫已经变得破烂不堪、面目全非、支离破碎、肮脏至极、混乱拥挤，一直以来都被外人随心所欲地占据。如果没有坚定的决心，解决这些问题似乎是不可能的。然而当时路易十五在进行议会改革，这件事显然更为重要。既然这个计划暂时行不通，至少能保护好现场的王室藏品，再想办法把凡尔赛宫的藏品搬过来，并为它们准备好安置的地方。要驱逐侵占者似乎不大可能（要等拿破仑来做这件事）。宫殿里只有一个地方能容纳那么多藏品，那就是大画廊，但是那里已经摆放了缩尺模型。凡·布伦伯格的一幅细密画（约1770年）和3幅素描画呈现了当时大画廊的装饰：科林斯式壁柱、木质护墙板、靠背的雕塑、长廊的拱顶保留着普桑的继承者们设计的装潢。有人向泰雷提议，用从凡尔赛宫搬来的画代替这些模型，他同意了。

同时，艺术家或自称艺术家的人仍在觊觎着宫殿的每一寸土地，伺机继续占领。有人抢占了苏夫洛改建的方形庭院的新拱顶狭廊,把它分成好几层,只留下一条狭窄的人行通道。那里的壁炉很少,到处都是紧贴着屋架的火炉管道,随时都可能导致火灾,到处都是通到下面的厕所管道,或是沿着让·古戎的雕塑通到屋顶的管道,还有通厨房炉灶的烟的砖砌通道。随处可见鸡窝、马厩、洗衣槽和风吹干的衣服。饮品店的老板还东拼西凑地在南立面开了一家咖啡馆。这座"艺术宫殿"更像一个放任自流之地,到处都在提醒我们这里还是一片不足为外人道的地方。路易-塞巴斯蒂安·梅尔西耶写道:"在这片雄伟的柱廊前面,一群小旧货商的路边摊就摆在衣衫褴褛的人中间。"寄居者的房子再次包围了宫殿,成堆的垃圾堆在宫墙边,空气中弥漫着臭味,宫殿再次落入无人看管的境地。苏夫洛哀叹道:"我们甚至都不能再指望那些瑞士人了,他们开小酒馆赚的钱比他们的工资还多。"热那维·布列曾援引过一份请愿书:"我恳求您让我继续使用这个工作坊,我兢兢业业工作,这是我全部的收入来源。况且这个工作坊在柱廊下面,既没有酒窖,也没有厕所。"苏夫洛这时候已经着手收回寄宿者的房子,所以他拒绝了这样的请求。

更有甚者,金融家克洛德·瓦特莱特以法兰西学术院院士而不是雕刻师的身份获得了一个住处,那是柱廊未完工的废弃房间,一个世纪前在那安置王室套房的计划被否定了。路易十五执政末期,瓦特莱特被准许在柱廊屋顶平台上建一个花园,土堆了三四尺厚,植物也栽种了许多。"刚开始,路过的人都很惊愕,他们在这个栽满'茂密成荫'的树木和被石墙堵住的柱廊前驻足"(Y. 桑热-勒考克)。宫殿前所未有地被各种入住者占据,其数量之多和随意自由"让人想到了旧法兰西时的各种特权,以及王室政府对这一切天

第九章 "艺术之城"?
«CITÉ DES ARTS»?

真的包容"（M. 福马罗利）。

七年战争①导致经费中断，工地再次成为废墟，靠墙搭建的临时棚屋随处可见。1770年，苏夫洛命人拆除了摇摇欲坠的脚手架。如果这份1773年的报告可信，那就表明滥用职权的现象依旧存在：

> 划给建筑学术院使用的建筑里，要数布隆代尔对资源的占用最过分。他改造出七八间中二楼房给年轻人住宿。这些房间只用几根柱子搭建起来，地上铺着画布和纸，十分狭窄，只能放下一张很小的床和一张桌子。桌子上放着没有熄灭的幽幽烛火，或许只能让人产生困意。这些年轻人还都处在冒失的年纪，无人监管，火灾随时随处都可能发生。一旦其中一根蜡烛燃起来，没人能从迂回狭窄的楼梯里逃生。布隆代尔先生做这些的时候并没有获得准许。

当时还有一种活动显示了那个时代的人对科学的兴趣。1774年在公主花园，人们组装了一个由"两块凹面镜"组成的巨大放大镜，其散发的"炙热能将一切物质融化"。

此外，卢浮宫大门外的西面街区经历了改造。1779—1780年，前面提过的三百人收容所所在地皮被分块出售，标志着该地区的一种转变。贵族和高官倾向于迁往圣日耳曼和圣奥诺雷市郊，把这里

---

① 七年战争是英国－普鲁士联盟与法国－奥地利联盟之间发生的一场战争。战争于1756年开始，1763年结束，持续时间长达7年，故称"七年战争"。——编者注

留给了当时被称为"坏家伙"或"无耻之徒"的人，这些小市民中有一部分后来参与了大革命。

1774年5月10日，路易十五之死导致"三头政治"崩塌，泰雷离职。在首相莫尔帕的影响下，年轻的路易十六将"改革者们"召集到宫中，其中就有杜尔哥，他在8月14日出任财政总管。同日，国王任命从小相识的昂吉维莱尔伯爵夏尔－克洛德·弗拉奥·德·拉比亚尔迪埃为建筑总监，此人是贵族，当时已经44岁。这是一个具有启蒙思想的人，也是法兰西科学院院士，属于百科全书派，只花了很短时间就深入参与了宫廷事务。他为人严肃而武断，是个严格遵守教条、勤勉廉正而又专断的官员，能全心全意投入本职工作。但当时国库已空前紧缺，负债已经达到1000万里弗尔这一庞大的金额。

新总监上任后，擅自占用建筑的事再也没有发生了。只有凭国王的签名才能进入原有或临时的住所，选定受惠者显然是总监的特权。这个时候住在宫殿里的艺术家有塔拉瓦尔、文森特、勒比西埃和路易·大卫。

这些官方认可的艺术家还是住在自亨利四世时期就有的大画廊里。

关于这座艺术之城的外观，让我们交给勒诺特尔，尽管他的描绘有点过于理想化了：

> 多么快乐的居住区，多么团结的同僚情！每个住所都有一扇朝向河岸的大窗户，大画廊的地下室和3层所有房间都任由租客们处置。从1号到26号的房间都面向同一

第九章 "艺术之城"？
« CITÉ DES ARTS » ?

条走廊，这条走廊和画廊一样长，孩子们都在这里玩耍。从最靠近阿波罗画廊的这端进入走廊，2号房住的是"小爸爸弗拉戈纳尔"。他敏捷而快活，在各个房间奔走，整个人裹在一件没有搭扣也没纽扣的宽袖长外套里，腰间随便拿绳子或者破布系着。3号房里是雕塑家穆西，他接替了他的叔叔大皮加勒。4号房自1668年起就是雕刻师和素描大师西尔维斯特家族的房产。6号房是画家勒尼奥，他的妻子开了一家"女士用品"作坊，"恐怖时期"细木匠杜布雷的女儿会成为她的学徒。7号房原来是莫里斯-昆汀·德·拉图尔住，后来J.-B.伊萨贝接替了他。这是卢浮宫内最漂亮的房间之一，装饰奢华，这里还举办了几次深受欢迎的庆祝活动。帕茹在9号房。然后是休伯特·罗伯特一家，罗伯特夫人负责收取每户每年6里弗尔，用来维修走廊里的照明灯。走过让·古戎家，就是学院成员瓦莱耶-科斯特夫人的房间，在第二帝国时期遭到破坏。再就是韦尔内家族的房间，约瑟夫之后是卡尔，霍勒斯·韦尔内就出生在这里。再远一些是拉格莱尼以及格勒兹。走廊尽头住着一个叫古诺的人，他是国王的供货商，接替他的是他的儿子——画家兼雕刻师弗朗索瓦-路易，而他又是查尔斯·古诺的父亲。

可以看出，绘画和雕塑学院并不排斥女性加入，而法兰西学术院在200多年的时间里都拒绝女性入选。

管理卢浮宫里住满人的王室住宅耗资巨大，他们不断提出修葺的要求，或者又要索取服务费。昂吉维莱尔经常展现自己的权威，但面对有些要求有时又不得不让步。例如，一直以来受到重视的绘画和雕塑学院就获得允许可以沿着公主花园开设摊位，收取租金。

新总监上任时提出了一个根本思想：艺术要为移风易俗服务。这一点图仑尼姆和马里尼早已提及，也得到了许多沙龙常客的强烈认可。要摒弃"小手法"，说的是布歇和弗拉戈纳尔的轻浮画风，以及古代艺术的影响，应该回归到"大风俗"，这才是唯一符合当时发展的风格。这需要一直驻扎在卢浮宫的无所不能的绘画和雕塑学院来领导。1774年12月7日起，学院例会在此召开，昂吉维莱尔宣布国王旨意，每年为柱廊制作一定数量的历史题材绘画和雕塑（路易十六热爱历史）。1776年，他给首席画家皮埃尔写信说："为推动法兰西绘画艺术的发展，我谨通知您及学院，安排一些艺术家为国王绘制几幅画作，其中大部分以历史为主题，旨在唤醒人们的美德和爱国情感。"这位君主专制制度的忠实拥护者表现出的却是酝酿中的大革命的情感。

昂吉维莱尔在信中还写道："我也计划让学院的四位雕塑家，每人为陛下制作一尊我们国家中以美德、才能或天资而出名的名人塑像。"他确定的对象，都是些无可争议的知名人士，也可以说是保守主义者：笛卡尔、叙利（尽管他是新教徒）、三百人收容所的主事以及费奈隆。为他们制作塑像的分别是帕茹、穆西、古瓦和勒孔特。每尊塑像要花费1000里弗尔，由国王提供大理石，需在1777年沙龙举办前完成，届时将展览这些雕塑。用雕塑的形式表达致敬的概念由此诞生，19世纪十分盛行，到如今都没有完全消失。

许多艺术家，尤其是受古代艺术影响的艺术家们都接受"大风

第九章 "艺术之城"？
« CITÉ DES ARTS » ?

俗"主义，但是他们排斥显示权威的行为，尤以住在卢浮宫的人最甚。昂吉维莱尔的干预加上首席画家、学术院院长皮埃尔的傲慢和专制，更加激怒了他们。

昂吉维莱尔在这场改革中得到支持，不仅他的订单得以交付，而且1777年沙龙的参观者也对他的思想表示赞同，其中就有玛丽·安托瓦内特。"这一切有助于升华灵魂、净化心灵。可以在这里上一堂完整的道德课。"一个蹩脚的记者这样写道。公众也表示赞同。公众在迷恋过格勒兹及狄德罗之后的道德画作后，爱上了皇家宫殿里哈雷和拉格莱尼描绘的古希腊、古罗马道德画。路易·大卫即将成为其中一员。

昂吉维莱尔实行民众教化的这个首要目的，显然是为一到任就产生的建设博物馆的想法服务的。1776年10月起，他就一直在打探苏夫洛"对把这个地方（大画廊）变成国王画廊的看法"。5月，他让苏夫洛把127件缩尺模型转移到荣军院。转移令留存至今，页边的空白处有路易十六亲笔书写的"注意，小心轻放"。

荣军院里还保存着大部分藏品。将来我们是否能看到这些珍品呢？

1775年，休伯特·罗伯特被任命为国王花园的制图员，后来他被昂吉维莱尔派去协助卢浮宫收藏画作。这是首位博物馆收藏家艺术生涯的开端。1778年4月1日，昂吉维莱尔组建了一个委员会，成员有帕茹、皮埃尔、勃雷比翁和休伯特·罗伯特，罗伯特为负责人。6月10日，他理所当然地获得了奥尔提街10号一间名流工作坊兼住房，这里之前的主人是勒莫因。附近就是他的老朋友们：帕茹在9号，夏尔丹在11号（1779年12月在此去世），还有贝内特。其他艺术家也在附近：弗拉戈纳尔和他的妻子、儿子，以及小姨子玛格丽特·杰拉德住在一起；文森特和安妮·瓦拉耶－科斯特这对情侣也在这里拥有两个工作坊。但是分配的房子并没有让休伯特·罗伯特的妻子满意，她要求王室出钱整修，狄德罗对此进行了尖刻的批评。由于罗伯特在宫内表现出色，1779年，他获得了第二套房。虽然他不是唯一获得这种恩惠的人，但他因此可以将房子和画室分开。这个艺术家从此开始经常描绘他所在的卢浮宫的不同面貌，他的作品对卢浮宫的历史研究也十分珍贵。对于格勒兹而言，卢浮宫却成了他挥之不去的噩梦。他的妻子原本是一个优雅多变的模特儿，后来却变成了切切实实的泼妇，不仅偷他的东西，欺骗他，还毫不遮拦地做性交易。这件事让画廊下的小资产阶级团体义愤填膺。

此外，休伯特·罗伯特被任命为"国王藏画看管者"这件事让历史画家们十分愤慨，他们认为这个职位应该由他们当中的人担任才对。1784年，他们还在抗议，但这并没有阻碍罗伯特任职。他在1791年前一直协助昂吉维莱尔丰富王室收藏。

实际上，自路易十四死后，宫廷的藏品几乎没有增加，路易十五没有继承祖辈的收藏基因。尽管预算十分有限，一心想建博物馆的总监还是着手收藏更多所谓的藏品。路易十六虽然对艺术品没有强烈的兴趣，但他还是表示支持。他对未来即将成型的博物馆感兴趣吗？并没有任何文字可以证明他感兴趣，而且似乎无论在什么事情上，他都是放任自流的。

在休伯特·罗伯特的协助下，昂吉维莱尔通过购买的手段每年都在增加王室的藏品，他试图填补藏品的空白，尤其是佛兰德斯

第九章 "艺术之城"?
« CITÉ DES ARTS » ?

画派和荷兰画派的作品。当时收录的几幅作品就足以证明这一举动的重要性和好处。昂吉维莱尔首先做的事情，就是趁着朗贝尔府邸施工，于 1776 年买到了缪斯厅的装饰画，那都是勒·叙厄尔的作品。之后他又买到马里埃特收藏的多幅素描画，勒·叙厄尔的《圣布鲁诺》系列，从杜巴利夫人手中购入的凡·戴克的《查理一世》、伦勃朗的《亨德里克耶·斯托福尔思的画像》、约尔当斯的《四福音传道士》、牟利罗的《年轻的乞丐》和格勒兹的《乡村里的订婚》（这幅画尽管有点过时，但也足够彰显昂吉维莱尔伯爵的荣耀），还有伦勃朗的《以马忤斯的门徒》。在 1784 年沃德勒伊拍卖会上，他还买下了鲁本斯的《海伦娜·弗尔曼和孩子们》以及雷斯达尔的《阳光》。这说明了一个亘古不变的历史真理：即便是在财政亏空的时候，只要某个领导人想买他喜欢的东西，钱总是能找到的。

尽管财政紧张，但昂吉维莱尔最终一共购进了 250 幅画作。作为卢浮宫藏品捐赠者的前辈，总监凭借他的才智收集到的这些杰作足以呈现一场精彩的展览。与购买同时进行的还有清点和修复工作。

昂吉维莱尔身着紫衣，让人为自己画了一幅肖像画（现存于凡尔赛宫）。他手中拿着的大画廊设计图，是他日思夜想的东西。大画廊还要加固楼层，除了画作外，他还想展出雕塑，尤其是名人塑像，还要加上大理石柱、碧玉花瓶和斑岩花瓶，以便把画廊装点得更加富丽堂皇。这也是后来许多法国博物馆馆长面临的问题：仅仅展出绘画就足够了吗？还是要和同时期的其他艺术品结合呢？不管怎样，博物馆在 3 年后开馆时就是这样做的。

为研究后来被称为博物馆藏品保管技术的问题，昂吉维莱尔让苏夫洛的协作人——建筑师勃雷比翁——做了一个调查。这位建筑师同休伯特·罗伯特讨论之后，于1778年1月形成了提案。但昂吉维莱尔可能不太满意，于是在4月4日组建了一个九人委员会，专门研究画作的陈列方法，成员包括休伯特·罗伯特、帕茹、米克和苏夫洛。

委员会遇到了一个不知如何解决的老问题，那就是采光。画廊里的日光自亨利四世时起就只有侧窗进来的光线，光线北面少、南面多，只能勉强照亮正对窗户的油画，逆光时根本无法看清窗洞里的画。所以只能付出放弃塞纳河美景的代价，"在顶上引入日光"，也就是说把窗户封死，开一个天窗。经过由休伯特·罗伯特和帕茹占主导的一系列讨论，委员会提议改变画廊的屋架，开几个形状规则的天窗，用防火隔板隔开。这对于陷入困境的国库来说无疑是一笔巨款。

昂吉维莱尔认真听取了讨论，但也留意到苏夫洛的意见。苏夫洛对委员们表示怀疑，认为"这些人的天资和经验能启发一些好主意，但他们不能达成一致"。他主张把窗户的下半部分封住，只留上半部分进光，这样引进的对角光线如今被誉为赏画的最佳光线。他还提出沿着画廊再建一层顶楼，这样窗洞里也能洒落对角光线。

委员会反对苏夫洛的计划，认为开支需约35万里弗尔，建筑处不可能提供那么多钱。1780年，建筑师苏夫洛离世，而天窗的争论一直没有停止。有些人主张："画不是为了收集高处的光线而创作的。"

在如此破败的宫殿里，能建一座像别人说的，能取代意大利艺术之国地位的博物馆吗？看着这座建筑令人悲痛的外观，昂吉维莱尔原本想继续施工，把宫殿周围的街道和房屋清理掉。这实在是老

第九章 "艺术之城"？
« CITÉ DES ARTS » ?

生常谈了，把卢浮宫从城市的枷锁中解脱出来的这种反复尝试，贯穿了整个卢浮宫的历史。总监的资金不足，他只清理了柱廊前布利街上鲁耶府邸和维勒奇尔府邸拆除后的废墟。德·马希的画，特别是收藏在卡纳瓦莱博物馆的那些，展现了在一片住宅中最先映入眼帘的柱廊，也让人看出它与举着老鼠尸体的捕鼠人的距离之近，这个画面体现了该街区浓厚的生活气息。其他作品，如德·马希的另一幅画作（约 1776 年），非常细致地画了一个朝着废墟撒尿的人；默尼耶的一幅素描画描绘的是被清理过的广场，一如之后韦尔尼凯的地图。在这个城市规划项目同期或稍晚，休伯特·罗伯特画了一幅表现方形庭院南侧拱顶狭廊的画，画上的建筑破败，地面上正在施工。

　　与此同时，一项会影响到今天的卢浮宫的城市规划项目也在进行。自从圣路易建立起三百人收容所，这个位于圣尼凯斯街和卢浮圣托马斯街（罗昂拱廊）之间的机构一直发展良好，但所在的建筑已经破败不堪。收容所的管理者是主教路易·德·罗昂，他后来在项链生意中很有名。当时他为钱的事很头疼，打算把收容所迁走，变卖建筑以腾出地方新建其他建筑。这种做法在当时还属创举，后来在巴黎就很常见了。1739 年，三百人收容所迁至沙朗东街，并一直在那里（遗憾的是，建筑在 20 世纪遭到毁坏）。卡鲁塞勒这块地被以 600 万里弗尔的高价卖给投机商，主教罗昂也是购买人之一。1781 年，在这块地上新造了 6 条道路，如今剩下的罗昂街已面目全非，但第二帝国时建造的拱廊沿用了"罗昂"这个名字。很少有巴黎人知道首都的街名和卢浮宫的一处入口竟然用的是这位主教兼项链商的名字。

王室管理部门，特别是昂吉维莱尔，对这个工程一点也不感兴趣，王室早就放弃卢浮宫和杜伊勒里宫之间的这块地了。由于没能把卢浮宫清理干净，昂吉维莱尔让人清理周边废弃的建筑材料，并且让人在建筑物周边、方形庭院里和法兰西学术院前栽种绿化带。讽刺声由此而来：

> 法兰西缪斯的宠儿，
> 肯定有昂吉维莱尔。
> 他在门前种上草地，
> 为了人人自在享受。

路易-塞巴斯蒂安·梅尔西耶则说："不是为了孩子，要这草坪做什么？"

但是固执的昂吉维莱尔始终记得"大风俗"。他心意已决，不惜超出预算，每年预定 8—10 幅古代或现代的历史画，严格按照当时的要求执行，但推迟到很晚才付款。他毫不避讳地回应批评的声音，1779 年沙龙结束后，他给王室审查官写信："先生，今年这么多册子和手稿把我累坏了。要是能堵住这些无聊放肆的话就好了。"

一个偶然的机会加快了博物馆建设的步伐。1779 年，路易十六把卢森堡宫赐给了他的弟弟普罗旺斯伯爵，但这位未来的国王路易十八不想要那些画。于是，这些画作在 1780—1785 年被运到卢浮宫，暂存在大画廊里，它们将被安放在哪里还是未知数。

目前为止，公众进入沙龙还只能通过一个宫内随处可见的小楼梯。建造一个正式的楼梯迫在眉睫，这座楼梯计划安置在朗贝尔神

第九章 "艺术之城"？
« CITÉ DES ARTS » ?

父曾经的住址。勃雷比翁画了草图，已经在卢浮宫橘园有套房子的苏夫洛提出了一些修改意见。1780 年 6 月 6 日，设计图由两位建筑师签字通过。苏夫洛在两个月后离世。

1781 年沙龙一如既往精彩。路易 - 塞巴斯蒂安·梅尔西耶写道："在沙龙里能看到长 18 尺的画挂在宽敞的拱顶上，在栏杆的高度上摆放着拇指大的细密画，或神圣，或世俗，或悲壮，或怪诞，囊括了所有历史和传奇的主题。画作杂乱无章地排列在一起，就像混乱本身。参观者们并不比他们欣赏的艺术品更混杂。"那一年的沙龙让画家路易·大卫名声大震，他精妙地表现了昂吉维莱尔伯爵的主张，他的《贝里塞赫》（现存于里尔博物馆）在今天看来仍是法国新古典主义的代表作。狄德罗在参加的最后一届沙龙里对他赞誉有加，但也提出了批评："我认为人物的躯体太过僵硬，肌肉缺少柔韧性。"但是饱经风霜的老人的身体不就是僵硬的吗？大卫是一个现实主义者。他获得了卢浮宫的一套住房兼画室，位于柱廊北面的宫殿，现在是埃及厅。在当时，那是一个宽敞的大厅，从下面能直接看到屋架的大梁。人们用简易的隔板划分出好几层，大卫占了其中两层，其他画家和雕塑家则和伴侣、孩子挤在周围的小房间里。栏杆上晾着衣服，炉管从窗户里伸出，到处都肮脏不堪。

在路易·大卫的其中一间画室里，他教来自法国各地的学生画画，学生很快就有 50 多个，其中就有才华横溢的年轻画家德鲁埃、法布尔和吉罗代。他用狭隘的学说限制他们，密切监视他们，让他们复制他的作品，用这些作品交易，却不让他们参与。他成了卢浮宫中在艺术和行会问题上充满争议的革新者。

1783 年，路易·大卫展出了《赫克托之死》，这幅画让他全票入选学院。同时在方形沙龙上,拉格莱尼展出的一幅油画描绘了国王、昂吉维莱尔、一尊名人塑像,以及两个往大画廊运送画作的丘比特。

"大风俗"取得胜利还要等两年后路易·大卫的《贺拉斯兄弟之誓》,这幅画是昂吉维莱尔为国王订购的,而6年后这位画家却投了处死国王的赞成票。该画的酬劳约6000法郎,完成于圣日耳曼奥赛尔对面的柱廊画室。画室通过距离地面3米高的彩绘大玻璃采光,直到1806年前这里都被称为"贺拉斯画室"。很快这幅画就被永久收入王室收藏。

被人们称为"世纪最伟大画作"的这件作品将沙龙推向高潮。在马尔蒂尼的一幅版画上可以看到沙龙的景象,画作按照惯例被紧密地排成四五行,位于上方的画稍向下方的参观者倾斜。周围的画作倒是有点出人意料:《贺拉斯兄弟之誓》就位于维特穆勒绘制的肖像画《玛丽·安托瓦内特和她的孩子们》正上方。

卢浮宫已经收藏了一部分王室藏品,昂吉维莱尔加倍努力,梦想着下一次就是由国王主持的博物馆开馆仪式。1784年11月24日,尽管历史画家们再次反对,休伯特·罗伯特还是被任命为"博物馆馆长"。之前,他是国王的藏画保管人,现在,他要负责看管即将建成的博物馆。他成了卢浮宫首位馆长。根据常规流程,首先从清点藏画入手,决议10天后最终敲定。

昂吉维莱尔拥护秩序和规则,他希望绘画和雕塑学院也能遵守规定。入院困难、候选人落选、拒绝"注册画家"参与,这些严格的规定让路易·大卫十分愤怒。然而,玛丽·安托瓦内特为她最偏爱的肖像画家伊丽莎白·维吉-勒布伦争取到不走审查流程、破格

第九章 "艺术之城"?
« CITÉ DES ARTS »?

成为院士的特权。昂吉维莱尔出于对学院的虔诚，不同意她入选，反对者们推选路易·大卫为他们的代言人。路易·大卫和圣茹斯特这两位未来的革命者在此巧妙相遇：1786 年，年轻的圣茹斯特离家出走来到巴黎，在福满多街一处出租屋内住下，就在如今的玻璃金字塔和叙利馆之间。

博物馆这边则是一点进展也没有。为了平息争议，昂吉维莱尔于 1785 年 11 月 14 日把采光的问题交给建筑学术院。建筑学术院前往宫殿各处考察，最终达成一致意见，决定从上面开窗采光，并保留下面的窗户。

1786 年瓦特莱特去世，接替他住进柱廊套间的人开始抱怨屋顶的花园导致天花板漏水。两位工人忙活了 11 天，翻过栏杆清理出了几车的泥土和碎渣。"人们发现污水槽腐烂了，石头接缝处也腐蚀开裂了。"套间本身也是如此。

昂吉维莱尔勃然大怒，他再也不批准任何翻修的申请。他要求或者试图要求，房客自行拆除所有不合规定的天花板、隔墙和暗梯。为了把不受欢迎的人（尤其是女人）拒之门外，宫门在冬天晚上 9 点就关闭，夏天则是晚上 10 点。"上有政策，下有对策。声名狼藉的人赶在关门之前就溜了进来"（Y. 桑热－勒考克）。

这个时期的想法层出不穷。卢浮宫扩建计划，也就是神秘的"伟大工程"，在一个世纪以后又死灰复燃了。建筑师贝朗热在 1781 年提出，建设一栋直达杜伊勒里宫的连接建筑——就是拿破仑·波拿巴后来建造的钟表馆，并通过一条对角的路将卡鲁塞勒广场和皇家宫殿区连接起来。在他的规划图上，可以看到几幢后来让位给卢浮宫的建筑：隆格维尔府邸（杜尔哥馆和黎塞留馆以南的地方）、德沙特尔公爵的马厩（马利中庭）和卢浮圣路易教堂（莫利安长廊）。歌剧院被安排在卡鲁塞勒凯旋门东面。

　　1787年，贝朗热重新负责了街区的土地征用工作，他再次产生了修建一条北廊通往马尔桑馆的想法。他还计划清理内部空地，重新设计一个圆形歌剧院（以掩盖中轴误差），并将之通过柱廊连接杜伊勒里宫。旧制度的最后几年和大革命开始的前几年，关于卢浮宫的想法层出不穷，虽然这些想法只是停留在草图上，但还是显示出了公众对建筑和城市规划的兴趣。建筑师夏尔·德·怀利提出按照外部轮廓线修建一个完整的四边形建筑群。该建议在50年后才被采纳。建筑师在四边形的中央设计了一个大喷泉。为了兼顾中轴的偏差，喷泉呈现梯形。

　　1787年沙龙上，路易·大卫展出了让他名声大震的《苏格拉底之死》。安德烈·谢尼埃为他写了一篇满是溢美之词的文章，刚刚入选学术院的雕刻家维旺·德农也撰写了一篇过分夸奖的长文。展览一如既往，马尔蒂尼的一幅版画（现存于卡纳瓦莱博物馆）展示了方形沙龙的景象：画作不仅排列整齐，而且横向和纵向之间一点缝隙也不留。这确实就像拼图，要耗费"安装工"一番工夫了。

　　在政治方面，各种思潮暗涌。名流们在房间里或走廊上议论纷纷，分成了保守派和进步派两个阵营。昂吉维莱尔没有置身其中，但在学术院的支持下，他一贯坚守严格的道德标准。有一点令我们大为震惊，在当时神话和冒险场景只是作为描绘女性裸体的借口的背景下，卢浮宫的画室还只能用男模特，甚至禁止女性进入工作中的画室。从胡安斯的素描画（现存于卢浮宫）中可以看到，创作中的学生们头戴帽子，跪在地上，围着一个裸体的男性模特作画，模

第九章 "艺术之城"?
« CITÉ DES ARTS » ?

特的胳膊被从天花板上吊下来的绳子拉住。画室里没有放肆的言谈，没有女性在场，有的只是独断的等级秩序：院士的儿子位列第一排，获奖者在第二排，其他人排在后面。

这让我们不禁猜想布歇、弗拉戈纳尔和他们的追随者是从哪里找来裸体女模特的？或许是从城里雇来、偷偷送进卢浮宫的画室里的？

得知路易·大卫和苏维的画室里男女混杂，昂吉维莱尔以最严厉的口吻在1787年6月对这些违禁者写道：

> 先生，我得知您的学生中混入了一些女人，她们在卢浮宫画室里画画、工作。不同性别的年轻艺术家聚在一起多有不便。请把女学生打发走，您的画室里只能有男学生……

路易·大卫作风正派，他坚定地回复说自己的意愿很纯洁，同时咒骂陈腐的形式主义。他的这番谩骂使他反抗艺术领域既定规则的想法更为坚定。争取自由创作的信念，使他渐渐拥护大革命，甚至不惜毁了自己的前程。

在绘画理论上，他也违反了学院和昂吉维莱尔制定的规矩。昂吉维莱尔来到他的画室看到《布鲁图斯》，愤怒地大声说道："真是越来越过分了，但您有可能是对的，因为公众竟然认为这是值得赞赏的！"

这是学院在主题处理上的规矩，画家在其回忆录中进一步说，总监害怕布鲁图斯的态度和路易十六的行为形成反差，后者拒绝否认他兄弟们的反对大革命态度。固执的昂吉维莱尔明令禁止此画展出，引起了各方抱怨。在画室成员的奔走请愿下，1789年沙龙展出了该画。昂吉维莱尔聪明、尽职尽责、正直勤奋，是国家的好公仆，但对新思想完全拒之门外。

大画廊的采光问题还没得到解决。休伯特·罗伯特设想把拱顶设计成相连的灯笼式天窗，用平顶搁栅相隔，拱顶的圈石接缝则用藻井装饰。1788年11月，总监宣布方形沙龙要为1789年8月的展览准备好采光的天窗，并明确表示，如果迟迟不能得出结论，原因就不只是资金困难，而是因为问题过于复杂。必须以乐观的态度与弥漫在整个国家中的颓丧氛围斗争。

事实上，昂吉维莱尔认为曙光就在眼前。自1781年起，勃雷比翁就一直在建造通往方形沙龙（现佩西耶厅、方丹厅和杜厦特尔厅所在地）的新楼梯。他还一点点把画廊的木拱顶换成砖拱顶，就是在这个时候，拱顶最后剩余的装潢都消失了。砖拱顶可以防火，但是没有开凿天窗，很可能是因为缺钱才放弃的。天花板的支撑工作已经完成，总监任命了博物馆的工作人员，但他太过乐观了，委员会还没就采光的问题达成一致意见。

1789年3月，《年轻的阿纳卡西斯游记》的作者巴泰勒米神父入选了依旧在勒梅尔西耶翼楼的法兰西学术院。这是学术院的最后一次选举。

一切都开始分崩离析。那些艺术家或自称艺术家的人在空房间或被他们秘密清空的房间里非法住下。大革命前夕，卢浮宫可能像有些人所说，是一座"艺术宫殿"，但是既混乱又荒淫。马克·福马罗利在当时说"卢浮宫已经成为艺术和文学的王室工作坊"，而

第九章 "艺术之城"？
« CITÉ DES ARTS » ?

"工作坊"和"王室"似乎已经不太恰当了。

法兰西的历史进程比卢浮宫的工程要快得多。1789年7月17日，路易十六想要前往市政厅，在沿着卢浮宫南立面前行时，被人山人海的市民包围。以该场景为主题的画作（现存于卡纳瓦莱博物馆）显示，勒沃设计的旧翼楼中间和右边的圆屋顶已经不见了，南立面后方的国王楼高屋顶一直耸立在左侧。路易十三的亡魂在那里看着他的后代走向没落。

对君主专制制度的忠心、严厉的行事作风以及对越来越受到反对的原则的不妥协，让昂吉维莱尔树敌颇多。在那样一个舆论自由的时代，反对者们毫不迟疑地公开对他发起攻击。国王建议他离开大众视野一段时间，于是在7月28日，他动身前往西班牙。因此，1789年的最后一次沙龙举办时，他并不在场。在许多身着国民自卫队制服的艺术家和他们的学徒的组织和看守下，沙龙展出了220幅油画，以及3尊最新完成的名人塑像，分别是普桑、杜·格斯克林和卡西尼。这届沙龙上还实现了之前的设想：在方形沙龙的拱顶上，一位值得更多关注的建筑师夏尔－阿克塞尔·吉约莫，让路易·大卫的岳父贝库尔凿了一扇灯笼式天窗，并把所有的窗户都封死了——这是博物馆史上最早的天窗采光。休伯特·罗伯特当时为博物馆的建设做出了关键贡献，他展出了6幅画，其中一幅《毁灭之初的巴士底狱》紧跟时事，它证明了监狱的拆除者不是在浪费时间，艺术家也不是。

相反，一直忠于古典主义的路易·大卫，同时展出了《布鲁图斯》和《帕里斯和海伦之爱》，两幅画形成了奇特的反差。在卢浮宫的最后一场传统沙龙中，展现了摆在画家们面前的不同艺术路径，只是再也看不到狄德罗的评论了。

9月的沙龙结束后，紧接着发生了一件事，我们至今无法轻易对此加以评判。21位女艺术家或艺术家的妻子——她们大部分都住在卢浮宫，包括路易·大卫的妻子（弗拉戈纳尔的妻子并不在此列），来到阿波罗画廊，她们把自己的珠宝捐赠给国家，交给了议会主席。这一举动颇具古罗马的精神。但后来在艺术家所在的长廊内，有没有去捐赠倒成了人们茶余饭后的谈资。

路易十六的最后几日是在卢浮宫中度过的。1789年10月，距离路易十四离开巴黎一个多世纪后，王室迁回了巴黎。这是巴黎市民对国王表现出的信任，但是路易十六不会利用这一点。王室入住了杜伊勒里宫，议会、秘书处、档案室、国王和王后的侍从加上全体仆役（约700人），挤在卡鲁塞勒区的机构和私人府邸里，或住在卢浮宫内腾出来的套房里。而卢浮宫里的每个居民都收到了安顿"一到两个宫廷官员"的命令。卢浮宫的另一半被瑞士卫兵占据，方形庭院中则挤满了忠于大革命的巴黎人。新闻进来的这群人和原来住在这里的人争夺空间，势必导致争吵，做出有损于卢浮宫的举动。"整个巴黎的人都像挤在狭窄的长廊里，而长廊被各式各样的违章建筑截得支离破碎，只有牵着阿丽亚娜之线才不至于在这些昏暗曲折的走廊里迷路"[阿莫里·杜瓦尔（Amaury-Duval）]。

1789年年末，路易·大卫有了一个新角色，还不能说是政治的，但至少是行会性质的——"行会"这个词在当时还受到贬低，或者说是工会性质的。他以专断粗暴的革新者形象示人。长期以来，"注册画家"都在抗议他们在学术院中的附属地位。他们发起了新一轮反抗，路易·大卫也加入其中，其他院士们也卷了进来。

第九章 "艺术之城"?
« CITÉ DES ARTS » ?

在卢浮宫中发生了类似几个月前凡尔赛三级会议上部分贵族加入第三等级的一幕。"军官们"禁止异端分子进入法兰西学术院，于是他们聚集在路易·大卫家中。路易·大卫很支持他们的事业，为了保卫这项事业，他于1790年2月15日加入了距离卢浮宫不远的雅各宾俱乐部。

路易十六为了展现他的友谊和尊敬，而非出于政治理念，重新找来昂吉维莱尔。昂吉维莱尔于1790年1月回到法国继任原职，仍旧像原来一样正直、不让步，也和原来一样盲目。和过去一样，没有头衔就不要妄想在卢浮宫有个住处，或者住进去后也不要想着进行不必要的施工。有关部门的最后一次官方行动，是在1790年把收藏于卢森堡宫的鲁本斯的《玛丽·德·美第奇的一生》运到了卢浮宫。

但发号施令的人已不再是国王。1790年10月13日，制宪议会成立了文物委员会，18个成员中有包括住在卢浮宫的艺术家休伯特·罗伯特、帕茹和路易·大卫。其他"名流们"选择沉默，前一段时期两位著名的艺术家离开了卢浮宫：弗拉戈纳尔已经被时代淘汰又身患疾病，前往格拉斯疗养身体（后来又回来了）；格勒兹则很不幸，在他妻子的折磨下（走廊里有人说她曾想毒死他），离开了诞生过众多杰作的画室。1790年8月28日，杜布瓦-柯昂赛在雅各宾俱乐部宣布路易·大卫将用一幅画纪念"网球场宣言"："我们选择《布鲁图斯》和《贺拉斯》的作者的画来鼓舞我们的思想，这位法兰西爱国者的荣耀还要先于大革命。"

1790年3月，路易·大卫开始绘制草图（存放在凡尔赛宫），他安静地在画室里钻研作品中众多人物的姿态。并且在他的要求下，许多参与"网球场宣言"的人来到他的画室向画家展示他们各自的特征，好几份草图还保留着。

11月8日委员会第一次召集会议，任务就是完善博物馆建设计划，旨在让所有人都能接触到法兰西国家和民族的文化。这项计划得到了制宪议会重要人物的支持。

几个月以来，清点画廊里来自凡尔赛宫的画作的任务一直在进行中（搬运和运输的条件我们一概不知），他们还试着在其中"挑选一个能体现新生国家之伟大的遗产"[O. 科卡尔（O. Coquard）]。涌来的新展品使得任务变得更加艰巨。《教士公民组织法》的颁布（1790）导致不计其数的艺术品被收归国有，除此之外还有许多被充公的作品：帕特农神庙的雅典娜浮雕，现在更习惯称之为"厄嘎斯婷娜少女"（于1794年合法获得，不同于中楣）；米开朗琪罗的《奴隶》，作为流亡贵族的财产充公；从欧坦教堂摘下的《宰相洛兰的圣母》；以及藏于阿内城堡的切利尼的《枫丹白露的狄安娜》。

昂吉维莱尔的权力被剥夺，他遭到各方攻击，被怀疑挪用公款，只能离开。另外，王室收藏也不复存在。1791年3月，当休伯特·罗伯特还在徒劳地建议购买提香的一幅画时，路易十六已经把原本属于王室的"宝石、藏画和其他科学艺术纪念物"交给了国家。次月，按照国王的旨意，丧权的总监离开了位于奥拉托街的府邸，移居国外。他甚至都没能带走个人藏品，被革命者查封后，他的一些画也被送进卢浮宫收藏，其中有伦勃朗的《圣马修和天使》和《维吉-勒布伦夫人和她女儿的画像》，这可能是对他最后表示的敬意。昂吉维莱尔伯爵再也没回过法国，更没有回到他曾经参与建设的博物馆。

第九章 "艺术之城"？
« CITÉ DES ARTS »？

5月，路易·大卫在卢浮宫画室向公众展出了一幅1米多宽的素描画，这是宽5.5米、高9.5米的大幅油画《网球厅宣言》的草图，但是我们知道这幅画永远都不会完成了。他声称如果异端分子的要求得不到满足，8月份的沙龙他就不参加了。

1791年5月28日，根据巴乐尔的提议，国会通过了博物馆官方化的法令："卢浮宫和杜伊勒里宫都是国有宫殿，供国王居住和收集科学艺术纪念物。"这也是60年之后拿破仑三世的做法。

大画廊天窗采光工程还在继续。1791年的一幅铜版画显示，一副摆在长廊中间的巨大脚手架一直往上通到拱顶的窗口，长廊的洛可可风格装潢已经消失。

"博物馆的想法首先以新的机构的形式呈现，如艺术委员会、文物委员会和中央艺术博物馆，作为对当时文艺热潮的回应。然而卢浮宫的建筑杂乱无章，其中混杂着革命派的激情和保皇派的恋旧，伟大的杰作和建筑的灰渣，宫廷盛大的节庆和穷人悲惨的哀号"（O.科卡尔）。

我们多次提到，卢浮宫和杜伊勒里宫之间的街区，也就是拿破仑庭院和卡鲁塞勒广场的所在地十分拥挤，阻碍了宫殿的扩展。1791年6月20日发生的一件事，有助于我们更好地理解该街区的复杂性。那一天，王室计划逃跑，但是使用的方法极为愚笨，他们约定好每个人在预定的时间从杜伊勒里宫出发，步行到爱谢尔街（靠近里沃利街）上汇合。但是玛丽·安托瓦内特从没来过这个街区，她在这些小胡同里迷了路，出发推迟了两小时。这也是计划最终失败的一个原因。

这次逃亡的消息理所当然地成了宫内艺术家们津津乐道的话

题，但同时也出现了新的问题：还有必要让学术院留在卢浮宫吗？还有必要保留这个为院士们组织的沙龙吗？争论在学术院体系的支持者们、权力逐渐被削减的特权人士们和"艺术委员会"之间愈演愈烈。艺术委员会创建于 1789 年，由帕茹领导，成员人数不断壮大，路易·大卫也在其中。最终，一项政治决议停息了这场争论。正当学术院进行史上最后一次选举时，国会宣布 1791 年沙龙（注意是两年一度）将对所有艺术家开放，不论其是否为院士。这是在路易·大卫推动下的一次绘画领域的革命。沙龙由巴黎市政府组织，市政府组建了一个由塔列朗（很少见到此人在艺术方面的作用）带头的委员会，路易·大卫和文森特也在其中。此次沙龙汇集了 258 位艺术家，其中 190 位都不是院士。共有 794 幅作品展出，远远超出了画廊的容纳范围。专栏作家威尔写道："我在这里看到了精、美、善和平庸、粗劣。"哪个博士在读生能重新列出旧王朝的最后一届沙龙的展品清单，并把那些画都找出来呢？

路易·大卫对多种形式的绘画活动充满激情。"他热情地指导学生，画室里满满当当都是人。他散发出的生机活力无人能比。丰富的活动和需求让他更加朝气蓬勃、热情洋溢"（A. 亨伯特）。但是他没有忘记肖像画创作。1791—1792 年，他在柱廊的画室里接待了众多模特，其中有些肖像画历经世事，还留在原地，并在艺术家死后被卖掉了。其中最著名的是《特律代纳夫人肖像画》（现存于卢浮宫），这幅作品的模特在很长时间里被认为是查戈朗夫人，还有人编造是路易·大卫把这位年轻女子送上了断头台。

出于职业诉求，路易·大卫早已受到大革命的吸引，他也投身其中。1791 年 7 月 21 日，运送伏尔泰的遗体至先贤祠的仪式，是

第九章 "艺术之城"？
«CITÉ DES ARTS»?

他首次参与的大革命庆祝活动，这件事也导致他后来备受责难。他也许是在卢浮宫的工作室里，设计出了以古典主义彰显这位伟大哲学家荣光的枢车。

1792年2月，新官上任，帕茹被任命为方形沙龙下属文物厅的管理人。他任职了很长时间，成了一位名副其实的馆长。

科学比艺术更受尊重吗？1792年1月，国会把卢浮宫的一套房子特许给物理学家查理（埃勒维尔未来的丈夫），并把阿波罗画廊的一部分用作他的实验室。当时还没有保护古迹的概念，最早要等到梅里美提出这一概念。这位科学家在此研究氢元素，并发明了摄影放大器的源头——"粗视显微镜"。

接下来的7月，在大画廊发生了一起反对大革命的神秘枪击案，似乎证明了路易·大卫在那些"名流"中有的不仅仅是朋友。8月6日，住在卢浮宫的艺术家们感谢国会没有因为这件事把他们赶出去。

8月10日，卢浮宫幸免于骚乱，而旁边的杜伊勒里宫却遭到了盲目的屠杀和劫掠。这是巴黎历史中最黑暗的一页，而这一切几乎就发生在住在大画廊的人眼前。他们当中有没有人参与或至少在一旁目睹了呢？没有人愿意公开关于这悲惨的一天的记忆。一个时代结束了。

第十章
大革命在卢浮宫

RÉVOLUTION AU LOUVRE

"在破烂不堪、受人轻视的卢浮宫，"G. 勒诺特尔写道，"大革命来到艺术家们身边，只不过引起一时的激动。似乎什么也不能打扰他们的放纵生活，谁也没受威胁或被连累。雾月十八日于他们来说就只是恢复秩序，仅仅意味着艺术交易更加便利而已。"

卢浮宫稗官野史的作者不仅草草书写了那几年的时光，还自我欺瞒。和巴黎其他街区的居民一样，长廊的居民们继续平静地或者说假装平静地生活，没有表露出对"当下氛围"的担心。"名流们"只能听到从附近的权力机构——杜伊勒里宫和驯马厅——传来的动静，只能为休伯特、帕茹、弗拉戈纳尔当中某个人的命运庆幸或哀叹。他们后来对休伯特被捕唏嘘不已，更是对一连串的事件议论纷纷，从行动，再到路易·大卫的落败和被捕。路易·大卫自愿卷入革命，差点掉了脑袋。

在旧宫殿的艺术家圈子里，受政治革命影响最大的是路易·大卫。在参与革命活动和国民公会辩论间隙，他还不忘绘画和教学。他是一位好老师，也是一位认真的画室主，尽管因为一次事故，他的上嘴唇出现了一道褶皱，变了形，给他画肖像的人都会强调这一点,但他在自画像中好像完全忘记了这回事。他坚持肖像画事业,但他想通过《网球场宣言》庆祝这场大革命,催生出了他身上一种非理性的、天真的热情。他先是扮演了一个专业的角色,后来又走上了毫无准备的政治道路。在充满激情的画室活动中,这位大革命庆祝活动的组织者,宣布关闭罗马的法兰西学术院,这曾是他的目标和梦想,他甚至主张关闭卢浮宫附近的大学术院。宫殿内人人都对他津津乐道,他将从这里走上一条未知的坎坷之路。

或许住在卢浮宫的人对国王退位这件事并不会感到意外,虽然很多人对他还是满怀尊敬和忠诚,但他们早已不再认为国王是决策者了。

"名流们"则十分欣喜,经过政治骚乱,旧王朝规划的修建博物馆的准备工作开始顺利进行。1792年8月11日,国王退位的第二天,国会任命了一个委员会(这显示出他们对这个项目的浓厚兴趣),让其在内政部长的领导下整理王室的艺术品,并"对有关博物馆建立和收藏的工程做出提议,对工程的执行进行监管,对藏品的设置进行指导"。路易·大卫由于没有参与这项工作,话语中不乏尖酸刻薄,甚至还猛烈攻击了其他画家。表现出了今天所说的"会议癖"的委员会,认真且出色地完成了这项工作。9月19日,距离废除君主专制制度、宣布共和国成立还有两天,国会发布法令:"委员会即刻把现在存放在以前所谓王室或国有建筑里的画作,以及其他与艺术相关的文物,运送到卢浮宫。"国有建筑包括已经充公的教堂和修道院。

但是安装在卢浮宫门前的一个装置,预示着不安的未来。1792年8月21日,在原来的卡鲁塞勒广场(当时被称为博爱广场)上,

第十章　大革命在卢浮宫
RÉVOLUTION AU LOUVRE

竖起了一座断头台，离凯旋门不远，从奥尔提街就能看到。第一个被砍头的人是个无关紧要的人物。刽子手萨姆森以为君主服务的罪名而坐了牢，所以他先从监狱里被带了出来，事毕，又被送回了监狱。而处决了小偷和国王的断头台，除了两次被移往革命广场（也就是现在的协和广场）外，在1793年前一直就在这个地方。这让近在咫尺的艺术家们胆战心惊。他们的孩子们会去观看处决的场面吗？

对大革命的热情促使路易·大卫参与了国民公会的竞选。他在9月入选山岳派（他只获得了少数票）。这个新身份让他能在内政部长罗兰身边，帮从格拉斯回来病愈的弗拉戈纳尔说话。他并没期望和弃他而去的顾客重新往来，只是希望重回长廊的画室兼住处。他的心愿达成了，得到了第29号房。房子一共有5层楼（楼层很低），下面是一个地下室。

1792年10月1日，执行委员会新设立了一个"文物委员会"，负责修整工程的提议和藏品摆放的指导。整个大革命期间，博物馆的委员会接连不断出现，虽然任务都一样，但是根据政局变换，每次构成各不相同。这个委员会由五位画家和一位数学家组成。王室藏品里的科技物件很多，2009年凡尔赛宫举行的博览会就可以证明。休伯特·罗伯特这时候几乎就是个职业收藏家，但是他没有进入委员会，是因为别人认为他太过温和吗？他可能是受路易·大卫波及的受害者，路易·大卫那时深受欢迎，他敌视休伯特，但没人知道原因。罗兰在写给路易·大卫的信中，明确表示了他希望建立的博物馆"必须面向所有人，谁都可以在任何画作或雕塑前支起画架，随心所欲地描摹……"

昂吉维莱尔伯爵的理念得以继承。博物馆首先应该承担艺术教育的功能,娱乐应排在第二位。临摹时代就此开启,在一个多世纪的时间里,许多人涌进卢浮宫自由观赏和临摹,至今如此。

罗兰对这个规划满怀热情,"即使所有开支会达到1000万里弗尔"。可他去哪里弄这么多钱呢?作为名副其实的文化部部长,他负责卢浮宫接下来的组织工作。他放弃了教条式的规定,主张画作的排列既不按时代也不按流派,认为"那样对艺术家来说没大用处,对观众来说索然无味"。博物馆,只为作品本身的鉴赏服务,应该是"一块拥有缤纷色彩的花坛"。当时的说法是"感性的挂画方式"。

可能在同一时期,在"封建标志"的消除运动中,方形庭院东面的三角楣上,由库斯图雕刻的百合花图案球体,被一条咬住自己尾巴的蛇取代了。这种稀奇的装饰是革命政府的写照吗?

此时的学院——路易·大卫在此工作,蒙受了耻辱,11月颁布的一条法令禁止其进行成员更替。这就像对它宣判了死缓,只是事态的发展比预想的更快。

"文物委员会"一直在讨论绘画作品在国家展览中应该扮演的角色,以及如何用更好的方式呈现它们。但是委员会的工作被一个有些可疑的人打乱了,此人就是伊丽莎白·维吉的前夫让-巴蒂斯特·勒布伦。他是一个狡猾的画商,自称是艺术品修复者,要求以此名义进入委员会。委员会的6位成员意见一致,写信给罗兰说,聘用勒布伦先生"一点好处也没有"。此人还试图贿赂委员会成员,让他们抨击根据部长的想法陈列画作的计划,他们将这种陈列方式描述成"多姿多彩的花坛"。然而这种方式可能并不坏。在那个时

第十章　大革命在卢浮宫
RÉVOLUTION AU LOUVRE

代，艺术史无人知晓，也无人传授，大部分参观者并不知晓大师们的作品（介绍卡没有多大用处），博物馆的构思和演出如出一辙：一场具有教育意义的演出，向观众传递值得被欣赏、被研究和被复制的形式与色彩。直到19世纪，艺术史学家，包括博物馆馆长在内，才通过传记的形式向大众介绍艺术家的名字、国籍和个人情况，这些信息可比他们的美学更容易理解。

路易·大卫没有参与委员会的工作，或许他认为身为议员有更高的职责。一直享受王室恩惠的他，在陷入困境后居然毫不迟疑地投票赞同处死路易十六。他是想模仿布鲁图斯吗？他的这一举动致使家庭破裂，他的妻子带着两个小女儿离开了卢浮宫，丢下他和两个儿子不管。国王死后第二天，罗兰就辞了职，他没有为博物馆举行开幕仪式就悲惨地离开了人世。

国王的审判和勒佩勒提耶·德·圣-弗尔戈被刺杀这两件事，对路易·大卫的作品产生了直接影响。后者的葬礼仪式由路易·大卫负责组织，他决定将其塑造为大革命的首位殉道者。1793年2月至3月，他在柱廊的画室完成了一幅以受害者尸体为主题的画，但后来这幅画消失了，至今尚未找到。

路易·大卫成了艺术界和卢浮宫内至高无上的存在。在他的要求下，罗兰的继任者加拉，把一部分中二层给了他最喜欢的学生杰拉尔，原来这里住的是菲兹-詹姆斯公爵。

7月13日又一场悲剧发生了，夏洛特·科黛刺杀了马拉。路易·大卫再次由此得到创作灵感。在次日的国民公会上，一位议员大喊："你在哪里，大卫？你将勒佩勒提耶描绘成为国家捐躯的人，现在又有一幅画等着你提笔了！"路易·大卫回答："我会画的。"

在名称变为"集会"的卡鲁塞勒广场上,人们竖起了一座金字塔,向马拉和另一位殉道者致敬。与此同时,路易·大卫在卢浮宫的画室里绘制了《勒佩勒提耶》的姊妹篇《马拉之死》(现藏于布鲁塞尔博物馆)。他在10月15日的国民公会上宣布作品完成。该画最先在他的画室里展出,后又在方形庭院里和那只著名的浴缸(今存放在格雷万博物馆)一起展出,最后又赠给了国会。

7月27日,路易·大卫向国民公会提议将卢浮宫建成"艺术博物馆"。这就彻底冲破了一扇半掩着的门,直接继承自旧王朝的艺术创作继续在此进行。当天,国会决定在万恶的旧制度倒台一周年之际,以开放"共和国博物馆"作为纪念。

5年以来,路易·大卫对他的"邻居"绘画与雕塑学院心怀芥蒂,他3次冲刺罗马大奖均失败,这让他大为受伤。尽管之后学院给他授奖、陪伴并支持他,他还是选择与卢浮宫内的所有学院进行斗争。而他并不是唯一一个这么做的人。格雷瓜尔神父抨击这些团体是"无可救药的贵族的坏疽",并认为"真正的天才是无套裤汉"。路易·大卫则将学院比作"衣服上不带点白色就不让人走出门的假发商店"。而白色正是王室的象征色……

他们的话语最终起了作用。1793年8月6日,在路易·大卫的建议下,国民公会通过了撤销学院的决议。这些学院中的工作人员在最后一刻还坚守在岗位上,比如孔多塞任终身秘书的科学院对新的重量和计量单位的发明做出了重要贡献。法兰西学术院在消失的前一天还聚集了伯尔尼主教、尚福尔、塞代纳、马蒙泰尔、拉阿尔普、德利尔、马勒泽布、孔多塞和弗洛里安。学术院的成员莫雷莱神父把档案和《法兰西词典》从卢浮宫带到家中,从而挽救了这些

第十章　大革命在卢浮宫
RÉVOLUTION AU LOUVRE

珍贵资料。他还把学术院自12世纪起收集的一系列珍贵肖像画藏在了卢浮宫大厅的讲坛下面，几年之后这些画才完好无损地重见天日。

绘画与雕塑学院的藏品中大部分是院士们的入院作品，比如夏尔丹的《鳐鱼》《舟发西苔岛》。这些藏品被收入博物馆馆藏，同时被收入的还有大革命中收缴的充公品，其中有3幅菲利普·德·尚佩涅的作品，分别是来自"平等宫殿"即原来皇家宫殿的《路易十三肖像画》，来自庞蒂耶夫公爵收藏于图卢兹府邸的《黎塞留肖像画》，还有巴黎皇家港口的《纪念牌匾》。此外还有从卢维锡安的杜巴利夫人家取下来的格勒兹的《打破的水罐》——画的标题暗指轻佻的女子。以及从诺瓦耶公爵夫人家取下的路易·大卫的《贝里塞赫》（为昂吉维莱尔伯爵做的缩制品），这下路易·大卫该为自己的作品从"奴役"中得以解救而感到欣慰了。在梅兹教堂里还发现了一尊名为"查理大帝"的骑士小雕像，但其实这是加洛林王朝时期的作品。

卢浮宫里的人们翘首以盼了40年的时刻终于到来了。1793年8月10日，在路易·大卫指挥的盛大典礼上（他亲手绘制了不同队列的站位草图），历经法兰西历史上最戏剧性的20年的酝酿，卢浮宫博物馆终于向公众开放了。

要想进入卢浮宫博物馆，我们首先得从卡鲁塞勒广场进入，那里的断头台3个月以前就被搬走了，再经过原来的王后庭院，即现在的斯芬克斯中庭，就可以登上新建的勃雷比翁楼梯（与现在的达鲁楼梯垂直）。穿过阿波罗画廊，我们就进入了方形沙龙，然后是大画廊。大画廊的东半部分就是博物馆，共展出537幅画、45件雕塑和124件工艺品。由于绘画、雕塑和工艺品摆放在一起，视觉的享受是唯一的考虑因素。

　　同一天的沙龙也"改头换面",占据了方形沙龙和七米大厅。著名的名人塑像首次展出,昂吉维莱尔在1776年下令创作的这些塑像,竟历经路易十六在位的整个时期才最终完成。尽管财政危机重重,建筑总监还是年复一年挑选出艺术和文学上的名人为他们制作塑像。最终共完成了22尊塑像,其中有10尊被重新放进卢浮宫收藏(其他的在凡尔赛宫或法兰西学院)。这些名人里必然有高乃依、拉辛和莫里哀"三巨头",以及"思想巨人"帕斯卡尔和孟德斯鸠,还有一位略被遗忘的名人——德·蒙托西耶先生。雕塑家们遇到了一个问题:服装风格应该按照当时的风格还是古典的风格,也就是新古典主义理论者倡导的半裸呢?尽管缺少资料,但我们还是发现大部分负责创作官方雕塑的艺术家,都选择了尽可能重现当时的服饰风格。只有负责普桑雕像的朱利安与众不同,他大胆设想这位画家被灵感唤醒,披着睡袍作画的样子。这些作品整体上受到了公众和批评家的欢迎。但卡菲耶里创作的莫里哀雕像被认为"自信不足,温柔有余;刚劲不足,柔美有余"(D.苏利摘录)。

　　"准备工作匆忙进行。直到开展前一天,内政部长加拉才从军事部长那里得知,荣军院将派60名老兵负责警戒。"由旧王室军队的老兵们保护同样来自旧王室的藏品。这个临时组建的保卫队负责从早9点到晚7点(当时开放的最宽期限)的展览开放期间严密看管藏品,禁止观众触摸艺术品,"友好地让市民尽可能均匀地走动"以避免拥挤,不要让孩子和家长走散,"不允许参观者带饮料和狗进入"(J.加拉尔)。

　　开幕典礼大获成功,尽管路易-塞巴斯蒂安·梅尔西耶指出馆

第十章 大革命在卢浮宫
RÉVOLUTION AU LOUVRE

内有鲱鱼的味道、洗衣妇的喊叫和晾干的衣服。

昂吉维莱尔提出的博物馆建设问题并没有完全得到解决（这恰好解释了准备时间长的原因）。几天后，采光（只有自然光源）、挂画和拥挤等问题迫使博物馆关闭。稍事休整，博物馆于 11 月 18 日重新开放，展出了 537 幅画作，与当时的道德风尚相悖的娱乐节庆和乡村主题被排除。在博物馆开放的 10 天里，前 6 天免费向艺术家和外国人开放（当时这项政策引人注目），后 3 天向公众开放，最后 1 天用于展品的搬运。

区分当时在新博物馆周围建立的不同机构并不容易。国王退位后，曾出现过一个博物馆的委员会。另一个被称为文物收藏馆的机构于 1793 年秋成立，这是一个临时的艺术委员会，路易·大卫在成立过程中起了很大作用，他还在这个机构中安插了几个门生。经过几场混乱的讨论，完成了安东尼·施纳帕所称的"对大革命的杰作和灾难的区分，对国有艺术遗产的清点和新建博物馆藏品的挑选，结果是直接导致其他大部分作品都消失了"。路易·大卫不止一次参与辩论，他会出于政治原因而猛烈抨击一些画家，但又为弗拉戈纳尔谋求馆长的职位，尽管他从未对此人的作品感兴趣。路易·大卫说道："弗拉戈纳尔年轻的时候竭尽全力丰富藏品，他也将把余生奉献给这项保管杰作的事业。"

曾任卢浮宫馆长的皮埃尔·罗森伯格说，这位老画家要负责新博物馆里的一切：看管员的薪水、被查封的艺术作品、不同仓库间的运输、开放时间、挂画，甚至包括从阿弗雷城运来供大厅取暖的木材。

路易·大卫也为新博物馆出了力。"他建议为卢浮宫购买一幅

305

鲁本斯的肖像画、伦勃朗的《神圣家庭》以及约尔当斯的《晚餐》。他起草了许多关于博物馆组织的报告,监督创办和编写了博物馆的第一份目录,就保管和修复事宜提出了自己的意见"(A.亨伯特)。1793年10月,在卢浮宫附近的圣奥诺雷街上,路易·大卫面无表情地为正被送往断头台的玛丽·安托瓦内特,画了最后一幅速写。

同时,他也在为自己谋求利益。"他希望自己变得更富有,于是从自己的住所迁走,以获取更多的赔偿"(P.罗森博格)。

10月29日,警察到画廊逮捕了休伯特·罗伯特。他之前去了圣拉扎尔,又去了圣佩拉杰。如果不是因为他对新政权的冷淡态度,那又是为什么要控告他呢?伊丽莎白·维吉-勒布伦在《回忆录》中指控路易·大卫是这次逮捕和其他暴行的始作俑者。但是她1789年就移居国外了,那时的她正在欧洲其他国家,所以明显是道听途说的。不过,路易·大卫已经被这一系列事件摧毁了理智,他对某些人抱有很大的敌意,罗伯特是其中之一,但大卫似乎并没有止步于对他的猛烈批评。相反,他加入了安全总委员会,该委员会位于马尔桑馆附近的布里奥讷府邸,许多逮捕令上都有他的签名。他也曾是国民公会的主席。在古典时代的英雄主义绘画中,他形成了一种古罗马精神:为集体事业而战,怀着英雄主义情怀,倡导所有利于公众利益的决议,抨击所有拒绝为国家理想服务的罪犯。被名望所鼓动和因此滋长的革命热情,让这个原本宽容博爱的人变成了极端的政客。他可能并不是卢浮宫居民中唯一一个经历这种转变的人,但许多人还保持着怀疑的美德,没有走向极端。路易·大卫本可以重获理智,但是他本性热情。狂热追随过罗伯斯庇尔后,他又将目标转向拿破仑。

第十章　大革命在卢浮宫
RÉVOLUTION AU LOUVRE

1793 年 12 月，他对自己成立的委员会十分不满。12 月 18 日，他在一份报告中痛斥委员会，要求用另一个由 10 人组成的机构取代它，新委员会中当然包括他自己。认可他能力的同僚们一直追随着他。1 月 16 日颁布的法令中，弗拉戈纳尔、博瓦赞、勒·叙厄尔 3 位画家，一位艺术品修复师，包括帕茹在内的两位雕塑家，以及两位建筑师和两位考古学家获得任命。

接下来博物馆的藏品得到了显著增多，但博物馆同时也失去了大量重要作品。1793 年 11 月，圣德尼（此时更名为法兰西亚德）的居民，在一次假面舞会上，向国民公会带去了修道院宝藏中的"镀金腐烂物"。刚刚被任命的这些委员从积累了几个世纪的宝物残骸中，挑出了一些见证法兰西历史的物件，并于 12 月 5 日存放至卢浮宫。其中有布列塔尼的安娜的《蛇纹岩圣盘》和《无袖长袍的嚼子》，著名的《斑岩鹰》和《雅娜·埃夫勒圣母》的作者苏杰尔在 13 世纪创作的《三花瓶》，还有加冕礼的饰品，尽管带有王权色彩，但可能是由于材料贵重被保留下来。很神奇的是，在销毁"封建标志"的那个时期，路易十五的加冕王冠却被保存了下来。王冠是国王交给圣德尼教堂的，而王冠顶上的宝石，即"马萨林"钻石（红衣主教献给路易十四的礼物，如今已消失）和"摄政王"钻石都是复制品。

共和国出现了一位新的殉道者。1794 年 1 月，年轻的巴拉逝世，国民公会随之公布了这位英雄去世的消息。这件事促使路易·大卫在卢浮宫画室，即现在的阿维尼翁卡勒维博物馆，特地为纪念巴拉画了一幅油画。但这幅画没有完成，因为中间发生了一些事情。从大革命中汲取灵感，路易·大卫在这里画了《宣誓》《勒佩勒捷》

《马拉之死》《巴拉》四幅画（有三幅画的是尸体），只有第三幅完整流传至今，其他都没有进入卢浮宫。画家的创作很快，但历史的脚步更快。这段历史如今在卢浮宫还清晰可见：1794 年，在救国委员会的命令下，钟表馆的圆屋顶上安装了一台夏普电报机。那是一个搭在信号台上的小木屋，天气好的时候在 25 公里外都能看到。共和国军队胜利的消息就是从这里传给巴黎市民的。

　　博物馆还需要一段时间的调整。1794 年 5 月，一位馆长描述它像"一堆乱七八糟的东西"，更像"家具城而不是画廊"。同年 8 月，人们尝试按照流派对作品进行分类，所有时期和类型的画作都混在一起，没有说明卡，每幅画都像一个谜。后来出现了按照画作产地分类的方法，帕斯卡尔·博纳富认为这符合当时的思想，有利于"国家"概念的形成。尽管"国家"这个概念又有了很大发展，但这种按流派分类的方法至今仍在使用。同时也有人批评这种方法，但是谁又能找到一种和国家主义完全不沾边的理想的艺术品分类法呢？

　　路易·大卫的画室集合了各种形式的活动。肖像画一直是这位艺术家从未间断的工作，此外他还有许多活动服务于集体。例如，歌剧院舞台幕布就是在 1794 年向他订购的。同年春，坐落在花神馆的救国委员会会员罗伯斯庇尔让他设计了共和国官员的制服。这样一个让他参与庆典、制服制作等公共事业的政权怎么可能不让他深受鼓舞呢？在卢浮宫安静的画室里，他从古希腊和古罗马的文化中得到灵感，构思出许多人物，其中就有那幅《法官》（现存于凡尔赛宫），画中的法官身穿印着"平等""自由"（"博爱"后来才出现）字样的蓝色长袍。克莱芒·德·里认为，这些制服像"罗马参

第十章　大革命在卢浮宫
RÉVOLUTION AU LOUVRE

议员、匈牙利大贵族和杂技演员服装的杂糅"。

为完成这项工作，路易·大卫找到了广受认可的雕刻家维旺·德农，并给了他卢浮宫的一处住宅和救国委员会的一份薪水。维旺·德农用铜版画的形式推广画室里设计的所有服装（甚至设计出了"法兰西国民服饰"，但很多从来没有人穿过）。

路易·大卫还为督政府的议员们设计了彩色长袍。但是5年后的雾月十九日晚，当他们为逃避投弹手的追捕而翻过圣克卢橘园的窗户时，却被这些长袍绊住了腿脚。

这位画家继续为革命活动出谋划策，活动的装饰大多都出自他的画室，但很多都不见了。根据他的建议，罗伯斯庇尔选择在杜伊勒里宫，而不是依照惯例在战神广场，庆祝牧月二十日（1794年6月8日）的祭典。法案评议委员会委员在庆典上点燃了象征无神论的填充麻屑的雕塑，揭开了有点焦味的智慧女神像。年轻的艾蒂安·德莱克吕兹在那天看到路易·大卫晃动着装饰有三色羽毛的帽子"劈开"人群，边走边喊："让一让，给国民公会委员让一让地方！"

这是画家的最后一次政治行动，时局瞬息万变。他没有参加热月九日的会议，这反而挽救了他的性命。像8个月前的休伯特·罗伯特一样，他于15日在卢浮宫被捕。面临着被送上断头台的危险，在他的信仰、矛盾以及盲目的热情前，他可悲而费力地为自己辩护。被关入卢森堡宫后，他最终自省一番，哀叹道："他们不让我回到画室，我根本不该离开那里啊！"（1794年11月8日）

时间能抹平一切，许多政客得到了宽恕。几个月以后，经过多次警告和居家监视——他在此期间创作了精彩的肖像画《塞利西亚》（1902 年收入卢浮宫），画家终于回到画室。他的妻子也回到这里，甚至还运用了她的商业头脑。她鼓励丈夫在1795年沙龙上展出他在狱中绘制的小风景画，并请求："在目录里我们就说这幅画是戴着镣铐创作的，这会很有效果！"

路易·大卫帽子上不太显眼的三色标志，是他参与过公共事务的唯一标志。他穿着讲究，在柱廊画室里重操单纯的教育事业，他不禁赞叹："我们的美德还不足以让我们成为共和国公民。"

无论是相信上帝的革命者路易·大卫，还是不相信上帝的休伯特·罗伯特，都回到了卢浮宫的画室，后者于8月4日被释放。8月28日，米开朗琪罗的《奴隶》被放到博物馆入口处，以突显新博物馆的存在感和多样性。

随着罗伯斯庇尔的倒台，文物收藏馆也关闭了。8月2日，在没有路易·大卫的干涉下，一个拥有7个成员的新团队成立了。次年5月又成立了一个新的5人收藏馆，成员包括休伯特·罗伯特和弗拉戈纳尔。对前者来说，这是一次漂亮的复仇，而后者则得益于自由的精神和受到的恩典，经受住了重重困难。

法国战事不断，在原来奥地利的安妮的冬宫，艺术家们的妻子聚在一起为士兵缝制衬衣、裁剪旧布条。

自此，在一个轮流负责的团队下，通常由帕茹带领，博物馆的管理没再出太多问题。帕茹一直在方形庭院靠近公鸡大街（并入里沃利街）的底层居住。他在奥尔提街21号也有一处位于画廊的住房，紧挨着休伯特·罗伯特、弗拉戈纳尔和穆西。住在画廊里的休伯特·罗伯特继续从建筑中获取灵感。他的其中一幅（现存于马蒙丹博物馆）画的是公主花园，当时种满植物的花园已经关闭，里面

第十章　大革命在卢浮宫
RÉVOLUTION AU LOUVRE

堆满了柱头、塑像和柱鼓，还有圣德尼修道院的修道士们使用的中世纪盥洗池。这个修道院已被取缔，修道士们也被逮捕。而环形盥洗池后来在很长时间里作为勒努瓦博物馆的遗产，被放在美术学院的庭院中。50年前它又回到圣德尼，然后就一直收藏在那里。我们有朝一日还能再见到它吗？

同时，博物馆的馆藏极大丰富起来，尽管获取藏品的方式存在争议。1794年10月，北方军队从荷兰抢来了佛兰德斯派油画。这种侵略国的掠夺行为后来被拿破仑效仿，甚至得到了格雷瓜尔神父的赞同："路易十四斥巨资买不到的东西，大革命凭借勇气就能获得。"

艺术家住房分配的规定在旧制度结束后依然存在，很可能是由不同头衔下的同一拨人实施的。1795年5月，国民教育部的执行委员会将画家科萨尔的一套房子分给当时的雕刻家、巴黎地图的作者爱德姆·韦尔尼凯。

原来的奥地利的安妮的夏宫不断被占用。1795年5月，证交所搬到这里（后来迁往胜利圣母教堂）。几年后，雷蒙把古代文物搬到这里，他毫不迟疑地改建了破烂的大厅，只有天花板没动。

随后出台的一项政策表明，没有节制的时代已经一去不复返。始终把人民教育放在第一位的这场革命明白了，一个组织有序的国家不能没有学院。共和四年霜月三日（1795年10月26日），国民公会在一次会议上，再次根据格雷瓜尔神父的意见，通过了关于建立法兰西学院（Institut de France）的决议。在旧制度下，尽管各学院都在卢浮宫中，但相对独立，很少有联系。这一次建立的法兰西学院是一个中央机构，集中了各大学院，如今已有200多年的历史。科学院里有拉普拉斯、蒙日、贝托莱、沙普塔尔、居维叶和帕芒蒂

卢浮宫全史
LA GRANDE HISTOIRE DU LOUVRE

埃；人文院有康巴塞雷斯、格雷瓜尔、塔列朗和西耶斯；文学院和美术院里有乌东、梅胡尔和玛丽-约瑟夫·谢尼埃。曾为撤销先前的学术院而奔走的路易·大卫，忘了自己曾说过"院士是动物"，没有拒绝提名（他后悔了？）。但是这个新机构比原来他一直抗争的旧学术院的规定更严格了。这位画家也老了，发现了规范的好处。包括他在内，几位原来的院士都进入了新机构，但并非全部，维旺·德农就不在其中。

1796年4月4日，绘画雕塑部在女像柱厅召开了第一次例会，5位负责人盛装出席（他们穿的是路易·大卫设计的服装吗？）。大厅里摆放着昂吉维莱尔伯爵命人雕塑的名人像，其中有一些从未入选院士。夏尔·德·怀利的设计方案可能并没有实现。路易·大卫只能穿过仍旧拥挤的方形庭院，出席了会议。

与会者在陈列于各处的作品中间走动。各任馆长一直试图把王室藏品（比如1796年收入博物馆、如今在阿波罗画廊展出的硬石系列作品，以及1797年收藏的达·芬奇的《圣安妮和圣母》）和流亡贵族充公的物品结合在一起。在每件充公的藏品上都有一块标签，上面写着原主的姓名，经常会有参观者因此把作品中的人物和原主搞混，把亚历山大认作孔德，把柏拉图当成布里萨克。战利品放在哪里呢？方形沙龙和七米大厅以及大画廊为画作（尤其是镶了画框的画）提供了大片大片的墙壁。但是大画廊西面需要更多墙面，修缮工作很快就开工了。1796年，博物馆闭馆了几个月的时间，重新铺设了地板，把隔墙漆成了绿色，新建了几根柱子和雕塑。沉重的文物怎么办呢？只有底层才能承受它们的重量。

博物馆闭馆期间最先受益的是休伯特·罗伯特，他就像在自

第十章　大革命在卢浮宫
RÉVOLUTION AU LOUVRE

己家中一样到处走动，起草修缮计划，思考一直让他忧心的采光问题。他想重修建筑外墙，尤其是让大画廊在各方面重焕生机。我们很难确定罗伯特在沙龙（为此临时开放了方形沙龙）里展出的油画绘制的时间，因为画家没有标注日期，而且他在画中投入了自己的期望和想象，所以很难区分他所画的是真实的还是虚构的，抑或是介于二者之间。不过，他在1795年所作的一幅画（藏于卢浮宫）是写实的。既然无法斥巨资解决采光问题，那就继续保留南北方向的两组窗户，逆光的画就算了吧。在这些拱洞里，画按照当时的方式悬挂，排成两到三行，互相挨着。有些艺术作品，比如让·博罗涅的《墨丘利》就被摆放在画廊的中轴上，迎接来来往往的参观者。参观者里大多是戴着时兴的帽子和方巾的女人（男人是去工作还是上战场了？），以及卢浮宫的常客和临摹者。博物馆的首要使命得到了践行，博物馆需要具备教育价值，而临摹古代大师是学习绘画的最佳方式（临摹是画室里常见的练习方法）。在照相技术还未出现的那段时间里，画作的复制品最开始还只是学校作业，后来却变成了一份收入来源。年轻的穷画家把临摹当成一份职业。这些临摹者成了博物馆日常生活的一部分，并延续至今。

　　在休伯特·罗伯特的另一幅油画中，他画了一个阻止参观者触摸画作的栅栏，他是这方面的先驱。如果不是夏尔·德·怀利，那就是罗伯特绘制了博物馆的入口庭院，用战争中获得的柱子建成柱廊，里面摆放文物，庭院中间是一座半人马像改建的喷泉。但我们并不知道这个庭院是否存在过，或许这仅仅是个设想。罗伯特绘制的题为《博物馆大画廊穹顶采光和在不妨碍房间视野条件下分开穹顶的计划》的油画在1961年被收入卢浮宫，但是绘制时间并不确定。让·德·卡耶按照风格将其确定为 1792 到 1793 年，但更像是 1796 年。画家笔下的大画廊稍被修缮，改动后的窗户，美化后的圆拱、灯笼、柱子和壁龛，让后来的佩西耶和方丹深受启发，也深深影响了悠闲的参观者和临摹者。他还幻想了卢浮宫的未来，在帕尼尼的回忆中，他描绘了在一片废墟中的卢浮宫。在他画中的遗址上，建筑物的断壁残垣清楚地突显在一片透露着危险气息的天空下，画家们纷纷来此速写。而当时最著名的雕塑之一《贝尔维蒂宫的阿波罗》则毫发无损地立在宫殿的瓦砾上。

路易·大卫的画室在远离政治后，依然活跃。1796 年 10 月，画室里出现了一位新人物，他就是艾蒂安·德莱克吕兹，后来成为受人尊敬的批评家，他的侄子是维欧勒·勒·杜克。师承路易·大卫，德莱克吕兹为师傅作了传记，为我们呈现了这位艺术家在这座混乱的宫殿里工作的许多细节。在这个年轻人出现的时候，路易·大卫重新找回了他在绘画方面的声望，并获得了第 3 个更大的画室。画室位于南翼顶楼，在柱廊角上，面向艺术桥，但准确的位置就无从得知了。另外两个画室也被保留，其中一个用于学生画画和放置模型。"每周一，所有的艺术家，包括路易·大卫在内，都按照抽签得到的座位（这种平等的方式和原来学术院森严的等级形式形成对比），在裸体模特旁边作画。每 10 天中的第 7 天到第 9 天是画头像，由学生轮流当模特或自己花钱找人。第 10 天休息"（A. 施纳帕）。

可能让-亨利·克拉斯的素描《大卫的画室》（现存于卡纳瓦莱博物馆）描绘的就是这个时期的画室。这幅画展现了画室十分不同的一面。当时的氛围缓和了很多，学生们头上不戴东西，只穿着衬衣这类轻便的衣物，在乱哄哄的热闹气氛中工作。

德莱克吕兹画了一幅上色的画室图。当时的画室中没有老师，学生们十分乐观，大声欢笑，他们毫不顾忌地拿夸张的革命开玩笑，但始终对路易·大卫先生保持尊敬，没人敢称他为"公民"。

不再参与外部活动的路易·大卫，放弃了反映现实的绘画（他没想到后来会重操旧业），转而画他心爱的古罗马人物。新画室足以让他开始绘制长5米、宽3米的巨幅画《劫夺萨宾妇女》。从美学的角度出发，他想画一幅古希腊而不是古罗马风格的画（当时知道古希腊风格绘画的人比今天还少），特点是具有英雄气概的男性裸体，而女性穿着轻薄的纱裙。当时社会上的年轻名流或被雇用为模特的女性可以自由地出入画室：大革命在那里已经彻底成为过去式了。但是卢浮宫内的一些参观者仍然保有抗议或讽刺的精神，他们没有忘记路易·大卫的过去：

> 穿着暴露无遗，
> 塔提乌斯和罗慕路斯，
> 还有不戴方巾不穿短裙的年轻美女们，
> 大卫只不过把我们都知道的告诉我们。
> 巴黎早就宣布他为
> 无套裤汉们的拉斐尔！

1797年1月，变身为"中央艺术博物馆"的博物馆管理部门发生了新的变化。由唯一的主管任命五位艺术家组成一个委员会，休伯特·罗伯特就在其中，而弗拉戈纳尔因年纪太大（65岁），被迫光荣退休，得到了一份津贴和几项任务。同年，阿波罗画廊（注意这里的隔墙从来没装饰过）变成了素描室，并且设置了好几排的常设展览。当时还没人料想到把素描暴露在光线中会导致的后果。

新上任的管理者们想要把凡尔赛宫的王室藏品运到卢浮宫以丰富馆藏，但是遭到了那边新建博物馆的抵抗。1797年7月3日，委员会列出了一个清单，要求务必将上面的作品运过来，包括普桑、米格纳德、乌德里、凡·路的画以及《蒙娜丽莎》。从这幅画进入卢浮宫算起，已经过去两个世纪了。弗拉戈纳尔负责监督运送工作。

在1797年沙龙上，托比诺-勒布伦的《该犹斯·格拉齐之死》得到观众的一致喝彩，该画是通过政府获得的。而画家因卷入谋杀第一执政的案子，于1801年1月被送上了断头台。他的画和他的死都没有给他带来荣耀，自此这幅画被收入马赛博物馆。

国外战场上的掠夺还在继续，现在轮到了意大利。1796年6月，从意大利普莱桑斯和博洛尼亚运来了一批画，次年3月，大批文物被运进卢浮宫。与教皇六世签订的《托伦蒂诺条约》（1797年2月19日）极大地丰富了卢浮宫的馆藏，给法兰西第一共和国带来了贝尔维蒂宫最著名的作品：当时比现在还有名的《拉奥孔》《贝尔维蒂宫的阿波罗》《美第奇的维纳斯》、尼罗河与台伯河的雕塑、乔托的《圣弗朗索瓦》以及贝利尼的《圣母怜子》。这些珍贵的作品从马赛登陆，经过罗纳河和索恩河于8月抵达巴黎。相反，1796年3月12日，查理五世和珍妮·德·波旁的雕像，"显然失去了王室的光环"（J.-R. 加博里），穿过塞纳河到了法国古迹博物馆。它们后面会再次回来。

1797年5月15日，威尼斯共和国与法国签下合约，答应让法

第十章　大革命在卢浮宫
RÉVOLUTION AU LOUVRE

国"挑选 20 幅画和 500 份手稿"。未来，拿破仑和他的军队下手更狠，当奥地利的部队进入威尼斯时，他们发现这个城市已经被洗劫得面目全非。

后来签订的《坎波福尔米奥条约》（1797 年 10 月）又把委罗内塞的《加纳的婚礼》送进了卢浮宫。这幅画是 1562 年至 1563 年为威尼斯圣乔尔乔·马乔里修道院创作的，被抢的时候就存放在修道院里。能够把这幅有 130 多个人物的巨幅油画安全运到巴黎，足以说明共和国军队的能力，当时这个军队还不叫大军团（Grande Armée）。1815 年，意大利放弃了反击。

鉴于 1815 年反法同盟的胜利，得益于德农的努力和后来的购买，我们今天还能在卢浮宫看到当时收藏的作品。除了上面已经提过的《加纳的婚礼》和《宰相洛兰的圣母》，还有曼特尼亚的《耶稣受难》和《胜利的圣母》、丁托莱托的《圣母加冕》。

而战争的主人荣誉加身。1797 年，拿破仑·波拿巴将军入选法兰西学院，取代了被取消资格的卡诺，并在女像柱厅开会。他一直为这个身份感到自豪。12 月 20 日，他在大画廊举办了一场 700 人的宴会。画廊的上楣插着旗帜，荣军院很快就效仿了这种装饰，还用花环和花冠装点。休伯特·罗伯特的画（藏于装饰艺术博物馆）描绘了当时的场景。这次庆祝活动推迟了博物馆再次装修和开放的时间。共和六年雪月的一份报告中记载："这次宴会大大推迟了这些规划的进程。长廊的墙面和上楣都是洞，被灯熏得很脏。人们在尽力修复被毁坏的地方，但是地板上全是油渍和泥巴，整个都要刮一遍。"这 700 位宾客并非都是接受过良好教育的人。展品被推迟了一年才得以安放。

休伯特·罗伯特的那幅油画描绘的可能就是这个修复和安置的场景。在画廊修复现场，画家们变成了踩着梯子的杂技演员和地毯铺设工，拱顶和隔墙上的装饰品全部消失了。

拿破仑是在这次宴会上，走进了路易·大卫的画室，并让他给自己画了一幅肖像画吗？在3米宽的画上，他骑着马，有护卫队陪同，手里拿着《坎波福尔米奥条约》。"恐怖时期"之后，这是艺术家第一次热情洋溢地跟学生们赞美这位胜利者的相貌和神情。这也成为他后来对拿破仑迷恋之情的开端，类似于马尔罗对戴高乐将军的情感。拿破仑再也没去过画室，这幅画也没有完成，只留下了被割开的半身像，后来被收入卢浮宫。

但是这个宗派主义和愚蠢的时代还未结束。1798年，政府决定廉价出售一部分幸免于难的圣德尼宝藏，甚至还在卢浮宫举办了一次拍卖会，出售"无益于艺术和教育之物"。就这样，布列塔尼的安娜的长袍架子、查理五世的圣衣搭扣、圣德尼的水晶圣餐杯都被卖掉了。拍卖得来的钱本应归博物馆所有，但博物馆从来没收到这笔钱，而且在当时的环境下，拍卖会的组织者从中获益也不是不可能的。

为了把战利品安放在卢浮宫，设立"古代艺术博物馆"势在必行。这项任务最先由谢瓦尔·德·圣休伯特负责，他是路易·大卫的连襟，后来（1798年9月）又交给了让-弗朗索瓦·雷蒙。一个56岁的图卢兹人，曾获罗马大奖，一直都在法国南部工作。他提议把文物放在原来奥地利的安妮的套房中。冬宫里的厅室大小合适，适合放置希腊风的雕塑，但夏宫隔间多，空间不能满足需要。这位建筑师于是保留了罗马内利和安圭埃尔的天花板，但毫不迟疑地把

第十章　大革命在卢浮宫
RÉVOLUTION AU LOUVRE

重建的墙、隔墙和门都给拆除了，这些大概都是住过此地的人留下的痕迹（证交所在 1795 年曾入驻此地）。这些隔断被大拱廊代替，和平沙龙里则采用了 1796 年从埃克斯 - 拉 - 夏佩尔查理大帝圆厅里运来的大理石柱子（新的战利品）。雷蒙把套房最北面的卧室和王后小书房打通成一间展厅，成功地转移了装饰品、绘画和灰墁，并将其补充完整。来自汝拉省的雕塑家克洛德·德茹，后来凭借德塞塑像而出名，他选择用安圭埃尔的方式以狂乱的风格涂制灰墁。雷蒙把面朝塞纳河的窗户（查理九世窗户）改成壁龛，里面安放着《拉奥孔》，这个作品被视为藏品中的杰作。罗马雕塑被安放在这些新的展厅里，地面铺着保留下来的彩色大理石。显然这些建筑或装潢的改变在今天已经过时，但实现的巧妙效果和现在没什么不同。菲利普·马尔古伊勒指出了雷蒙对保留古代装饰、并用相近的风格进行补充的心思，这种尊重在今天已经很少有了。

　　在这个改建的套房里安置文物的工作，交给了意大利人恩尼奥·奎里诺·维斯孔蒂，他曾经和父亲一起筹划过梵蒂冈比奥 - 克莱孟博物馆。这个意大利雅各宾党人在昙花一现的罗马共和国（1798—1800 年）担任过要职，逃亡到法国后立即被委任负责古代艺术博物馆。维斯孔蒂的名字在半个多世纪里与卢浮宫的历史紧密相连。他以巧妙和谐的方式把罗马雕塑摆放在新展厅。19 世纪初的一幅水粉画描绘了帝王厅（王后沙龙）的布局：《拉奥孔》最前面是红色拱廊，拱廊的支撑柱上面是半身像，绿色的墙裙线上是雕像。亨利四世原来的文物厅也有强烈的色彩布局，蓝色护板墙上是红色的中楣，柱子也是红色的，柱子中间嵌着壁龛，里面是《贝尔维蒂宫的阿波罗》。今天，这些色彩丰富的装饰，在吸引游客的过程中有受损的风险，一般不太建议展出（但它们有重生的势头，尤其是在奥赛博物馆），但是对于不熟悉博物馆的人来说，这是一处别样的风景。维斯孔蒂的这些安排受到欢迎，他由此开创了自己的时代。

我们说过，雷蒙把王后的卧房和水边的小书房通成了一个展厅。画家们负责填补空白，所以穹顶上的八角形壁画装饰就这样落到了埃内坎肩上。他的《法国大力士》"构图之复杂蹩脚，同罗马内利的装潢格格不入"（P. 马尔古伊勒）。但他已经尽力绘制了天顶画……

1798 年博物馆重新开放，但是当时卢浮宫内，无论是名流们还是擅自占据空房的人，生活都很艰难。十年前购画的爱好者们或被砍头或被流放，还有的破产了，新生资产阶级只贪图物质享受，毫不关心藏品的精神意义。物价飞涨，艺术品交易进展不顺利。1798 年，面包的价格达到 60 法郎每斤，而肉是 120 法郎每斤。住在亨利四世建造的住房兼画室里的人生活举步维艰，画被贱卖，传家的珠宝落入商人手中。不过，这些都是革命之后司空见惯的事。

1798 年，督政府想举办热月九日周年庆，为从意大利掠夺来、通过运河运送的战利品举行盛大的欢迎仪式。人们自然而然地想到了路易·大卫在举行庆典方面的丰富经验，但他断然拒绝。他既不想组织这次庆典，也不想参与其中，并向他的学生们谴责共和国军偷盗艺术珍品的行为（看来经验让他学乖了）。在 7 月 27 日和 28 日举办的可以媲美古罗马的凯旋仪式上，同样没有出现他的身影，这场仪式被塞弗尔画在了一个大花瓶上。一支庞大的队伍护送着 50 多辆车穿过战神广场，车上有拉斐尔的《主显圣容》，还有《贝尔维蒂宫的阿波罗》《拉奥孔》以及威尼斯圣马克教堂的马匹（"从君士

第十章　大革命在卢浮宫
RÉVOLUTION AU LOUVRE

坦丁堡到威尼斯，再从威尼斯到法国，它们终于来到了自由的土地上。"）此外还有一些从伯尔尼动物园运来的动物，如狮子、熊、单峰驼等。艺术品被隆重地运进卢浮宫，但只在此短暂停留了几年，尽管旗帜上写道：

> 希腊让出了它们，罗马丢失了它们，
> 它们的命运经历了两次改变，
> 今后再也不会变了！

重新开放的卢浮宫很快吸引了公众的兴趣，并且迎来了第一位捐赠者。此人的名字就被列在阿波罗圆厅的名单最上面——贝尔特朗·克洛泽尔。他把杰拉德·杜著名的《生病水肿的女人》捐给了卢浮宫。虽然如今这幅画不那么出名了，后来成为法国元帅的克洛泽尔也渐渐被人遗忘，但这个名字开启的捐赠者名单至今光辉熠熠，后继有人。

面对《劫夺萨宾妇女》褒贬不一的评价（提前50年预示了《草地上的午餐》将获得的反响），路易·大卫决定不在1799年沙龙上展出该画，而在画室里展出，并且要求参观者交入场费。这种做法在法国尚属首例，受到众人讥笑。那年的沙龙和往常一样拥挤，画作一路叠放到窗户边上，但作品都是经由评审团选出来的：

> 上一届沙龙，
> 　过道上，拱顶下，
> 　像在谷仓一样毫无品位

堆放着粗制滥造品。
但是多亏新评审团，
阿波罗圆厅才更显庄严。
今天展出的画作，
才配得上装点圣殿。

但还是有人提出异议，比如吉罗代创作的《朗吉小姐》肖像画，因模特对画不满，要求画家把画还给她。画家恼羞成怒，把画撕成几片还给了模特。他后来重新为这位女演员作画，以达娜厄的形象表现她，她正接着从天降落的金币雨，一只形似她的保护人的大公鸡正在一旁盯着。

雾月十九日晚，拿破仑夺权。法国大革命就此结束，在卢浮宫如此，在其他地方亦如此。

第十一章
拿破仑博物馆

LE MUSÉE NAPOLÉON

共和八年雨月三十日（1800 年 2 月 19 日），拿破仑·波拿巴入驻杜伊勒里宫。与此同时，《蒙娜丽莎》被拿破仑挂进他的房间，这一挂就是 4 年。旁边住在"艺术之城"的人很快就察觉到了这位君主的专制。从拿破仑房间的窗户看到的景色平淡且有限，狭窄的广场周围是以前的居民区，不仅拥挤不堪，而且保留着中世纪的外观。广场上后来建起了卡鲁塞勒凯旋门，狭窄的道路通向别致的房屋，但很多都已经摇摇欲坠，中间还残存着昔日的府邸。卡鲁塞勒街区——1984—1989 年的发掘揭示出该街区的复杂性，断断续续往北延伸过去，接近圣奥诺雷街，而里沃利街已经消失。在南边，房子和水边长廊之间只有一条狭窄的奥尔提街相隔，这些房屋与画室兼住房区相连，成为这部分区域的附属建筑。往东是"旧卢浮宫"，即方形庭院博物馆，在杜伊勒里宫甚至望不到这里。

1800 年，还是在卢浮宫的画室里，路易·大卫绘制了他最著名的肖像画《雷卡米埃夫人像》，但画没有完成。迷人的雷卡米埃夫人倚靠在卧榻上，据德莱克吕兹回忆，这个卧榻在画室里放了很长时间。可能后来在 1895 年被狼谷博物馆收入的就是这件家具。还有一点值得注意，当时在路易·大卫身边工作的安格尔，那时还是个学生，油画左侧的烛台就是他画的。不管怎样，美丽的雷卡米埃夫人认为路易·大卫画得太慢了，于是向热拉尔订购了另一幅肖像画，并让路易·大卫把画交给她。但路易·大卫说："夫人们总是任性的，可是艺术家也一样。我要保留这幅画。"

沙龙在夏天开放，这次还是由评审团和传统的机构筹备。一共有 542 幅画参展，画作堆满了方形沙龙，甚至堆到了阿波罗画廊和大画廊。

1800 年 11 月 9 日，在拿破仑和约瑟芬点着火把连夜参观博物馆后，古代艺术博物馆向公众开放。自路易十四以来，第一执政是首位对卢浮宫感兴趣的国家最高元首，有很多事情等着他去完成。昂吉维莱尔伯爵低调的清理整修工作，因无人管理、持续的革命以及宫内长期存在的放任自流风气而中止。方形庭院的建筑被寄宿者们非法占据，大画廊虽然正式变身博物馆，但仍有蝙蝠穿过破碎的窗玻璃飞进去，侵犯着共和国的艺术战利品。街区里到处是妓女和扒手。

同时，战利品依然源源不断地涌入博物馆。第二次和意大利作战后，随着托斯卡纳条约和那不勒斯条约的签订，大批新的艺术品进入巴黎。11 月，拿破仑从马伦戈返回，将这些战利品展出，其中就有《拉奥孔》和《贝尔维蒂宫的阿波罗》，但这两幅画稍晚才运回。休伯特·罗伯特的一幅油画以及其他艺术品在四季厅展出。

一次政治袭击事件加速了街区的改造进程。1800 年 12 月 24 日，3 个保皇谋反人士，皮科·德·利莫朗、卡本和圣雷让，推着一辆装满火药桶和石子的小车来到圣尼凯斯街。这条小道连接着现在的罗昂拱廊和卡鲁塞勒拱廊。他们把推车停放在隆格维尔府邸门前，

第十一章　拿破仑博物馆
LE MUSÉE NAPOLÉON

即今天的玻璃金字塔对面,等着从歌剧院(卢福瓦广场所在地)归来的第一执政的车辆路过此地。圣雷让等着利莫朗发出的信号,后者藏身在卡鲁塞勒广场入口。别忘了这个街区有多么狭小……

时间到了,圣雷让把小车横放在街上,挡住了一半去路,为了确保万无一失,他还给了一个小女孩12苏,让她拉住马缰,这是比谋杀国家元首还不可饶恕的罪恶。

但是车队来晚了。护卫队的第一批骑兵走出杜伊勒里宫时已经过了8点。圣雷让嘴里叼着点燃的烟杆,准备好引燃火绳,他等着信号,但是信号始终没有传来。可能是因为害怕或者后悔,利莫朗没敢动。圣雷让决定不惜一切代价行动,他把烟斗靠近火绳,但是太晚了。如果火线燃烧的那六七秒里车队被截住,可能这个计划就成功了,但是骑兵们手里握着军刀迅速前冲,打开通道,车辆继续前行,很快拐到了马尔特街上。

车队到达圣奥诺雷街的时候,可怕的爆炸发生了。街区、大画廊、杜伊勒里宫里的玻璃被震碎,发出巨大的声响,瓦片、阳台、百叶窗和上楣的碎片如雨一般坠落。车轮的碎片飞过一排排房子,落在了康巴塞雷斯府邸的院子里。拿破仑和他的随从们毫发未损,但是这个"可怕的机器"让22个人毙命,包括那个小女孩,还造成56人受伤。其中包括一位名叫特莱普萨的老建筑师,他丢了一条腿。为了补偿他,拿破仑为他找了一份工作,让他把荣军院空地上的战利品圣马克狮子改建成喷泉,然后任命他为朗布依埃城堡的建筑师。但这位建筑师出了一个坏主意:把城堡的一个翼楼拆除。这导致整个建筑变得不平衡。

受这次阴谋之害的,一方面是雅各宾党人或者假冒的雅各宾党人,尽管政见一致,第一执政还是对他们进行了报复(56人被流放);另一方面是遭到破坏的房子,它们被下令拆除。他趁势命人把方形庭院最后的破房也推平了,但是一个半世纪之后这项工作才最终完成。经过两个世纪的努力,这片占地1.2公顷的空地终于被清理干净,面向公众开放。

大画廊博物馆依旧因为一些管理问题而被迫关闭,后在1801年7月14日重新开放,展出918幅按照流派分类的画作(有普桑、洛兰、达·芬奇、拉斐尔、鲁本斯、伦勃朗的画作,还有路易·大卫的《圣贝尔纳的波拿巴》)。休伯特·罗伯特向我们展示了当时的大画廊:长长的通道,被圆柱框起来的窗户(当时还没有天窗),画作从下往上排了三四行。大画廊里有许多参观者,还有一位军官。

方形庭院里首次展出了一些法国工业品,这开启了集体展览的先河,到第二帝国时演变成了世界性展览。为了顺应潮流,人们用柱子临时搭建起柱廊。夜幕降临的时候,身穿礼服和靴子的男人和身着长裙、胸下束带的女人在此漫步。

1802年,佩西耶和方丹把著名的圣马克马安在了卡鲁塞勒广场尽头的杜伊勒里宫栅栏的柱石上。1807年,他们又把马安在了卡鲁塞勒凯旋门高处。

住在大画廊和方形庭院的人带着极大的兴趣见证了这次永久的变化。在他们中间有维斯提艾、雷德伍特、伊萨贝、穆瓦特、弗拉戈纳尔、休伯特·罗伯特、热拉尔,当然还有路易·大卫。他在公主花园有几处房子,在南翼顶楼还有一间大画室,在那里他依然售票展览《劫夺萨宾妇女》。尽管批评声不断,但这个展览一直持续到了1805年,为他带来约8万法郎的收入。

第十一章　拿破仑博物馆
LE MUSÉE NAPOLÉON

但是共和九年果月三日（1801年8月20日），第一执政做出了一个后果严重的决定。由于空间不够，他决定把以前的王室图书馆搬入卢浮宫的方形庭院。结果是，住在图书馆里的艺术家们要被赶出去，住在大画廊的公务员则可以留下，而方形庭院住户的情况则更不确定，他们必须腾出地方。

"建筑里挤满了学者、艺术家、名人和第二等级的人（贵族）。还未完工的大厅里倒是建起了房子；人们不再按照原来的方式分配，而是重新分配；建筑物最漂亮的部分也都被打了孔，在走廊和堆满垃圾的大厅里只能看到满是污秽的墙面，散发的恶臭让人避之不及。"卢浮宫像一个充满奇迹的庭院，似乎"艺术之城"没有经历大革命，18世纪的混乱还在延续。

至于大画廊里，当时住着弗拉戈纳尔、帕茹、维恩、伊萨贝、穆瓦特和卡勒·贝内特，甚至还有一位综合工科学校的数学主考官。他们暂时都能留下来，但是旧卢浮宫那边的人就要搬离了。最令人震惊的是路易·大卫，他在柱廊翼楼有3个画室。有一个是创作《贺拉斯》的画室，这个画室上方是他接待学生的画室，还有南翼楼里诞生《劫夺萨宾妇女》的画室。他给当选内政部长的物理学家沙普塔尔写信说："部长先生，您应该知道，我的身价堪比一个学院。"他还是得离开，虽然时间上可以宽限，但最终还是得走。

和画家们同时离开的还有妓女，她们在这个已经被移交给政府部门的宫殿内已没有客人，也没有一席之地。穿过后来变成里沃利街的无人之地，她们安身于皇家宫殿区，但那里早已是同行的地盘。她们（在冲突中）一直待到了路易·菲利普一世时期。相反，拿破仑没有驱逐方形庭院里的院士同僚们，甚至还在1801年赐给他们每人一套制服。此后,每次例会召开时,都能看到身着绿色制服的人穿过再也看不到棚铺、工棚和破房子的庭院。

圣尼凯斯街刺杀事件和由此带来的拆除行动也开启了计划了两个世纪的卡鲁塞勒街区清理工作。1802年,拿破仑下令挖通一条17米宽的横向大道,把街区的旧街道垂直打断,从杜伊勒里宫的中心阁楼一直通到钟表馆,这就是皇家大道。在原来路易十六所在的宫殿,终于能第一次看到卢浮宫了。这次拆除工程以此为起点,一直持续到了第二帝国初期。

同时,随着《亚眠和约》的签订(1802年3月25日),英法暂时休战。英国游客终于在十年后再次来到法国,很多人前来参观卢浮宫。"事实就是如此,世上没有任何东西可以与此长廊媲美。超过1200幅来自意大利、佛兰德斯地区和法国的画作挂在长廊两侧,从地板一直铺到了天顶。委员会按年份把各个流派的作品分类,同一画家的作品被细心地安排在一起,以便让观众更完整地看到他的才华"[亨利·雷德黑德·约克(Henry Redhead Yorke)①]。

这些画作已经太过拥挤了吗?还是在1802年,玛丽·德·美第奇系列画作被送到了卢森堡宫的长廊里存放了几年。

伊丽莎白·维吉-勒布伦回来了。在路易·大卫的倡导下,250位艺术家在请愿书上签字要求将她的名字从流亡者名单上划掉,然而这件事在她自己的回忆录中并没有提及。受到同行们的热情欢迎,她匆忙赶到卢浮宫。有一天,她在宫内耽搁了时间,看门人没

---

① 原文为Henry Headhead Yerke,但查无此人,推测是原著作者笔误,此处应为Henry Redhead Yorke。——编者注

第十一章　拿破仑博物馆
LE MUSÉE NAPOLÉON

注意，把她关在了里面。"在这些精美的雕塑中间，我仿佛走进了监狱，我再也无法欣赏它们，它们看上去就像幽灵一般。"几经努力，她终于找到一个小门得以逃脱。

变成博物馆的旧宫殿需要修复、扩建和整理，也需要建筑师和馆长。应该任命谁为馆长呢？路易·大卫？他的革命印记太明显了。弗拉戈纳尔？他年纪太大了。休伯特·罗伯特？他太过轻率。卡诺瓦？他太世俗。想重新加入的勒布伦？她早就被直接排除了。拿破仑很快做出了决定，选择了他认识的人——多米尼克·维旺·德农，我们在前面已经提到过他。这位前外交官于1777年写了一部题为《明日不再来》的短篇小说，没有提到半句丑闻却大获成功，会让如今那些无聊的读者大失所望。德农曾经跟随拿破仑去过埃及，表现十分英勇，他攀上了吉萨的斯芬克斯像，让一只骆驼扛回了各类画作，并由此编纂了《上下埃及游记》（1802年）这部包罗万象、值得珍藏的巨著。

1802年11月19日，从圣克卢发来的一份执政决议取消了博物馆委员会，取而代之的是一位新博物馆馆长，他就是56岁的德农。德农负责总领卢浮宫、法国文物博物馆和凡尔赛博物馆，并指导"政府宫殿画廊"、造币厂等。"他将服务于一个震惊全欧洲的伟大博物馆"（G. 布雷斯克）。

这项任务极其艰巨，和他共事的还有维斯孔蒂、总秘书拉瓦莱，以及12个看管人员和2个看门人。今天卢浮宫的工作团队有2100人之多。

卢浮宫拥有了一个新的团队。休伯特·罗伯特已经属于上一个时代，退休的他待遇减半，但是这不妨碍他在卢浮宫的画室里定期在画布上描绘卢浮宫的变化。

新馆长"在宫廷中如鱼得水,略显谄媚"(G. 布雷斯克),他经常与第一执政往来,非常懂得运用自己的权力,收买那些愿为他效力的人。他从一开始就认为卢浮宫的入口位置需要做出改变。大众进入卢浮宫没有合适的入口(长时间如此),从原来的王后庭院进入十分不便,多少会受到破烂的奥尔提街的影响,而住在里面的艺术家们并不喜欢这个地方。因此德农想打开一个入口,或至少将玛尔斯圆厅的一个拱洞正式变成入口。这个外加的地方最初是勒沃设计的,后来勒菲埃尔进行了改建,现在还能在达鲁馆旁的拿破仑庭院里面看到它。这样游客们就能从方形庭院进入,穿过钟表馆拱顶狭廊,接着左拐就能找到博物馆的新入口。同时德农收到了康巴塞雷斯的信(1803年6月22日),他建议用拿破仑的名字为卢浮宫命名,虽然拿破仑要到次年才正式加冕称帝。与其闷声执行,他把该想法据为己有,并给拿破仑写信说:"大门上有一块中楣需要题词,我认为只有'拿破仑博物馆'最合适。"

昂吉维莱尔从来没想过用路易十六的名字命名博物馆。这位新的一国之主却有机会让自己奇怪的、辨识度高的名字出现在最显眼的地方。

当时还只是终身执政官的拿破仑接受了这个建议。8月15日,他早上6点就在约瑟芬的陪伴下参观了文物,约瑟芬当时是在床上被拉起来的。从现在被一扇窗户取代的新门往外看,可以看到展厅(被雷蒙改建的夏宫)里的《拉奥孔》。

让博物馆直接受命于国家元首,这是昂吉维莱尔从未为路易十六设想过的,不过后来弗朗索瓦·密特朗也这么做过一段时间。

第十一章　拿破仑博物馆
LE MUSÉE NAPOLÉON

德农为了让新皇帝的名字更加夺目，在 1805 年让人在新入口上方安置了一尊由巴托里尼所雕塑的皇帝半身像。半身像有 90 厘米高，现存放于卢浮宫历史展厅中。

从此，游客可以从玛尔斯圆厅进入博物馆了。现在博物馆里的商店最早就出现在这里，看门人不打理公主花园周边的鸡窝时，就出售一些吸引游客和艺术家的东西（多数是展品的复制品）。

雷蒙安置的古代艺术品带来了新的活力，然而大革命时期和拿破仑时期的艺术战利品都被胡乱堆在展厅里，有些还没拆箱。德农为了离作品近一点，就住在大画廊的一间画室里。上任之后，他立即热情地投入工作。11 年间，德农带领着活跃的年轻人清扫、布置、分配和装潢房间。他并不墨守成规，而将前辈们的经验正规化和系统化，按流派和时间把画分类，尽量协调布置。但有些画还是堆积在一起：从皮蒂宫拿来的拉斐尔的《于勒二世》、罗马画家卡拉瓦乔的画作、从帕尔马抢来的 5 幅柯雷吉欧的画、来自威尼斯荷尔拜因的《埃拉斯漠》、来自卡塞尔的伦勃朗和雷斯达尔的作品。如此众多的展品，有购买的，也有交换的，但最多的还是皮埃尔·科尼昂所不愿承认的掠夺而来的。但事实就是如此，这些东西都是遵照皇帝的旨意在陆续被攻克的国家，甚至是从同盟国抢来的。在抢占这些艺术品的过程中，拿破仑似乎并未表现出个人兴趣。他像拔掉敌人的军旗一样把这些画作或雕塑卷走，把它们作为战利品。他把《拉奥孔》放在重要的位置，并把它作为每次正式参观博物馆的必看之作，正是因为它被视为最重要的杰作，也就象征着占有者至高无上的优越感。对于拿破仑来说，征服艺术品的意愿就像征服外国一样，而德农无怨无悔、毫不迟疑地跟随他远征去获取战利品。我们仅仅列举几个数字为证：在他执政的前几年，有54幅画来自柏林、56幅来自屈斯特林、299幅来自卡塞尔、209幅来自施维尔、250幅来自维也纳。德农把丰富卢浮宫馆藏作为终极任务和唯一目标，要"给古代经典绘画和艺术历史最完整的图像"。除开一些运到外省博物馆的藏品（包括美因茨、日内瓦、布鲁塞尔，这些都是当时法兰西帝国的城市，保存了当时运过去的作品），还有通过政教协定归还给教会的藏品，以及被公主们、皇后们"借用"的藏品（可以怀疑她们为一己之私把画卖掉了），这个时期的博物馆馆藏达到了史无前例的丰富程度。拿破仑的荣耀必然是绘画的主题，德农为这样的画作定下了天价，比如他给热拉尔的《奥斯特里茨之战》支付了1.2万法郎。

如让·蒂拉尔所言，可以说拿破仑完成了马尔罗梦想的博物馆吗？但要想让这个建筑发挥出新的用途并容纳如此多杰作，并且为重新成为现实的与杜伊勒里宫相连的计划做好准备，要完成的事情还有很多。首先要统一建筑管理部门。佩西耶和方丹正负责杜伊勒里宫，卢浮宫的建筑师是勒孔特。后者对新政体持怀疑态度，是被排挤的好工匠。有人责备他负责的卢浮宫工程不可靠，勒孔特脱口而出："只要帝国在，它就不会可靠。"

有人把这一情况汇报给了拿破仑，他立即做出回应。勒孔特被当作蛮横无理之人被撤职，佩西耶和方丹的职责范围扩大到卢浮宫。方丹在之后40年里一直担任卢浮宫的建筑师之职。

1805年2月6日，他写道："我们的办公室搬到了卢浮宫，本月1日起，工程在我们的指导下开始进行。"这是德农和两位建筑师合作的开端，但过程并非一帆风顺。"拿破仑似乎在强迫他

第十一章 拿破仑博物馆
LE MUSÉE NAPOLÉON

们合作的过程中发现了些许乐趣,他们之间的融洽可能不是自发的,也不是基于信任,这样的局面持续了很长时间"[J. 夏特兰（J. Chatelain）]。

拿破仑不需要德农或佩西耶和方丹告诉他需要做什么,他只要继续自亨利四世开始的工作,像两个世纪以来人们希望的那样,把卢浮宫和杜伊勒里宫完全接通。为此,必须要在北面建造一条和水边长廊平行的翼楼,把两座建筑之间所有楼房推平。我们知道,这是诸位国王都曾遇到的无情障碍。和他们一样,拿破仑也没有剥夺土地所有权的权力,但是他有这个想法和足够的资金。

1804年12月,拿破仑一称帝就命两位建筑师把卢浮宫和杜伊勒里宫完全连接起来。但是他们报告说,在连通旧卢浮宫和杜伊勒里宫之前,必须先把建设工程和装饰工程结束。方形庭院建筑的上半部分还未完工,雕塑装饰还没做,内部房间没有完全连通,房间由于不断被人侵占而受到损坏。拿破仑同意分成两队开工,但工程的资金再次延迟拨付。两位建筑师唱起二重奏,兼顾方形庭院和博物馆事宜。同时,沙龙也没有中断,依然每两年举行一届,每次仍在方形沙龙举办,原有的展品被临时挪出。每年,约瑟芬皇后都要买走一些画,把一部分放到马尔马逊画廊中。在1804年沙龙上,油画《拿破仑视察雅法鼠疫病院》大获成功,为画家格罗庆祝的人一直排到了艺术桥上。

1804年11月28日,教皇来到巴黎,入住花神馆。但他好像没有去博物馆,他可能不愿意看到从罗马教廷掠夺来的作品,或者是人们不想展示给他看。加冕前一天,他在套房里接见了约瑟芬皇后,她向他坦陈没有和拿破仑举行宗教婚礼。教皇尽管十分愤怒,但也无济于事。

12月9日加冕之际,一场烛火辉煌的庆典在大画廊举行。在那个没有防范措施的时代,这种做法有巨大隐患。次年,拿破仑在布洛涅军营看到了著名的玛蒂尔德女王挂毯,把它送到卢浮宫方形沙龙进行了临时展览。

我们知道方形庭院建筑的上半部分不太一致,西翼和南翼上是屋顶层,而另外两翼上是第三层。这对偏爱秩序和对称的"狄奥斯库里兄弟"——他们的同僚如此称呼他们,本想把它们统一起来,消除"皮埃尔·莱斯科怪异的痕迹"。但是拿破仑考虑过后对此坚决反对,他写道:"建筑师们想采用整齐划一的设计,也就是改变一切。布局、品位和常理各个时代都不同,每个部分都应该保留其所属时代的特征。"他和我们当今的看法相近。

1806年1月29日,方丹在日记中写道:"我认为,与其冒着让皇帝不高兴的危险或者服从这样奇怪的命令,倒不如选择一种让理智和趣味调和的方法。把3种形式都建好,除了中间是圆屋顶的西立面,它是整个建筑最古老的部分,从设计上看是主体。皇帝来视察工程的时候,工程正在如火如荼地进行中。已经开始的几个部分被拆除,3个立面被打上了3种基底。或许皇帝默许了这种违背他命令的做法,或许他压根没有注意到,我尽力让他相信事情就是按照他说的做的。"

什么都逃不过皇帝的眼睛,他很可能看到了,但是什么也没说,这是他的处理方式。这是一种合理的折中法:保留原来的西翼,统一另外3面,南面的莱斯科翼楼屋顶层被拆除,但是建筑师们小心保留了让·古戎和其继任者设计的雕塑。两个"主立面"被

第十一章 拿破仑博物馆
LE MUSÉE NAPOLÉON

安置在柱廊的拱顶狭廊中，神话主题的高浮雕被放入法国文物博物馆，两个世纪后又被移入卢浮宫中。

靠近塞纳河的立面上方耸立着的旧国王楼的锥形屋顶也被拆除了。佩西耶和方丹对这个法国历史名胜和古戎画室创作的雕塑装潢毫不留情，他们拆掉了这块突出的地方，在第三层的天花板处建了一个屋顶。国王楼立面漂亮的布局就这样消失了，只能在1803年巴尔塔创作的铜版画上可以再次见到。

从弗朗索瓦一世开始建造的方形庭院，终于在两个半世纪后显露出最终面貌。拿破仑曾经考虑过柯尔贝尔的计划，在东柱廊翼楼安置一个套房，但那里和杜伊勒里宫一样不舒适……

还要把整个建筑的雕花装饰补充完整。西翼楼上，勒梅尔西耶设计的3个三角楣仅被简单粗凿，壁龛还是空的。大约两个世纪之后，穆瓦特、肖代和罗兰给这个17世纪的莱斯科仿制品加上了19世纪的古戎仿制品——所幸没人注意到他们的作品。比如，在钟表馆旁的一块三角楣上，穆瓦特表现的历史女神神态自若，一条腿伸向空中，让人想起如今杂志上的封面女郎。

南北翼楼的新三角楣由雷米和勒·叙厄尔负责。前者在北翼楼的门楣上雕刻了《化身拿破仑的法兰西守护神祈求智慧女神密涅瓦、商业神墨丘利、和平神和立法神接着战神玛尔斯而来》（1811年）。画中的拿破仑不着寸缕，这是任何君王的公开画像中都不曾有过的。在南翼楼的门楣上，勒·叙厄尔创作的作品是《科学和艺术陪伴智慧女神密涅瓦》。

柱廊的三角楣在路易十四放弃卢浮宫前已大体完成，装饰工作由弗朗索瓦·勒莫负责，他在1808年雕刻了《智慧女神和胜利女神为拿破仑半身像加冕》。他解决了从古希腊开始就存在的难题,即把同比例的人像都放进狭长的三角形边框内。在半身像底座上,克利奥刻着"拿破仑大帝成功完结卢浮宫工程"。后来有人注意到右边比左边多了一个人,今天的游客会察觉到吗?

三角楣下方是佩西耶绘制的精美大门,皮埃尔·卡特里尔用浅浮雕雕刻了一位站在四马双轮战车上手持花环的胜利女神,这是当时非常引人注目的一件作品。但就如德农的建议,拿破仑不同意抹除立面上前几任君王留下的数字。路易十八倒是不会有同样的顾虑。

内部也增加了几处装饰。用作博物馆入口前厅的玛尔斯圆厅的装潢工作一直没有完成。在17世纪的灰墁一侧,肖代在拱形门的头线里安放了一些圆形浅浮雕。在天花板中间方格里,贝泰勒米绘制了《由普罗米修斯创造、密涅瓦赋予生命的人》。这些装饰画同周围早它们两个世纪的灰墁还算协调。

在入口前厅旁边的狄安娜厅,即现在用于展示帕特农神庙遗迹的展厅,这里的装潢大大让位于绘画,装饰工作由卡尼尔、梅里美(普罗斯佩的父亲)和普吕东负责。普吕东在天花板上创作了《狄安娜请求朱庇特不要用许墨奈俄斯之法惩罚她》,尽了最大努力完成这个棘手的主题。因为这里和狄安娜有关,佩西耶和方丹在这个展厅的装饰中想起了隔壁亨利二世楼梯的装饰,那里的一切都与迪亚娜·德·普瓦捷相关。

在柱廊的矮厅里,有饰以壁柱的塞利奥拱和多色的铺面,珀蒂托在三角楣上雕刻了《陆上胜利女神和海上胜利女神》。由于这里展放的都是埃及雕塑,没有人会注意到三角楣,但它毫无违和感地

第十一章　拿破仑博物馆
LE MUSÉE NAPOLÉON

一直坚守阵地。

法兰西学院的规模迅速壮大,但拿破仑并不信任人文院的空想理论家,他在 1803 年 1 月 23 日取消了该学院,把成员分配到了其他学院。文学院利用这个机会拉进几个原来法兰西学术院的成员:德利尔、苏阿尔(尽管他对孔多塞之死有一定责任)和实至名归的莫雷莱。

德农为博物馆或者说为他自己购置了一些画作。1804 年,他以极低的价格从卡鲁塞勒广场上一个画商那里,买了一幅叫《吉尔》的油画。首席画师路易·大卫批评了他,因为他始终认为这幅 18 世纪的画是那个道德败坏的时代的象征。德农自留了这幅画,但它还会回到博物馆中。

拿破仑统治下,不断有藏品反复运来运去,造成了安置上的困扰。一个比较好的办法就是把画运到外省的博物馆,这还有助于促进博物馆的发展。因此,大箱大箱菲利普·德·尚佩涅、茹弗内、勒·叙厄尔的画被运到了里昂博物馆。我们合理怀疑德农借此机会出手了一些尺寸太大、不好安置或者不符合他审美偏好的作品。

1805 年,佩西耶和方丹开始着手改造大画廊,而德农为了得到更多隔墙面积,计划拆除所有窗户,只用天窗采光。经过讨论,他们从休伯特·罗伯特的设计中获得灵感,决定进行折中。罗伯特对此很高兴。他们在长廊的拱顶圈石接缝处交替开了几处灯笼式天窗,可以照进斜向的光线,其他部分则保留窗户,在窗洞里放置炉子,在今天看来这样做很危险。两种采光方式有序结合在了一起。就像休伯特·罗伯特设想的那样,这条长长的通道被塞利奥拱和摆放有雕像的壁龛隔成了九段。德农把画作按照流派放在这些隔断里，分为意大利画派、法国画派和北方画派。堆放艺术品不再是一个缺点，而是格外吸引眼球的一个优点，因为要展示给公众的就是杰作之丰富，不需要他们理解这些作品的意图、技巧或历史。这些都是国家的战利品。让·古拉尔在法国国家家具管理委员会找到了推荐给拿破仑用于大画廊装饰的布料样品，颜色是落叶黄。我们虽然不知道是否采用了这些布料，但是无论如何，按照展览的传统，隔墙不应该很显眼。大画廊里很快就收藏了945幅画作。

拿破仑亲自视察过几次工程。

1805年1月发生了一场悲剧。克劳迪·夏普看到自己发明的信号臂备受争议，失望至极，投井身亡。趁此机会，钟表馆顶部的信号臂也被拆除了。

法兰西学术院一如既往留在卢浮宫中，位于女像柱厅和附属展厅内。共和十三年葡月一日（1805年3月1日），一条政令把它和其他4个学院一并转移到原来的"四国学院"，重命名为"艺术宫"。连接新址和旧址的那座桥也有了现在的名字——"艺术桥"。路易·大卫和他的同僚们一起穿过塞纳河，走向唤起他无尽回忆的穹顶建筑。那是他成长的地方，也是在1795年被监禁的地方。经过了130年，院士们终于离开了卢浮宫。

《尼罗河》和《台伯河》群雕（后者被保存下来）以及其他雕塑，入驻女像柱厅。雕塑由维斯孔蒂负责安置，就和之前他在庇奥-克里门提诺博物馆的工作一样，虽然大部分雕塑还是那些雕塑……佩西耶和方丹继续完成从路易十三时期就中止的装潢，装饰平顶搁栅和柱头。壁炉上重新安置了让·古戎（存疑）制作的两尊雕像，看台上安放了切利尼著名的《枫丹白露的狄安娜》浮雕。就

第十一章　拿破仑博物馆
LE MUSÉE NAPOLÉON

像后来善于模仿古风的维欧勒·勒·杜克一样，他们把展厅整体设计成文艺复兴的基调，这种风格至今仍受欢迎。

住在大画廊的艺术家们再也不被称为"名流"了，他们见证了艺术品交易的暗中复兴，密切关注着博物馆的发展，尤其是附近街区的变化，却一点也不担心自己的命运。他们可和4年前从卢浮宫被驱逐的闯入者不同，难道他们不是自亨利四世时起就在这里了吗？难道他们不是从大革命中幸免于难的人吗？但是拿破仑并不这么想，从奥斯特里茨回来后，他高兴地发现在他不在的时间里，卡鲁塞勒庭院中的许多建筑都已被拆除，包括科瓦尼府邸以及奥尔提街、卢浮圣托马斯街和福满多街的一部分建筑。大画廊和花神馆也得到部分清理，拿破仑第一次可以从杜伊勒里宫的窗户里看到"皇帝街"尽头的卢浮宫了。把两座宫殿连在一起的愿望或许马上就能实现。1806年2月12日，方丹写道："陛下不仅想完成两个宫殿的建设，还想将它们连成一体作为行宫，但是两个宫殿之间的区域还需清理。"

3月，拿破仑来到现场，无所顾忌地踏入奥尔提街，从街上发现了建筑的另一面，也就是艺术家们居住的那一面：从窗户里伸出来的炉灶管道、垃圾桶、各种材料、剩饭剩菜、孩子们搞的破坏、每一层在做饭或者晾衣服的妇女。他大怒道："这群家伙会把我的战利品和我的博物馆烧掉的！"

德莱克吕兹写道："要有铁一般的意志和拿破仑的权力，才能把这些奥吉亚斯的牛圈①清扫干净。"1806年4月1日，不容协商的

---

① 奥吉亚斯的牛圈，源自古希腊神话，喻指十分肮脏的地方。——编者注

卢浮宫全史
LA GRANDE HISTOIRE DU LOUVRE

驱逐令传来，所有人都得离开。合法的居住者可以领到补偿金，金额按照房子的价值估算，500 到 1000 法郎不等，外部的画室转让给别人。住了两个世纪的艺术家们终于离开了卢浮宫，包括曾为馆长的帕茹和休伯特·罗伯特，他们领到了 900 里弗尔的补偿金。年老的弗拉戈纳尔也领到了补偿金，但他第二年就去世了（死在咖啡馆的露天座上）。德农今后也一直领取着住房补偿金。这一切在 5 月 18 日结束。

沙龙一如既往地举行，1806 年沙龙依旧大受欢迎。但此时的安格尔不太受公众待见。他的《自画像》（现藏于尚蒂伊城堡）被评价为"无礼的挑衅"。如今被视为卢浮宫之宝的《里维尔夫人》和《里维尔小姐》在 1870 年被运送至此，但当时没有人给出好评。如今存放在军队博物馆的《宝座上的拿破仑》，有好的评价，也不乏"生硬而破碎""哥特式"（其实拜占庭式更贴切）的批评。不过，对于我们来说，这幅画展现了画家精湛的技术外，是一件珍品。

1806 年 1 月 1 日恢复了旧历，博物馆的开放时间也随之改变。自此，博物馆只在周六和周日对外开放（当时还不存在周末的说法），其他时间则向外国游客和始终受到优待的临摹者开放。博物馆很快又迎来新的藏品。1807 年，拿破仑从他的妹夫、负债累累的波格赛亲王手中购买了藏品。521 件大理石雕像让德农笑得合不拢嘴，其中就有现在饱受争议的《沉睡的海尔玛弗狄忒》，曾命名为"死去的塞内卡"的大理石组《老渔夫》，以及在哑剧般的争斗中僵住的角斗士（《波格赛角斗士》）。同年，从欧洲掠夺来的作品在阿波罗圆厅展出，圆厅以蓝色幕布为背景，巨大的拿破仑半身像矗立其中。

第十一章　拿破仑博物馆
LE MUSÉE NAPOLÉON

现在轮到解决楼梯的问题了。方形庭院里一点点建起来的各种建筑，一开始并没有明确的用途，只是被零零散散地占用着，几个世纪以来这里只有几座无足轻重的暗梯。"大博物馆"——卢浮宫现在已经配得上这个称呼了，不能止步于此，勃雷比翁为昂吉维莱尔建造的楼梯是博物馆的主要入口，但无论大小还是装饰都不够格，对于如此雄伟的博物馆来说，既不够宽敞，也不够庄重。1809—1812年，佩西耶和方丹在原地重修楼梯。改变后的楼梯布局变得十分灵活，可以从玛尔斯圆厅和王后庭院同时进入，通向二楼。后来这个阶梯被勒菲埃尔拆除了，我们只能从一些版画以及伊萨贝的一幅油画（藏于卢浮宫）和尼古拉·戈瑟的《参观卢浮宫工地的拿破仑》(1853) 的复制品上看到它的身影。残留的上部平台也提醒着我们它的存在，平台现在成了佩西耶与方丹厅和杜厦特尔厅的一部分。平台上有豪华的彩色大理石、典雅的灰墁浮雕，拱顶上绘制着各种图案的天花板，其中就有梅尼耶的《化身智慧女神密涅瓦的法兰西保卫艺术》。一幅描绘着石质楼梯段扶手、壁柱框架和拱顶的版画可以让人对损失部分进行估计。现在看来，旁边斯芬克斯厅的周围和伊特鲁里亚文物厅的拱顶可能还保存了一些装饰遗迹，经过探测或许可以再次看到它们。

宫殿扩建后的卢浮宫不能只有一座楼梯，更何况拿破仑不喜欢杜伊勒里宫，他想把寝宫安排在柱廊，但这件事路易十四也没做到。1808—1809年，建筑师们在南北侧楼和展厅尽头设计并打造了两座富丽堂皇的楼梯，同时围绕着8根雕刻着科林斯式柱角的中央台柱。"楼梯的作用是提升空间的价值，彰显博物馆伟大的精神：光荣之地，显现财富"[J. J. 勒维克（J. J. Levêque）]。德农始终关心管理事宜，在1808年的记录中可以看到，他坚持在施工期间安装厕所。

两座楼梯的梯身建好之后，装潢事宜交给了由迪蒙、穆托尼、布里丹和夏尔蒂尼组成的雕刻家团队。夏尔蒂尼在1812年从脚手架上不幸掉落，去世了。

如今，这两座楼梯高贵的轮廓线条被保存下来，它们如此协调以至于难以再进行装饰。南面的楼梯上饰以带大规模图案的方块壁板，与建筑的线条相得益彰。不过考虑到年纪稍大的游客，是否应该再安装一些扶手呢？

1808年1月，拿破仑去路易·大卫的新画室看《拿破仑一世加冕大典》，并决定只把这幅画放在方形沙龙展览，在那里它会吸引到很多观众。10月，他再次来到画室，把法国荣誉军团勋章赐给画家。沙龙依旧那么精彩，展出了格罗的《埃劳》、吉罗代的《归还维也纳钥匙》、卡勒·贝内特的《奥斯特里茨的早上》、杰拉尔的《约瑟芬肖像》和《塔列朗肖像》。夏多布里昂讲述道："吉罗代完成了我的肖像画，他把我画得很黑，但最终效果不错。德农先生把这幅画收入沙龙后，出于礼仪，他谨慎地把画放在一边。拿破仑在画廊里转完，看过那些画后，问'夏多布里昂的肖像画呢？'他很确定那里有我的肖像，画再也藏不住了。波拿巴看完后宽厚地大呼一口气，表示'他看上去像是从烟囱里掉下来的阴谋家。'"

拿破仑在颁奖时又回到沙龙，没有拒绝格罗装腔作势的礼节，还把自己的荣誉勋章摘下来戴在格罗的胸前。

两座宫殿连通的计划还没有确定。1808年12月，拿破仑在博物馆的一个展厅展出了佩西耶和方丹设计的模型，并表示部分设计可以改动。这引起了很大议论，但是两位建筑师装作毫不关心。

第十一章　拿破仑博物馆
LE MUSÉE NAPOLÉON

两座宫殿之间的这片地方一直没有被完全清理干净，也从来没有发挥过作用。尽管如今卡鲁塞勒凯旋门被划入卢浮宫范围内，但这个1808年建成的作为杜伊勒里宫入口的建筑，并不在我们讨论之列。它坐落在一个已经消失的宫殿的位置上，而不是卢浮宫的中轴线上。拿破仑在巴黎时，每周日早上都会在凯旋门前面举行阅兵仪式，这是属于卢浮宫历史的一部分。我们可以想象到阅兵队伍走过一个个拱顶狭廊，就在路易十四骑兵竞演的地方。

凯旋门建成，方形庭院竣工，拆除工作顺利进行，佩西耶和方丹可以认真着手卢浮宫－杜伊勒里宫的连通工作了。有一点已经确定：必须在北面，沿着正在修建的里沃利街，通过一排和水边长廊平行的翼楼把两座宫殿连接起来。勒沃已经建好了开头，这样就能把这个巨大的四边形补全了。在此之前，卢浮宫和杜伊勒里宫是两座用途不同的建筑，仅仅通过一条长廊连接。建造这条北面长廊，两座宫殿就能真正成为一个整体，存留在卡鲁塞勒街区的区域就自动被封闭了。最后再说一遍，从来没有哪个国王明确提出过这个耗资巨大的"伟大工程"，只有拿破仑叔侄二人计划过把卢浮宫－杜伊勒里宫这个多边形封闭起来。是时候还他们公道了。

拿破仑决定务必连通两座宫殿，因为从此以后他要住在杜伊勒里宫，但是这座宫殿一如既往不舒适，布局不合理还狭窄。为了让皇帝、服侍人员和宫廷人员舒适地居住在此，必须把这个四边形补充完整，但拿破仑一世还做不到这一点。

拿破仑希望把这两座宫殿连接起来使之成为一个真正的皇城，一个新的凡尔赛宫，既可以是行宫，又可以是展示其战利品的博物馆。拿破仑三世带着类似的动机，重新着手并实现了这个计划。

尽管两座宫殿之间的空地被完全清理干净，但一直让建筑师们和公众争论不休的问题又出现了：两座宫殿的中轴线之间相差了5.5度。这是阻碍这个计划成功的主要原因。

这个把战争定义为"轻巧的艺术和彻底的执行力"的男人，面对这个民事问题反而犹豫不决，不能直截了当地找到解决办法。1807—1808年，佩西耶和方丹提出的计划不少于7个，想尽一切方法弥补偏差。例如，在中间建一个圆形展厅，作为中心，穿过立面不一致的画廊。拿破仑虽然能在战场上快速分析形势作出判断，但在一个天马行空的设想和严峻的经济形势之间举棋不定。他只下令在北面长廊，从马尔桑馆到圣尼凯斯街之间施工。随之而来的是各种会谈、讨论、设计和修改。1809年，47份方案被集中在一起"较量"，就像是一场"乌托邦的狂欢"（G. 布雷斯克）。

最终，皇帝在美泉宫拒绝了分割这块"面积是其最大优势"的空地。1809年5月18日，他发布命令，否决了所有设计方案。命令中写道："像贝尼尼提出的那样，用一座和水边长廊一样的长廊连接两座宫殿，把它们之间的空地空出来，这样最简单也最省钱。"

但是很快又出现了一个让德农感到棘手的问题：皇帝决定在这个展示着他的战利品和光辉荣耀的地方，与玛丽·路易丝举行婚礼。婚礼计划于1810年4月2日在改建成教堂的方形沙龙里举行。选择这个"世俗"的地方，是为了消除教士对这个存在争议的联姻的迟疑吗？经历了在维也纳圣克卢举行的第一次民事婚礼，第一段婚姻破裂后的拿破仑，还会在意一个个仪式吗？不管怎样，他还是一如既往地细心做了准备，3月3日参观过现场之后，他和方丹确定了大体上如何布置事先清空的沙龙。这让德农大为恼火，他不知

第十一章　拿破仑博物馆
LE MUSÉE NAPOLÉON

道如何转移一些巨幅画作，其中就有《加纳的婚礼》(7×10米)。

"把它们烧了！"11月19日皇帝在参观时说道。他知道如何对付管理人员。德农大吃一惊，但很快找到了解决办法。被清空的方形沙龙以白色、红色和金色装饰，并且安装了一个可以容纳600人的观礼台。

婚礼预计下午3点举行。婚礼队伍经过大画廊从杜伊勒里宫来到卢浮宫，参加婚礼的人在大画廊列队，气势非凡。皇帝夫妇身披从圣母院拿来的王袍，位于队伍前列。皇帝一身白衣，帽子上镶着摄政王宝石，这一次礼服很合身，让他显得很年轻。谁能想到5年后他就会从王座上退位，并在11年后离世呢？他身边的玛丽·路易丝容光焕发，丝质华服上镶嵌着皇帝赐予的祖母绿宝石和钻石。皇后十分美丽，但缺少约瑟芬身上的优雅和魅力。一走进沙龙变成的教堂，拿破仑就变了脸：36个红衣主教的座位上有21个空着。但是婚礼十分奢华，列席的有梅尔夫人，算是弥补了她缺席加冕之日的过错，还有约瑟芬的两个孩子欧仁和奥坦丝，他们虽然十分紧张，但还是奉命到场了，以及热罗姆、穆拉和塔列朗。此外，这个专横的皇帝让他的姐妹和兄嫂弟媳们像六年前为约瑟芬做过的那样，为玛丽·路易丝托住长裙的后摆。

现场来了很多国王和亲王，有凭借出身获得王位的，也有和拿破仑一样登上宝座的。

> 克拉利亲王讲述，王后们和公主们闹闹腾腾就是不托长裙。她们又是哭喊，又是请求，但都无济于事。最搞笑的是看她们如何完成这项苦役，一个噘着嘴，另一个把小瓶子放在鼻子下，威胁说不舒服，还有一个把大衣丢在地

上……只有一个人和颜悦色,端庄地接受了这个苦差事,那就是荷兰王后,因为她有头脑且知轻重。

这支由800个身穿宫廷服装的人组成的庞大队伍,沿着大画廊慢慢前行。从资料上看,隔墙上的画清晰可见,按照流派和时代排成两行,5年后很多画作就要离开这里。这些细致忠实的素描画出自画家希克斯,这些画让人对德农管理下的博物馆有了一个整体的概念。

玛丽·路易丝与拿破仑回到卢浮宫,他想向她展示精美的战利品:来自梵蒂冈的《拉奥孔》、乌菲兹美术馆的《美第奇的维纳斯》和柏林的《美少年》。他想把它们永远放在塞纳河畔。

沿着里沃利街,被称为"拿破仑翼楼"(现为罗昂翼楼)的北面长廊终于在1810年开工。轮番登场修建卢浮宫的建筑师们,要么采用或顺应前人的风格(勒梅尔西耶的西翼),要么不显突兀地做出区分(勒沃的北翼和东翼)。注重对称效果的佩西耶和方丹,为新翼楼选择仿效迪塞尔索的方案,壁柱和三角楣相间出现,南北相对,以平衡的方式达到一种既都市化又富丽堂皇的布局,这种布局现在已经消失了。中间的建筑是杜伊勒里宫,卡鲁塞勒凯旋门突出了这个主导位置,周围是两个较低的翼楼,一直延伸到中央城堡。这种构造十分气派,有照片(尤其是巴尔杜斯拍摄的)作证,现在只有翼楼东面和孤零零的拱门了。

宏大的布局和建筑拆除后形成的宽阔广场相得益彰。在新翼楼的背面,里沃利街上朴素的立面上有一些壁龛。拿破仑希望把在他的统治下享有盛誉的所有雕塑都放于此。

第十一章　拿破仑博物馆
LE MUSÉE NAPOLÉON

卢浮宫还增加了一个与军事掠夺无关的新馆藏。让·古戎的无辜者喷泉在大革命之前曾被安放在中央菜市场区附近。因水流可能会侵蚀浅浮雕，1810年它们被搬进博物馆。但自此以后再也没人想过用复制品代替它们放在喷泉上。

所有皇宫都有教堂，卢浮宫内还需要一座小教堂。由于计划修建从柱廊通往市政厅的大道，圣日耳曼奥赛尔教堂面临新的威胁，而卢浮宫教区计划修建的新教堂，当然要献给传奇的圣拿破仑。新教堂就建在博韦馆旁，和勒沃建造的突出楼体对称。1811年工程开始，但一直都没竣工。

1810年的沙龙标志着法兰西第一帝国的鼎盛态势，获得了巨大的成功。路易·大卫（《颁发鹰章》）、格罗（《金字塔》）、格伦和伊萨贝都参加了这次沙龙。德农给当时在维也纳的皇帝写信说："沙龙将取得过去奥林匹克运动会的辉煌。"回到法国，拿破仑在玛丽·路易丝的陪同下参观了沙龙。吉罗代的油画《开罗起义》描绘了成堆的尸体，让皇帝厌恶不已，所以被下令拿掉。

一直打算把寝宫安置在柱廊的拿破仑，想对南翼二层的9间展厅（原来的王后套房）进行整修，以便同博物馆连接起来。于是，佩西耶和方丹从1811年开始了对艺术馆中央展厅的装饰，他们用从埃克斯-拉-夏佩尔拉来的圆柱进行装饰，这些柱子后来一直放在那里。1811年，德农在佛罗伦萨获得了弗拉·安吉利科的《圣母加冕》，如今也一直保存在中央展厅里。

1812年的沙龙是第一帝国的最后一次沙龙（1294幅油画入选）。一些年轻的画家脱颖而出，例如阿里谢弗和泰奥多尔·席里柯，后者19岁就凭借《冲锋的骑兵军官》崭露头角。他的这幅作品象征

卢浮宫全史
LA GRANDE HISTOIRE DU LOUVRE

着光辉的帝国，虽然这种荣耀已经渐行渐远。一些新的主题也出现了。《在圣德尼的查理五世和弗朗索瓦一世》预示着流行于复辟时期的浪漫主义场景。同时期，佩西耶和方丹设计的楼梯揭幕。德农被封为男爵，他头戴黑色天鹅绒帽，是因为皇帝拒绝给他王冠。这位喜欢让人给自己画肖像画的新贵族让普吕东给他画了一幅肖像画（藏于卢浮宫）。

为了维持装饰的连贯性——这种连贯性延续至今（有时也存在争议），人们也想用绘画装饰天花板、小天窗和门头饰板。这时候路易·大卫重出江湖，《拿破仑一世加冕大典》给他带来新的订单，让他雄心大振。1812年9月，他给财政总监写信，作为首席画师（每年1.2万法郎的薪金），他要求有选择绘画主题的权利，能够自己画新的题材，或者他亲自选择画师在他的领导下绘画。但他的请求都被婉拒了。

在第一帝国的最后几周里，德农唯一操心的就是展出他从意大利得到的15世纪文艺复兴时期的"原始主义"①画作，他将它们和同时期的佛兰德斯绘画和德意志绘画放在一起，庄重地为它们揭幕。他全情投入于此，而此时反法同盟已进入巴黎，皇帝退位。开幕仪式取得了巨大的成功。宣传册的标题是《关于原始主义流派画作于7月25日在皇家博物馆大沙龙展出的通知》。原先只有"博物馆"的修饰语发生了变化。

撇开获取藏品的途径不说——这也不是德农能决定的，他足以对自己11年的付出感到自豪。卢浮宫在1800年只展出了113件艺

---

① 原始主义（primitif），文艺复兴初期的一种艺术流派。——编者注

第十一章 拿破仑博物馆
LE MUSÉE NAPOLÉON

术品,到 1811 年则展出了 312 件,此后展品数量一直在增加。尽管遭受了 1815 年反法同盟的劫掠,卢浮宫博物馆还是保存下了齐马步埃(《圣母和圣子》)、乔托(《圣方济各接受圣痕》)、弗拉·安吉利科(《圣母加冕》)、曼特尼亚(《帕纳斯山》)、马西斯(《称金者》)、克拉纳赫(《风景画中的维纳斯》)和拉图尔(《蓬巴杜夫人》)等人的杰作,以及更多其他作品。

拿破仑既没能建完卢浮宫,也没为他的儿子建造一座宫殿。但是在这战事不断的、不满 15 年的统治期内,能够完成如此多规模庞大的工程,还是非常了不起的。

第十二章
国王归来

LE RETOUR DU ROI

1814年3月31日，反法同盟进入巴黎。4月2日，普鲁士国王参观了艺术珍品琳琅满目的卢浮宫，两天后亚历山大沙皇也参观了此地。5月30日，《巴黎条约》让法国失去了共和国和帝国时期征服的广大领土，这一影响的感受或许并不大，但该条约承认了《托伦蒂诺条约》和"自督政府时期以来签订的其他协约"的合法性。因为外省博物馆不足，卢浮宫继续保存这些艺术战利品。尽管普鲁士和德意志王国在那时已经收回大量作品，但路易十八在6月4日还是高兴地说："从此这些艺术品归属于我们，是由比战争胜利更被公认的法律确认过的了。"他还下令把未展出的充公品归还给流亡贵族，其他属于被吞并的贵族的则被保留。这是高明的政治手段，毕竟那些流亡贵族是为效劳王室才丢了家产。

由于当初没有赞成处死路易十六，德农幸运地保留了原职，国王任命福尔班伯爵做他的助理。路易十八在这两位负责人的陪同下，坐在可以移动的扶手椅上欣赏大画廊中精美的作品。1814年，卢浮宫展出了24幅普桑、7幅达·芬奇、9幅克莱热、15幅委罗内塞、10幅丁托列托、15幅拉斐尔和24幅提香。尽管当时政权更迭、局势多变,但卢浮宫仍是世界上最美的博物馆。

在1814年沙龙中,席里柯的《受伤的重骑兵离开战火》表现了拿破仑的战败,与1812年胜利的画卷形成鲜明对比,引起了公众的关注。画中的马的后半部分看上去直接连着前胸,中间部分被炮弹打掉了似的。

在成堆的艺术品中,博物馆的生活慢慢恢复了常态。1814年11月8日颁布了一项法令,决定继续按照方丹的规划,重新开始宫殿的扩建。

拿破仑从厄尔巴岛归来,令德农喜出望外,也让他重获完全的自主权。拿破仑的这次新冒险,对于法兰西来说却是一次灾难,摧毁了勉强建立起来的新的政治平衡,激怒了反法同盟。滑铁卢之战后,反法同盟愤怒地签订了第二份《巴黎条约》(1815年11月)。法国受到了失地、赔款的严重惩罚。

条约没有详述关于艺术品的问题,因为大局已定。军队强行进攻,一旦攻占博物馆,就要求归还几年前被抢走的珍品,连书面协议都不用。和其他"叛徒"不同,德农被保留了原职,国王对他说:"尽你的全力抵抗吧!除了武力,在什么面前都不能屈服!"

但就是武力让人不得不屈服。7月2日,方丹写道:"他们抢走了仓库里所有的东西。一切试图用达武元帅签订的巴黎投降军事协定中的条款来抵抗掠夺的努力都是徒劳的。胜者永远是正确的。必须屈服,我们战败了。"前几年遭法国掠夺的国家可能也说过这些话。

德农拼命反抗,但收效甚微。占领者一声令下,许多画作被摘下来,小心翼翼地护送回去。从一幅版画上可以看到,画廊里戴

第十二章　国王归来
LE RETOUR DU ROI

着羽饰的官兵们监视着搬运工作，对德农和他同事们的恳求充耳不闻。他们威胁德农，要让他在普鲁士的堡垒里度过余生。

英国是唯一没有被法国掠夺的国家，而惠灵顿对这次收回艺术品的行动反应最为强烈。他写道："只要这些艺术品留在这里，就不会让法兰西忘记过去征战的记忆，就会让法兰西一如既往好战和自负。"说到好战和自负，他倒是有发言权，也是这个英国圣公会教徒，迫不及待地介入了归还教皇藏品这件事中。《拉奥孔》、从卡鲁塞勒凯旋门取下的《圣马克的战马》以及《尼罗河》塑像都是怎么来的又怎么回去了。普鲁士统帅布吕歇尔不是粗野之人，他和梅特涅同游卢浮宫时问道："既然所有的宝贝都在这里，他（拿破仑）为什么还要去俄国呢？"这个问题到现在我们还在追问。

意大利雕塑家卡诺瓦作为使臣，负责运回教皇的藏品。塔列朗嘲笑他道："大使原来就是个打包工啊。"尽管如此，这位意大利使臣犹记法兰西帝国时期的荣耀，表示了理解。举例来说，他把曼特尼亚的《圣芝诺教堂祭坛画》运回了维罗纳，但是把祭坛装饰屏下方的组画留在了法国。原来这组画分别存放在卢浮宫和图尔博物馆，现在还在这两个地方。或许总有一天，我们会对这些精美的画没有还回去，祭坛画无法复原而感到可惜吧。尽管物权法已经得到广泛认可，但是为了保护艺术品的完整性，该法律难道不应该让步吗？

为感谢卡诺瓦手下留情，法国政府把出自他之手的拿破仑像赠予了他，明显是为了拿它交换几件文物。后来，卡诺瓦把这尊雕像转手给了惠灵顿。

卢浮宫档案资料中有一份德农的报告，共37页，如实记录了

卢浮宫全史
LA GRANDE HISTOIRE DU LOUVRE

1815年7月7日至11月7日之间博物馆发生的事。阿曼·加利详细地列举了一些数据：反法同盟带走了2065幅画、130座塑像、150件浅浮雕和半身像、289件铜器、16个伊特鲁里亚花瓶、75个其他贵重材质的花瓶、102件象牙制品、37件木雕、471件浮雕玉石和马约里卡陶器。这些都是法国曾经的战利品吗？其实很难说。

斯维巴什有一幅画（现存于卡纳瓦莱博物馆）很有意思，画中描绘了博物馆入口（玛尔斯圆厅）一侧的脚手架、物品箱、地上的雕像和用来运输的挂车。长久以来，人们都在猜测这幅画描绘的是艺术品被拉来时，还是被运走时的场景。博物馆的该入口只有在执政府时期开放过，所以第二种猜测更有可能是正确的。

这样一看，德农保护下来的作品并不多。特别需要指出的是，当时的佛罗伦萨当局和法国关系交好，他们把许多画留在了巴黎。这些画家的作品在佛罗伦萨已有许多收藏，所以这部分缺失并不被认为是严重的："弗拉·安吉利科、波蒂西尼、齐马步埃、弗拉·迪亚芒泰、基尔兰达约、乔托、戈佐利、利比、洛伦佐·迪·克雷蒂的100多幅画作被留在了卢浮宫"（D. 苏里）。其中就有被德农称为"原始主义"画家的作品，包括乔托的《圣方济各接受圣痕》、弗拉·安吉利科的《圣母加冕》和齐马步埃的《圣母与天使》，尽管当时并不受到欢迎。还有些画作因为尺寸太大不便运输也被留下来，不过照理说它们也熬过了来程（这或许说明了反法同盟的装备不如拿破仑军队的好）。其中有用勒布伦的一幅画换来的《加纳的婚礼》、埃克斯－拉－夏佩尔圆柱、作为礼物留给路易十八的《台伯河》和《韦莱特里的帕拉斯》。阿曼·加利说："多亏德农，卢浮宫保留了100幅画、21件古董，以及教皇的浮雕玉石、

第十二章 国王归来
LE RETOUR DU ROI

伊特鲁里亚花瓶（当时叫希腊花瓶）、阿尔巴尼所有的浅浮雕、巴什亲王的雕塑、莫戴纳公爵收藏的 800 幅素描画。"在阿尔巴尼的藏品中，有几件要运回去的作品让主教觉得尴尬，他赶紧现场把它们转卖掉。于是博物馆回购了大部分，其中 4 座森林之神雕像现在就放置在驯马厅。

德农虽在最后这场战役中败下阵来，但也有战功。他像一个元帅一样深受打击，再也没有勇气留下来重新安置留下的东西，只想离开这个让他倾尽全力的地方。既然他没什么用处了，完全可以像扔掉空壳一样抛弃他，再想起他在百日王朝的表现，可以直接将他赶出门了，更何况他都快 70 岁了。他辞职的请求很快得到批复，不过路易十八对他最后完成的任务很满意，在第二次为拿破仑效劳的"叛徒"中，只有他获得了这种待遇。福尔班伯爵在 1816 年 6 月接手了"皇家博物馆"。德农去了塞纳河的另一边，在伏尔泰岸堤的套房里，守着他的藏品，安详地度过了晚年。1825 年，德农去世。据菲利浦·索莱尔揭露，在他死后 170 年修建大卢浮宫之时，一群仰慕者把当时印刷的唯一一本《明日不再来》书籍砌在了卢浮宫的一面墙中。

卢浮宫呈现出令人痛心的一幕。大画廊、方形沙龙，以及德农布置的补充展厅的隔墙上，空白多过了画作，有时只有某个毫无用处的画框挂在那里，作为曾经展出过作品的证明。必须抓紧把这些空白填满，让博物馆重新开放。一丝不苟但天资欠缺的福尔班担起这项重任。外省博物馆还在执行拿破仑制定的保管规定：菲利普·德·尚佩涅的《最后的晚餐》被送到了里昂。

路易十八在某种程度上效仿拿破仑，拒绝住进凡尔赛宫，所以让卢浮宫再现新颜就显得更为必要了。他放弃了先人们的巡游（他在夏天也尽量推迟去圣克卢度假），把权力中心放在杜伊勒里宫。而卢浮宫充当着旗帜和橱窗的角色。

两座宫殿要恢复昔日的奢华，以象征复辟王朝的伟大和将要在国际艺术文化舞台上扮演主角的雄心。但国家负债累累、百废待兴，资金迅速告急。负责人首先得挨过这段艰难的日子。

负责人都有谁呢？国王虽然支持恢复宫殿原貌，但他只做了几次决定，并没有像路易十四那样亲力亲为。所以，真正的负责的人是下面3位：首先是普拉泰尔伯爵，担任王室总指挥，负责掌管一切重大工程和相关事宜；其次是他的下属福尔班，他当时的职位以及路易·大卫的学徒身份，让他最大限度地实现了名利双收；最后是皮埃尔-雷奥纳尔·方丹，他已经在卢浮宫做了15年建筑师。他和福尔班的关系并不好，方丹的日记中记录道："此人处处显露出无能，什么都要插手，但什么都不做，有这个令人厌烦的人协助，简直累死了……"

人到暮年，情绪的波动往往是无来由的。幸好他们两个人的专业精神缓和了摩擦，方丹为他坚持了25年的蓝图做出了很大牺牲，一切都是为了建好卢浮宫，恢复往昔的辉煌。

面对被洗劫一空的博物馆，填补空白隔墙的第一个方法，就是把剩下的藏品重新安放上去，画作之间留出空隙。虽然这种陈列形式显得更加宽松，但还是遵照了一幅挨着一幅的规则。年轻的德拉克洛瓦在1817年进入格林画室时，一看到位于隔墙上方的《加纳的婚礼》中侍者肩上的红色斗篷，就断言要当一名画家。

他们还在王室原来的藏品中挑选了一些家具，用于重新布置卢

第十二章　国王归来
LE RETOUR DU ROI

浮宫。不过，为了使博物馆能充分发挥使者的新作用，宫殿要对此进行调整和适应。目前的宫殿还没达到期望中的状态，而方丹一边等着拨款，一边思考卢浮宫的现状和未来。

玛尔斯圆厅的大门作为博物馆的入口，圆厅里的拿破仑半身像已经消失不见。博物馆底层首先是希腊罗马长廊，部分战利品已经被运走，取而代之的是波格赛收藏的大理石。长廊通向佩西耶和方丹修建的楼梯（注意它与现在的达鲁楼梯垂直），楼梯仍然没有绘画装饰。楼梯通向方形沙龙，紧接着向西是用旧藏画胡乱重新布置过的大画廊。

方形沙龙北面是阿波罗长廊，长廊的状况一直不佳，墙面上从来没有装饰过，所以可用作展厅。长廊通向阿波罗圆厅，这里又和原来的王室套房相通，前厅则通向守卫厅，向东通向位于方形庭院南翼二层的王后套房。如果某天卢浮宫要扩建，会朝着这个方向建吗？

原来的王室套房有两个卧室和一个书房（可能现在的名气要比当时大），位于宫殿不同建筑的交汇处。由于面积太小，无法开放参观，反而成了一个障碍，方丹很快意识到了这个问题。必须重新进行布局，布局事宜可交由方丹负责执行（他的一幅水彩画描绘了卧室的一个角度），但他只能听从更高的指示行动，可能直接听命于国王。

国王放弃了凡尔赛宫、马利城堡、枫丹白露宫和孔皮耶涅宫，他很有可能考虑过利用卢浮宫和杜伊勒里宫这两座位于巴黎的宫殿，将它们的用途结合在一起。杜伊勒里宫是国王的居所，也是王权所在地，参政院在此，大臣们来此汇报。在帝国时期，这里就已经是国家中心,国王更不可能搬离此地。

卢浮宫,则是一座曾展出国家珍品的博物馆,是其历史和荣耀的见证者。为了便于世人更好地认识卢浮宫,不应当再犹豫要不要调整过时的布局。卢浮宫的中心,国王楼周围,是名副其实的游览必经的十字路口。

原来的王室套房就位于这个瓶颈地带,它又破又脏,两个卧室和一个书房拿破仑都没动过,里面的装饰依然可见,但已经失去了昔日的用途。和杜伊勒里宫相比,这些房间是多余甚至有缺陷的。在当时那个时代,国王和民众一样,对历史背景的意义和历史场所唤起回忆的能力没有概念。历史古迹的概念还未诞生,就连纪念性场所都没有。还需要十几年甚至更长的时间,一处建筑或装饰才会根据其艺术价值而非政治价值来被评判。路易十八的直系祖辈们曾在卢浮宫生活过,而年少的他目睹了凡尔赛宫的变化,对他来说,没有理由不对这些在路易十四时期被无情交给各个学院的老旧建筑进行改造。改造只会提升卢浮宫的价值,吸引更多参观者。因此,在国王的默许或口头同意下,拆除的计划就这么决定了。在当时,这个决定并没有很大反响,但以现在的思维来看此事的历史学家们对此颇有微词。就如先王路易十四抛弃了法兰西王室套房,路易十八把它们都拆除了。路易十八让人拆了贝尔维城堡,卖掉了路易十六精美的办公桌,他对凡尔赛宫和马利城堡毫不关心,亲眼看着西伯克·德·伽皮的装饰画被毁坏而毫不惋惜。他不认为这些装饰画具有历史价值或艺术价值,而他本人是在洛可可风格或者新古典主义风格的装饰下长大的。就连我们普遍认为更有远见、想法更现代的路易-菲利普一世,后来也毫不迟疑地毁掉了凡尔赛宫的护墙板。

第十二章 国王归来
LE RETOUR DU ROI

1817年，方丹获准开始拆除王室套房，以便获得更多空间，保证人员流通更加顺畅。或许是在他的提议下，拆下的装饰板没有被扔进垃圾箱，而是被保存在了宫内的一个阁楼里。我们责骂他毁坏了这个历史建筑，但也应该在某种程度上感激他。

这次拆除行动完全改变了内部的连通。在宫殿中心，在不同建筑物的交叉口，一块真正符合参观条件的空间被开辟出来。在帝国时期，为了外部的协调统一，佩西耶和方丹拆除了旧国王楼的上面部分，也就是马萨林、富凯、柯尔贝尔和大太子曾经住过的地方。拆除王室套房的细木护壁板和隔断后，人们决定清空宽大的旧国王楼和塞纳河畔的公共区域，甚至包括屋架，开辟一个巨大的内部空间。这个工程还重新发现了7个大壁炉伸出屋面的那部分烟囱，所以这个大厅就得名为"七壁炉厅"。在查理十世时期，这里被建成一个胜利厅，挂着杰拉尔的两幅画（现藏于凡尔赛宫）：《亨利四世进入巴黎》和《查理十世加冕》。后来这两幅画又在路易-菲利普一世时期被摘下来。后来几个世纪的时间里，这间厅室都没有得到合理恰当的使用。

仍然是在卢浮宫的中央区域，发生了一件和国王有关的事。为了彰显他凌驾于议员之上的绝对地位，他在1818年决定要每年主持一次隆重的议员回归仪式。他要向他们传达一条信息，同时也是一条指令：国王不可能再去某个议院，议员们必须朝见国王。但把议员们聚集在杜伊勒里宫既不太方便，心理上的威慑也不够。于是，议员们在卢浮宫的守卫厅（出入已经很方便）集合，国王则穿过亨利四世长廊去接见他们。这样做表明他一直就在先王的宫殿里。

方丹因此对守卫厅进行了翻修，再一次显示出其高雅的风格。

大厅两端竖起了一些浅色灰墁的科林斯式柱廊，上面印着百合花盾形纹。后来的历届政府对此都十分欣赏，把它们留在了原地。在隔墙上方，几个大托架支撑着一个可以容纳许多观众的观礼台。托架的扶手侧面很简单，但下面的柱廊装饰着奢华的铜饰。

1820年，贝里公爵惨遭杀害，导致这场翻修工程中断。在方丹于1812年安放了圆柱的艺术宫二层大厅里，垂挂着印有纹章的黑布，头部没有遮盖的遗体周围放了一圈蜡烛，整整燃烧了9天。公爵之死让王室暂时回到了卢浮宫。

方丹的工作一结束，议员们一年一度的回归仪式就开始了。第一次是在1820年12月18日。那一天，路易十八艰难地穿上了一件带肩章的礼服，坐在轮椅里（最后的时间里，他甚至都走不到那里去，需要别人推着他）。队列是按照礼仪编排的，国王被人推着从杜伊勒里宫的套房一路来到花神馆，途径大画廊。大画廊的地面高低不平，随从们需要把国王连带轮椅一起抬起来。和十年前的拿破仑一样，他们穿过长长的画廊，国王会时不时点评一番。幸好藏品还算丰富，福尔班才能够把画作一幅幅紧挨着排列。

经过同样摆满艺术品的方形沙龙，路易十八来到了破败的阿波罗长廊。走出长廊，进入圆厅，他重新见到了他亲爱的维纳斯——海涅称之为"美丽的圣母"，他温柔地看着她，引用了古人的一句话向她致意。队伍从那里排起，穿过了原来的国王办公厅、七壁炉厅，然后是原来的王室前厅。前厅作为议会厅的等候室，那里原先由西伯克·德·伽皮设计的天花板被彩绘的壁板填补完整了，但是国王连抬头欣赏都有困难。

守卫厅入口有一个斜面，方便了国王的轮椅行进。他被人用力

第十二章　国王归来
LE RETOUR DU ROI

推上讲坛，面对一群站着的人，国王坐在银制宝座上，发表了精彩的讲话，时不时还引用一些拉丁文。如今在现场展出的一幅勒努的作品表现了当时的场景：大厅里天花板和护墙装饰丰富，上方的画廊里站满了人。只是这幅画创作于 1843 年，作者完全不知道 20 年前的情形。在大厅右面，他确实画了大臣（穿着黑礼服、白裤子），但是在左面，他画了一些女人代替议员，好像他们的配偶也被邀请了。大臣们没有看讲坛上的国王，而是看着左面的女人们。她们里面穿着浅色的短上衣，头上没戴东西，这完全不合情理，不过也说明对于路易-菲利普的朝臣来说，这种仪式已经完全过时，早就消失在记忆中了。在这种情况下，还有展出这幅画的必要吗？

仪式一结束，"轮椅上的国王"（反对者们如此称呼路易十八），就原路返回了杜伊勒里宫。路易十八主持的最后一次仪式是在 1824 年春天。国王在这次仪式上宣布了西班牙之战的最终胜利，但他的身体衰弱，脸色憔悴，脑袋一直垂在胸前，说话含混不清。他喋喋不休的话语只不过是难以听清的嘟囔，回到杜伊勒里宫后，他的临终弥留持续了 4 个月。

守卫厅的整修工作一结束，位于附近的旧国王办公厅也被彻底改造了一番（1822 年）。路易十四在执政期间，在这个地方曾做出过许多重大决定（如今在这个大厅里已经看不到他往日的痕迹）。这个旧书房在某种程度上是通向博物馆的入口，所以需要一番全新的装潢，不过要到路易-菲利普执政时期才能竣工。在莫再斯绘制的天花板上，始终手拿镰刀的时间之神展示着作品，其中就有《米洛斯的维纳斯》。拱形曲线上装饰着亲切的神灵，门上饰有古代盾牌，上方是手势各异的爱神们。方丹绘制的大玻璃橱窗里陈列着金银器，其中有著名的《雅娜埃夫勒圣母》。整个装饰在当时很完整（绝无仅有），大厅保留了精美的彩色地面。"奥古斯特先生"的一幅精美画作（约 1836 年，藏于卢浮宫）展示的就是身穿红衣和踩脚裤的保管员，画中他正看守着装饰一新的大厅。

建筑改造或已竣工，或正在进行。19 世纪 20 年代初，经济环境好转，博物馆的收藏又开始丰富起来。王室政府一方面努力修复在大革命时期被掠夺、在帝国时期又无人理睬的教堂；另一方面努力填补卢浮宫中的空白。为此，两种方法齐头并进：引入新作品和订购新装饰。

第一项政策立马投入实践。一组珍贵的画作重返卢浮宫，一下子占据了很大的空间，那是一幅 300 平方米的巨型画作——鲁本斯的《玛丽·德·美第奇的一生》。在法国大革命时期，它被送进卢浮宫，后来拿破仑又把它放进了卢森堡宫。它和勒·叙厄尔的《圣布鲁诺》一起回到博物馆后，被连续展出过多次，之后再也没离开过。年轻的德拉克洛瓦在临摹这幅画时得到了许多灵感。1763 年，路易十五命约瑟夫·贝内特创作的《法国海港》也来到了博物馆，这幅画现存于海洋博物馆。1819 年的一幅版画，描绘了新装饰的大画廊，在上面能看到拱顶圈石接缝中打的拱孔。

1816 年，勒努瓦的法国文物博物馆突然被迅速拆除，这为卢浮宫展厅的重新布置提供了资源。在这些可观的藏品中，除了现场留给美术学院的作品，以及被认为太过"哥特"而配不上博物馆的中世纪作品外，其他藏品放满了勒梅尔西耶翼楼底层的 5 个展厅。这些展厅保留了方丹设计的布局：装饰精美的门、以雕刻装饰的平顶搁栅、壁柱、精美的彩色地面。1824 年，这里以"昂古莱姆博物馆"

第十二章　国王归来
LE RETOUR DU ROI

的名字重新开放。这是王位继承人的名字，他因对战西班牙轻易取胜而出名。

J.R.加博里特别注意到，博物馆的展品中最古老的是著名的《圣乔治大战恶龙》。展品大体上都是文艺复兴时期的古典作品，比如阿奈城堡的《狄安娜与鹿》，或者让·古戎的《被解下十字架的基督》。后面这一雕塑作品来自圣日耳曼奥赛尔教堂，其中的玛德莱娜就像瓦卢瓦宫廷中一位优雅的常客。此外还有很多拿破仑定制的雕塑。这些展厅是现在雕塑部的前身，展厅正对着米开朗琪罗的雕塑《奴隶》，他们在房间里漫步，就像生前所为。还有一幅版画，描绘了热尔曼·皮隆展厅庄严的场景。这些都要归功于地中海东岸地区的考古行动。

还有一些雕塑从凡尔赛宫被运送过来，有皮热创作的《克罗托那的米罗》（1670年柯尔贝尔定制），以及布沙东的《爱神丘比特将大力士的狼牙棒做成弓》。在大革命时期被存放入仓库的弗兰克维尔的《奴隶们》重见了天日。顺着这个思路，博物馆在1819年收入了大革命后幸存的交易所桥上西蒙·吉兰的3座精美铜雕。它们一直被保存至今，存放在今天的博物馆中，但是样貌已经不易分辨了。

这个丰富博物馆馆藏的新政策，是把博物馆当成宣扬君主制的工具。拿破仑时期，艺术战利品都在为他发言，为的是彰显他的光辉统治。复辟政府因让战利品流失而受到指责，所以有必要在刚刚萌芽的法国博物馆史上，让博物馆为政体服务：展厅的名字、天花板的主题，都得颂扬国王们的荣耀。而且为了不引起反对，还得足够审慎。

同时，"字母L和百合花重新占据了立面，蜜蜂图案被锤制出来,长插销上的拿破仑头像甚至被换成了密涅瓦智慧神像"(G. 布雷斯克),不过拿破仑没有抹去前人们的签名。雕塑家弗朗索瓦·勒莫经历了不同王朝的统治,其艺术生涯也随之摇摆,是他负责把柱廊三角楣上的拿破仑半身像换成了路易十四的半身像。由此,这个17世纪的立面上装饰的是帝国时期的三角楣,其颂扬的是国王路易十四。这种混搭形式出人意料,却也是卢浮宫历史的象征。

  福尔班懂得挑选古代和当代的作品,他争取了大笔拨款用于购置藏品。尽管路易·大卫因为赞成处死路易十六而被放逐,但他的《劫夺萨宾妇女》和《雷奥尼达》还是被收入卢浮宫。1822年沙龙上,年轻的德拉克洛瓦展出了《但丁和维吉尔》,再加上吉罗代的《阿塔拉的葬礼》,浪漫主义画派在卢浮宫大获成功。福尔班甚至开始洽谈系列藏品,努力把法国画派和佛兰德斯画派系列画补充完整,包括格勒兹、约尔当斯、鲁本斯和佩鲁吉。

  至于古代艺术(查尔斯·德·克拉科从1818年起负责该部门,他把那不勒斯国王穆拉时期的庞贝翻了个遍),那个时期最精美的收藏应该就是《米洛斯的维纳斯》。这个雕塑动荡传奇的赴法之旅,已经为人津津乐道。1820年4月,米洛斯岛上的一个希腊农民发现了这座雕像,两个法国海军军官把它认了出来(当时已经是断臂的状态),其中一个军官就是迪蒙·迪尔维尔。他们向法国驻君士坦丁堡大使里维尔侯爵详述了这次发现,侯爵立即派同事马赛鲁斯先生去米洛斯。此人到达那里的时候,几个土耳其水手正打算把这座雕塑搬走,他最终把雕塑拿下,运到土耳其首都。1820年,里维尔把它带回法国,赠予国王,雕像就放在了杜伊勒里宫(1821年3月1日),国王后来又把它赠给了卢浮宫。经过第

第十二章　国王归来
LE RETOUR DU ROI

一次不太令人信服的尝试后,方丹把它放在了阿波罗圆厅,后来正如我们所述,路易十八再次见到了这座雕塑。这就是法国古代考古学的开端性事件。

另一处藏品开始丰富起来的地方是沙龙,甚至可能比帝国时期更加兼收并蓄,但由于某些原因,缺少了表现战斗场景的作品。两年一度的沙龙通过购买或定制,展出众多作品,引领新趋势。1817年,阿里·谢弗的《加莱的有产者》(现藏于加莱博物馆)和杰拉尔的《亨利四世进入巴黎》(现藏于卢浮宫)因对民族主题的颂扬而受到追捧。也有一些画引发了争议,比如1819年的《梅杜莎之筏》。路易十八坐在方丹所说的"无机械轮椅"里参观时,向这幅画的作者祝贺道:"席里柯先生,您画的这场海难,对您来说可不是灾难啊!"

导致这场悲剧的原因就是他的无能,国王为何还能对此画做出如此高的评价?该画于1824年画家死后被卢浮宫购得,购画时还引起了一些争议。特奥菲尔·戈蒂埃写道:"放在今天很难想象,在当时这个主题有多么惊世骇俗。"

尽管人们接受了一些主题,但称颂前一届令人憎恶的政权的主题仍被拒之门外。1822年,贺拉斯·贝内特的《克里希城门》被沙龙拒绝,对它的怀疑也并未停止。1835年,画作的所有者把它赠给了贵族院,贵族院又在两年后把画给了卢森堡博物馆。在此期间,这幅油画名声大震,后来被移入卢浮宫。

重新布置博物馆的第二个方法就是增加装饰。尽管这些装饰的品质参差不齐,但如今做一次清点也是很有意思的。

首先是内部和外部的雕刻。1819—1824 年，根据让·古戎的原则和风格，雕刻家们在方形庭院中最后几扇空着的小圆窗周围装饰了浅浮雕寓意画。其中的一些雕刻家在当时小有名气，例如科尔托、雷米、布拉、珀蒂托、迪蒙，以及怀有共和倾向的大卫·德昂。不过确实，他的《正义女神和纯真女神》的主题是任何政治倾向的人都能接受的。他创作的正义女神严厉、刚正不阿，穿着罗马服饰，而纯真女神则衣物脱落以展现其美德。安托万·杰拉德雕刻了《法兰西女神和宪章女神》，后者明显更加难以辨认。

楼梯上也有装饰性雕刻。在女像柱厅，贝尔纳·朗日大刀阔斧地对让·古戎设计的壁炉上的两尊雕像进行了改造，由此获得了"歼灭者朗日"的外号。

最为重要的是那些参加"墙画竞赛"的装饰，这场比赛在当时是一大盛事。在佩西耶和方丹设计的大楼梯里，崭露头角的布景师阿贝尔·德·普约尔在天花板上绘制了《艺术守护神让它们从黑暗中走出》。这幅画消失后，人们只能在瓦朗谢纳博物馆的草图中了解它。画中人物盘旋飞起，时而因彩色衣襟而缠绕在一起。在残存的平台和现在的杜厦特尔厅（当时是方形沙龙的前厅），梅尼耶绘制了《化身智慧女神密涅瓦的法兰西保卫艺术》和《法兰西绘画的胜利》，后者将普桑、勒·叙厄尔和勒布伦的形象神化，他们每个人都拿着标有他们作品题目的标牌。画面最上方是以女性形象出现的阿波罗，下方是一个身材丰腴、长着翅膀的女人，正在和举着镰刀的时间之神对抗。十几年后，这幅位于天花板中心的画作周围才得以补上各种不同的寓言画和刻有著名画家肖像的圆浮雕。大卫也在其中，他的离世和新政权已经为他正了名。

第十二章 国王归来
LE RETOUR DU ROI

为了填补和装饰原来王室套房前厅里的西伯克框饰，梅里－约瑟夫·布隆代尔受到召唤，但其实他的能力还不足以匹配这些框饰，尽管此人当时在事业上取得了极具典范性的成功。他获得了罗马大奖，取得了任教资格，入选了法兰西学术院，获得过荣誉勋章，但这些都不能掩盖他缺乏创造才华及个人色彩暗淡的事实。他的画作在 1938 年被撤下，存入仓库。在阿波罗圆厅天花板上，布隆代尔灵光一现，满怀激情地绘制了《伊卡洛斯的坠落》（1819 年）。莫再斯和库代对空置了两个世纪的灰墁隔间也进行了装饰。17 世纪和 19 世纪的巧妙结合取得了可喜的效果，游客们不妨抬头欣赏一番。

装饰天花板一直伴随着人们参观博物馆的路线，提供了一个永恒的装饰性背景。为了达到同样的效果，1797 年从麦松府邸夺来的精美栅栏，被方丹于 1819 年安放到了阿波罗画廊和小教堂的入口处。不过如今应该把它们放回原处吧。

我们可以推测出，在路易十八离世时（1824 年），博物馆已经显示出重生的迹象。政府和博物馆负责人出色地完成了工作，克服了 1815 年的大动乱。建筑内外的装饰都竣工，丰富多样的藏品让这里再次成为一座伟大的博物馆。但是尽管 1814 年颁布了法令，扩建工程还是进展缓慢。方丹慢吞吞地按照同样的风格沿着里沃利街建造翼楼，从马尔韦尔的一张照片中可以看出，最终只完成了一个半的梁跨。到 1825 年，翼楼通到了黎塞留街，当时一直延伸到了卡鲁塞勒广场。再往东，从佩罗的地图（1834 年）上可以看出，和勒沃建筑对称的建筑物已经按照预期建了起来。艾蒂安·布欧的一幅画作（现存于卢浮宫历史展厅）绘制了当时的拿破仑庭院和博物馆入口，以及卢浮圣路易教堂里被毁坏的精美的巴洛克祭坛。

从同一幅地图上还可以看到，卡鲁塞勒街区还是原来的景象，两边是"王室大街"，南北面是沿街的房子，复辟政府没有处理它们。为什么？可能是因为政府并不关心拿破仑为了彰显自己的荣耀而进行的城市改造。也有可能是因为资金，尽管他们购买新藏品时的态度那么坚决。但是此处不仅修缮工程需要资金，清理空地也需要钱。和他的前任们一样，路易十八也没有占用土地的权力，而向东扩建佩西耶和方丹翼楼需要再拆除这个敏感街区的建筑。另外，博物馆不需要新建筑了，甚至还得由一些行政机构将这里闲置的建筑利用起来。

早于国王去世前举办的1824年沙龙是一场盛大的沙龙，在绘画史上也十分出名。安格尔迎合当时政体的意志，将《路易十三的宣誓》送展。但同时，英国风景画家们也带来了一场改革。年轻的德拉克洛瓦很快就受到康斯太勃尔（《干草车》）的影响，当场改动了他的油画《希奥岛的屠杀》。英国画派带来了风景画的新视角，而法国浪漫主义则更关注棘手的现实问题。

同年颁布的新规章规定，卢浮宫在周日和节假日向公众开放，其他时间向艺术家和外国人开放。博物馆也一直没有忘记从18世纪诞生起所承担的教育使命。

查理十世是第一位真正对卢浮宫感兴趣的法国君主。对于拿破仑来说，这个博物馆不过就是战利品仓库，是大帝国的招牌；而对于路易十八来说，这里则是宫廷活动的剧场。路易十八的弟弟——查理十世，早在巴嘉莱特城堡或麦松府邸时就表现出了对艺术的兴趣。1822年，他向波西奥定制了一幅《赫拉克勒斯对决阿科洛俄斯》

第十二章　国王归来
LE RETOUR DU ROI

（现藏于马利馆），表现出了他的浪漫主义倾向，这种倾向从他的画作收藏中可见一斑。1824年，他购置了埃尔森的《登上圣哥达》（现藏于卢浮宫），1828年向A.X.勒普兰斯定制了《苏斯腾的风景》（现藏于卢浮宫）。这两幅雪景画在他古典风格的内宅里显得有点格格不入。他还向德拉克洛瓦定制了《南锡战役》。

他坐上王位后不久就表现出了对艺术家们的喜爱和重视。1824年沙龙开幕时，他来到卢浮宫对他们进行嘉奖。汉姆有一幅画（现藏于卢浮宫）绘制了优雅高贵的国王向荣誉加身的艺术家们（短裤、黑袜、佩剑）颁发重新启用的奖章，比如圣米歇尔项链，它在旧制度时期是艺术文学界的一种勋章，但在大革命时期被取消。当时艺术家的名望以及获得的奖项会直接影响他们受到的礼遇，因此这些勋章十分重要。出席者中有几位头戴羽饰帽的女士，他们并非女画家，而是画家们的妻子，因为前者已经很少见了。画作依旧像拼图一样排列在一起。

查理十世在位的6年间，对卢浮宫的管理有时比对内政更具智慧。

宫殿里还有很多地方空着，国王决定重新着手祖父路易十五的计划。这个计划在加布里埃尔和苏夫洛手中都落空了。国王决定从此把国务院从杜伊勒里宫移至位于钟表馆以北的勒梅尔西耶翼楼二层、通过亨利四世楼梯就可以到达的5间大厅。这5间大厅在1825—1828年经方丹整修。为此，美术主管人索斯但尼·德拉罗什富科定制了一组天顶象征画。第一间大厅为执达员专用，绘画主题是布汶战役的胜利，除却对过去封建王朝的称颂，这同国务院的工作毫无关系。这个主题用了两种并列的方式表现：天花板上是

卢浮宫全史
LA GRANDE HISTOIRE DU LOUVRE

梅里-约瑟夫·布隆代尔绘制的《布汶战役中凯旋的法兰西女神》，画中飞在空中的人物似乎和战争并无关联；天花板四周是宽大的弧形曲线框，装饰着美术学院派研究的裸体人物。或许是对后续绘画主题的犹豫，他们在1827年还是为这间大厅向欧赫斯·维尔内定制了画作。此人是波拿巴王朝的拥护者，也是一位多产的画家（他出生在卢浮宫）。他的大尺寸画作《布汶战役》被放在这间大厅内，后来路易-菲利普又把这幅画放到了凡尔赛宫的战争画廊里。

第二间大厅是例会厅，天花板上还是布隆代尔的画作《路易十八颁布大宪章》。该画完成于1829年，而一年之后查理十世就违反了这个宪章。天花板宽大的弧形曲线框描绘了单色的历史场景画和寓意画，比如迷人的仁慈女神。拐角处则是围绕着王室徽章的裸体神话人物。

最初，装饰画是用若干绘着图案的大幅护墙板拼在隔墙上的，这些护墙板最后都七零八落，只剩下施内茨的《执政官博伊休斯的永别》（现藏于图卢兹的奥古斯丁博物馆）。

下一间是诉讼厅，天花板由德罗林绘制，他的《法落人间》中的人物面无表情。最初还有一些绘图的护墙板，其中一幅是德拉克洛瓦创作的《查士丁尼制定法典》，现在其草图存放于装饰艺术博物馆中。

第四间大厅是会议厅，天花板由莫再斯绘制，他的《智慧之神将法令授予国王和立法者》的草图最开始遭到拒绝。他竟然画了拿破仑，但很快又改画了亨利四世、路易十四和路易十八。"若国王屈尊颁布了大宪章，此天花板则证明了他只接受上帝的指令"（L. 奥特格尔）。

第十二章　国王归来
LE RETOUR DU ROI

塞巴斯蒂安·阿拉德对这些绘画研究颇久，而这场装饰运动未来有很长一段时间不为人知，但在当时是一项著名的事业。

还要注意国务院的档案室自1832年移入皇家宫殿后，就安置在亨利四世建造的住房兼画室内，但后来就不知去向了。

路易十八去世后，福尔班不满《米洛斯的维纳斯》被放在阿波罗圆厅，于是把它移入尼罗河展厅，方丹则认为"这比一开始的放置更糟糕"。约瑟夫·瓦朗库尔绘制的一幅精美油画表现了当时的场景。博物馆里的古代雕塑令索斯但尼感到震惊："伤风败俗，家长们都不敢带着孩子去古代展厅参观，学习艺术的少女们如果没有完全丢掉羞耻心的话，都无法凝视和研究这些雕塑。"于是，他命人用葡萄叶遮掩男性雕塑的特殊部位。

1827年，方丹终于拿到了给他负责的里沃利街上的翼楼封顶的拨款。

卡鲁塞勒拱门和钟表馆之间的卡鲁塞勒街区，只剩最后一块闹区了。原来王室大街的南北方向都是府邸、楼房和各种私人住宅。从德塔耶尔收藏的一幅水彩画（约1828年）上可以看出，当时的这些建筑状态还不错。那里有王室马厩（差不多在如今圆形广场的地方）或者卫队府邸（稍微往南一点）。1806年艺术家们被驱逐出宫，导致奥尔提街消失，未受影响的住房兼画室面朝着一条通向斯芬克斯厅的东西向大道。

大卫死后，他的画室在1826年被出售，其作品《雷加米埃夫人肖像画》被收入卢浮宫。当时博物馆想将全世界的瑰宝纳入馆内的意愿非常强烈（但这是国王的意愿还是官员们的呢？）。1826年，博物馆提出了设置亚洲、非洲和美洲文明展厅的计划。德农藏品的出售，换来了若干哥伦布发现新大陆以前的作品以及大洋洲的作品，其中有一些漂洋过海来到了凯布朗利博物馆。

提到非洲文明，最先想到的当然是古埃及文明。查理十世下令建立了"埃及分部"（1826年5月15日），由商博良负责，他把分部设在了方形庭院底层。除了博物馆已经拥有的几件展品外，他又收集了德霍维堤的部分藏品和萨尔特的全部藏品。这两位，一位是法国领事，一位是英国领事，他们曾在开罗因要把第一头长颈鹿运往法国而起了分歧。萨尔特共有4000件藏品，其中来自塔尼斯[①]的巨大粉砂岩斯芬克斯像被放到了原来的王后庭院，这里成了博物馆入口，由此取名为斯芬克斯厅，并一直沿用至今。商博良还在卡纳克发现了镶嵌着金银的卡罗玛玛女王立像，并把它运往卢浮宫。卢浮宫称得上是世界上最古老的埃及博物馆。

现在不太为人所知的考古学家普利斯·阿维恩，"他的生活多姿多彩，他的巴黎式精神和大胆，充分代表了19世纪上半叶考古学家们的冒险行为"（P. 罗森博格）。他把卡纳克古代展厅里的装饰品送到国家图书馆，但装饰品在那里受到些许损坏，后来卢浮宫又接纳了它们。

1825年德农去世后，其继任者们想把他的纪念物永久存放在这座他为之呕心沥血的博物馆中，并把他亲自从埃及带回来的登德拉星图赠给了博物馆。现在参观这个神殿时，能看到的不过是一个拙劣的模型。

[①] 塔尼斯（Tanis），又称达贾奈特（Djanet），是古埃及城市（Djanet）的希腊语名称。——编者注

第十二章　国王归来
LE RETOUR DU ROI

埃及藏品很快就丰富起来，所以需要尽快给它们找到新的存放地。似乎是查理十世亲自将位于方形庭院一侧南翼楼二层，即原来的王后套房划为此用（说明国王当时对宫殿内的历史性建筑仍然并不上心），这一决定即将开启卢浮宫的大改造计划。一位大臣曾对福尔班说："将博物馆置于王室的名义下，如此便无人敢拒绝给您资金。昂吉维莱尔很吝啬，但他害怕公众，拒绝此种用途的拨款，不免被大大嘲弄一番。查理十世之名将是您的通行证。"福尔班认为此话有理。九间新大厅被冠以"查理十世博物馆"之名。

原来的王后套房就这样成了一排装饰丰富的展厅，位于中间的大客厅由柱廊厅构成。也是在那个时期，希托夫和他的朋友们再现了古代建筑物上的彩色装饰。方丹在彩色大理石的基础上创造了白色和粉色的泥塑，以金色装饰，再加上奢华的贴面。精心绘制的棕红色玻璃橱窗是雅各布·德马特之作，还有以水晶玻璃装饰的大理石壁炉。整体色彩协调一致，既像宫殿又像博物馆，给人一种愉悦的视觉享受，可以说是复辟风格的杰作。

福尔班想要让在18世纪被架上绘画取代的巨幅画重新恢复昔日的辉煌。他打算为这九间大厅绘制天顶画，并用拱形曲面画体现展品所处的时代。

为了实现这个计划，他挑选了一些年轻的画家，并"根据天顶画的尺寸和艺术家的名气决定他们的报酬"（S. 阿拉德）。事实上，撇开可能会有的争议，这些绘画作品是当时最重要的装饰。

从原来的国王套房（已被拆除）进来，就是原来的国王小书房，即克拉科前厅。再下一间房，也就是原来的王后御床接见厅，由安格尔负责这里的天顶画。他当时已经45岁，1824年从意大利回到法国后，参加过几次沙龙，再加上他的画室十分出名，为他赢得了名声，但糟糕的性格又让他的声誉受到损害。他在此处创作了《荷马礼赞》，一夜成名，但也招来诸多非议。舆论批评他的这幅作品同展厅里的展品没有太大关联性，又老套，甚至缺少天顶画的特点，尽管画中普桑和莫里哀的视线看向的是观众。不过，画廊的其他天顶画也有同样的缺点，但是他们的意图是为了让观众背朝窗户，获得最佳的观赏光线。安格尔的画被放置在一个不同的角度，这使他的作品和这个房间更加格格不入。这幅画后来被巴列兹兄弟的摹本所代替。四周的拱形曲面画，在安格尔画作的映衬下，呈现出一种大胆又和谐的色彩。

第二间展厅更大，是原来的大书房，汉姆在天花板上绘制了《维苏威从朱庇特那里接受烧尽赫库兰尼姆和庞贝之火》，画中人物姿态各异。拱形曲面上画的是老普林尼之死。前文提到过的夏尔·梅尼耶在第三个展厅（王后的内卧）的天花板上绘制了《帕耳忒诺珀仙女将灶神像带到塞纳河畔》，这可能是在影射庞贝古城遗址挖掘，虽然法国并没有参与其中。这幅作品构图复杂，画中迷人的仙女们带有布歇的画风，她们似乎对自己的角色并不知情。第四个展厅（王后侧厅）里又出现了庞贝的影子，弗朗索瓦·皮科特在这里画了《西贝尔在维苏威火山下庇护庞贝、赫库兰尼姆和斯塔比》。这幅古典和浪漫主义风格的画作受到的关注较少，幻想部分占了更大的比重，人物的表现力不强。画中的庞贝看上去在等待灾难降临，并不惧怕。皮科特当时还很年轻，最擅长宗教主题的绘画，他或许值得更多的研究。

接下来，我们进入了中央大厅。这里在帝国时期被方丹用灰墁

第十二章 国王归来
LE RETOUR DU ROI

柱划分成方形的隔间。3个天花板都由格罗负责,这位《雅法鼠疫病院》的作者在绘制天花板时开始走下坡路。他被查理十世封为男爵,一方面到死都遭受着路易·大卫对他亲古典主义的斥责,一方面又享受着年轻的浪漫主义者对他的钦佩,但是这些人很快也离他而去。他在这里创作了3幅荣耀主题的作品,有时几近怪诞。在右边的《时间之神将真理之神送上宝座的阶梯,智慧女神接待了他》中,真理之神是赤裸的,但看上去像一位因丢失了衣物而绝望的女人;中间是《真正的荣光倚靠在美德上》;最后是《玛尔斯战神接受胜利女神加冕,聆听节制之神,停下战马,折断标枪》。战神一丝不挂,但是头戴盔帽,在胜利女神惊讶的目光下,登上一辆模糊不清的马车,我们不禁怀疑他究竟把脚伸到了哪里。格罗擅长或者说曾经擅长画人物的动作和神态。为了表现学院式的庄严,他丢掉了他的力量和特点。

在第六间大厅里,皮科特绘制了《学习之神和天资之神向希腊之神揭开埃及的面纱》,但他似乎并没有从这个主题中获得灵感。第七间大厅更大,由大卫的学生阿贝尔·德·普约尔负责,他获得过罗马大奖,前途似锦。他绘制的《犹太人约瑟夫拯救埃及》中的人物姿态丰富,而且很有力度。画中的农民跌倒在英雄的怀中,属于东方化的戏剧表现。角落里,一条狗在喷火,但它似乎对这个场景并无兴趣。

时年40岁的贺拉斯·贝内特,在他光芒四射的绘画生涯中,懂得从帝国的欢呼者(他还会再次欢呼)变为复辟的拥护者。当时他正要出发去罗马管理法国学院。可能正是出于这个原因,他在第八间大厅的天花板上绘制了《尤利乌斯二世指挥梵蒂冈工程》,教皇的周围是布拉曼特、米开朗琪罗和拉斐尔。这个场面颇为有趣，比之前的几幅画作都更加写实，背景还是露天的精美建筑。

在最后一间大厅里，绘制的是《国王把查理十世博物馆献给艺术之神》。1830年这幅画被撤掉，重新由格罗创作，显然他不得不面临重新绘制的困难。而弗拉戈纳尔在拱形曲面上绘制的艺术之神向君王致敬的画则被保留了下来。寓意画在装饰画中占据着首要地位。当时的参观者都能理解吗？无论怎么看待这些装饰画的风格，都不可否认，它们确实很好地融入了建筑中。这也是我们在现代装饰中关心的一点吧？

查理十世博物馆的开幕仪式延期了，而安格尔还没有完成天花板的布置。开幕式最终于1827年12月18日举行，安格尔苦涩地写道："国王在所有展厅都驻足观赏了一番，唯独没有在我这里停留。"他获准使用脚手架完成绘画，但一经尝试，他就放弃了这种不舒服的姿势。

我们欣赏装饰的一致性，因为在如今看来这是最重要的。但在当时并非如此，上千件各式各样的艺术品堆放在桌子上，大厅里满满当当。管理者们还没有完全接受展览的想法，甚至对此抱有怀疑。

不过，商博良不负众望。1829年，他成功在方形庭院举办了一场埃及作品展。从展览的目录看，不用说，这场展览是为了纪念拿破仑。

塞巴斯蒂安·阿拉德指出，和查理十世博物馆平行的长廊——坎帕纳长廊，在查理十世统治期间也得到了装饰，因此可以算是这位国王的功劳。同时在方丹的领导下，长廊天花板的创作主题从古代神话慢慢转向近代历史，风格也发生了变化。继第一个长廊里带

第十二章　国王归来
LE RETOUR DU ROI

有东方色彩的古典主义后，行吟史诗风格在风俗画领域将开启一段漫长的旅程。难以在公众面前维持弗拉戈纳尔这个姓氏分量的亚历山大-埃瓦里斯特·弗拉戈纳尔，创作了《弗朗索瓦一世和纳瓦尔王后收到从意大利带回的画作》，这幅画没有达到天顶画应有的效果。《穿着骑士装备的弗朗索瓦一世》也有相同的缺陷，画中的巴雅尔坐着，国王却站着，国王要是看到这个礼节上的错误必定会大吃一惊。德维里亚创作了《皮热向路易十四呈上克罗托那的米罗》；德罗林则创作了《自称人民之父的路易十二》，在这幅宏大的全景画中，路易十二的神情似乎有点迷茫。最后还有莱昂·柯涅，他大胆地绘制了《拿破仑指导下的埃及远征》，据塞巴斯蒂安·阿拉德所说，这幅画的设想在1829年得到批准，而拿破仑只出现在了背景的阴影中。

查理十世统治期间，卢浮宫还开放了另外一个博物馆。当时的政府致力于发展舰队，纳瓦里诺海战的获胜也证明了发展海军的必要性。为了引起公众的兴趣，1827年12月，北翼楼二层的4间展厅成为王子博物馆。卢浮宫的两个博物馆就这样冠上了国王这个默默无闻的儿子的名字。这一个博物馆的藏品来自被出售的德农藏品，大部分藏品与其说是海军主题倒不如说是人文主题。展馆里放置了一个方尖碑，周围是拉贝鲁兹的纪念物。这便是海军博物馆的雏形，它很久之后才移至夏佑宫。

工具展览会每年都会举行。"从一些石版画可以看出，卢浮宫堆满了农耕用具、炉子和各种器具"（L. 奥特格尔）。

博物馆继续在方形庭院周围扩展。从新查理十世长廊已经可以通往被柱廊环绕的东翼楼。1828年，方丹提议重新在此安置十年前经过深思熟虑被放弃的两间王室卧房，但他遇到了很多问题。这些厅室大小不合适，结果就像一件裁剪拙劣的衣服。天花板垂直抵着凹室，而不是让它继续延伸，门也是反的。方丹把拆除的细木护壁板和剩余部分放在一起，组成了第三间展厅，里面的装饰品来自勒沃在万森城堡王后宫的工程。

自此，一切定格。古代埃及艺术从此占据着这些展厅。恢复最初的样子是不可能了，国王套房已永远消失，但是可以把埃及展品搬走，把这里装修成嵌入式的房间，再把从万森城堡运来的细木护壁板运回去。

1829年5月，国王到此处参观。方丹在日记中写道："国王和随从们来到柱廊，我们费了好大一番功夫才在这里找到了安放两块天花板和部分护壁板的地方。还需要调整一番，让它们适应原来的区域划分，新增的部分要与其他部分相契合。人们称赞我们并非因为我们付出的辛劳，而是因为我们对王朝的忠心，人们认为这是我们所有努力的动机。"

面对外界的看法，方丹的态度一直很明确，他注重的是装饰的美学，而非其政治内涵。在卢浮宫工地上的40年里，他连续服务了5任君主，他也一直在用行动证明这一点。

1828年沙龙见证了浪漫主义的成功崛起，其中展出的有德拉克洛瓦的《萨尔丹那帕勒斯之死》和德维里亚的《亨利四世的诞生》。德维里亚因此获得了1万法郎的报酬。博物馆还购入了乌东的《狄安娜》。

1830年2月，刚刚独立的希腊政府为感谢法国（纳瓦林诺、莫雷）给予的帮助，向卢浮宫博物馆赠送了奥林匹亚神庙的两个排档

第十二章　国王归来
LE RETOUR DU ROI

间饰，上面还留下了一些浮雕。后来，这些排档间饰的其他断块被重新找到，但两个国家的博物馆都不愿让步，于是人们用模型将其补充完整，使这两件作品得以修复。近几年，卢浮宫已经移除了上面的模型。占大多数的赞成者对只展出原件感到高兴，而模型的作者可能会感到些许遗憾吧。

许多传记作者致力于详述查理十世是如何在6年间失去了法国民众的信任，而往往忽略了他给卢浮宫的一项有利政策。和路易十八一样，查理十世每年都会在卢浮宫主持议院回归例会，并做一次讲话，但几乎每一次都标志着君臣之间的互不理解。在查理十世即位后的第一次例会上，他颁布了赔偿流亡旧贵族10亿法郎的法令，激起了不满。

查理十世每年都在浩浩荡荡的队伍前，潇洒地从杜伊勒里宫穿过大画廊，沿着拿破仑和路易十八走过的路来到守卫厅，发表一番完全脱离实际的讲话。我们只需要看看他在1830年3月2日发表的最后一次演讲就知道了。"假若有罪大恶极的阴谋要给我造成我不愿预见的阻碍，我将从维护共和和平的决心中，从对法国人民的信心和他们对国王的爱戴中，找到克服阻碍的力量。"

他说这些话时，笔直地站着，头戴插满羽毛的帽子。话音刚落，他摘下帽子，却失手将帽子掉到地上。奥尔良公爵路易-菲利普把帽子捡起，屈膝递给了国王。在卢浮宫这座王宫之内，法兰西的最后一位国王与他的继任者面对面。这位卑躬屈膝之士在不到6个月后就取得了胜利。

1830年8月，法国七月革命的浪潮波及卢浮宫。革命很有可能会对卢浮宫造成致命一击，因为卢浮宫一度成为起义者抵抗的中心，马尔蒙还在此建立了指挥部。在这里，他向巴士底狱派遣了"两支投弹手队伍，他们被从房顶和窗户上落下来的家具和物件打得溃不成军，费尽力气才回到根据地。90多岁的奥蒂尚将军率领两个瑞士部队守卫着卢浮宫。他不能行走了，只能让人把他推到柱廊的过道上鼓舞士气"（L. 奥特格尔）。艺术家们轮流看管博物馆的画廊，安格尔负责拉斐尔的画，德维里亚和德拉克洛瓦则看守埃及馆。雕塑家埃泰说道："我忘记接替欧仁·德拉克洛瓦和欧仁·德维里亚了。到下一班轮岗时，天都亮了，他们在夜里都冻得发青了。"马克西姆·杜坎写到，多亏一个小男孩爬上了一个被遗忘的烟囱架，柱廊的大门才被打开。1833年沙龙上展出的画家贝纳尔的一幅画（现藏于卡纳瓦莱博物馆），描绘了在这个大门前作战的起义者们，他们身穿红色的制服与瑞士雇佣兵作战。从那天起，红色制服就从法兰西历史上消失了。画家擅于通过饱满的情绪激发观众的热情。7月29日，钟表馆上已经扬起了三色旗。

马尔蒙没有坚持太久就接受了停战的要求。瑞士雇佣兵们停止战斗，没有像1792年那样遭到屠杀，但有些闹事者占领了宫殿。驻军退回杜伊勒里宫，博物馆只受到了轻微的物质损失，但维耶尔-卡斯特尔声称，起义者们在卢浮宫画廊里掠夺了"价值150万法郎的珠宝和珍品"。

法兰西的最后一位国王没能保住先王的宫殿。德塔耶尔藏品中的一幅纳什的水彩画，显示出在战斗中死去的守卫者和起义者被埋葬在柱廊的小花园里，几年后又被运到巴士底圆柱下。传统（或传说）认为，在七月革命前不久，埃及馆的负责人发现两具木乃伊受巴黎气候的影响开始腐烂，于是把这两具木乃伊也埋在了同一个小

第十二章　国王归来
LE RETOUR DU ROI

花园中，与其他遗体一起被运到了巴士底。所以，法老时期的埃及人或许同 1830 年的人一起长眠于圆柱下。

对卢浮宫而言，接下来的 15 年是非常值得关注的。我们马上就开始这一部分的讲述。

第十三章
资产阶级王朝下的博物馆

MUSÉE DE DYNASTIE BOURGEOISE

路易-菲利普的前几届内阁政府都没能说服这位新国王离开心爱的皇家宫殿，并移居杜伊勒里宫，但是这位"公民国王"对卢浮宫很感兴趣，他几乎每天都要去参观。方丹保留了原职，他非常希望完成里沃利楼的工程，国王的想法也一样。从1830年12月起，国王就让建筑师研究如何把两座宫殿连接起来，除此之外，还要想办法通过长廊或柱廊把它们同皇家宫殿连起来。国王和王后每每谈及即位之事，总形容是场灾难，他们本来不用出宫门也可以时不时去看看那些令他们感到遗憾和惋惜的地方，博物馆本来能增加一些新的空间。

　　可惜计划没有实现，尽管它确实引起了某些人的兴趣，其中就包括夏多布里昂。1831年，或许想到了他必须舍弃的狼谷公园，他设想在两座宫殿周围栽满树，用花园取代花神馆和马尔桑馆的位置，修建卡鲁塞勒花园和圣日耳曼奥赛尔花园。这位子爵的想象可能给后来改造巴黎的奥斯曼提供了灵感。

　　梯也尔后来再次提起这个问题，他计划在竣工的宫殿里设置皇家图书馆，这也算是老调重弹了。议员们认为这样开销太大（1700万法郎），后来议会再次拒绝拨款。这种反应可能源于对国王专权的反抗，害怕扩建宫殿会导致王权的扩张。在当时，国家元首的权力大小是根据其居住地的规模来衡量的，对于路易-拿破仑·波拿巴也是如此。

只有卡鲁塞勒广场和拿破仑广场上的拆除工作还在断断续续地进行（谢弗勒兹公爵的府邸在1832年被推平），只留下了几座被改造成马厩的旧房子和几处脏乱热闹的楼群，比如位于长老街上的片区，就在奥尔提街和卢浮圣托马斯街（莫利安馆）之间，这里的圈子（或者更确切地说是社团）十分出名，聚集了特奥菲尔·戈蒂埃、加尔瓦尼、内瓦尔、拉马丁、缪塞和夏塞里奥，他们过着快活的日子，并且留名文史。看看内瓦尔是怎么说的：

> 我们在长老街共同居住的地方称兄道弟……我们当时年轻、快活，也很富有……

同样在这条街上，有一个卖二手艺术品的商人，他收藏了布歇、弗拉戈纳尔和其他在当时无人欣赏的艺术家的作品，这些画上用粉笔标着价格。龚古尔兄弟就买了其中一幅画。巴尔扎克在《贝姨》（1838）中尽量丑化这片街区，结尾几乎是带着威胁的祈祷："卢浮宫已经快从裂开的墙壁和大张的窗户嘶吼了40年'快把我面前的这个瘤子摘除！'"

政权的更迭还导致了另一个结果：圣灵骑士团勋章被废除，从此成为历史。勋章和饰有红色火焰花纹的黑斗篷被送往卢浮宫，我们现在还能在那里看到它们。

第十三章　资产阶级王朝下的博物馆
MUSÉE DE DYNASTIE BOURGEOISE

19世纪，沙龙仍在方形沙龙举行，有时会展出一些纪念新鲜大事件的作品。1831年，德拉克洛瓦在沙龙上展出了《自由引导人民》。这幅画给大众留下了深刻的印象，以政府的名义被收入博物馆，但也招致一些批评。亨利·埃纳认为画中有几个人像是"重罪法庭的首脑"，其他人就是些底层人士。有些审美家批评画中女子的腋毛，而不是她裸露的胸部（裸体很长时间内被认为是绘画的特权）。在艺术理论家们看来，毛发在很长一段时间里都是下流的象征。

最终，正统思想占了上风，画被还给了画家，直到1874年才重新进入卢浮宫。自那以后，画中描绘的战争已经让人忘记了这幅画曾引起的争论。

在1833年沙龙上，安格尔展出了25年前创作的两幅画：一幅是美丽又不失克制的《德沃塞夫人》（1807年，尚蒂伊）；一幅是表现现实力量的《贝尔丁先生》（1832年，卢浮宫），这幅画激发了观众的热情。

沙龙不设门槛，越来越多的画作在此展出（1835年达到2229幅），结果不得不把大画廊的挂画摘下来，或者在这些画前设置一个临时隔板以展出新画，但这两种解决办法引起了博物馆常客们的抗议。同时，这场年度盛会上开始出现蹩脚画师的身影，他们直到19世纪末都臭名昭著。他们通常戴着大边沿的尖顶毡帽，身穿大翻领的收腰礼服，系着松松垮垮的领结，蓄着长发和胡子。

沙龙结束后，方形沙龙就恢复了原来的布局。摩斯的一幅油画（现藏于芝加哥艺术博物馆）描绘了拐角上的隔墙和墙面，上面照常摆放着画作，临摹者们在远处观摩。《蒙娜丽莎》被放在靠下的墙面上，很容易一眼看到，不过当时首要考虑的应该是画的尺寸而不是知名度。这幅画要到 20 世纪才声名显赫。

对路易 - 菲利普一世来说,卢浮宫的位置在某种程度上让人苦恼。他不得不放弃喜爱的皇家宫殿,杜伊勒里宫住着又不舒适,而且因为资金紧缺,他也不能继续拿破仑开始的改造工程。无法根据自己的品位去改变王室寝宫的无奈,会促使他唤醒凡尔赛宫,并在那里启动值得赞许又饱受争议的改造吗? 1832 年,他开始了凡尔赛宫的改造,拿走了卢浮宫馆藏中的大量历史画作。他命建筑师雷德里克·内普弗在凡尔赛宫南翼已经被毁坏的亲王套房原址上,修建一道豪华的长廊。此人在方丹的建议下,受卢浮宫大画廊的启发(巨大的塞利奥拱、天窗采光),修建了 19 世纪最壮丽的长廊之一。在十字军展厅,法国国王坚持按照他年轻时在卢浮宫的画廊和沙龙里看到的那样,把每幅画作紧密排列。

路易 - 菲利普应该是历任国王中,对卢浮宫的装潢感到比较满意的一位。不过,他要求制作一尊雕像以纪念意外去世(1842 年)的王位继承人奥尔良公爵,其死亡为他父亲的政体埋下了地雷。路易 - 菲利普命人在作为城市广场的方形庭院中间为他的儿子竖起纪念雕像(1845 年 10 月 28 日)。雕像出自卡洛·马洛切蒂之手,底座上刻有两幅浅浮雕,分别是《占领安特卫普城堡》和《经过木扎伊山口》,上面是身着制服的亲王雕像,他正挥舞着剑问好。这尊雕像在 1848 年二月革命时被摒弃,现存放于奥尔良公爵的德尤城堡中。

尽管克拉科和商博良争议不止,宫殿内始于复辟时期的装潢计划还在继续进行。查理十世画廊已经完工,格罗把最后的装饰画《国王把查理十世博物馆献给艺术之神》换成了另一幅画作《法兰

第十三章　资产阶级王朝下的博物馆
MUSÉE DE DYNASTIE BOURGEOISE

西之神鼓舞艺术诸神，保护人道之神》。画中的人道之神保护着3位年轻女孩，她们的脸色分别苍白、蜡黄、红润……这幅画人物姿势繁多，表情充满戏剧性，但并不出彩。法兰西之神看上去不像是在保护人道之神，反而像是在威胁他。格罗忍受不了绘画界的攻击和嘲讽，最终跳入塞纳河中结束了自己的生命。一位天才陨落，着实令人惋惜。

还有一件不太光彩的事。长廊中央大厅入口处纹章上的百合花被抹去了。路易-菲利普知道这件事吗？此事获得他的批准了吗？

1833年，阿波罗长廊也订购了一组历史画，与凡尔赛宫遥相呼应。亚历山大·埃瓦里斯特·弗拉戈纳尔绘制了圣巴托罗缪等历史画。这组画一直都在卢浮宫。

装饰工程的完成得益于七月王朝统治期间收购的大量藏品。趁着苏尔特元帅出售他在西班牙以不太正派的方式获得的大量珍品（他从未想过让派遣他到西班牙的政权获利）的机会，博物馆购入了十分可观的西班牙藏品。泰勒男爵为路易-菲利普购入了150幅同一流派的绘画，并在1838年藏于柱廊二层。不幸的是，这批包含几幅委拉斯凯兹画作的藏品虽然向公众展览，但都属于国王个人，1848年后被归还给了国王。拉克洛特写道："共和国太讲道德了！"他或许是想让博物馆在掠夺的罪名上，再加一条不正当获得展品的罪名。1853年，奥尔良家族在克里斯蒂拍卖行卖出了这些画作。可能是出于积怨，卢浮宫一幅也没买。

还有必要提到在1834年进入博物馆的皮奥恩比诺的阿波罗铜像，这是一尊在海上发现的5世纪希腊铜像。还有在1835年至1837年间收入馆中的《茹弗内尔·德·于尔森肖像画》和《查理七世肖像画》,这两幅画都出自让·富盖之手,他是最早被卢浮宫收入作品的法国画派大师。同年,丹纳(18世纪德国画家)的《老妇之头》也被卢浮宫购入。此人既是画家也是画商。在很长一段时间里,收藏家们经常被狡猾的画商欺骗。如今,借助实验室的鉴定和专家的经验,往往可以避免这些问题。

卢浮宫对藏品的选择似乎略显随意,存放的位置也毫无章法,有些藏品甚至可能会冒犯过分腼腆的人。下面是一位英国记者詹姆斯·格朗于1844年撰写的通告:

> 这里有精美的绘画、伟人的半身塑像,但也混入了一些普通人的肖像画和作品,还有一些不入流的场景。这些画用淫乱的方式描绘性爱情节,一些全裸或半裸的妓女搔首弄姿。这些画就和将军以及其他伟人同处一室。
>
> (让·加拉尔摘录)

1836年,协和广场上竖起的方尖碑再次证明了该时代的保守和传统。方尖碑的底座上饰有一排赤裸的猴子,人们认为这样的装饰在众目睽睽之下太过失礼。于是方尖碑被移到了卢浮宫,或许是因为那里的参观者更宽容。

在古代文物方面,博物馆第一个东方部的创设也要归功于路易-菲利普。《米洛斯的维纳斯》的奇遇打开了发现之旅,自德霍维堤和里维尔侯爵之后,在东方国家任职的法国外交家们,或带着任务,或出于兴趣,都开始探寻文物。法国政府在伊拉克摩苏尔建立了领事馆,为了与驻扎在巴格达的英国人抗衡。第一个赴任领事

第十三章　资产阶级王朝下的博物馆
MUSÉE DE DYNASTIE BOURGEOISE

馆的官员保罗-埃米尔·博塔，于 1843 年在科萨巴德进行了第一次对美索不达米亚的考古行动。为了纪念与那些昏暗时光对抗的岁月，卢浮宫学院在 1943 年为这次挖掘行动举行了百年纪念活动。自 1846 年起，博塔就把萨尔贡二世（公元前 8 世纪）宫殿里的宏伟装饰艺术品用木筏经底格里斯河和开普敦运回了法国——当时还未开通苏伊士运河。其中有两尊精美的带翅公牛像，高 4 米多，原位于科萨巴德宫殿门口。一到巴黎，其蜷曲的胡子、牛角帽、亲切的表情，以及从正面和侧面看到的 5 个蹄子，立即让它们名声大振。1847 年，路易-菲利普在方形庭院北翼东部设立了亚述博物馆，这是世界上第一个为古代东方建造的博物馆。入口的粉色大理石板现在还能在东北角大门的三角楣上看到。后来，博塔的继任者维克多·普拉斯于 1852 年回到科萨巴德，运了 235 个大箱子到法国，里面全是科萨巴德宫殿的遗物。奋起反抗的贝都因人攻击了车队，装载的物品全数倾入底格里斯河。最后只有 26 个箱子被捞上来，包括吉尔伽美什的大画像。其他东西现在都还沉在河底吗？

展品的急剧增加让博物馆名声大噪，周日和节假日来参观的人数与日俱增。由于晚上采光不好，博物馆每天下午 4 点闭馆，穿着红色罩袍的管理员会示意参观者离开。比亚尔的一幅小画（1847 年，藏于卢浮宫历史展厅）描绘的就是这个场景，所有研究卢浮宫的历史学家肯定都知道这幅画。

1847 年，美洲博物馆诞生，这是上一任君主未竟的事业。同年，沙龙展出了托马斯·库图尔的《颓废的罗马人》，此后一个多世纪内，它都是卢浮宫的镇馆之宝之一，后来被移入奥赛博物馆。然而，沙龙的历史不久就要走到尽头了。

第十四章
共和国时期的博物馆

LE MUSÉE DE LA RÉPUBLIQUE

查理十世退位还不满18年，革命再次席卷卢浮宫。和杜伊勒里宫的情况不同，卢浮宫博物馆再次在战斗中幸免于难。几个流浪儿闯进来，坐在阿德莱德夫人以前参观时坐过的轮椅上，互相推来推去。寒冷的2月，一群在大画廊安营扎寨的起义者一度试图在此生起篝火，但是"受临时政府之命看管卢浮宫和国家博物馆宝藏"的画家菲利普·让戎把他们赶走了。他担任起了博物馆馆长的职责，在14个月内十分积极。这个博物馆业余人士工作起来却十分专业，同时还把现代博物馆学最早的几条原则用于实践：采用新的展陈方式、清点展品、制作目录。绘画作品则由绘画馆馆长弗德瑞克·罗佑负责。2月，特奥菲尔·戈蒂埃表达了他的满意之情："多亏了让戎和罗佑，博物馆彻底换了新貌，他们重新摆放画作后，博物馆的藏画似乎是以前的十倍。"

时任历史文物总督察官的普罗斯佩·梅里美，也对他们的工作赞不绝口，还提出了一个实际建议："博物馆不是散步的场所。喜欢艺术的人会在展品前长时间驻足停留，容易变得疲劳。为什么不在大厅里摆放供参观者休息的座椅呢？"

这位《伊尔的维纳斯铜像》的作者道出了后人的心声：我们总是抱怨展厅里找不到可以休息的地方。

革命后的几周，卢浮宫一度被用作军事用途（博物馆总务地下室完全被占用）。兼任艺术和博物馆管理职务的内政部长勒德吕-罗林，希望尽快恢复正常的博物馆活动。1848年3月4日，新管理员接到命令，两周后举办沙龙，并且秉承当时的民主思想，特别要求"毫无例外地接收所有送来的作品"。不出意料，作品堆积如山。画作一共有5100幅，达到史无前例的数量。它们被挂在方形沙龙和其他展厅的隔墙上，还增加了木板隔墙用以挂画。安格尔和贝内特没有送展，而德拉克洛瓦似乎并不担心自己的作品会淹没在茫茫画作中，他选送了好几幅画，和许多粗劣的画作一起展出。然而在这次沙龙上，法国风景画家大获全胜，其中好几位都自称画的是枫丹白露森林中一个叫"巴比松"的小村庄。这也是古斯塔夫·多雷第一次选送作品。

这场琳琅满目的展览，成为最后一届沙龙。

同时，革命一个月后，临时政府下令重新着手卡鲁塞勒广场的修整工程，把靠近现在罗昂拱廊的楼房推平。7月，让戎重新开放了博物馆，并将作品按照流派和时代的分类重新展出。同时他让人把《米洛斯的维纳斯》移到更宽敞的伊希斯厅，以便接纳更多的游客。他还把雕像放在转盘上，让参观者自己选择最好的光线和角度去欣赏，这十分典型地体现了当时"社会化"的趋势。现在没有一个馆长敢冒这样的险了。

要做的事情还有很多。皮埃尔·科尼昂在研究了国王退位后新出的报告后，绘制了当时卢浮宫的地图：很多地方都没完工，部

第十四章 共和国时期的博物馆
LE MUSÉE DE LA RÉPUBLIQUE

分展厅关闭，供暖不足，铺设的陶土方砖扬起的红色灰尘对画作有害，采光不好，还有一直存在的火灾和盗窃隐患。勇气可嘉的第二共和国，决心要迎难而上，把问题逐一击破。

当时的社会氛围有利于决策的实施。二月革命爆发的原因除了偶然的因素外，还有失业率的升高和经济危机，临时政府想尽办法满足人民的要求。2月25日颁布的一项法令宣布要保证"工人通过就业得以生存"，并建立国有工厂。3月又颁布了一项法令，内容如下：

临时政府认为，共和国可以接手并完成和平的大工程，人民的协助和奉献能给予临时政府完成封建王朝未竟事业的力量，必须要将所有如伟大人民般闪耀的思想产物集中在一个宫殿内。我们在此宣布：
1. 卢浮宫的工程必将竣工。
2. 它将被命名为"人民宫殿"。
3. 宫殿将用于绘画和工业品展览，以及用作国家图书馆。
4. 呼吁所有劳动人民协助建成卢浮宫。

这篇拉马丁主义和圣西门主义的文章，在当时非常受欢迎。按照凯恩斯主义的观点，这项大工程也许能够解决失业问题，重振经济，我们后来才知道这种观点有多轻率。同时，3次搁浅的拿破仑的城市规划也重新启动了。要注意，尽管1848年的事件引发了一系列社会矛盾，但这项法令被毫不迟疑地执行。

由谁来负责这项任务呢？已经如此梦想了50多年的宫殿建筑

师方丹？但他当时都超过 85 岁了，而且服务过四位深受共和主义者憎恶的君主。此时，有人提出了一项规划，此人是国家图书馆的建筑师路易·图里乌斯·维斯孔蒂，古代馆前馆长的儿子，他对卢浮宫了如指掌。和方丹一样，他也没有获得罗马大奖，但是这个改革的时代根本不在乎这些头衔。他还从未建造过大规模建筑，但他极具个人魅力，展现出了外交家的优秀品质。

1848 年 5 月 19 日，公共工程部长于利斯·特雷拉委托维斯孔蒂和他的儿子埃米尔·特雷拉，同时也是维斯孔蒂的学生，一起研究这个问题。7 月，两位建筑师向国民建筑委员会提交了他们的方案。他们（维斯孔蒂可能是主要负责人？）找到了解决地面差异的办法，差异一共有 3 处：

1. 卢浮宫和杜伊勒里宫之间著名的 5.5 度差。

2. 水边长廊和佩西耶及方丹设计的北面长廊不对称。

3. 水边长廊和当时还未成型的空地之间，在拆除时所显露出的水平差（那块空地后来成为卡鲁塞勒广场，如今进入驯马厅时仍然能感受到地面的起伏不平）。

几代建筑师都设想通过建造横向的翼楼来弥补偏差，但维斯孔蒂摆脱了这一想法的束缚。他认为不应该像其他设计师，尤其是方丹设想的那样，横向分割这块空地，而应该将其纵向分开，与大画廊平行建造几座长度减半的新翼楼，延长方形庭院的南北两条边，就能消除矩形两边的部分偏差。这些翼楼分布在中庭周围，把调整水平差的内庭包在了里面。

按照这个设想，在这个建筑中心就得到了一个围绕庭院，也就是拿破仑庭院的对称布局。在中心建造的广场消除了一部分中

第十四章 共和国时期的博物馆
LE MUSÉE DE LA RÉPUBLIQUE

轴偏差。这个办法终于解决了困扰了人们两个世纪的难题。我们需要知道,这个即将实行的方案诞生于第二共和国。

6月又带来了令人恐慌的消息,博物馆的馆长们站在"查理九世阳台"上,忧心忡忡地听着不远处枪弹的噼啪声。

7月,国民建筑委员会在卡里斯蒂的主持下召开集会。会议通过了维斯孔蒂和特雷拉的方案,甚至还提出将其中一个庭院封顶的计划,但这个想法后来才得以实现。方丹极不情愿地同意了这一决定,并于9月14日辞去了所有职务。他被任命为委员会的荣誉主席。10月,菲利克斯·杜邦接过方丹的卢浮宫建筑师职务,他主要因在布卢瓦和当皮埃尔的工程而为人所知。但直到我们这个时代,他才被认可为当时主要的建筑师之一。

两项大不相同的工程——连通两座宫殿和修复整理博物馆,就这样在卢浮宫启动了。幸运的是,这两项工程都被一流建筑师维斯孔蒂和杜邦接手。

话说回来,这次会议引起了几位议员的疑心。扩建旧王室宫殿不会唤醒封建王朝的野心吗?这对刚成立的共和国而言可是最大的威胁。文物修复先锋吕多维克·维代写道:"花言巧语和很多东西一样总有一天会消散,而建筑物还保持着原来的样子。只需9—10个月,这些声音就减弱了,工程就可以启动了。"不同于这项工程,1848年12月,国会向杜邦拨款200万法郎用于博物馆建设。他迅速开展工作,首先从规划开始,他想把古戎的作品《无辜者之泉》安回方形庭院中央,喷泉下的小摊小贩让它略失体面。研究过可能会带来的问题之后,他又明智地放弃了。

在此期间,路易-拿破仑·波拿巴于1848年12月被选举为共

405

和国总统,他很快对维斯孔蒂和特雷拉的方案产生兴趣。他在汉姆时思考了很多关于权力的执行、组织以及所在地的问题,他认为这个计划的优势在于可以彰显权力的至高无上,把权力机构都集中在国家首脑周围,同时博物馆也可以起到橱窗的作用。1849年2月19日,在方丹主持下的国民建筑委员会通过了这个方案。国家首脑和政府都希望先把两座宫殿连在一起,2月22日的国会为此颁布了一条法令。

维克多·雨果是议员之一,他对此表示了赞同:"让思想安放在王权之位……王座辉煌之处,让天才的光芒闪耀……"他还建议把学院也搬进新建筑里,让那里成为"智者的麦加圣地"。

政治动乱还在持续。1849年6月,勒德吕-罗林因反对甚至反抗总统而被警察追缉,他来到卢浮宫寻求让戎庇护。让戎很有风度地接待了他,让他住在自己家中,结果他受此事牵连,加速了他的离职。但在此之前,他还有时间创造出沿用至今的体系,那就是将卢浮宫分成不同部门。

为改造卢浮宫,议会委员会成立,它最初负责征用卡鲁塞勒街区遗留的房屋。经过几次重组,舍尔歇和维特加入其中。委员会做出了倒退的决定,废除了图书馆转移工程和所有新建项目(我们再次听到了路易-菲利普一世时期议会的反对声音),只批准将里沃利街稍微延长,征用卡鲁塞勒街区部分用地,以及修复旧卢浮宫。1849年10月4日通过了由于对总统的不信任而被削弱的法令。"一座大山生下一只家鼠"[E. 乔坤(E. Jacquin)]。卢浮宫的竣工再次遥遥无期,但是路易-拿破仑没有就此放弃。

杜邦随后对大画廊进行了必要的修复,这花了他4年的时间。

第十四章 共和国时期的博物馆
LE MUSÉE DE LA RÉPUBLIQUE

他重修了勒赫兄弟建造的中楣，技艺之精巧让人难以分辨出中间400年的差异。没有任何装饰的三角楣被雕刻上了图案，让·古戎大门（巴贝特-德-茹伊）也得到了充满想象力的修葺：三角楣经过切割，变成拱形，上面布满了装饰，底下是高高的柱座。虽然生活在共和国时期，正统主义者杜邦还是在上面装饰了法兰西王国和纳瓦尔王国的武器，两边各有一把利剑。

阿波罗画廊的修复工作更为重要，那里的情况不容乐观。在画廊外墙上，杜邦试图修正勒沃的设计，恢复外立面原貌，"以惊人的低忠实度" [Y. 克里斯特（Y. Christ）] 重建牛眼窗和三角楣，上面装饰了卡瓦利的沉思的传信女神。这是历史文物修复中最早的案例之一。修复历史文物能够让建筑师名声大噪或自毁前程，曾和杜邦共事的维欧勒·勒·杜克占了两边。

在河堤一侧，杜邦任凭想象力驰骋，他改变了位于中央的窗户的外观，也就是"查理九世之窗"，把它变成了一个有镀金装饰的看台，拱肩上雕刻着传信女神。

画廊内部的问题才是最难解决的。画廊内几近坍塌，拆除工作必须十分小心，得把灰墁和装裱的画一件件摘下，翻修屋架和护壁板，然后在室内设计师赛尚和迪耶泰勒的帮助下，再把它们复位调整。最后还有一项棘手的工作，要知道勒布伦的装饰工作从未结束。杜邦着手开始装饰新护壁板隔墙和拱顶上一直空着以及后来空置出来的格子。勒布伦曾在南面的八边形里绘制过《黎明》，跟在索园一样，但是那幅画已经消失。为了替代那幅画，杜邦求助于刚刚在卢浮宫开启室内装饰事业的夏尔-路易·穆勒。他以同样的主题创作了一幅平淡无奇的作品，画面充斥着我们至今无法解释的象征。约瑟夫-伯努瓦·吉夏尔绘制了《西贝尔的凯旋》，而选择德拉克洛瓦负责从未装饰过的中间格，还要归功于新美术总监夏尔·布朗。在七月王朝时，德拉克洛瓦已经在波旁宫和卢森堡宫的装饰工作中完全展现了他的装饰天分。这个选择无疑是完美的，德拉克洛瓦在娴熟地布置这个 12 米宽的三叶饰格的同时，还在 17 世纪的作品中加入了新的装饰元素。他的《阿波罗战胜巨蟒》展现了善与恶的战斗，作品与建筑整体协调一致，同时还体现了他的独特性和才能，并为后人树立了榜样。1851 年 10 月，画作安置完毕。德拉克洛瓦写道："人们都在那里等着我，就是要看看我到底是画家还是乱涂乱画的人。"他甚至为这幅大作撰写了说明。这幅画的构图和绚丽的色彩尤为吸睛，他使用了 28 种纯色和 25 种混色。他的学生安德烈后来说："再没有比这更强烈、更闪耀的了。"

一个月后，杜邦为画廊的隔墙定制了 28 幅著名人物的肖像挂毯，他选的都是创建卢浮宫的君王或卢浮宫的艺术家。我们往后会发现，这组肖像画在 20 年后发生了变化。他修复的挂毯是阿波罗画廊里最受争议的作品，但最终还是成为室内装饰的一部分。

卢浮宫工程的第二部分是在让戎的指示下改造博物馆。让戎把最后 15 个占着卢浮宫画室的艺术家驱逐出去后，又拥有了两个可以使用的大厅。鉴于前一年沙龙的举办情况，历经一个世纪的沙龙离开了卢浮宫，临时转移到杜伊勒里宫。于是方形沙龙又空了出来。七壁炉厅"这个法兰西国王曾经住过、现难以辨认的地方"（让-皮埃尔·巴贝隆），位于国王楼和新南翼楼相连的位置，还是老样子。七壁炉厅从旧王朝时的几间小屋，变成一个可以满足存放画作和容纳观众的大展厅。于是，让戎打算效仿佛罗伦萨乌菲兹美

第十四章 共和国时期的博物馆
LE MUSÉE DE LA RÉPUBLIQUE

术馆著名的八边形展厅,把这两个大厅改造成精选作品展厅,从所有藏品中进行挑选,使其成为博物馆的游览胜地。方形沙龙则用于展出古代绘画(这一选画原则一直持续到了20世纪),七壁炉厅用于展出当代绘画,浪漫主义就是在此显露了锋芒。两个展厅都按照原来沙龙的样子进行布置,画作紧挨着排列,一直排到天花板,让人不禁联想到旧制度时绘画爱好者的书房。这种展览的模式坚持了七八十年。

杜邦打算把这两个展厅设计得富丽堂皇,以显示出空间的宽敞。他采用玻璃天窗采光,为每扇天窗都设计了一个硕大的拱形天花板,但为了不抢走展品的风采,保证了天花板上的雕刻统一。弗朗西斯科·杜雷为七壁炉厅创作了造型丰富的浅灰色大拱顶,拱顶上著名艺术家的侧面像之中穿插着带翅膀的优雅女神,显示出展厅的新使命。普吕东、佩西耶、杰拉尔这些艺术家都是第一帝国时期的,这是在奉承路易-拿破仑吗?角落里写着的是共和国的数字,一直被保留到帝国时期,证明了拿破仑三世时期盛行自由主义。角落里复杂的战利品饰象征着艺术、农业、战争和商业,今天游客们还能辨认出来吗?

方形沙龙由皮埃尔-夏尔·西马尔负责,他因为在荣军院的拿破仑墓周围创作了一件备受争议的浮雕而出名。他在此处的创作更为优雅,透露出一点几何主义。浮雕因举着花环的人物雕像而显得更有层次,同时还配有彩色的藻井。这是卢浮宫中最美丽的天花板之一。

意大利传教士、宫廷画家郎世宁的一幅小画(现藏于卢浮宫)描绘了1861年的方形沙龙。墙上挂着当时最重要的画作,从早期的意大利画家到维罗纳大师的作品,还有《蒙娜丽莎》,但画中它被两位参观者的头巾遮住了一部分。《加纳的婚礼》挂在隔墙偏上的位置,就在天花板凸饰下、两排画之上。"这里弥漫着一种宗教的、寂静的、紧张的、昏暗的、丰富的气氛"(G. 布雷斯克)。

这两个拱顶原意是给展品提供一个豪华的背景,但它们隆重的外观和风格常常受到批评甚至嘲笑。即便如此,它们仍是那个时代装饰艺术的一个重要范例,在卢浮宫占据了一席之地。我们还会提到方形沙龙此后受到的各种关注。至于七壁炉厅,人们实在不知道要拿这个火车站大厅怎么办。为什么不借助资料、图稿和虚拟图像,把它用于展示王室套房的历史呢?

为了尽快完成所有工程,杜邦开设了 16 个同时开工的雕刻工作室,有效地解决了失业问题。卢浮宫所有修复工程于 1851 年 6 月 7 日由共和国总统揭幕,但是一开始就发生了翻天覆地的变化。1848 年 12 月,刚被选为总统的路易-拿破仑·波拿巴本想让出身荷兰的业余雕刻师、马蒂尔德公主的情人纽维柯尔克代替让戎。这一提议引起了很大争议,被政府最终否决。让戎这才得以在卢浮宫建立人种学博物馆。这位固执的总统最终还是达成了目的。有"帅气的巴达维亚人"之称的纽维柯尔克在 1849 年 12 月被任命为博物馆的总负责人。从 1850 年 2 月 1 日起,拿破仑的半身像就被重新安放在卢浮宫入口。很多人都明白,这个温顺的新人一来,卢浮宫的面貌和使命都会发生改变。纽维柯尔克有责任心、敢闯敢干,是个讲排场的人,但深入了解他的自大和有限的品位后,就会明白他算不上十分聪明。让戎能做得更好。

好在这位继任者保留了原有的馆长团队,其中有绘画馆馆长罗

第十四章 共和国时期的博物馆
LE MUSÉE DE LA RÉPUBLIQUE

佑和雕塑馆馆长莱昂·德·拉波德。拉波德同中世纪雕塑的行家有些关联,打开了卢浮宫馆藏的中世纪雕塑的大门。他在1850年购入了布朗什朗德修道院的《圣母子》,这是进入卢浮宫的第一件中世纪作品。纽维柯尔克也在很多地方明智地征求团队的意见,包括绘画目录的续写,还有在大画廊按照年份展览绘画等事件。1851年,纽维柯尔克购得席里柯的《冲锋的骑兵军官》和《受伤的骑兵军官》。那段时间,拿破仑史诗很流行,受到大众喜爱,人们也开始谈论帝国。

纽维柯尔克后来被牵连到杜邦的一项新计划中,而杜邦最终会成为这场论战的受害者。1850年7月,杜邦拟定了一份方形庭院整修计划,该计划也经过了让-皮埃尔·巴贝隆的认真研究。这份计划设计了一个中央喷泉,在庭院四个角落设置了半圆形长石凳,周围是扶手、栅栏、路灯以及方块绿地。庭院本来计划设计成广场的外形,但锐角三角形的草坪同建筑线条格格不入。

杜邦的计划通过后,他开始着手推进工程。路易-拿破仑于1851年2月到工地视察。当时他还只是立宪总统,受国会严格监视,但他那时已经决心要建一个平坦的城市广场。5月,当他要求自由支配方形庭院的桌子时,政府最后一次坚决拒绝了他。

杜邦和总统互相看不惯对方:前者谴责后者的独裁;后者知道对方是正统主义者,认为他不是一个足够听话的建筑师。杜邦将成为二人性情不和的受害者。维耶尔-卡斯特尔说,在方形庭院工地前,路易-拿破仑毫不犹豫地批评工程"极其糟糕",他不同意把历史建筑改得面目全非。杜邦没有感觉到不对劲,他率直地说:"总统有点多管闲事了。方案已经得到了一致认可,国会也发放了相应款项。"

　　路易-拿破仑为避免产生冲突，就鼓励杜邦先完成其中一个方块绿地，接受大家的评判。杜邦在施工的过程中也一直试图改善设计方案，工程启动时，他还打算再加入一些雕塑。1851年7月，总统再次来到这里，重申了他的反对意见。这次反对背后是拿破仑对杜邦的偏见吗？杜邦在整个路易-拿破仑统治期间受了不少苦，所以很可能真是这样。

　　路易-拿破仑的野心已经显露端倪。1851年12月1日，维耶尔-卡斯特尔在日记中写道："现在是12点30分。我在卢浮宫大画廊最后的开间做准备，以便安置军队。"夜里，路易-拿破仑夺取了绝对权力，很快便决定入住杜伊勒里宫。自此，卢浮宫开始从属于杜伊勒里宫。

第十五章
大卢浮宫初期

LE PREMIER GRAND LOUVRE

> 崭新的卢浮宫奢华却肤浅，像极了一位挂满首饰的粗俗暴发户。
>
> ——路易·沃尤

1852年1月，王子总统①入住杜伊勒里宫。次月，他视察了卢浮宫的方形庭院及附属工程。8月，他又去视察了一次，不过对工程的状态，他并不太乐观。在整个夏季，杜邦终于变得顺服一点了，但在已被最大程度精简的第三个方案中，他的权力继续被削减。按照第三个方案，庭院的角落里只剩下方块绿地、栅栏和路灯。最后，该方案投入实践并延续到了1984年。

在此期间，王宫的管理情况也在朝着不利于这位建筑师的方向转变。维斯孔蒂（特雷拉之子，他因反对帝国很快就消失在了历史

---

① 路易-拿破仑在担任总统期间，自称为"王子总统"（le prince-président）。——译者注

中）的建筑连接计划，对于路易－拿破仑来说依旧历历在目，所以在 2 月 26 日，国民建筑委员会把这项计划提上了议程。当时主持会议的老方丹却一再强调自己的失望之意，他曾说："我没有任何意见，也不想参加讨论。"于是，他走出了会场，并于次年离世。2 月 28 日又召开了一次会议，普罗斯佩·梅里美也出席了此次会议。维斯孔蒂的估价单厚达 239 页，预算金额超过 2547 万法郎。

我们知道，这位即将称帝的王子总统，想要完成在他的叔父手里就已经开启的工程——合并卢浮宫和杜伊勒里宫。下定决心后，他设定了两个目标。一个是重新启动这项约两个世纪前提出、最先由拿破仑一世启动的项目。至于扩建后的卢浮宫——这个新政权的象征，路易－拿破仑并不想再扩建博物馆，而博物馆也只在该项行动中捞到了微薄的好处。对于这个一国元首来说，他更为重要的另一个目标，就是要拥有一座宏伟的建筑，同时满足居住、行政和文化功能，一座帝王之城，他统治下的"凡尔赛宫"。"更何况对于这个受圣西门主义思想浸润的 1848 年革命党人来说，这样做最大程度地利用了国家工厂①，并运用现代技术将权力与艺术进行了结合"[尼古拉·圣法勒－贾勒诺（Sainte-Fare-Garnot）]。由于杜伊勒里宫里厅室杂乱，所以很长时间以来，它都非常不适于居住。与其如路易－菲利普设想的一样对其进行扩建，倒不如将杜伊勒里宫和卢浮宫从南至北完整地连接起来，这样才能真正做到使凯瑟琳·德·美第奇的这座宫殿拥有所有必要的附属建筑。因此，这座要扩建的卢

---

① 国家工厂是 1848 年二月革命结束后，法兰西第二帝国为失业人口提供工作而建立起来的公共组织。——编者注

第十五章　大卢浮宫初期
LE PREMIER GRAND LOUVRE

浮宫担负起了两项使命，首先是政治性的，其次才是作为国家展示窗口的博物馆。130年后，政治使命才完全被博物馆使命取代。

这其实就解释了为什么路易-拿破仑要接管这项工程，而且还要亲自指导这个项目，"这座比帕尔米拉古城还要宏伟的建筑群"（这一说法还未被核实）。不过，我们也看到了，他并不喜欢卢浮宫的建筑师杜邦。第二帝国虽然比前几个政权启动了更多工程，促进了部分建筑师的发展，但也忽视了杜邦、希多夫等建筑师。谢纳维埃尔对这种相互的敌意痛感可惜。路易-拿破仑很欣赏拿破仑一世陵墓的建造师维斯孔蒂（这是他第一次取代杜邦）。他从1849年起负责两座宫殿的连接工程。1851年的政变前夕，路易-拿破仑在爱丽舍宫接见了维斯孔蒂，并向他传达了希望由他完成这座宏伟建筑的心愿。几个月后，在路易-拿破仑的婚礼之前，他敲定了1849年的工程计划，然而他这个被路易-拿破仑批准的计划"熄火"了。在1866年沙龙上，安琪·泰西尔的画描绘了维斯孔蒂向这对夫妇介绍设计图的场景。根据富尔德的评述，这是一幅宣传性质的画作。

1852年1月30日，维斯孔蒂接到制定一份详细规划的任务，并要求附上"所有必要的地图和预算表"，规划的目的是连接两座宫殿，清除"有损外立面形象的'瘊子'（可能是遗留在卡鲁塞勒广场的那几栋房屋）"。最终，这个建筑群需要包含供王室成员和随从（主要是车马侍从）居住的宫殿，以及配套的一系列必要设施（警署、电报局、国家印刷局、军备处、政府会议大厅），还要有议院召开议会的大厅和大臣办公的地方，以及博物馆。这项伟大工程的最终目的并不是要建成第二共和国提出的文化宫殿，也不是要建成雨果梦想的"智者的麦加圣地"，而是要建成一座最高权力的殿堂。这

419

卢浮宫全史
LA GRANDE HISTOIRE DU LOUVRE

样的用意自凡尔赛宫起就不曾被认可，此后也不会真正得以实现。

不过在维斯孔蒂开始动工前，路易-拿破仑就有一项标志性的创举。一如他的先辈们那样，他在卢浮宫内部设立了一座博物馆，命名为"君主博物馆"，汇集了统治过法兰西的各个君主的纪念物。创立的时间大概是在1852年1月，也就是王子总统发动政变，获得绝对权力，通过全民公决，但还没有戴上帝冠的时期。他的这项举动，明显是为了延续统治的脉络，并为自己正名。

因此，纽维柯尔克在博物馆里组建了一个由他带头的委员会，其他成员有梅里美、收藏家索瓦热奥、国家图书馆主管，还有奥拉斯·德·维耶尔-卡斯特尔伯爵。伯爵出生于1802年，他在1851年12月被任命为博物馆总秘书并入住卢浮宫。他在其他几位不在时，完成制定展览条目的工作，并负责保管展品。

大多数物品都归卢浮宫所有，其中大部分又归雕塑和珍宝馆所有，而该馆的馆长是莱昂·德·拉波德。他把自己的名字留在了一直展出的来自帕特农神庙的大理石顶部。由于没有被委员会任命，他觉得这损害了他的职权，于是提笔写下了这段文字：

> 总管先生，
> 我丝毫无意冲撞您的权威，可是权利就是权利。在任何制度里，当别人想要禁锢我们的权利，我们就有权去争取……

后续的发展并不出乎意料，尽管拉波德据理力争，但《箴言报》上公布的最后决议还是没有变。维耶尔-卡斯特尔伯爵保留原

第十五章　大卢浮宫初期
LE PREMIER GRAND LOUVRE

职,并在 5 月被任命为新博物馆的馆长,顺理成章地住进柱廊第二层方丹曾给国王楼安过护墙板的厅室。这里也曾展出过玛丽·安托瓦内特的"珠宝箱",那是施威弗格的一件作品(1787 年),现如今陈列在凡尔赛宫的王后寝殿。还展出过她的水壶、王储的火枪,这些创意性的展览吸引了古玩收藏家的注意。其中一位古玩收藏家在 1864 年写信给部长说,他可以提供来自圣德尼教堂的一套王室骸骨,其中有于格·卡贝的肩胛骨、查理五世的大腿骨、查理六世的胫骨、凯瑟琳·德·美第奇的下颌骨以及红衣主教雷斯的胫骨。在没有核实这些圣骨(雷斯的墓穴至今未被发掘)的真实性的情况下,博物馆接受了这份捐赠。谢纳维埃尔曾提到"骨头乱七八糟地堆在绿色纸盒里"。如今卢浮宫还保留着它们吗?

　　1853 年 2 月 10 日,拿破仑三世和皇后欧仁妮参观了这座新博物馆,他们心满意足并深受感动。

　　从宫殿的转变过程上,我们就能看出这位独断的一国之君的心路历程。1852 年 3 月 1 日,维斯孔蒂在对后续工程的考量中,开始组织自己的工程。12 日,"路易-拿破仑·波拿巴王子,法兰西共和国第一行政长官"签署将卢浮宫与杜伊勒里宫合并的法令。维斯孔蒂的方案被采纳,预算超过 2567 万法郎,维斯孔蒂被任命为"新卢浮宫的建筑师",工程期限为 5 年。尽管维斯孔蒂与杜邦都是谦谦君子,但两人的行动范围还是会有所重叠。7 月 25 日,新建筑开始动工;10 月 19 日,王子总统前来视察工程(此后他频繁到访);12 月 2 日,路易-拿破仑称帝,工程继续进行。整个工程包括杜伊勒里宫在内有 436 230 平方米。就在这个月,元老院的一条法令规定"所有公共建筑的建设必须由皇帝下令或获得皇帝的批准"。这是对此前议会恶意限制皇帝行政权的报复。于是在1853年2月18日，维斯孔蒂被任命为拿破仑三世的建筑师。

然而扩展新宫殿首先需要一块空旷的场地。于是从两个世纪前就有人希望它消失的卡鲁塞勒街区被宣判了死刑。当时它还剩下些什么呢？南边，长老街（莫利安馆）两边是两块岛状楼群；北边，一块非常小的街区延伸到了皇家宫殿广场的南侧，往东延伸到了黎塞留路，黎塞留路正好通往卡鲁塞勒广场。还有南特酒店这幢独栋建筑，从马维尔的照片中可以看到一共有7层，周围停放着游客和供货商的汽车，它就位于现在圆形广场的北边，罗昂拱廊的出口处。

关于这块从前的贵族街区，有来自作家和摄影师的两种评价，而它们往往是矛盾的。巴尔扎克之后的作家们的评价都很严苛。与之有利益关系的奥斯曼曾说那是"肮脏的街区，污秽的房屋"。艾米丽·德·拉贝道里耶尔在1860年出版的《新巴黎》中给出了这样一段细致的描述：

> 在卢浮宫的广场上，公共道路两边搭满了小木屋，那里居住的大多是旧货商，他们卖的是旧版画、老式纪念章、野兽的毛制作的箭羽、锈迹斑斑的甲胄、泽兰人的头颅（这些著名的毛利人头颅曾一直被认作是珍品）、鳄鱼标本、木箱和木乃伊……每当夜晚来临，黑夜笼罩周围，宫殿投去的大片阴影，更是滋长着黑暗，晚归的行人只能胆战心惊地在这块偏僻区域摸着黑行进。

第十五章　大卢浮宫初期
LE PREMIER GRAND LOUVRE

而摄影师们——特别是马维尔——向我们展示的房屋虽然古旧，但是干净整洁，没有杂乱的棚铺。也许摄影师们虽然不能改变自己看到的景象，但能对拍摄的内容进行挑选，又或者他们特地起了个大早，特意避开了攒动的人流，赶在了小商贩出摊前拍摄。

不管怎样，这一切都已经画上了句号。政府拥有了土地征用的权力（从1841年起），我们也将看到奥斯曼如何充分地利用这一点。1852年3月12日，废除令颁布。确定赔款的金额还需要时间，而卡鲁塞勒街区最后的这批居民——他们的家族谱系可以追溯到16世纪，被迫离开了。在这批被驱逐的居民中间，有一个来自利摩日的姓"雷诺阿"的家族，家族长子皮埃尔－奥古斯特当时正值12岁，他就是《游艇上的午餐》的作者。

1853年6月23日，奥斯曼被任命为塞纳区行政长官，接手的第一项任务就是拆除工作。他写道："把一切夷为平地，对于我来说是个非常不错的开始。"这句话让他后来经常遭人诟病，伊万·克里斯形容这为"幼稚的野人式的快乐"。这项历经了两个世纪的城市规划进程被照片记录了下来，其中有一张展现了位于杜尔哥馆处的旧时国王马厩被拆除的情景。

还未完工的圣拿破仑小教堂也难逃被拆除的命运，其原因并不明确，或许当时的人认为整座宫殿中有杜伊勒里宫里的小教堂就足够了。

谈到这块被拆除的街区，波德莱尔在1859年给维克多·雨果的一首诗中，提到了他对该地的记忆，诗的前两节很有名：

卢浮宫全史
LA GRANDE HISTOIRE DU LOUVRE

> 老巴黎已不复存在（城市的面具，哎
> 比世俗的人心变得还快）；
> 我只是在回忆里看见那些帐篷
> 那成堆的柱头和小柱，
> 那些乱草，那些被水洼映得发绿的木房。
> 玻璃窗里的十色五光。
>
> ——《天鹅》

随着卡鲁塞勒广场拆除工作的完成以及新建筑的逐渐成形，方形庭院也启动了一项新工程，在中央建设一座喷泉的计划已经被舍弃。"卢浮宫不再只是国家的艺术殿堂，它已经晋升为伟大的新政权所在地，是往昔法兰西君主专政的象征"（让-皮埃尔·巴贝隆）。1853年5月31日，政府下令在广场中央竖立一座纪念碑以纪念艺术之父、新卢浮宫的创建者、深受人民爱戴的弗朗索瓦一世。尽管奥尔良公爵的雕像已经展现出此种趋势，但当时的巴黎还远未热衷于纪念雕像。在姑且一试的情况下，他们先树立了一尊石膏像模型看看效果。石膏像来自雕塑家克莱辛热，他是乔治·桑的女婿，这位虽有才华却声名狼藉的雕塑家在1847年沙龙上凭借一幅《被蛇咬伤的女人》混出了名堂，这件作品现在藏于奥赛博物馆。就这样，在1855年年末，弗朗索瓦一世的青铜石膏雕像被安放在了广场中央。据现有的照片来看，这是一座相当奔放的雕像，细节配饰丰富，只是过多的细节反而损伤了整体的观感。大众的反应有好有坏，人们给这位骑士国王起了"弗朗伯瓦兹陛下"的绰号，两个月

第十五章 大卢浮宫初期
LE PREMIER GRAND LOUVRE

后这座雕像就被挪走了。在方形庭院的小广场上放置查理曼大帝的雕像（后来搬到了巴黎圣母院前的广场上）或者拿破仑雕像的计划也都没有成功。

在此期间，沿着里沃利街开始了翼楼的建设，接着是环绕中央庭院的几个新馆。新馆的名字体现了这一工程的延续性，北面3个馆的名字分别来自旧制度时期的杜尔哥、黎塞留和柯尔贝尔；南面3个馆则是拿破仑一世时期的达鲁、德农和莫利安。中间的黎塞留馆和德农馆都有穹顶，以呼应大钟阁和杜伊勒里宫的主体建筑，它们中间隔着一个2.8公顷的庭院。其他几个馆则沿用了花神馆和马尔桑馆所采用的平顶式设计。维斯孔蒂并不追求赋予新建筑标新立异的风格（那个时代还达不到极为创新和大胆的水准），一如40年前修建里沃利翼楼的佩西耶和方丹，他打算仿照最初的布局，并定下基本原则："新建筑必须严格借鉴老卢浮宫的特点。建筑师必须摒弃个人喜好，保留先辈们赋予这个建筑物的特性。"这是对他的朋友维欧勒·勒·杜克的讽刺吗？他的这个反应倒更像一个从未参与过重量级项目的建筑师。

工程一开始，维斯孔蒂就渐渐背离了这条原则。要修建北面的两个新翼楼，就得先与方丹未完成的部分进行衔接，并在此地修建一个气派的入口。实际上在贝聿铭前，这座宫殿一直缺少正式的入口。这处供车马和行人通行的入口组成了在新翼楼穿行的通道，就是现在的罗昂拱廊。

为了凸显这一入口，维斯孔蒂拆毁了方丹修建的半梁跨，只留下了最西端的壁柱，并在过道上方修建了一个馆，故意与第一帝国时期的建筑形成对比。这是一栋设计复杂的多层建筑：底层是一个拱门；第二层上有一个大阳台，阳台上方的三角楣样式复杂，二层的三角楣也融入了上层的雕塑装饰；顶部还有一座灯笼式塔楼，位于黎塞留路的中心，有助于清晰地辨认出该入口。这座建筑上有雕塑家迪博尔特的作品《法兰西女神》，他也是阿尔玛桥上朱阿夫轻骑兵像的作者。维斯孔蒂就这样证明了他同样擅长这种结构复杂的建筑。比松的一张照片（现藏于卡纳瓦莱博物馆）展现了这栋建筑刚完工时的模样。1853年7月8日，维斯孔蒂出席了竣工仪式，他终于有闲心享受这一刻。这座建设中的宫殿自此多了一处雄伟的入口，距离作为杜伊勒里宫入口的卡鲁塞勒拱门只有两步远。我们应该认可维斯孔蒂建设这座新卢浮宫内的重要建筑的功劳（不要过于关注其风格）。他或许打算在这个馆的东面设计一个作为对比的布局，和方丹在西面的设计一样朴素，最终可能会得到一个线条优美、设计冷淡的仿制品，套以"维斯孔蒂式的风格"：底层为拱廊，上层为门洞，顶楼低矮。不过他的接班人设计得更复杂，富有原创性，甚至可以说是考究。为修正里沃利街和拿破仑庭院中轴线不一致的问题，北面的3个庭院都设计成了梯形。在这样一个存在几何差异的位置上修建宫殿确实有很多问题，不过维斯孔蒂和后来的勒菲埃尔把这些问题都解决了。

这一工程动用了3000名工人，他们夜以继日地在弧光灯的微光下工作。到1853年年底，有527人受伤，9人死亡，他们的家人根据当时的规定都获得了经济补偿。杜邦从中吸取了教训，他明白要和这位同事继续合作是不可能的，于是他在1853年12月辞去了卢浮宫建筑师的职位。意外将在几天后改变卢浮宫的命运。

12月24日，维斯孔蒂接替了杜邦的职位，成为两座宫殿和合

第十五章 大卢浮宫初期
LE PREMIER GRAND LOUVRE

并工程的总建筑师。不幸的是，他在 29 日突发中风，享年 62 岁。他是被这一重任所拖垮的吗？

新卢浮宫的宫墙已经建了 2 米高，虽然拿破仑三世对杜邦存有个人偏见，但让杜邦接替维斯孔蒂是非常顺理成章的，毕竟他比任何人都了解这座宫殿，而且他过往的经历都是加分项。可是杜邦刚刚辞职，要是他晚一周做出这个决定，拿破仑三世就可能不得不选他了。在这种情况下，经过 6 个月的纠结，拿破仑三世选择了埃克托尔·勒菲埃尔，这位枫丹白露宫的建筑师、罗马大奖获得者。欧仁妮皇后和拿破仑三世都很欣赏枫丹白露宫内的"路易十六王后风格"的新戏剧厅。有不少历史学家都认为拿破仑三世是在默东城堡里认识了城堡的建筑师勒菲埃尔，但实际上要到 1852 年 12 月，这块地产才被赐予热罗姆·拿破仑，而他似乎在当时还没有接待他的侄子。不管怎么说，这位新建筑师不仅是一位内行的专家，而且还是一位强悍的包工头。杜邦是在维斯孔蒂去世后第二年，接任了他在法兰西学术院的职务，同时继续担任美术学院的建筑师，并建造了墨尔波墨涅厅。第二帝国后来陆续建造了十多栋政府公共建筑，而勒菲埃尔再也没有接到其他订单了。

将一位深受节制、谨慎的古典思想影响的建筑师，换成一位年轻 20 来岁、风格更为大气和巴洛克式的建筑师，这件事本身就是一种典范，但两者之间的反差不应过分夸大。其实从维斯孔蒂设计的其中一个馆的正立面图上可以看到，他的设计和勒菲埃尔相比并没有很大的差异，都有着叠加的廊柱、古戎式的浮雕，以及边角上的战利品装饰。当然，装饰变少了，但下面热那维·布列的这句话着实有些言过其实了：

卢浮宫全史
LA GRANDE HISTOIRE DU LOUVRE

勒菲埃尔的欣喜之情完全破坏了维斯孔蒂的古典理念，他只顾迎合皇后的品位，把对新政权的幻想表现在了每一块石头上。

这位新上任的总建筑师在作品的质量和完成速度上都表现得非常出色。他妥善地接手了前任留下的工程，甚至包括图纸上的工程规划。他在北边皇家宫殿的对面，建起了位于里沃利街和拿破仑庭院中间的两排翼楼，它们以图书馆为中心向两边延伸，与小画廊所在的翼楼对称。在北边，新的建筑将里边的3个庭院环绕起来，而南边的3道翼楼则连接着大画廊，又圈出了另外两个庭院（斯芬克斯庭院是第三个）。楼体的衔接工程使得建筑和雕塑上的细节不得不做出牺牲。卢浮宫至今还留存着一个刚被修复的带有百合花图案的多利安式柱头。

勒菲埃尔完全尊重维斯孔蒂留下的设计图，但他以追求不朽性为名，获准改变建筑正立面，进行额外的装饰，这无疑会带来更大的成本负担。这仍然是可行的，因为在拿破仑三世的眼里，新卢浮宫必须达到令人震撼的效果。拿破仑三世对这一工程着实紧张不已，高斯的一幅小画（1854，藏于卢浮宫历史展厅）就描绘了他在北翼楼的工地上，置身于工人之中和他们交谈的场景。

勒菲埃尔懂得指导工程，而且能满足君主想要尽快竣工的意愿。1855年年初，工程主体已大致完工，只有装饰工程还在继续。"仅1854年的工程就消耗了原本预算中的三分之一，花费了近5万立方米的石块和3000吨铁架。威望与繁荣共存，经济是政治的工具，反之亦然"（皮埃尔·科尼昂）。

第十五章　大卢浮宫初期
LE PREMIER GRAND LOUVRE

为了迎合君主想要增加更多空间的意愿，勒菲埃尔给拿破仑庭院的建筑物加盖了一层屋顶楼，"这是新卢浮宫对旧卢浮宫的彻底改变"（让-皮埃尔·巴贝隆）。他在顶楼盖上复折屋顶，装上一排饰有雕塑（美德之神、四季之神、商业之神、艺术之神）的栏杆，但从底下看上去，我们感觉不到雕塑有1.8米的高度。

基于统一性的考虑，勒菲埃尔重新装饰了方形庭院西边的立面。立面已经没有了莱斯科设想的相间的门洞，而是普雷奥的两组雕塑圆柱（他好像忘了他的浪漫主义风格），而勒梅尔西耶的圆顶配以模仿萨拉赞的女像柱，显得太过繁琐沉重。后来，这里被换掉了原本的名字，变成了现在的叙利馆。

勒菲埃尔"变本加厉"，他把整个拿破仑庭院的建筑都装饰上大量雕塑。从壁炉到石棺全都被装饰一番，到处都是虫纹饰的加固铁杆、精雕细琢的柱头、花环饰、战利品饰，圆顶上也都是大量装饰画，天窗上的装饰品多得都超出了三角楣的边缘。装饰占领了建筑，雕塑家的订单也纷至沓来，当时有235位雕塑家受雇于此。其中有浪漫派的吕德、巴里、普雷奥和奥丹，学院派的卡瓦里耶、茹弗鲁瓦、博西奥和迪博尔特，还有两位官方雕塑家：一位是偏传统的纪尧姆，他是勒菲埃尔的女婿；还有一位是偏创新的卡尔波，他是后来才加入的。浏览一遍名单，我们发现，除了当时站在对立面的大卫·德·昂热，当时重要的雕塑家几乎都在列。装饰性雕塑的灵感来源于各式各样的主题，上面还能找到象征着圣西门主义时代的火车头。

如此夸张的装饰在当时也并非获得一致好评。维克多·富尔内尔在《新巴黎》上发表了严厉的批判；巴里作为参与者，形容说像

"高级糖果店";持正统观点的吕多维克·维代在《卢浮宫和新卢浮宫》中的评价为"超越灵感范围的过度";谢纳维埃尔说是"在浮夸中过载的堕落本能";梅里美则冷笑了一番。

黎塞留馆的外立面则是勒菲埃尔设计的一个典范。外立面的整体装饰丰富,垂直分布着成对的圆柱或女像柱,水平分布着中楣和飞檐。在这个建筑结构的每块隔间都充斥着成组的雕塑、或深或浅的浮雕和大量雕塑装饰。三角楣出自弗朗西斯科·杜雷,雕刻的是《在和平女神和富足女神的集合下,幸福繁荣的法兰西女神被她的孩子们包围,她呼唤历史之神写下她从拿破仑三世那里接受的福泽,交代艺术之神保存这份记忆》,这个标题就和雕塑一样冗长复杂,也解释了画中小孩存在的原因。莫利安馆的西立面上有一顶王冠,上面层层叠叠的浮雕已经多到难以辨认了。

可以说,这是建筑和装饰雕塑的黄金时代,为许多没有特别天赋而只会一门手艺的艺术家、雕塑家和装饰家提供了许多工作机会。

我们再仔细看看黎塞留馆和德农馆正立面上的大型雕塑群组,以及其他三角楣上的雕塑主题。在德农馆的《被和平之神与艺术众神环绕的拿破仑三世》中,拿破仑三世身着正装,手持权杖,这是他在巴黎的唯一公共雕像。叙利馆上的拿破仑一世半身像位于雄鹰之上,俯视着历史之神和众神。在柯尔贝尔馆的《被农业女神和商业女神保护的帝国王子》中,这位年轻的王子于1856年在圣路易浴盆里受洗,他在1870年永远地离开了宫殿。在杜尔哥馆上,欧仁·纪尧姆的女像柱还在为这位被世人遗忘的雕刻师打抱不平。

图书馆位于皇家宫殿对面,是进入卢浮宫的另一个入口。罗昂拱廊是供行人和车马使用的公共入口,黎塞留入口仅供行人通行。

第十五章　大卢浮宫初期
LE PREMIER GRAND LOUVRE

图书馆是整个建筑群中最完美的作品之一：整体比例和谐，门洞和装饰均匀分布，顶部饰有女像柱。

里沃利路沿街的立面上，也有考究的凸雕饰墙面、环状饰圆柱，以及17世纪饰有字母"N"造型的天窗。拿破仑三世曾对欧仁妮开玩笑说："这个可怜的皇帝，到处都刻着字母N（到处都是敌人）①。"不过现在我们看来只觉得墙面脏兮兮的。

走进这个馆，呈现在我们面前的是黎塞留长廊，一个个拱形的天花板隔间上装饰着屋棱，下面设有成对的廊柱和壁柱。懂得营造宏伟效果的勒菲埃尔，在这种次要的部分，设计了并不过于繁复的装饰。

在新翼楼的另一端，出于对称性的考虑，建筑师在拿破仑庭院的北面复制了勒沃建的一个突出建筑，即博韦馆的圆厅。

皮埃尔·罗森伯格曾写道："勒菲埃尔之于卢浮宫，正如奥斯曼之于巴黎。"他给予了两人同样的赞誉和指责。人们一直以来对此处巴洛克式和"暴发户式"的过度装饰十分不满，也在谈论着勒菲埃尔对留白的畏惧。于是，1985年的修复工程着重考虑了装饰作品的质量、布局的合理性以及艺术家的水平。我们可以从此处看到政权的光辉，但更需要注意的是，勒菲埃尔秉承了君主的意志，致力于将拿破仑庭院变成一个和谐、肃穆、威严的整体。建筑上面的装饰并不比当时的室内设计、家具和女人的打扮更加繁杂。这就是拿破仑三世的风格，只有经过时间的检验，我们才能明白其中的优点和品质。

---

① 此处为文字游戏，法语中"N mis（刻着字母N）"与"ennemis（敌人）"的读音相同。——编者注

维斯孔蒂曾打算在庭院两边修建一块带有拱廊的平台,在拱廊下安放名人雕像,"就像古罗马的广场"。那时的人还没有意识到,维斯孔蒂想要摆放的这些雕像实际上开创了巴黎为致敬名人而立雕像的先河。旧制度下只有君主能得到的致敬,在这里以独特的方式献给了个人。维斯孔蒂之前完成的几座雕像是用于装饰喷泉的,有莫里哀和讲道圣人们的雕像。很快这一模式就蔓延到整个都城,获得了巨大的成功。这种新的符号,这种名人的象征,在接下来近一个世纪里强势流行。

勒菲埃尔喜欢把雕塑放置在柱顶盘的高处,这当然是合乎逻辑的,因为可以强化其垂直效果,让外墙得以摆脱原本的单调乏味之感,形成最佳的建筑美感。高 3.15 米的 86 座雕像,现在已经成为整个装饰建筑群中最负盛名的存在。这些雕像并没有按照时间顺序排列。有一大批当时有名的雕塑家参与创作,如卡瓦里耶、茹弗鲁瓦、米勒、普雷奥、博西奥、当唐、埃戴克斯和吕德,还有几位不太有名的雕塑家,比如《拉瓦锡像》的作者马耶。我们还可以看到路易·罗贝尔·埃利阿斯创作的《拉伯雷像》。所有艺术家为还原人物对应时代的服装,都付出了值得敬佩的努力。

这些雕像可以帮助我们去理解那个时代的历史。其中有文人 25 位、艺术家 18 位、建筑师 13 位、智者 10 位、宗教人士 8 位、政治家 7 位、大法官 2 位、医生 1 位。没有女性。

不过,环境的改变对雕像造成了不小的损害。由于石料缺乏韧性且保护不当,这些雕像在 130 年间饱经风吹雨打。它们终于在 1991 年接受了修复,有几座彻底复原。

新翼楼的风格与相连的佩西耶和方丹翼楼朴素的风格大相径

第十五章　大卢浮宫初期
LE PREMIER GRAND LOUVRE

庭。在佩西耶和方丹的翼楼立面上，只是简单地挖了几个壁龛，其中一个放置的是拿破仑三世的塑像。还有8个革命时期和帝国时期的将军塑像，其中最优秀的可能是由加布里埃尔－儒勒·托马制作的《马尔索像》，这一系列的作品还有后续。

勒菲埃尔和他的前任一样动作迅速。1855年年初，工程大体上已完工。由于在1855年博览会期间，博物馆要对外开放，又要接待来访的英国王室夫妇，所以进度有所滞缓。出于外交礼节，维多利亚女王在炎热的展厅内也必须坐在轮椅上参观。只有到闭馆时分，所有观众离场后，她才脱下帽子和披风，继续步行参观。

1857年8月14日，在圣拿破仑日的前一天，拿破仑三世参加了落成仪式。他大声宣布道："卢浮宫的落成，并不是一时兴起，而是这个国家出自本能坚持了300多年才实现的伟大工程。"这个"伟大工程"从未被官方明确提出过，在三个世纪中也鲜有提及，但它一直是一个永恒的梦想，是拿破仑一世和拿破仑二世坚信会实现的梦想，他们确实功不可没。

泰奥多尔·德·邦维尔在诗中写道：

> 竣工落成，此梦般奇迹，
> 绚烂梦想，乃泰坦之愿！

由于人工费用和原材料价格的上涨，修整所需的开支已经达到3000多万法郎，而那时一位普通公务员的年薪只有三四千法郎，大家可以试着比较看看。

卢浮宫和杜伊勒里宫构成的这座四边形建筑群，并不是一个仅供权贵使用的封闭空间，而是可让公众自由出入的地方，这也是拿破仑三世的想法（在工程完工前，他就对外开放了皮埃尔丰城堡）。延续旧制度下的城市规划思想，我们可以称呼它为"帝王广场"。

同一年，多个厅室的室内装潢也开始进行。在保留至今的装修中，位于杜尔哥馆和黎塞留馆的国务部长套房尤其值得一提。这里从1853年就开始装修，可从一座被称为"部长楼梯"的奢华楼梯抵达，楼梯上装饰着华丽的锻铁扶手，杜比尼的两幅大型油画遥相呼应。兼收并蓄在这里得到了充分体现，光房门就融合了文艺复兴、路易十三、路易十四以及路易十五时期的风格。伊万·克里斯曾在1949年写道："真正的滑稽歌剧的布置，杂糅繁多之顶峰，让人不禁想起了热罗尔斯坦大公夫人这出歌剧。"可以说经过50年，人们的品位和观点都已不同以往。

二楼是私人套房，主要用于接待，有一条以杜比尼的画作装饰的画廊、一间乌木镶板的小膳厅，还有一间饰有狩猎和历史主题画作的大膳厅，大膳厅上方悬挂着枝形吊灯，还有手持花环的爱神。整个接待大厅金碧辉煌，雕塑丛生，穹顶上是马里夏和杜沃的作品，中间画的是《智慧女神和力量女神向皇帝和皇后展示拿破仑三世统治下的伟大工程》，在这个主场景周围围绕着描绘卢浮宫重大历史时刻和君王的壁板画。这一设计"满足了君王的意图，也证明了他权力的正当性"（达尼埃·苏尼埃）。大厅的装饰是那个时期最为完整的装饰之一，笼罩在一盏直径达8米的水晶吊灯的光芒下。有350位艺术家在那里工作过。套房完工于1861年，先由瓦尔斯基使用，随后是鲁埃，他的妻子还曾在地下室里养过羊。杜伊勒里宫消失后，这里的整体装饰就成了王室装饰中最耀眼的典范。

第十五章　大卢浮宫初期
LE PREMIER GRAND LOUVRE

1861 年，国务部部长套房的竣工仪式以化装舞会的形式进行，这是深受王室喜爱的娱乐活动，后来也为其招致众多非议。

在套房外的里沃利翼楼部分，只剩下了一座石梯，在当时叫作"图书馆楼梯"。这座楼梯有两段，上面覆盖着玻璃穹顶，以线脚装饰的方形柱石作为支撑。柱石下的底座饰有狮鹫，整体雕刻细致精巧，全都出自在当时实属罕见的一位女性雕刻家诺艾米·康斯坦之手。这座楼梯正如其名，通往位于三楼（美第奇画廊所在地）的图书馆，可惜图书馆在巴黎公社的那场大火中消失了。如今，这座楼梯被称为"勒菲埃尔楼梯"。

为召开拿破仑三世主持的议会（重拾王朝复辟时期的惯例），南边翼楼的二层从 1859 年起改名为万国大厅，即现今的蒙娜丽莎展厅。议会召开那天，队伍从皇家宫殿广场出发，途经黎塞留长廊，再从拿破仑庭院的两个小广场中间穿过（这就是原先设想的一座花园被两块小绿地取代的原因），然后从德农门进入前厅。迎面正对着一个巨大的壁龛，底下是雕刻着狮鹫的石座。再经过地面镶嵌着 3 块于 1863 年在卡巴尔伊拉姆发现的马赛克（保留到了 1961 年）的莫利安画廊，就来到了万国大厅。万国大厅位于南北向的楼道里，与东西向的宫殿主道垂直，修复了整体建筑中常见的缺陷。这座巨大宫殿的入口还不够多。

让-路易·大卫的一幅水彩画（藏于卡纳瓦莱博物馆），再现了万国大厅的奢华景象。大厅里挂满了画作，墙壁上装饰着大理石板（现在隐约还可以找到几块），上面布有小圆窗，再往上是巨大的拱形线，镀金的灰墁上饰有丰富的雕塑，由于逆光着实难以辨认形态。再往上，天花板上全是令人眼花缭乱的装饰，这一作品出自夏尔·穆莱（1815—1892年）。他的天赋赢得了大众的青睐和诸多荣誉。他在天花板上张贴了多幅大尺寸画：位于入口处的是象征战争的克洛维，他正置身于一场混战中；对面的是代表和平的圣吉纳维芙，她拉着纺锤，看着牛群。在门上，还有相对称的《拿破仑一世的凯旋》和《查理曼大帝的凯旋》，两人都身骑战马，神情一致，并且都被衣着稍有差别的一群人包围着。只有查理曼大帝这幅作品还留存着，虽然整个大厅的装饰都值得被保存下来。

就在这间大厅里，从1859年起，拿破仑三世主持每年的议会开幕式。从一些版画中，我们可以回顾当时的场景：他坐在带有字母N和蜜蜂图案的大华盖下的御座上，一旁的吉罗姆王子还是一如既往地神情倦怠。这间大厅中还举行了其他庆典。1863年1月23日，拿破仑三世在这里给参加伦敦世博会的人员颁发奖赏，从这里就可以看出发展对外贸易是他的兴趣。

在当时，大型装饰深受欢迎。《世界画报》写道："这将成为现代绘画中最大的作品之一。"现在我们无法再做什么评判，因为这种压倒性的装饰风格已经被某种宗派主义的影响给消灭了。但好在大厅的前厅部分还保留着，现在被称为"德农厅"。这是博物馆里第三大的厅室，高耸的拱顶上是非常受欢迎的装饰风格。穆莱在卢浮宫的缔造者圣路易、弗朗索瓦一世、路易十四和拿破仑周围，绘制了一群著名的艺术家。每位君王都在主持一场艺术家和作家的集会。他们下方的寓意画则分别象征着他们的统治风格。中央的壁板上呈现的是法兰西女神在一张大理石桌子上雕刻拿破仑三世的肖像。虽然穆莱已经尽力还原每个人物，但他们的神情还是一个比一个呆滞，这些壁画如今都变脏了。很遗憾勒菲埃尔在最后的几年里

第十五章　大卢浮宫初期
LE PREMIER GRAND LOUVRE

没让德拉克洛瓦到此工作，当时还在圣叙尔比斯教堂创作壁画的德拉克洛瓦，也许会拒绝这个邀请，但还是应该早点让他来此工作。七月王朝给予了画家们展现装饰天赋的机会（可以看看波旁宫和卢森堡宫），第二共和国也是如此，可惜第二帝国没有紧随其后地任用这些满腹才华的艺术家。这一过失无疑要归于纽维柯尔克，他不懂得分辨德拉克洛瓦和穆莱的不同。

尽管穆莱的创作让人发笑，但至少属于"用于宣传第二帝国的寓意画中保存良好的作品，承袭了过去法兰西的文化价值，标志着其鼎盛时期"（达尼埃·苏尼埃）。就这层原因来说，它们也值得被修复。

万国大厅下面坐落着驯马厅，这是3间带有砖石脊拱顶的小室，顶中央绘有图案，由12根兽形柱头的圆柱支撑。这里的装饰由皮埃尔·卢亚尔负责，他是当时杰出的动物雕塑师；弗雷米耶、雅克安以及其他雕塑家也在上面雕刻了狩猎和骑马的场景。

从曾经的马厩庭院，即如今的勒菲埃尔中庭，走进这间大厅，满眼都是各个时期珍藏的雕塑作品。中庭的楼梯形似马蹄铁，装饰着卢亚尔设计的青铜动物，门上的浮雕也是他的作品。这位被人遗忘的雕刻家应该重新得到关注。

在驯马厅靠近塞纳河的尽头，有一处木制看台用于迎接王后和她的宾客，这处看台已经被移送到了贡比涅城堡。再往后，就是"巴勒贝-德-茹伊前厅"，环绕着饰有浅浮雕的方形柱，上面是藻井穹顶（是梅特佐还是勒菲埃尔的作品？）。最近在这里还发现了勒菲埃尔楼梯的遗迹。

用于接待高级访客（1865年，阿卜杜·卡德尔来访）的驯马厅，位于王室马厩的中心。这里备有 150 匹马和 34 辆马车，以及其他多样的设施，像是马具房、清洁间和马蹄铁铺。此外，还有给驯马师和马夫居住的寓所。这些地方都分布在勒菲埃尔中庭周围。至今我们还可以看见，在楼梯对面有一间小厅室，保留了饰有线脚的门和一间有着属于 18 世纪初期风格的天花板，连接着一个小露台的房间。这些用途各异、风格朴素的厅室，如今都用于保存外国的雕塑作品。拿破仑三世的马厩总管曾住在莫利安馆中的一处套房中，那里曾经很长时间都是法国博物馆总馆长的办公室，现如今是卢浮宫博物馆的管理处。

在原本的规划中，拿破仑庭院以南的翼楼（现今德农馆区域）是博物馆的附属建筑。热那维·布列写道："这是卢浮宫历史上第一次为宫殿添加一座具有博物馆用途的建筑。"这一说法还得仔细斟酌，因为这些新建筑主要还是用于展览。不过，为了新增博物馆入口，德农馆中新设了一个前厅，连接着德农馆和莫利安馆的长廊，在两条长廊的尽头还要建造楼梯。莫利安楼梯上方有一个壮观的穹顶，上面装饰着弓、战利品、拱形浮雕、老鹰和女像柱。在这些装饰中央有一幅穆莱的作品《荣耀女神分发花环》，于 1870 年 7 月裱于天顶。在莫利安楼梯上，还装饰着切利尼著名的《枫丹白露的狄安娜》，他从弗朗索瓦一世起就是桂冠的所有者。

在另一边，勒菲埃尔想保留佩西耶和方丹楼梯，即使它已偏离中心，而且大小也不合适了。拿破仑三世没有同意他的意见，1855 年，除了上面的楼梯平台外，其他部分都被拆除了。拿破仑三世还亲自选定了达鲁楼梯如今所在的位置。达鲁楼梯上方有 4 个透光的圆窗，通过一对拱门、梯阶和平台实现了多种必要的连接。这种组

第十五章　大卢浮宫初期
LE PREMIER GRAND LOUVRE

合非常雅致，只是现如今我们所见到的外观其实是两次世界大战期间的成果。

与水边长廊平行的新翼楼二层被改造成了"红色展厅"，如今还可以在那里欣赏到19世纪法国画派的著名画作。那个时代装饰的拱形部分也依旧保留着。勒菲埃尔在水边长廊里装上了玻璃天窗，受到了很多指责（在卢浮宫历史展厅里一幅杜瓦尔的画作中能看到这个天窗）。他没有预见到夜晚长廊点亮后照到外面的效果会有多糟糕。

曾经的奥地利的安妮的夏宫入口处，是勒沃建造（1655—1658年）的梅塞纳斯厅（太后客厅）。这间展厅曾收到了马尔西兄弟根据埃拉尔的草图制作的灰墁，后来在执政府时期又添加了梅尼耶的天花板装饰。勒菲埃尔在上面增添了比埃努尔的画作，成功组成了一个十分和谐的18世纪风格天花板。

位于大使馆一层的曾经的亨利四世的古董厅，变成了奥古斯特厅。从这里的装饰可以看出从古罗马皇帝、查理曼大帝到两位拿破仑皇帝的历史进程。尽管这种拼凑历史的方式有点好笑，但这里的装潢确实无可指摘。在安圭埃尔的灰墁基础上制作的仿制品之精巧，只有专家才能分辨得出差异。天花板上，马图绘制了众神，周围环绕一圈历史图景。从这两间展厅中，我们可以感受到装饰风格从马萨林时代开始，300年中经历的变化，作品主题不断弱化，但颜色越来越鲜艳。

方丹在博物馆展厅采用的主要是浅色调的灰色和金色。勒菲埃尔统一使用了庞贝红，这是今天所认可的最适合欣赏色彩浓烈的画作的背景色之一。

卢浮宫全史

LA GRANDE HISTOIRE DU LOUVRE

*

博物馆本身，就是辉煌和衰败的集合。尽管它的面积并没有在宫殿拓展工程中增加，但在展厅改造方面还是有所收获的，而且博物馆的规模也在逐年扩大。更何况，将高于2%的国家预算用于艺术是前所未有的。从1855年博览会起，博物馆除周一外，向所有人开放。而在此之前，博物馆的开放日仅限外国人、艺术家和临摹者。馆长埃米利安·德·纽维柯尔克，正如谢纳维埃尔所写，致力于"让屋子里的一切都井然有序"。首先是在组织和运行方面：曾经都没有地方放把椅子的管理办公室设在了三楼；保安的人数增加到115人，他们拥有了更高的薪水和更鲜艳的制服（双角帽、工装外套、红背心）；每周一为清扫日，此外全年对外开放。在路易-菲利普一世统治时期，一共开放了89间展厅。到了拿破仑三世时期，对外开放的展厅增加到132间。

馆长纽维柯尔克一如既往地在博物馆中秘密迎接特别的访客，例如著名的卡斯蒂利欧伯爵夫人。1861年12月31日，他在给她的信中写到期待她的卢浮宫之行，在1864年1月14日的信中已经称呼她为"亲爱的妮妮夫人"。纽维柯尔克入住宫殿后，虽然天资平庸，但他没有放弃雕塑的活动，并把他的工作室安排在了柱廊北面的大楼梯下，他还在那里接待过记者。在大张旗鼓地成为馆长后，他在虚荣的自负心中，每周五都会在自己二楼的寓所接待来客。这位"美男子埃米利安"在这里接待了几乎所有巴黎有名望的人士，包括政治家、高级官员、作家和艺术家，比如德拉克洛瓦、安格尔、弗雷米耶和巴尔塔。那些日子里，拿破仑三世笑着说："宫廷

第十五章　大卢浮宫初期
LE PREMIER GRAND LOUVRE

不在杜伊勒里宫，而在卢浮宫。"在1853年沙龙（贡比涅城堡）上展出的比亚尔（维克多·雨果的情妇莱奥妮·比亚尔之夫）的一幅画作，展现了上流人士（梅里美、维欧勒·勒·杜克和即将过世的维斯孔蒂）聚会的场景，在场的都是男士。查尔斯·吉罗的一幅画（藏于卢浮宫历史展厅）描绘的是馆长办公室，里面放置了各种艺术品，连地上都摆满了。

1855年，勒菲埃尔的工程迫使纽维柯尔克搬到了马伦哥馆二楼。维耶尔－卡斯特尔在1857年6月19日写道："纽维柯尔克在卢浮宫的套房占了二楼的17间房。勒菲埃尔不知如何是好，从下令整修之日起，纽维柯尔克的要求就层出不穷。起先他只要求一处单身公寓。可现在他住的是一套完整的公寓，有客厅、卧室、书房、餐厅、浴室等。对于馆长来说，这样的住所完全是毫无用处的，甚至一间体面的书房都是没有必要的，和阁楼一样大小的空间就足够了。"

纽维柯尔克有时会在夜晚带着自己的客人，在火把的亮光下参观古代展厅，观赏"维纳斯在亮光照抚下摇曳的身姿"（谢纳维埃尔）。

从馆长变成总监的纽维柯尔克，并没有直接参与到奥斯曼主持的行动中，而是完全听命于拿破仑三世（当时正值阿莱西亚考古发掘时期）。1866年，为了发掘方形庭院中腓力·奥古斯都时期的遗迹而启动了挖掘行动，但当时的挖掘点到为止，直至一个多世纪过后才重新开始。

现在，有两项工作摆在他面前：一是收集藏品，二是从文化和科学角度对藏品进行开发。尽管纽维柯尔克对研究工作并不感兴趣,但"那是个撰写与艺术史同步发展的清单和目录的大时代"(热那维·布列)。

纽维柯尔克在管理上表现完美,但在文化层面还有待商榷。在馆藏增加上,费尔南德·戈尔德施密特指出,馆长的艺术品位有局限,特别无法接受现代艺术(他不喜欢柯罗)。在他所欣赏的有限范围内,纽维柯尔克还是会投入资金,每年都会收购藏品(据谢纳维埃尔统计,1850—1863年一共增加了2万件新藏品)。1850年8月,被派去参加荷兰国王藏品拍卖的维罗和雷塞,带回了佩鲁贾的《两位圣女中间的圣母》。1852年,《纳博讷的装饰画》以及布歇的《洗浴的狄安娜》作为纽维柯尔克的典型品味,被博物馆收入。还有1857年被收入的夏尔丹的《买物归来的女仆》。

购买的这些珍藏,要么放在卢浮宫供众人观赏,要么用于皇家城堡的装饰。"这种肆意的挥霍和虚荣,受到了反对者的猛烈抨击"(热那维·布列)。可是所有君王都是如此,就算共和国总统也会用国家馆藏的画作装饰爱丽舍宫。

皇后也时常要求借用几幅受大众喜爱的画作装饰她的私人住宅。纽维柯尔克不得不向拿破仑三世说明情况,而皇帝也只能尽量满足皇后。不过,皇后在参观法兰西银行的金色画廊时(上面的装饰画都被拿到卢浮宫去了),她产生了一个可以说是现代的想法,她建议将画作放回到当初创作出来的地方。人们担心这会开创先例,于是在金色画廊里放上了临摹品(那是临摹画作的黄金年代),效果也还不错。还是欧仁妮皇后,因为一直怀揣着对玛丽·安托瓦内特的回忆,从凡尔赛宫收回了两张王后的桌子放到卢浮宫,从此以后一直保存在那里。

第十五章　大卢浮宫初期
LE PREMIER GRAND LOUVRE

卢浮宫当时因为绘画馆馆长维罗让一位叫戈德弗洛瓦的画师对绘画作品进行修复，正处在舆论的风口浪尖上。维耶尔-卡斯特尔写道：

> 戈德弗洛瓦拿着一个瓶子，里面盛满了类似黑色泥浆的东西。
>
> "这是我的药水，蘸一点这种液体，我让凡·戴克重焕光彩。我刮去画上的清漆，保留好这些碎屑，在里面加上酒精，就做好了重塑这些老画的溶液。"

鲁本斯的作品也牵涉其中。维耶尔-卡斯特尔继续写道："就目前为止，我们所认为的鲁本斯是浓烈又鲜艳的，而他将证明鲁本斯是清雅而寡淡的。"这位经常受到质疑的传记作家，这次却得到了谢纳维埃尔的赞同，后者也指责维罗的这一决定。维罗在1861年被解除职务。

幸好《蒙娜丽莎》当时的保存状况良好，得以逃过一劫，再加上它在当时并不出名。它通过当时流行的版画复刻，才开始变得有名。第一位在1857年成功复制这幅作品的是乔治·桑的朋友——卡拉马塔。得益于他和浪漫派人士，这个神秘的微笑渐渐传遍了整个欧洲。

博物馆的使命主要是丰富馆藏，包括吸引捐赠。1853年，牟利罗的《天使的厨房》就以这种方式进入了卢浮宫。正如第二帝国追忆第一帝国的辉煌，那个时代的伟人也备受推崇。1854年，富尼耶-萨尔罗维兹将军的后代向卢浮宫送去了出自格罗之手的祖先肖像。这幅精美的画作也因上面的修改痕迹而出名,画中的人物有3条腿……1857年,纽维柯尔克花了5000法郎购置了伦勃朗的《被屠宰的公牛》,却受到路易·维亚尔多的指责。这位路易·维亚尔多和他的妻子——著名歌唱家波琳娜·维亚尔多,以及小说家屠格涅夫之间的关系可谓十分复杂。

在拿破仑三世的内心深处,他真诚地希望可以增加这座博物馆的藏品数量。但可能并不是出于他所宣扬的对艺术的喜爱,而是想要再一次与填满卢浮宫的叔父比肩,毕竟曾经的辉煌还历历在目。在位期间,他进行过多次大手笔的交易,比如1862年由纽维柯尔克在公开拍卖会中购入的牟利罗的《圣母纯洁受胎》,最后的交易额高达61.5万法郎。只是这幅画后来被贝当拱手让给了西班牙。再比如1864年让·马鲁埃尔的《圣母怜子图》。1857年还有一笔捐赠,来自前第一小提琴手索瓦热奥,他是"巴尔扎克笔下邦斯舅舅式的人物"(热那维·布列)。他甚至因此在卢浮宫里得到了一处位于他捐赠的藏品附近的住所。他继续看管着他的展品,最终也在那里离世。

关于坎帕纳侯爵的藏品,值得我们进一步了解。他原是罗马(当时这座城市还只受教皇的掌控)当铺的掌柜,因为挪用公款被捕,于1858年被判处20年划船的刑罚(这种处罚当时在教皇掌管的城市仍旧通行),接着被赦免,而后赦免的决定被取消,他又被流放。而他的藏品全数被教皇政府没收,资金短缺的政府对这些藏品进行了拍卖。这些藏品中有几件伊特鲁里亚的珍品,现如今它们是卢浮宫的镇馆之宝(《夫妻石棺》)。还有一块《和平祭坛》浅浮雕。墨索里尼政府后来以重组文物的名义向法国索要,遭到拒绝后

第十五章 大卢浮宫初期
LE PREMIER GRAND LOUVRE

代之以仿制品。此外，还有上千件希腊花瓶和金银器，以及意大利14—15世纪的画作，即德农所谓的"原始主义"作品，共计656件。

那时，欧洲国家之间展开了一场激烈的藏品争夺战。英国（1860年）和俄国（1861年）成功获得了大量藏品。拿破仑三世对此也很感兴趣，因为坎帕纳侯爵夫人的母亲在他逃离汉姆时帮过他，但他觉得梵蒂冈当局提出的条件太苛刻而考虑拒绝。后来在他的朋友奥尔登丝·考尔奴女士的劝说下——她其实也受到了考古学家莱昂·厄兹埃的影响，拿破仑三世最终愿意进行协商，派了奥尔登丝的丈夫塞巴斯蒂安和考古学家莱昂·勒尼耶去罗马。他们最终以总价36万法郎的金额完成了这一笔交易。而1861年7月，立法机关特地为此举行了一次投票。

12月，装着藏品的箱子抵达巴黎，被安置在工业大厦中。这里被划分成几个临时馆区，挂上了纱帘，从车站大厅变成展厅。工业大厦自然成了拿破仑三世博物馆，在1862年4月13日由他亲自揭幕。不同的展厅陈列着花瓶、红陶制品、考古物件、画作以及不同时期的1200件金银制品。而《夫妻石棺》则陈列在一间专门设计成"伊特鲁里亚风格"的房间内。

一场以两个女人为代表的争论，就此围绕着这座博物馆展开。一位是奥尔登丝·考尔奴，另一位是代表情人纽维柯尔克发声的玛蒂尔达公主。前者认为藏品应该以教育为目的，安置在工业大厦，因为她认为艺术品是榜样、是典范，这种观点源自大革命时期。奥尔登丝毫不犹豫地写道："这12年来，卢浮宫的管理层对阻止艺术品位的下降束手无策。"玛蒂尔达和纽维柯尔克则主张这批藏品可以弥补卢浮馆馆藏的不足。帝国博物馆秘书埃尔内斯特·切斯诺认为,坎帕纳藏品这个议题堪比东方国家藏品议题。

拿破仑三世从一开始就站在卢浮宫这边,并且最终以法令的形式表明了他的态度。或许是为了支持玛蒂尔达,他授予了纽维柯尔克美术总监这个尊贵而古老的头衔。拿破仑三世对藏品有与纽维柯尔克不同的处置,重要藏品,特别是绘画(乌切洛的《圣罗马诺之战》)由卢浮宫收入。其他价值稍低的藏品则被送去了外省博物馆。事实上,拿破仑三世的这一政策沿袭自他的叔父。然而,这样一个"拆散"藏品的决定又引发了新的抗议,安格尔和德拉克洛瓦在这个问题上达成一致,共同发声抗议。

卢浮宫绘画馆馆长弗雷德里克·雷塞负责最初的筛选工作。像许多同时代的智者一样,他对那个时期的作品没有一点兴趣。在646件藏品中,他觉得只能挑出97件来,但是他的决定要提交美术学院通过,而更为包容的美术学院则要求他再多选出200件。外省博物馆最后收到了318件画作和上千件物品,这再次引起了新的争论。

最后,在1863年8月15日节庆这一天,卢浮宫专门用来展出坎帕纳藏品的9间大厅落成。伊特鲁里亚的珍品使得卢浮宫成为该领域藏品最丰富的博物馆之一。3500件花瓶被安放在南长廊,该长廊保留了坎帕纳长廊的名字。至于陶器、雕塑和浮雕则入住了曾经的守卫厅、现在的"拿破仑三世博物馆"。塞巴斯蒂安·查尔斯·吉罗的一幅画作描绘了1866年这间改造后的大厅。我们还注意到纽维柯尔克十分有品位地保留了大厅入口柱廊上装饰的百合花饰盾形纹。

第十五章　大卢浮宫初期
LE PREMIER GRAND LOUVRE

被分配到外省博物馆的藏品，在一个世纪后，在米歇尔·拉克洛特的提议下，由国家一个个收回。经过20年的协商，最终由阿维尼翁小皇宫美术馆展出了这批规模中等的藏品。

在坎帕纳的故事进行的同时，为迎合拿破仑三世的考古爱好，在这充满冲突的氛围中，埃尔内斯特·勒南带头的一支考古队伍在1860年被派往腓尼基，负责考古和碑铭研究任务。这位哲学家在次年返回时，带回了几座石棺和其他小物件，这些藏品至今仍是东方馆藏中一个引人注目的系列。但正如伊丽莎白·封丹指出的那样，站在奥尔登丝·考尔奴那一边的勒南，把这些物品带去的目的地不是卢浮宫，而是工业大厦。它们与坎帕纳藏品曾一起在工业大厦中展出过一段时间，后来在拿破仑三世的命令下才来到卢浮宫。

接下来又发生了一件在博物馆闹得沸沸扬扬的事。自从奥拉斯·德·维耶尔－卡斯特尔取代拉波德成为帝王博物馆的主管后，他又担任了珍宝馆的馆长，变得自视甚高。他热情邀请各国君主前来参观卢浮宫，而他们也毫不吝啬地送他作为回礼的装饰品，他还在展厅里炫耀他这些尊贵的关系。但是1863年，祸从天降。

作为公职人员的维耶尔－卡斯特尔，创办了一家名为《法兰西》的报纸。他在上面为拿破仑三世摇旗呐喊，同时还会发表艺术批评类的文章。在1863年3月11日这一期上，他发表了一篇评论由纽维柯尔克负责组织的艺术展的文章，内容不免有些过激。于是纽维柯尔克迅速做出了回应：

先生：

我在贵报《法兰西》3月11日这一期上，读到了一篇名为《1863年博览会》的文章。

您要明白，我只能接受我的管理团队中的成员对我的管理行为提出批评。您所攻击的这几点是我提出且已被批准的准则中最重要的几点。您应该很清楚我是提出这些举措的人，而且我已向国务部长阁下提交了一份申请每年举办博览会的报告。

我相信，他一定能在您独立的笔杆和您对上级长官缺乏尊重的态度之间做出明智的选择。

我或许还有权说出以这种方式让我受到如此惊吓的其他原因。

所以在此，我向您宣布，经陛下和帝国事务部元帅阁下决定，您将不再参与帝国博物馆的管理事务。

对此，我深表遗憾。

纽维柯尔克

几日后，维耶尔-卡斯特尔就离开了卢浮宫。或许他犯的错不至于受到如此严厉的处罚。只是这句"我或许还有权"映射出纽维柯尔克对他怀有更深的怨恨。菲利普·德·谢纳维埃尔对此做出了解释：

这个倒霉可耻的维耶尔-卡斯特尔，靠着家庭关系接近纽维柯尔克先生。后者出于怜悯之心，把他带入了卢浮

第十五章　大卢浮宫初期
LE PREMIER GRAND LOUVRE

宫。只是 15 年后，他又把这个有不当购买行为的人赶了出去。

不管是对过去还是当下，谢纳维埃尔没有做出更多的解释。在纽维柯尔克后来公开的一封信中，他控诉了维耶尔－卡斯特尔多次的偷窃行为。维耶尔－卡斯特尔当时的名声不好，他的朋友们大多离他而去。第二年，他就离开了人世，而他的《回忆录》在 20 年后出版了。他对那个时代的见解，让他遭受了恶评。

1867 年，卢伊尼和弗拉·安吉利科的壁画从米兰来到卢浮宫，这还要归功于纽维柯尔克。还需要指出的是，纽维柯尔克偏爱丰腴的女性形象，于是长期颇受指责的卡巴奈尔的《维纳斯的诞生》重新获得了人们的关注。以及在 1864 年沙龙之后，莱昂·利泽内的《厄里戈涅》同样受到了关注。他还购入了库尔贝的《溪边小鹿》（现藏于奥赛博物馆），这可能是拿破仑三世的命令。拿破仑三世想要拉近和库尔贝的关系，不过库尔贝后来还是拒绝了接受荣誉军团勋章。1867 年，纽维柯尔克以 6000 法郎的价格购入苏巴朗的《圣阿波罗尼亚》，画的前主人苏尔特元帅对此欣然接受。

1869 年，拉卡兹医生向卢浮宫捐赠了自己的油画藏品，数量多达 584 件，其中有华托的《淡漠者》和《菲乃特》、弗拉戈纳尔的《脱去衬衫》、夏尔丹的《午餐前的祈祷》、伦勃朗的《拔示巴》、弗兰斯·哈尔斯的《波希米亚姑娘》和《弹琴小丑》，以及德农死后以 650 法郎售出、拉卡兹以 1.6 万法郎购入的《吉尔》（又名《皮埃罗》）。这些藏品不是一口气能说完的。从 1870 年起，这些藏品就被安置在守卫厅，而那里在很长时间内都被称作"拉卡兹厅"。画

卢浮宫全史
LA GRANDE HISTOIRE DU LOUVRE

作沿着挂物线从上楣到护墙板一幅幅并行排列，不留一丝空隙，垂直方向就排列了 7 行，看上去就像拼图。直到今天，这也是卢浮宫收到的最重要的捐赠之一。

不过，并不是所有交易都是靠谱的，而且不靠谱的情况在卢浮宫的历史上也屡见不鲜。1866 年，纽维柯尔克引以为豪地购置了一件佛罗伦萨诗人保尼维尼的陶土半身像。对陶土像真实性的质疑声不断，而纽维柯尔克对此不服，他认为当时没有一个雕塑家能仿制到这个水平。这种事并不少见，每位博物馆馆长都应该从中吸取教训，保持谦逊，只是纽维柯尔克与谦逊似乎并不相干。

除购入的藏品外，卢浮宫还收入了从近东国家出土的文物。例如，马里厄特在孟菲斯的塞拉比尤姆神庙遗址的发现，以及 1853 年在塞加拉墓地出土的《书记官卡伊像》。继伊朗古城苏萨的挖掘后，《汉谟拉比法典》这部东方古国最重要的法律文集于 1862 年进入卢浮宫。1863 年 4 月，归功于法国驻安迪诺普勒（埃迪尔内）的副领事查尔斯·尚帕佐，卢浮宫迎来了分成 110 块的《萨莫色雷斯的胜利女神》，这"一件时间与巧合的杰作"（马尔罗）缺少了一只翅膀，不过游客们也不会注意到这一点。

至于不对纽维柯尔克胃口的考古文物，馆藏的增多不利于它们的陈列。各馆长只一味热衷于增添新藏品，而没有意识到过度拥挤可能会产生问题。柱廊变成一个堆放杂物的仓库，紧靠壁柱的 4 个巨型橱柜里放满了一摞摞撰写着希腊语、俗语、科普特语和阿拉伯语的纸莎草藏品。

不过纽维柯尔克还是在展品陈列上做出了革新。杜邦在堪称典范地修复了阿波罗长廊后，长廊里变得空空荡荡的，没有任何东西

第十五章　大卢浮宫初期
LE PREMIER GRAND LOUVRE

可以干扰对装饰的欣赏。1861年,纽维柯尔克决定在这里放置玉石和珠宝首饰。因此,他命查理·加斯科设计了仿17世纪风格的镀金木制橱窗,它们如今仍在原地。1871年,这里又增添了28件从圣克卢城堡转移过来的细木镶嵌家具,可从一幅1884年的画作上看到。后来在这些基础上又增加了一些家具藏品,摆放在几乎没有任何装饰的墙板前的效果居然好得惊人。也有部分放在凹处的橱柜遮挡住了其他装饰,尽管这些装饰是杜邦那个时期的。

就和复辟时期一样,新的独立部门也在这一时期出现。墨西哥分馆的出现,让某些历史学家联想到了拿破仑三世对墨西哥产生的兴趣并由此导致的悲剧。事实上,这一部门早已产生,最初由让戎创立,并在后来成为"美洲分馆"。从布朗利河岸还能看到几间展厅。阿尔及利亚分馆也有一段时间成为焦点,反映出拿破仑三世对这个国家的兴趣。

卢浮宫的受欢迎程度和参观人数在不断提高和增加。恰逢1867年博览会召开之际,当局编辑出版了《巴黎导览》一书,并且请到了维克多·雨果撰写前言。泰奥菲尔·戈蒂耶在上面发表了一篇名为《卢浮宫博物馆》的文章,这是第一份关于卢浮宫的详细导览指南。文章用简单平实的语言表达了对绘画的兴趣。这本书后来也被重新编辑出版了。

卢浮宫的有些访客着实声名显赫,德拉克洛瓦就是卢浮宫的常客,他年轻时就在此临摹画作,后来也经常光顾。波德莱尔曾说:

> 在某个周日,我看到了德拉克洛瓦。他身边还有一位年事已高的女仆人,忠心耿耿地照顾了他30多年。他,

这位绅士、雅士、智者，毫无架子地向这位善良的女士解释这些古老雕塑中的奥秘，而她就在一旁聆听。

我们还可以从当时的照片中看到那时博物馆展厅的面貌：雕塑展厅拥挤不堪，达鲁长廊里6块图拉真柱复制品排成一列。

在法兰西第二帝国走向终点之际，纽维柯尔克值得对他21年的任期感到自豪。从1853年起，共有770件画作进入博物馆。谢纳维埃尔写道："可以说，到第二帝国末期，卢浮宫博物馆已是欧洲最耀眼的存在，它如此整洁、如此辉煌，藏品荟萃，就连守卫都神气极了。在这里我们可以感受到有一双眼睛照看着一切。与这座举世无双的建筑相比，政府机关和神圣的梵蒂冈博物馆简直像落魄老贵族的居所。"要知道，谢纳维埃尔可是以尖锐的批判精神出名的。

*

1867年巴黎世界博览会的召开，让拿破仑三世得以对外展示他统治时期实现的这一大功绩。当时这座巨大的宫殿只有外立面的工程刚刚竣工，其余老旧部分还存在很大问题。由于花神馆和大画廊地基的木桩都打在塞纳河不稳固的河岸上，很长时间以来一直是一大隐患。从1850年起，花神馆就用柱子加以支撑，1861年，部分上楣脱落。那时，维欧勒·勒·杜克阐述了修缮的可行性，但勒菲埃尔说服拿破仑三世采纳了另一个令人惋惜的方案：花神馆以及与长廊相连部分全部拆除重建。当时似乎没有人提出反对意见，17世

第十五章　大卢浮宫初期
LE PREMIER GRAND LOUVRE

纪的一栋建筑在法律上也无法得到保护。不管是梅里美，还是维欧勒·勒·杜克，都不十分欣赏这个建筑。拆除工程就此启动：在巴尔杜斯的一张照片上可以看到，莱迪吉耶尔馆外已经被开了一个大缺口，工地上搭建了许多木棚。

勒菲埃尔在这次工程中尽心尽力，但也招致了后人的批评。此前，他都按照维斯孔蒂的方案进行施工，而他能做的只有局部的改动。在这次新的工程中，他能随心所欲地按照他的想法将建筑风格统一（或许可以说勒菲埃尔的卢浮宫与维欧勒·勒·杜克的巴黎圣母院有些相通之处？），按照他的本意进行重建而非修复。就此，他证明了他可与修建了法院的杜克和修建了圣莱昂圣吉尔教堂的巴尔塔比肩。

此外，拿破仑三世同意重建，也是因为新方案能够修建一些具有新功能的厅室作为杜伊勒里宫的补充。他想修建一间给来访的外国君主们的套房，一间提供免费演出的新剧院，还有一间新的万国大厅。原本那间万国大厅离杜伊勒里宫太远，而且与博物馆联系太过紧密。新的万国大厅还用于召开重要会议（会议馆由此而来），以及接待正式来访的君主。所以勒菲埃尔重建的不仅仅是花神馆，还有到莱迪吉耶尔馆的大画廊西半段。为了与杜伊勒里宫衔接，楼体加宽了 1 倍，层高也有所变化。勒菲埃尔绘制的一幅长约 3.8 米的图纸（存于国家档案馆），展现了水边画廊的新面貌。

其实勒菲埃尔本来可以保留靠塞纳河一侧由迪塞尔索设计的立面，以及 17 世纪的三角楣。委员会也建议进行风格相同的重建。但勒菲埃尔痛恨"这种夸张的布局，这种不幸的发明只会给法兰西建筑带来有害的影响"，最终采用了我们今天所见的方案：新立面几乎与长廊保留部分没有太大的联系，上方交替出现三角形和拱形的三角楣，中间间隔着装饰性图案。在长廊下方，亨利四世时期供艺术家居住的地方的外墙覆盖了 3 层垂直和水平的块状装饰。三角楣则都出自如今已籍籍无名的雕刻师们：卡贝、弗朗赛斯基、德梅诺伊和德拉普朗什，还有卡瑞尔-贝尔鲁斯。

这个新立面往东延伸到拉特雷莫耶馆为止。拉特雷莫耶馆立面的布局朴素，以拱孔和窗户为主，与莱迪吉耶尔馆相同。两个馆之间隔着一道有 3 个拱孔的拱廊（原是圣尼凯斯拱廊，于 1759 年由马里尼扩建），这处拱廊是为应对新建的歌剧院大道带来的人流而修建的。上面还有两座小尖塔，与 25 年前修建的罗昂拱廊遥相呼应。大画廊有超过三分之一的部分和上面的雕塑装饰被拆除，原来的装饰完成还不到 15 年就换成了鹰和字母 N 装饰，屋脊上也都缀满了雕塑。新的狮子门是让·古戎门的翻版，只是上面的顶饰雕塑因拥挤而显得过于夸张。门两边是巴里打造的两座青铜狮，其中一只的签名位于背面，可能是为了说明这是仿制品。

朝向卡鲁塞勒广场的立面布局则十分不同，它大小协调平衡，装饰也相对更朴素。会议馆位于长廊中央，向外突出，在第二帝国时期一直保持原样。内部，大画廊先被截去了一大半，然后又延长至超过拱廊，只是宽度变窄了，里面还有两座优雅的圆厅，装饰着由卡瑞尔-贝尔鲁斯（1869 年）设计的表现酒神狂欢节的雕塑。这是第二帝国最后的几项工程之一了。

花神馆被推倒重建，这次选择了更坚实的地基。建筑物大小不变，只是外立面有所不同。从当时的照片上能看到，迪塞尔索

第十五章　大卢浮宫初期
LE PREMIER GRAND LOUVRE

原本设计的布局庄严稳重。勒菲埃尔的新设计经过精心计算，将空与实和谐地结合在一起。南立面（北立面建成时间晚，我们稍后再看）上有一个造型复杂的三角楣，往下是眼洞窗，再往下是雕塑组群，这一切构成一个整体，位于中央浮雕《花神》之上。与《花神》对应的楼层高度很低。西立面的设计需要与杜伊勒里宫保持和谐，因此在二楼和三楼上都设计了一个嵌入式阳台。花神馆的屋顶层面积比之前大，上面共有四排天窗，层高与住宅或办公室相当。

当然，外墙上的空白需要交给雕塑家们去填满。这幢新翼楼的三角楣交给了作品雅致和谐的艺术家们，就如花神馆上卡瑞尔-贝尔鲁斯的作品《富足》。通往塞纳河河畔的3道拱廊之间是茹弗鲁瓦的两组雕塑《战船》和《商船》，上面的人物都站在船首，两者难以区分。上方是一块大型的浮雕，展现了骑马的拿破仑三世。其中最有名的外部装饰当数花神馆南立面上卡尔波的作品。三角楣上雕刻了《法兰西帝国把火焰带到人间，庇护农业之神与科学之神》。这件高水准的作品在1866年沙龙上备受青睐。正如米开朗琪罗，卡尔波也成功地克服了让人物侧躺在三角楣斜面上的困难。他争议最大、最有名的作品是位于立面中央的《花神》（1866年）高浮雕。传说，卡尔波受到与勒菲埃尔的交谈和外部攻击的影响，在一天早上登上新立面想要现场看看他的作品，结果被脚下一位戴着高帽的人吸引住了，此人正在艰难地攀爬着脚手架。正当卡尔波想要训斥他时，却发现他是拿破仑三世。他突然醒悟，从此义无反顾地相信自己的作品。

卢浮宫全史
LA GRANDE HISTOIRE DU LOUVRE

在第二帝国覆灭之前，这座新翼楼的整修工程还未竣工。会议馆里修建了一间新的万国大厅，现如今为卢浮宫学院所在地，布朗利河岸博物馆的"分部"也在此。在为来访的外国君主设置的套房里，勒菲埃尔只来得及修建了一座楼梯，只有上层的楼梯平台以及卡巴奈尔的天花板《花神的胜利》和欧仁·纪尧姆的4块浮雕还保留着——这是第二帝国时期迷人却不为人知晓的装饰作品。1949年，伊万·克里斯竟毫不在意地建议把它遮住。

从1869年1月起，太子把花神馆的二楼据为己有，作为杜伊勒里宫中他的寝宫的延伸。这位王位继承人在一间娱乐大厅里接待年轻的宾客参加他举办的庆典，并和他们一起排演剧目。"欧仁·拉比什的《语法》就此落幕，在1870年封斋前的周二这一天，两个世纪前开幕的这一系列演出终于结束"（皮埃尔·科尼昂）。

拿破仑三世在位期间，卢浮宫做的最后一笔藏品交易可谓具有前瞻性，也是卢浮宫历史上光荣的一笔。1870年，卢浮宫以7900法郎的价格购入了维米尔的《织花边的少女》。后来，达利又让这幅画更加声名远播。

可正如1789年的路易十六，拿破仑三世的权力日渐衰微。1870年2月5日，新上任的"文学、科学和美术部部长"莫里斯·理查德，通知勒菲埃尔1870年的预算不一定能有50万法郎，这就意味着所有工程都必须停工。这是这位新部长做的唯一举动。经过不断的协商，勒菲埃尔最终还是不得不在5月1日关闭了工程办事处。拿破仑三世对此也无能为力，正如他只能眼睁睁地看着内阁被取缔，奥斯曼和纽维柯尔克辞去总监的职位，不过纽维柯尔克还保留了博物馆的管理权。1月28日，纽维柯尔克在给卡

第十五章 大卢浮宫初期
LE PREMIER GRAND LOUVRE

斯蒂利欧伯爵夫人的信中写道:"我还有我的红卧室,我将很高兴在此接待您。"

5月21日,全民公决的结果在万国大厅内提交给皇帝和皇后。在压倒性的支持下,帝国似乎再一次建立起来。拿破仑三世会再次掌权并继续卢浮宫的工程吗?

到7月,普法战争爆发。可以说,拿破仑三世是唯一一个不希望这场战争发生的人。8月,普军进入巴黎。埃米勒·奥利维耶下台,他下令把博物馆的重要作品都转移到布雷斯特军火库。转移的藏品一共有17箱,其中就有《加纳的婚礼》,在谢纳维埃尔的陪同下,它们被运往布列塔尼。巴黎的新市长特罗胥将军(维克多·雨果曾戏称他为"太失败"这个动词的过去分词①),则住进了原国务部部长的套房。

9月4日,共和派人士利用战争的失败发动政变,推翻了君主政体。摄政皇后欧仁妮既不能再依靠议会,也不能指望特罗胥将军了。起义者敲击着卢浮宫的栅栏和大门,大声叫喊道:"打倒西班牙女人!处死石匠②!"她最终听从了身边人的劝告,马上动身离开。皇后一行人发现卡鲁塞勒广场和塞纳河畔的私人花园都无法通行后,决定走圣日耳曼奥赛尔教堂广场上的卢浮宫出口。与皇后欧仁妮一起的还有奥地利外交大使克莱门斯·梅特涅、意大利外交大使尼格拉、上将于连·德·拉格拉维埃、巴黎警察局局长皮埃特里、

---

① 这位将军的名字 Trochu 与法语中"太失败"(trop choir)的过去分词读音相同。
——译者注

② "石匠"(Badinguet)是路易-拿破仑的政敌们对他的蔑称。——译者注

拿破仑三世的秘书孔蒂、皇太子太师菲隆，还有皇后的侍读勒布勒东夫人。

他们的逃亡路线非常容易还原。他们从杜伊勒里宫二楼穿过花神馆，进入花神长廊。那片区域自从停工后未得到修整，还留着工地的痕迹。然后，他们经过会议馆，那里新建的万国大厅也还未完工。会议馆出口处的大门紧闭，突然赶来的杜伊勒里宫副掌事特兰将门打开（马克西姆·杜冈确信上将于连·德·拉格拉维埃身上有一大把钥匙，是他打开了所有的门，可是为什么他会做好如此万全的准备呢？）。一行人接着穿过大画廊到达方形沙龙，这也是皇后在婚礼时走过的路。经过方形沙龙，他们来到了阿波罗长廊，欧仁妮皇后还可以在这里看到她丈夫的肖像挂毯。经过阿波罗圆厅和首饰厅，他们来到挂着《梅杜莎之筏》的七壁炉厅。此时，皇后要求跟着她的人都离开，她不想引起别人的注意，也不想他们被自己连累，只剩下了两位大使和勒布勒东夫人。有人说皇后向离去的人行了一个屈膝礼。

只剩 4 人的逃亡小组于是来到了查理十世长廊。在第一间厅里，皇后透过窗户看到了钟阁桅杆上的旗帜缓缓降落。这是巧合还是精心的安排呢？他们走到长廊尽头，从佩西耶和方丹设计的楼梯下来，来到柱廊的东馆。继续穿过亚述馆，他们就站在了通向圣日耳曼奥赛尔拱廊的大门前。这是最后一位逃离卢浮宫的皇后。

正如朱尔斯·阿杜安·芒萨尔按照路易十四的意愿修建了荣军院，勒菲埃尔也很擅长建造迎合君主意愿的建筑。没有哪一个政权和第二帝国一样对卢浮宫有如此巨大的贡献。1870 年，卢浮宫历经

第十五章 大卢浮宫初期
LE PREMIER GRAND LOUVRE

17年的修缮,成果可观。泰奥多尔·德·邦维尔以一首轻松的诗歌赞颂道:

> 看着这个世界,看看这座城池,
> 吾辈卢浮宫之伟大,似吾辈之历史,
> 无边宽广之中,尽是无尽和谐!

第十六章
历经磨难

A TRAVERS LES ÉPREUVES

与最高权力挥手道别后的卢浮宫，一边担任着博物院的职务，一边执行着内阁的事宜，开启了独立自主的生存模式。想要跟上它的步伐，探索它的历程，最清晰明了的方式还是让我们跟着时间的脚步来一一探寻。

　　曾经象征着第二帝国辉煌的卢浮宫，很快就因帝国的覆灭而迎来了严峻的考验。卢浮宫的整修工程还未完成，首先就要承受战争带来的后果。在1870年9月的围困期间，未曾完工的会议馆和大画廊变成加工枪管膛线的作坊。这似乎能说明夏塞波步枪，这种拿破仑三世推荐、1866年起采用的步枪，因时间紧迫还未配给巴黎的驻军。除此之外，作坊还把更老式的武器改装成"鼻烟盒步枪"，再装上枪栓。

　　1870年7月12日，珍宝馆馆长巴尔贝·德·茹伊险些没能将杜伊勒里宫和圣克卢城堡里最珍贵的家具解救出来并转移到卢浮宫里。

　　艺术家们推举库尔贝作为他们的代表加入卢浮宫的管理层，但库尔贝和馆长们的关系并不好。他刚上任就遭遇了凶年。法国投降后，普鲁士的一支武装部队在卢浮宫大厅里横行，海军博物馆馆长一直守在宫殿,最后因绝望而离开了人世。

在巴黎公社期间,《米洛斯的维纳斯》暂时被安放在巴黎警察局。在1871年5月23日的夜里,悲剧发生了。凡尔赛军队抵达巴黎的消息一出,巴黎公社的战士们退守杜伊勒里宫,并放了一把火,图书馆也遭遇了不幸。传言这一决定要归咎于贝热雷"将军"。他是想毁了所有国家藏品吗?也许我们可以大胆地说,这就是对既定规则的一次愚蠢至极的反抗,一种承自大革命的拙劣传统。1830年和1848年,杜伊勒里宫早已经历过这种磨难。

这场大火还波及了花神馆和马尔桑馆,并蔓延到相连的翼楼。难道几代人为连接两座宫殿付出的努力最终都要付之一炬了吗?巴尔贝·德·茹伊爬上被叛乱者点燃的屋顶,和他的助手安托瓦纳-埃隆·德·韦耶弗斯一起极力扑打将要危及大画廊的火势。如果没有轻步兵团指挥官贝尔纳迪·德·西格瓦耶爬上着火的屋顶阻断火势,他们或许无法成功阻止大火蔓延。在卢浮宫这边,大火吞噬了北边长廊的西半部分。贝尔纳迪被巴黎公社的人抓住,他烧焦的遗体到了第二天才被发现。

经过流血的一周,卢浮宫状况惨烈。如果说卢浮宫除了图书馆外,其他还算完整的话,那杜伊勒里宫包括花神馆和马尔桑馆几乎全被烧毁,只留下了外框架。在梯也尔的房子被毁后,由巴黎公社寄存到花神馆的他的家具也都毁于一旦。

梯也尔向不同的权力觊觎者给出了一些承诺,但并不实质上支持任何人的事业(他曾说:"王座只有一个,不能由三个人坐。")。他实际上只想着巩固自己的权力。在他看来,卢浮宫和杜伊勒里宫建筑群的重建对他并没有好处。拿破仑三世让这里成为独裁专政的

第十六章　历经磨难
À TRAVERS LES ÉPREUVES

权力中心。他要从思想上打破这种布局：拆除杜伊勒里宫，宫殿北翼楼变成政府机构所在地。位于南翼楼的博物馆，重新担任起博物馆这个唯一的角色。

从1871年夏起，驯马厅被清空。布雷斯特的主要画作于9月7日重新进入博物馆。很快政府就下达了修复花神馆和马尔桑馆的决议。把一直从属于杜伊勒里宫的这两个建筑与杜伊勒里宫分开处理，并且在北面的花神馆和南面的马尔桑馆都新修一个侧立面，这个决定预示着杜伊勒里宫中心区域的消失。本书对杜伊勒里宫没有详细展开说明，只需了解当时这里是可以修复的，主要牵扯到的是政治问题。新掌权的共和派人士打心底里痛恨帝制，直接导致这座法兰西国王的宫殿最后令人惋惜地消失了。

花神馆和马尔桑馆的修复工作又落到了勒菲埃尔的头上。花神馆建筑的主体结构并没有受损，于是勒菲埃尔就在几年前设计的基础上进行重建，不过室内布局已经完全消失，皇太子套房不复存在。此外，这次重建十分粗略。近一个世纪后，人们在花神馆上层安置实验室时，才发现楼板不过就是几块搭在一起的大木板，墙壁上还有那场大火留下的黑色印记。

马尔桑馆受损程度更为严重，勒菲埃尔获准对它进行重建（1873—1875年）。他出于个人喜好取消了立面上有序排列的大型壁柱，采用了和花神馆立面类似的庄严设计。这一设计显得有些夸张，但十分有序。他还一如既往地在新墙面上装饰了大量雕刻作品，其中就有克拉克、巴里亚、夏普和法勒格耶勒等已经淡出人们记忆的雕塑家。在马尔桑馆每个外立面的三角楣上都布满了各种人物雕像，然而里面还是空荡荡的。

北翼楼的西半边也需要修整。勒菲埃尔接到指令要在此安置在巴黎公社期间被毁的审计法院，所以需要对这里进行扩建。于是，他可以名正言顺地除掉他非常讨厌的、由迪塞尔索模仿佩西耶和方丹建造的大型壁柱，并在前几米处建一座有八个隔间的新翼楼——采用的是和大画廊西边正立面一样的混合风格。在这座新建筑（如今成为装饰艺术博物馆）之后，勒菲埃尔还计划继续清理佩西耶和方丹的遗留痕迹，对应会议馆建造一座延伸建筑，但是他的资金预算被拒，最后只建了一面西隔墙。这堵墙至今还突兀地立在那里，不知道如何处置，也没法把它和立面砌平。

当时的主流观念已无法再接受君主的雕像继续耸立在岸边的拱廊之上。巴里的浮雕被砸成几块扔进了塞纳河中，不过后来这些碎块又被打捞上来，送进了贡比涅城堡。为什么不把这件浮雕安置在上面提到的墙壁上呢？

1877年，拱顶狭廊上的肖像被安东尼·梅西耶的《艺术之神》取代。这件作品由锻铜打造，艺术之神坐在马的翅膀上，似乎无法保持这个姿势太久。不知是出于疏忽还是其他原因，上面还保留了向拿破仑三世致敬的铭文，其下还有一个印着字母"N"的盾牌。

卢浮宫博物馆在这个新时期努力地扮演着自己的角色，而它与政权的关系在之后的几十年里也发生了变化。自大革命建立博物馆以来，历届首脑都表现出了兴趣，并努力地发展和充实这座博物馆，但第三共和国政府在爱丽舍宫和卢浮宫之间几乎没有往来。除了陪同外国元首访问博物馆外，第三共和国总统对法兰西的第一座博物馆没有表现出一点兴趣，他也并不是次次都会陪外国元首参观博物馆。这首先与他的个人喜好有关，几乎所有第三共和国总统都

第十六章　历经磨难
A TRAVERS LES ÉPREUVES

没留下爱好艺术的名声。其次这也体现了总统只统治不管理的这种经验式做法。总统只在军队前展示出表面上的姿态，介入其他国家事务，特别是当时还未被称为"文化"的事业是不合适的。即使总统曾公开表示过对卢浮宫的兴趣，并且通过国民教育部的行动加以证明——虽然该部门只是名义上从属于总统，他也可能会遭人嘲笑，甚至是被指责。扭转局面，还要等到戴高乐将军、热衷现代艺术的乔治·蓬皮杜，以及自拿破仑三世后第一个想要转变卢浮宫的国家首脑弗朗索瓦·密特朗的出现。卢浮宫的遭遇揭示了第三共和国的悲剧命运，正如戴高乐所说，要想成为国家元首，需要有一个元首和一个国家。

就和所有新生政权一样，于1870年9月4日建立的新政权还不稳定，因此卢浮宫能享受到一定的自主权。博物馆在菲利普·德·谢纳维埃尔的积极推动下迎来了机会。谢纳维埃尔在1873年被任命为美术主管，面对死气沉沉的政府，他毫不犹豫地开始行动。他曾写道："面对这座神圣的殿堂，只有1871年的共和国才会无动于衷甚至带有蔑视，这里满满承载着法兰西过去的辉煌和记忆。"他命令皮维·德·夏凡纳负责装饰达鲁楼梯，鲍德里负责莫利安楼梯，加朗负责亨利二世楼梯，只是任用加朗不是个好主意。

可惜的是，谢纳维埃尔的提议后续没有得到实施，卢浮宫也没有参与到这个壁画的大时代中去。当时的教堂渐渐停止收入宗教画，而民用建筑在一场新的运动中见证了作为建筑常规甚至必备的"世俗装饰"的诞生。就巴黎来说，19世纪的最后30年里，万神殿、索邦大学、商品交易所、巴黎市政厅、法兰西喜剧院、巴黎歌剧院、里昂火车站、议会大楼以及为数众多的区政府大楼，都经历了一场装饰运动,而这些装饰本身也值得我们去了解和研究。卢浮宫没有参与到这场运动中来,也许我们可以猜出个中缘由:新政权需要排除建立在过去基础之上的卢浮宫博物馆,而通过其他建筑物颂扬和升华共和价值。在世的艺术家们的作品要想进入卢浮宫是很难的,他们生前的作品一概被卢浮宫拒绝。这样一种可以算是投资的尝试在外省博物馆里展开,比如亚眠博物馆,但卢浮宫没有给穆莱和布拉克等艺术家任何机会。德拉克洛瓦的情况不会再有,我们或许还可以幻想皮维、鲍德里或博纳、让-保罗·劳伦斯和德泰耶在卢浮宫大展拳脚。

不管怎样,在艰难还清1871年的债务后,政府不愿在大型装饰工程上进行投资了。相反,博物馆采购了几件与战争有关的作品。例如,亨利·勒尼奥的《格拉纳达摩尔国王不加审判的处决》(1872年购置,现藏于奥赛博物馆),让人想起这位画家在战役中不幸被杀的事件;还有梅西耶的青铜雕像《大卫》(1854年购置,现藏于奥赛博物馆),体现了常见于文学和绘画艺术中的复仇精神。1875年,青铜头颅雕像《伊阿宋》被陈列在米开朗琪罗厅,这是当年被普鲁士人扔进圣克卢公园的水池后又被法国人打捞出来的。另外还有1878年购置的《瓦平松的浴女》。

此外,新的会议馆由于没有完工又没有用处,于是在1874年被改造成了博物馆厅。从19世纪末的照片中可以看到,当时这里还用传统的挂画方法将画作紧密地排了好几行。

在古文物方面,谢纳维埃尔建议政府从埃及运来第二块方尖碑。这第二块卢克索方尖碑和协和广场上的方尖碑本是一对,从穆罕默德·阿里时期起就为法国所有。他是想把这块方尖碑立在方形

第十六章 历经磨难
A TRAVERS LES ÉPREUVES

庭院内吗？当局对此却装聋作哑。近一个世纪后，戴高乐将军将这块方尖碑归还给了埃及。1875年，巴尔贝·德·茹伊在意大利克雷莫纳成功购得一扇因道路扩建而被拆除的宫殿大门，在博物馆的数次改造中，这扇大门也被多次迁移。

考古行动一直以来都得到政府的大力支持。1877—1881年，考古学家欧内斯特·德·萨尔泽克在特罗遗址进行挖掘，并把《秃鹰石碑》和许多用黑岩制成的《古地亚》（拉加什王子）雕像送进了卢浮宫。萨尔泽克找到的其中一座雕像没有了头颅，而头颅后来在1903年被加斯东·克罗找到。这样的机缘巧合在考古中并不少见。有了这些文物，古代东方部成为古代东方馆（1881年）。

然而当时卢浮宫内部并不都属于博物馆。1871年起，里沃利翼楼被梯也尔划给了财政部并如此持续了100多年。还有一个中庭被划分给了国库，并盖上了玻璃顶，一直延续到了1940年。花神馆则被不同部门轮流占据。1879年，一直位于凡尔赛宫的政府返回巴黎后，参议院赶走了自巴黎市政厅大火之后便一直占据卢森堡宫的巴黎市议会，把卢森堡宫占为己有。由于维欧勒·勒·杜克的报告，巴黎市议会和塞纳省众议会在万国大厅中逗留了几年。大厅华丽张扬的装饰得到加固，在摆成直角而非半圆形的一排排座位前，也安上了旁听的席位。

卢浮宫里充分开展多种多样的博物馆活动。让我们再读读《小酒馆》（1877年）的这一选段：

他们迈着尽可能轻缓的步子，走进了法兰西画廊，心中怀着巨大的崇敬之情……接着，他们继续前行，金碧辉煌的画框冲入眼帘，沿着一间间鳞次栉比的小展厅，走过一幅幅画作。画作的数量之多令人眼花缭乱。好多的画呀，天哪！这还不是尽头。

接下来是举办婚礼的长画廊，这里全是意大利画派和佛兰德斯画派的作品。还是画，都是画，圣人的、男人的、女人的画，上面有看不懂到底是什么的图案、幽暗的背景、泛黄的野兽。混乱的人群和物品以及眼花缭乱的色彩让他们开始感到一阵头晕目眩……

从这个时期开始，建筑师相继担起了管理宫殿的任务。勒菲埃尔最后一次出马，是在1878年将驯马厅改造成模塑厅，但这个厅与维欧勒·勒·杜克在特罗卡德罗宫中设立的雕塑博物馆有些重复了。这位卢浮宫建筑师于1880年离开了人世，他的接班人欧仁·纪尧姆则开始改造女像柱厅，并尝试安装暖气设备。这一工程让人意外地发现了一间有哥特式立柱的地下室，人们通常将这里称作圣路易厅。等到100多年后，这里才对外开放。1878年，在卡鲁塞勒广场上又发现了伯纳德·帕里希窑洞的装饰碎片，其中一部分成了博物馆的藏品。窑炉要到一个多世纪后才在1985年的挖掘行动中被找到。

1881年，美术管理办公室被设在帝国宫殿过去的车库里，现在那里则用来展出外国学派的雕塑作品。那时的车库里还有7辆属于皇后的四轮双座篷盖马车。她从英国法恩伯勒运来两辆马车，把其他几辆送给了亲友。在这些马车中，有一辆名为"西布莉"的大花车，可以追溯到拿破仑一世时期，欧仁妮皇后曾把它送给了奥马勒

第十六章　历经磨难
A TRAVERS LES ÉPREUVES

公爵。在共和国政府的调和下，波拿巴家族和奥尔良家族达成了和解。这辆古老的敞篷马车又会经历什么呢？

对待消亡的旧政权，政府的态度比议会要温和得多。在 1822 年这灾难性的一年，议会故意做出了一个有违法国 300 年历史的决定。第三共和国的国会议员们忘了或假装忘了第一共和国也曾在杜伊勒里宫扎根，他们投票决定拆掉这座宫殿。这些昏聩的资产阶级保守派，居然想效仿毁掉旺多姆柱的巴黎公社。似乎没人考虑过修复宫殿并将这座由拿破仑三世建立的权力之城为共和国所用，而一座权力之城正是政府迫切需要的。

这一错误决定产生于共和派对君主制长达 12 年的仇恨中，却为卢浮宫创造了一个未曾预料到的光辉前景。因为这个决定表明，不管是议会，还是从议会产生的政府，都无法把一座建筑（"历史建筑"这一概念还未出现）的历史意义与价值和最后几位主人的形象分离开，也没有显露出文化层面的关切。当国民教育受到冲击，在寻找出错的原因以寻求解决之道时，所谓的"美术"在很长一段时间内都被看作富裕阶级的一种消遣，或者是无足轻重的边缘性活动。此外，杜伊勒里宫一事也反映出议会相对政府的胜利，它的这一优势地位一直持续到了 1958 年。

卢浮宫在经历 600 多年的扩建后达到了极限，呈现出人们今天所见的面貌，但离整座宫殿都成为博物馆，还有一个多世纪的时间。

除了拆掉杜伊勒里宫这一悲剧性的决定外，新政权还有一项创新的举措。1882 年，为培养未来的博物馆馆长班子，卢浮宫学院就此创立，位置就选在拿破仑三世首席侍官仿路易十五时期风格所建的寓所里。学院在这里存在了 50 多年，很快就使用了革命性的投影教学法。在接下来的一个世纪里，卢浮宫学院保持着良好的发展势头。

纪尧姆在卢浮宫里完成了一项重要任务，他在展厅里采用了以庞贝红为基调的折中风格装饰，只是50年后就被拆除了。他还在另外一个任务上花了好几年时间。1882年，《萨莫色雷斯的胜利女神》雕像被安置在达鲁楼梯平台上，并在此待了130年。可是这座楼梯未曾得到装饰，还卷入了"充满人员和政治问题的复杂事件中"（热那维·布列）。最终，调整并通过了在楼梯圆顶上按照勒内弗的草图饰以马赛克画的这个方案，并在1884年动工。可纪尧姆还是饱受争议，他在歌剧院设计的天花板（后被马尔罗取代）被"评论界一致认为是灾难"（皮埃尔·科尼昂），后来在1894年被放弃。

与之相反，画廊则始终如故。在一张1884年拉卡兹厅的照片上，我们可以看到表现方形沙龙主题的小幅画，画作整整挂了5大排，后面的隔板几乎都要看不见了。大幅的画作在上，需要从远处用望远镜欣赏，小幅画作在下，需要弯腰细看。"这种精彩又混乱的排列猝不及防地把拉斐尔和鲁本斯、普桑和达·芬奇、伦勃朗和尚佩涅或提香放在了一起"（P. 博纳富）。所有作品都以黑色的护墙板作为衬托，打磨得光滑发亮的铜栏杆和一道红色围栏作为保护。现场只有一处从天窗玻璃上倾泻而下的光源。

期间，1882年甘必大的突然离世动摇了政界，这位伟大的爱国主义者虽不是国家伟人，但他拥有极高的名望。很快当局就决定要为他立一座纪念雕像，并在1884年1月公开选聘一名建筑师和一名雕刻师。评委会最终选用了金属建筑的先锋路易-查尔斯·布瓦洛，以及来自洛林的雕刻师让-保罗·奥贝的方案。他们同时建议把雕

第十六章　历经磨难
A TRAVERS LES ÉPREUVES

像立在现今卢浮宫玻璃金字塔前的位置上，正对着那座刚刚逝去的宫殿。这个位置太过重要，与当时的左派思想有所冲突，而如今这个地点的重要性在逐渐减弱。经过艰难协商，政府同意了。1888年7月13日，穆奈-苏利朗诵着苏利-普吕多姆的诗歌，伴随着布朗热的支持者和反对者的大声疾呼，启动了雕像落成仪式。大批民众被吸引至此，有人甚至爬上了花神馆的屋顶。

今天还记得这个23米高的"大块头"的人应该也已经上了年纪。纪念碑的中间是一个锥形塔，前面是受到吕德的《志愿军出发远征》启发而创作的高浮雕，两者遥相呼应。浮雕上的主人翁伸直手臂，似乎要与风暴抗争。在最顶端，象征民主的人物骑在翼狮上，塔的两边是两座象征真理和力量的女神雕像，都为裸体且难以辨认。在碑的背面还有两个孩子的青铜雕像，一人执锤（象征工作），一人执剑（象征保卫国家），彼此双手紧握。

当时这里的照片显示，来卢浮宫参观的人并未因此大幅增加：在纪念碑和两座小公园前，只能看到一两辆汽车和几个行人。如今，这个地方不可能再有这么冷清的景象了。

市议院和众议院在新的市政大厅建好后就搬离了卢浮宫，于是纪尧姆可以在1886年大展身手，为终于归属博物馆的万国大厅进行内部装潢。政府不想重建那些被抹去的装饰，因为这会唤起过多从前的记忆（虽然已经过去了15年，但依然不能放松警惕）。所以，原来的装饰必须消失：穆莱的天花板被玻璃天窗替代，柱子和席位全部被拆除；在墙壁高处，原来的灰幔被新的、更厚重的灰幔取代。在玻璃天窗四周的穹顶上，位于房间两端的两尊大雕像代表着过去和现在：旧时君主专政的法兰西和如今民主共和的法兰西。

卢浮宫全史
LA GRANDE HISTOIRE DU LOUVRE

上面还有纪念章纹饰和法国艺术家的仿青铜塑像，以及天使像、柱头、花环和条状装饰物。"就算政体变了，肖像和符号的政治分量还是显而易见的"（热那维·布列）。沿着墙上的挂物线，排列着一幅幅油画，这间厅室被用于存放19世纪伟大画家的作品。从1886年的一幅版画中，我们可以看到安格尔的《荷马》、当时就很出名的勒尼奥的《普兰将军》，还有《贺拉斯》《君士坦丁堡的十字军》《没落时期的罗马人》以及《自由领导人民》。从1886年12月起，展厅对公众开放。和30年前的杜邦一样，纪尧姆为了不让天花板和展画之间有冲突感，在天花板的设计上只采用了雕刻装饰，不过这种层层叠叠的设计给人一种超负荷的统一感。当画作一一排开时，拱顶的装饰就显得更加有压迫感而让人无法承受。

不过，这种装饰在25年后又被那时的卢浮宫建筑师全部推翻。

新的悲剧在1887年上演。政府对被废政权的恨意着实绵绵不绝，18年后，他们仍旧达成了一个令人悲痛的决议：卖掉会议馆里的帝国珠宝。仅仅9天时间，珠宝散尽，整整48批，共51 406颗钻石、21 119件玫瑰金首饰、2 963颗珍珠、507颗红宝石、136颗蓝宝石、312块祖母绿宝石、528块绿松石、220颗猫眼石，还有446件其他物件。这些宝石大多都从饰品宝物上被抠下。这实在是一笔糟糕的买卖：这么多见证了法国两个世纪历史的珍宝居然只卖了6 864 066法郎。虽然有两三块宝石，比如王冠钻石，已经被保管起来，但国家藏品在这样一场悲剧的清仓甩卖中元气大伤，难以复原。后来，虽然卢浮宫极力追回了部分珍品，但这份宝藏永远也无法复原了。

纪尧姆的另一项创举，是在1889—1893年完成了博物馆大厅

第十六章　历经磨难
A TRAVERS LES ÉPREUVES

的修缮工作，这个大厅专门用来展示佛兰德斯画派和荷兰画派的画作。他想在顶上放置卡罗勒斯·杜兰在1875年为卢森堡宫绘制的天花板画，配上一个硬质纤维板做的豪华边框，以及两个代表玛丽·德·美第奇的盾形纹章。这幅激情澎湃的油画在后来被人们贬低，甚至在20世纪30年代时被遮盖住，直到1993年才得以再现。

在雕塑方面，1889年，博物馆购入了西托修道院的《菲利普·波特墓》，当时的第戎城还不知道要好好保管这一作品。卡迪拉克城堡变身为监狱，使得博物馆解救并得以向公众展出了著名的雕塑《信息女神》——这是皮埃尔·比亚尔为这座城堡创作的作品，只是如今这座城堡已经很难担当起那个时代的见证者身份了。接下来的1893年也是非常重要的一年，雕刻馆从此脱离了珍宝馆，获得了独立的发展，由路易·库拉若担任馆长。自莱昂·德·拉波德的努力以来，各馆馆长开始对中世纪的藏品有了极大兴趣，并努力增加收藏，还从美术学院带来了法国古迹博物馆的残片（如今还在）。库拉若首次确定了收购政策，他致力于让卢浮宫成为"法兰西雕塑历史进程的见证者"。尽管路途坎坷，但他一直在前行。就在前一年，库拉若被骗，用40万法郎购入了一件青铜像《亚当》，据说这是里奇奥的作品，可是后来发现是由多个时代的碎块拼凑出来的。他在1895年又自掏腰包购入了一件被馆长委员会拒绝的勃艮第木制巨型耶稣受难像。库拉若有些暴躁、不够圆滑，他的同事们把那尊雕像称为"耶稣·库拉若"，此后该雕像也一直在罗马展厅占有一席之地。

我们还应注意到凡尔赛宫的馆长皮埃尔·德·诺拉克，他在给宫殿添置新家具时，瞄准了卢浮宫里路易十六餐厅中的陶瓷画，于是想方设法让它们回到了凡尔赛宫。他的继任者们都采用了收回卢浮宫里原属凡尔赛宫的物件这一策略,只是塞纳河畔的馆长们是永远不会接受这一点的。

还有一些管理上的过失。1897年,博物馆在亨利四世中学展出了《圣徒戈尔韦和普罗泰显灵》。为了把作品安放在一道尖形拱廊上,他们居然毫不犹豫地把画割开了。直到20世纪80年代,这件作品经过修复才恢复了原貌,而且人们这才知道这幅画原来是画家菲利普·德·尚佩涅的代表作品之一。

1871年留下的烂摊子还没收拾完。巴黎公社在审计法院(今奥赛博物馆所在地)放了一把火,留下的废墟被遗忘了很长一段时间,不过这座建筑的大楼梯上还保留着夏塞里奥在1844—1848年绘制的装饰壁画。经过20多年的风吹日晒,它们终于在1898年,被画家的朋友们从楼梯上拆下。原来270平方米的画还剩下五六十平方米。这些碎片先是被不当修复,后又被1910年的洪水侵袭,后来被归还给画家的朋友们,而他们又将这个作品捐赠给卢浮宫,如今它被略显不协调地陈列在雕塑厅里。

幸好有夏塞里奥这些热心无私的朋友和后代,他的作品才得以顺利出现在卢浮宫中。朱丽叶特·库尔贝则不满国家对待他哥哥库尔贝的方式,伤心的她将这位画家的画作送给了隶属巴黎城的小皇宫。她后来才把《奥尔南的葬礼》送给了卢浮宫,这幅画现藏于奥赛博物馆。

说到出于政治目的而试图改变历史的这种愚蠢行径,我们还有话要说。前面曾提到过,杜邦用挂毯装饰了阿波罗画廊,挂毯上绘制着历届建设卢浮宫的君主画像,其中必然有拿破仑三世。拿破仑

第十六章　历经磨难
A TRAVERS LES ÉPREUVES

三世随后被换成了亨利四世，而出于未知的原因，勒·阿尔杜安－芒萨尔取代了加布里埃尔。难道在那个时代的政治家眼里，后者的建筑更加轻浮甚至放荡？这也是协和广场前有芒萨尔作品的原因。

那时的现代艺术作品还是很难进入卢浮宫的大门。1878年，除了安格尔的《泉》（现藏于奥赛博物馆）有所争议外，卢浮宫接受了杜沙泰勒的遗赠。1894年卡耶博特的遗赠则掀起了一场风波，67幅画中只有40幅被卢浮宫接受，美术学院还对此表示了强烈的反对。1896年，绘画馆馆长乔治·拉弗内斯特到处找寻米勒的作品，还为《喂奶的农妇》痴迷不已，引起了一片指责。可笑的是，最后人们发现这幅画的标记是仿制的，这只是一幅临摹画。好在1897年以8万金法郎①购入安格尔的《贝尔丹先生》，还算是一笔不错的交易。

在考古和文物方面，19世纪末出现了两段活跃期。

1895年，在维苏威火山东北坡上的罗马式别墅的一方旧蓄水池里，有人发现了102件公元前1世纪的古罗马银器。他们成功把这份宝藏运出了意大利，并带到了卢浮宫。卢浮宫虽然想要接收这份宝藏，但没有足够的资金。于是埃德蒙·德·洛希尔男爵将宝藏全数买下，并赠送给了博物馆。现在这份宝藏被陈列在亨利二世展厅，即旧时的国王接待厅。

这份捐赠是在1896年1月被接收进来的。就在这一年，艺术交易市场上又出现了一件考古挖掘品。古代艺术研究专家也很快注意到了这顶黄金镌刻的王冠，王冠状若东方样式，饰以伊利亚特场景的浅浮雕。这件宝物激起了两位古代考古"教父"——所罗

---

① 金法郎，诞生于14世纪的一种货币单位。——译者注

门·莱纳赫和安托瓦纳·埃隆·德·韦耶弗斯的兴趣和热情,他们很快进行鉴定,根据上面的铭文,判断这应该是一顶公元前3世纪、属于一位名叫萨伊塔法勒内斯的塞西亚国王的王冠。这两位学者研究着这件文物的历史,又催促当局赶紧让卢浮宫将它收入。可是这项花费在当时也是相当惊人,足足要25万法郎。媒体上铺天盖地全是对这笔交易的报道,古代珠宝厅中挤满了慕名前来的人。

但是,质疑的声音也渐渐出现,因为大家注意到这件文物上居然没有一丝磨损和碰撞的痕迹。从当时的照片上看,戴着帽子的莱纳赫严肃地检视着这顶王冠。埃隆·德·韦耶弗斯则觉得,这是不怀好意的同行们的嫉妒心作祟。在1896年4月1日愚人节那天,法兰西学术院还特地为此事开了一次会。

1903年,一个名叫"艾莉娜"的造假商供出了一个在巴黎的俄国金匠的行踪。他承认自己曾让一位叫作"依思拉埃尔·萨劳莫诺维奇·卢克奥摩诺斯奇"的敖德萨工匠做过一顶王冠,但是莱纳赫和韦耶弗斯竭力反对这位考古门外汉所曝出的"丑闻"。柏林博物馆的负责人富特文格勒注意到,这顶王冠上装饰的是百合花,这种装饰出现在那个时代很奇怪,所以他坚持认为王冠是赝品,而这一想法又激起了从未熄灭的法德两国之间的仇恨。于是这件作品又在卢浮宫中成了大明星,前来观赏的人更是络绎不绝,4天里就吸引了上万名游客。

与此同时,有关部门出资请来了卢克奥摩诺斯奇。1903年4月,他到达巴黎,宣称自己是这件作品的作者,并出示了证明材料。他拒绝公布顾客的名字,只透露了收到的工钱是2000卢布。

于是有关部门做了一个测试,让这位俄国人住进货币工作坊,

第十六章　历经磨难
A TRAVERS LES ÉPREUVES

要求他重新打造出这项王冠的部件。几天过后，结果出来了，证明这确实是他的作品。于是部长只能让步。6月4日，这项王冠离开了原来所在的卢浮宫展窗，回到了"古代艺术的现代仿制品"区。至此，直到艺术仿制品展出时，我们才又在众多的《蒙娜丽莎》仿制品中间再次见到了它的身影。

1884—1886年，马塞尔和让娜·迪厄拉富瓦在波斯波利斯遗址的考古发掘成果颇丰，向卢浮宫运送了200个装有5000件物品的大宝箱，其中有苏兹弓箭手的檐壁，以及阿帕达纳宫廊柱上带双牛饰柱头的巨型华盖，其原型高达19米，足足用两间古代东方馆的展厅才装下了这些物品。在某些层面上，这次丰硕的成果还要得益于让娜·迪厄拉富瓦的个人魅力。她喜欢装扮成男人，是那个时代的话题性人物，也经常被喜剧演员调侃。特里斯当·贝尔纳曾坐在火车里的"女士专用车厢"，面对调乘员的喝止，他捋着自己的胡子答道："我是迪厄拉富瓦夫人。"

卢浮宫则受益于如此独特的个性。

雅克·德·摩根在苏西亚纳的考古挖掘行动结束后，卢浮宫的新建筑师贾斯通·勒东把位于万国大厅下面的一系列新东方艺术展厅进行重修，里面的装饰都是仿古风格，导致有时真假难辨。如今所有装饰都已经消失。

卢浮宫还收购了更惊人的藏品。当时，埃及的文物部门会将一些考古文物卖给出价最高者。卢浮宫就这样在1903年购入了马斯

卢浮宫全史
LA GRANDE HISTOIRE DU LOUVRE

塔巴①，而它也成为几个古帝国展厅里的珍品。

1891 年有一个数字值得我们注意。这一年的游客达到了 72 520 名，这是官方的记录，而如今游客已经超过了 900 万名。

建筑师和馆长们都在努力开发新的博物馆空间。1897 年，会议馆的展厅被决定用于放置鲁本斯的《玛丽·德·美第奇的一生》组画，这些画配得上这个展厅的规模。勒东负责计划的实施，但"建筑师的审美倾向和馆长们的想法之间有所冲突，勒东想把所有画都放在一个地方排成一圈"（热那维·布列）。按照年代顺序符合当时的逻辑，虽然被绘画馆馆长于勒·吉弗雷反对，但建筑师的方案还是通过了，结果引发了有史以来最为激烈的指责：就连画家鲁本斯都没办法把这个系列的 24 幅画放在一起，他还给这些作品框上了巨大的纤维灰浆制作的镀金框，上面的壁柱和顶饰风格不明，真是糟糕透顶。

还有两幅鲁本斯的画被放置在了前一间名为"范·迪克"的展厅中。勒东以一道门楣上饰以纹章的凯旋门（此后被简化）将两间展厅隔开。在 1900 年博览会之际，博物馆向游客展出了新近收入囊中的安格尔的《大宫女》，并且新设置了 15 间为佛兰德斯画派和荷兰画派准备的新展厅。1903 年，博物馆又从西班牙人手中购入了格列柯的《圣路易》。1901 年，在旧时的国家议会大厅，首批家具展览对外开放。

卢浮宫一直以来诚挚地欢迎各位君主、王子、大公，包括沙皇（当时正值法俄联盟的"蜜月期"）的来访，但还有一个地方从未向

---

① 马斯塔巴，意为石凳，是埃及古王国之前贵族的陵墓名称。——编者注

第十六章　历经磨难
A TRAVERS LES ÉPREUVES

他们开放，那就是柱廊屋顶层上的小花园。自1870年以来，这里和瓦特莱特时期一样，生长着茂盛的果树、鲜花和仙人掌，由"水势监测员"管理，这个花园属于他的职权范围。只有在两次世界大战期间，这个职位才出现空缺。

画廊中从不缺少临摹者，他们有的是为了提高画技，有的则是为了临摹以便售卖。事实上，政府也会购买临摹画用于装饰公共建筑，而画家可以把作品提交给委员会，委员会会对作品进行非常严苛的审核。马蒂斯、毕加索还有其他艺术家都是如此开启了职业生涯。最受欢迎的临摹画还是出自博物馆看守员的母亲、妻子或女儿之手，这些画可以改善普通家庭的居住环境。雷诺阿的学生让娜·博多就在她的回忆录里写道："各个国家的画院学徒，派系各异，纷纷来到这里临摹画作，打磨技艺。还有一些老翁、老妪，他们尽管都已双手颤抖、双眼模糊，却依旧不停绘画。"

这种传统至今还未消失，经常出入雕塑厅进行速写的人数也一直在增加。

卢浮宫中此时还未引入电力照明设备，而是配备了一套铜制圆脚的油灯，易于操纵和移动。以汽油作为燃料实现了照明的第一次革命。狮子门旁用于教守卫开枪的"手枪室"催生了许多关于安全的担忧，但守卫在日常工作中都没有配备武器。

19世纪末到20世纪初，纪念性雕塑得到蓬勃发展。继维斯孔蒂的伟人雕像群后，艺术家雕像占据了博物馆周围的草坪，成为这里的一大招牌。因此，在立起了500万美国小学生赠送的拉法耶特雕像后，依次立起了弗雷米耶的拉斐特雕像、奥贝的弗朗索瓦·布歇雕像、安东尼·梅西耶的梅索尼埃雕像——因为装饰了象征战争的物品梅索尼埃还被误以为是将军,还有杰罗姆甚至委拉斯凯兹的雕像,后者很快就被送到了委拉斯凯兹别墅。立在卢浮宫周围的石头和青铜纪念雕像都以艺术家为原型,然而他们中有些人的作品还无法进入卢浮宫。最有争议的是迪雅尔丹-博梅斯的举动,他在1905—1912年担任国家美术部副秘书长,他把拿破仑庭院的西广场变成了公墓,并设置了一圈纪念雕塑以缅怀艺术家。这些雕塑一直在那里待到了1933年,除了朗多夫斯基在1907年创作的《该隐之子》外,其他都被撤除了。

我们对待卢浮宫周围的雕像作品有时还是相当严苛的。不过在当时,纪念性雕塑蕴含了公众的敬意和热情,具备那个时代的潮流和风格,所以博物馆向它们敞开了大门。同时,纪念性雕塑也是国家对雕刻师的一种资助方式。

于是,整座卢浮宫,包括博物馆和政府部门,都被成排彰显着那个时代精神风貌和艺术特征的雕塑包围着。雕像也常常是大型开幕典礼上的重要部分,艺术家被卷入时代的政治潮流之中。以让·艾卡尔献给梅索尼埃的诗句为例:

> 我们垂丧的灵魂重生出努力,
> 这也是为何在这位胜利的艺术家前,
> 法兰西纪念他的荣耀与雕像,
> 举剑三次用心致意。

还有一些雕塑也相当重要。1904年,历经了四个世纪的颠沛流离后,著名的查理五世和让娜·德·波旁雕像终于回到了它们的

第十六章　历经磨难
A TRAVERS LES ÉPREUVES

"老家"卢浮宫。

这个时期的卢浮宫又建起了一座新的博物馆。1863年，一群富庶的私人艺术爱好者创立了装饰艺术中央联盟，他们收集了一系列装饰品、木制品、家具和艺术品，并在位于香榭丽舍大道旁、于第二帝国时期建立的工业宫中展出。为了举办1900年博览会，这一建筑被大小皇宫所取代。中央联盟因为与政府签署了协议，所以被允许使用审计法院放弃的马尔桑馆和相邻翼楼。于是勒东开始负责对其进行整修，他设计了当时典型的内部装潢，透光的拱顶周围是一圈建在托架上的阳台。1905年5月29日，这座博物馆对外开放。同一时期，建筑师布拉维特完成了莫利安楼梯的装饰，依旧符合那个时代的华丽风格。

1897年，众议员乔治·贝尔热联合他的几个馆长和高级公务员朋友一起探讨了一个棘手的问题。尽管两年前，法国国家博物馆联盟的前身"博物馆基金会"已经创立，但因为资金短缺，卢浮宫对新的采购需求无能为力。公共教育和美术部部长乔治·莱格写道："遇到大买卖时，一边是拥有国家财力的美国人、英国人和德国人，而我们的馆长们呢，可怜兮兮地带着连撒旦都觉得尴尬的外交经费。"经商讨，卢浮宫之友协会肩负着增加藏品的使命诞生。当时定的捐助金额为20法郎，这一金额也揭示了该协会招募会员的社会阶层。值得注意的是，协会虽然允许接收女会员，但在很长的时间里，管理层还是被严格地限制为男性。

在1898年协会以购入一幅《圣母和圣婴》的举动高调亮相。这幅画的作者先被认为是皮耶罗·德拉·弗朗西斯卡，后又被证明是巴尔多维内蒂，不过这样一波三折的认证并没有削减这件作品的

483

魅力。1905年，经过与市政府、教区艰难的协商，阿维尼翁新城的《圣母怜子》被当作礼物送进了博物馆。

还有其他一些礼物。1905年，在艺术圈颇有名气的收藏家卡米耶·格鲁尔，捐给了卢浮宫博物馆一幅透纳的画作。博物馆欣然接受，虽然馆长们都知道这是一幅赝品，但它可以吸引到其他捐赠。这幅画一直到所有捐赠希望破灭后才被取下。

埃米尔·孔波的世俗化政策为博物馆带来了其他有重要意义的藏品。巴黎议会里画着查理五世时期的卢浮宫景象的祭坛装饰屏风，在大革命时期议会被取缔后，被送进了博物馆，在拿破仑时期又被送到了司法宫。1904年，它再次回到卢浮宫，再也没有离开。

因为一场悲剧，博物馆收入了一批新藏品。艾迪安·莫罗－讷拉东，这是一位富庶的收藏家，他在慈善市集的一场大火中失去了家人。由于后继无人，他在1927年向卢浮宫捐赠了一批19世纪的藏画，其中有德拉克洛瓦的《米索隆基废墟上的希腊》，以及柯罗的作品，如《芒特的桥》《沙特尔大教堂》。热那维·布列所列举的捐赠团体（卡蒙多、施里希廷和陶密·蒂埃里）使得卢浮宫成为许多独立小博物馆的联盟。其中要特别指出阿尔弗雷德·肖夏尔——卢浮宫商店的创建者，斥巨资筹集藏品。他曾经以80万金法郎购入了米勒的《晚祷》，这幅画现藏于奥赛博物馆。后来获得荣誉军团大十字勋章的肖夏尔，也将自己可观的遗产赠给了卢浮宫。他喜欢炫耀的趣事也被记者记录下来。一天，他问一位记者："这个世纪最伟大的3个人是谁？"另一位记者回答道："拿破仑、巴斯德，还有您。"索夏尔却说："我没想到还有巴斯德。"

1908年，一笔不错的交易丰富了原本乏善可陈的德国雕塑馆

第十六章　历经磨难
A TRAVERS LES ÉPREUVES

藏，它就是格雷戈尔·埃哈特的《玛德莱娜》。就在前一年，一位考古学家在欧塞尔博物馆的前厅里发现了一件在 1845 年购入但当时未受重视的雕塑《欧塞尔女士》，这是一件公元前 7 世纪的克里特岛作品。卢浮宫用一幅哈伯尼斯的画作和欧塞尔博物馆交换了这件作品。

其实增加馆藏的途径并非一直都如此正当。1914 年以前，在伊夫林省的塞纳河畔卡里耶尔市的教堂里，人们发现了一件 12 世纪的浅浮雕，在坚硬的灰岩上，还留有几处彩绘的痕迹。缺乏判断力的市政府以 1 万法郎的价格把它卖给了卢浮宫。

1896 年的另一笔收购是一位微笑着的古希腊士兵的头部雕像，名为《让柏的骑士》。不久之后，他们发现这个头部雕像与雅典卫城博物馆的一位骑士上身像匹配。但是两座博物馆都不愿意割爱，于是两边都决定用模型补充完整。于是巴黎和雅典都有了这件《佩恩－让柏骑士》雕像。只是这几年，卢浮宫愈加重视忠于原件，因此骑士的头再一次被拆下。至于埃及馆这边，需要注意的是在 1904 年收入了《国王蛇像柱》。

花神馆里一直驻扎着不同的行政部门（普贝勒省长一直待到了 1894 年），而博物馆一直想要获得花神馆和相邻翼楼。直到 1883 年，一道总统令才将这里正式划归卢浮宫，但在 1911 年前这里还被其他机构占领着。在那段时间，绘画馆重掌翼楼二层的控制权，在之后的 50 年里，尽管举行了一次短暂的交接仪式，但花神馆本身还是无法正常启用。事态朝着不利于勒东的方向发展。他是做错了事，还是触犯了规定或者传统？总之，他被调走，负责贡比涅皇宫和枫丹白露宫的管理。

卢浮宫全史
LA GRANDE HISTOIRE DU LOUVRE

博物馆展厅里的展品陈列还是一如既往"紧凑",每次有新的藏品进入都需要进行复杂的整顿,比如1908年格列柯的《十字架上的基督》,还有1910年曼特尼亚的《圣塞巴斯蒂安》进入时。卢浮宫中的一幅路易·贝鲁的小画,描绘了1909年七壁炉厅挂满画作的场面:看管画的看守员衣服已经变成了黑色,但依旧忠实地保持戴双角帽的传统。

当《土耳其浴室》在1905年秋季沙龙展出后,卢浮宫之友协会犹豫地在1911年购入了这件作品。然而,此时博物馆全体管理人员突然因一件震惊法国甚至国际的事件而受到质疑。

1911年8月21日周一,那是博物馆的闭馆日,画家路易·贝鲁(1852—1930年)来到方形沙龙临摹又或许是解读作品。他是这里的熟客,喜欢从买主们特别钟爱的画作中找寻灵感,例如他画了坐在《加纳的婚礼》前的卢浮宫大人物,或者是一位坐在盖着布的镜子前整理仪容的年轻女人。这位画家画的主要是反应日常生活的主题。在那一天,在方形沙龙里,他发现《蒙娜丽莎》不见了。《加纳的婚礼》下面,空空如也。

一位看守员说:"画大概是在摄影师那里。"他们经过一番搜索,确认《蒙娜丽莎》下落不明。达利说过:"侵犯,是对这个笑容唯一可能的回应。"随后,在通往维斯孔蒂中庭的台阶上,他们找到了画的玻璃板和画框。方形沙龙里原来悬挂《蒙娜丽莎》的地方,只留下了4根铁钉。这次偷窃真是轻而易举。这件事引起了巨大的反响,博物馆馆长欧默勒和负责安保的官员被免职,看守员被处罚。面对这一既定事实,欧默勒只能频繁鞠躬道歉和认罪。直到这位馆长离世前,他都没能报销自己的火车票。因为当这次悲剧发

第十六章 历经磨难
A TRAVERS LES ÉPREUVES

生时,他还在度假。

媒体也忙得不可开交。《巴黎日报》提议在每间展厅里张贴告示,提议让游客监督工作疏忽的看守员。《画报》为此悬赏 1 万法郎搜集信息,卢浮宫之友协会更是悬赏 2.5 万法郎。信件如洪水般涌来,举报各种嫌疑人。议会主席卡约、公关部长斯梯格、国家美术部副秘书迪雅尔丹-博梅斯,以及被记者们叫作"蒙娜丽莎的懊恼"的初审法官,最终都毫无收获。媒体一直抓着这件事不放,连续几周大加报道,还出现了几首脍炙人口的歌,例如《闲逛的蒙娜丽莎》。公众也意见纷纷,"巴黎人都觉得像是自己受到了侵犯。从来没有这么多人来到卢浮宫,在这片空荡荡的墙前,看着挂画的铁钉沉思。在馆外,爆火的蒙娜丽莎明信片和仿画被卖出了成千上万张"(道纳勒·萨松)。

所有的猜疑被反复研究,纪尧姆·阿波利奈尔还一度成了被怀疑的对象。这位诗人有时会收留一个可疑的古怪冒险家,而此人有在古代雕像馆偷窃的前科,他还在出门时对玛丽·洛朗桑说:"我要去卢浮宫,你要我带点什么吗?"

9 月 7 日,这位诗人被指控为盗窃共犯,被关进了拉桑特监狱。文化先锋人士对此大为抗议。13 日,他被放了出来,而这 5 天的监狱生活激发他创作出了一些诗歌,发表在《醇酒集》后:

> 走进我的单人房前,
> 我被扒得精光,
> 一个阴森的声音惊叫:
> 纪尧姆,你成了什么样?

毕加索也认识这位冒险家，他当时感到很不安，认为警方反现代主义的偏见会影响他们的侦查力。在与他的朋友阿波利奈尔当场对质时，他说自己不认识这位诗人。不过在50年后，他承认道："我仍感到羞愧……"

事件发生后，人们开始注意到博物馆中警卫的短缺，以及安保设施的匮乏，继而决定设置必要的衣物存放处，并添加负责管理的女引导员。

接下来的一年，卢浮宫得到了柯罗的《戴珍珠项链的女人》。这幅画是画家为献给那位"有着如深夜般微笑的女人"（龚古尔兄弟）而创作的。艺术爱好者们虽然喜欢这幅画但没有得到安慰，而画家和漫画家们则开始了不停歇的创作：蒙娜丽莎做着嘲弄的手势，坐在飞机上，坐在狂欢日的彩车上，坐在莱昂纳多驾驶的马车里……

1912年，迪雅尔丹-博梅斯因这起管理危机被掏空了一半钱袋子。他担任了7年国家美术部副秘书，这着实是个记录，显然他为这幅名画的丢失买了单。

这个谜团直到两年后才被解开。一位名叫文森佐·佩鲁贾的意大利人——他是一个盗窃惯犯，被雇到卢浮宫中给画作安装玻璃板。他说自己情不自禁地产生了要将这幅画带回祖国的想法，于是在一天下午藏在了方形沙龙附近的一个壁橱里（也许现在还在）。第二天一早，他取下画，走到大画廊的一处楼梯口时丢下了盒子和画框，把画作夹在胳膊下，轻易地就从维斯孔蒂中庭离开了。他带着画走进圣路易医院边上的艾龙酒店，《蒙娜丽莎》就被他藏在酒店房间的床底下。

第十六章 历经磨难
A TRAVERS LES ÉPREUVES

这块脆弱的杨树画板在几个月的时间里历经风险，佩鲁贾一直在想方设法招徕意大利的古董商。1913年12月，他化名为"莱昂纳多·文森佐"，向一位在佛罗伦萨开画廊的人格里，开出了50万里拉的价格。格里要求把画带到佛罗伦萨进行检验，佩鲁贾应允前往。在乌菲兹美术馆馆长的陪同下，格里来到了佩鲁贾在佛罗伦萨的旅馆。馆长仔细检查了画作的裂纹（这是当时唯一科学的方法），然后在画布的背面认出了卢浮宫的馆藏编号。于是这位误入歧途的爱国人士被逮捕了，他被判处1年有期徒刑，不过最后只坐了7个月的牢。

在宪兵的看守下，《蒙娜丽莎》在乌菲兹美术馆展出后，接着到了罗马和米兰，最后在里昂火车站受到了人们的热烈欢迎。1914年1月4日，它再次回到了卢浮宫的怀抱。画还是在方形沙龙里，但被两幅小画围住，一同被固定在一块无法凭借一己之力摘下的木板上，画前还设置了一条警戒线。当时为了对意大利归还画作这一善举表达谢意，每人可以捐献1法郎，总共捐出了好几万法郎。

"这次失窃事件成功改变了《蒙娜丽莎》的命运。这幅画原本只是一件普通的物品，现在突然成了情感的寄托。媒体效应和这次事件激起的情绪，使得这件作品前所未有地被更多人熟知。各个社会阶层甚至整个欧洲，都被它牵动着心"（大卫·沙逊）。

这次事件让法国警察颜面尽失。在画被盗的次日，两位馆长指出唯一有嫌疑的对象是制镜工，并提供了工人名单。佩鲁贾曾在自己的家中被盘问过，而当时画就藏在离他两步远的橱柜里。尽管调查人员发现了蛛丝马迹，但后续应有的搜查没有跟进。虽然当时在画框上找到了一枚指纹，但也没有与佩鲁贾的指纹进行核验。

格里收到了卢浮宫之友协会承诺的 2.5 万法郎，这是合理的，但他还向法国政府要求额外的补偿，最后以败诉收尾。

这幅画的回归又激发了新的创作灵感。有人画了蒙娜丽莎的怀中抱着一个婴儿，一个男人的剪影出现在背景中，以此解释她的此次出走。马塞尔·杜尚面对这些低级的玩笑非但没有退缩，反而更为大胆。他给蒙娜丽莎添上胡子，在上面题词"LHOOQ"（带胡须的蒙娜丽莎）。后来马尔罗打趣道："她在笑，是因为所有给她画过胡子的人都已过世。"

这件作品因为失窃而广为人知，并在那时成为卢浮宫最著名的藏品。馆长们却成了受害者，因博物馆的安保漏洞而饱受折磨。就在 1914 年年初，来自蒙马特的罗兰·多热莱斯——当时他还不是《木十字架》的作者，收到了他朋友雕刻的一尊头部雕像。他偷偷把这件作品带进了卢浮宫放置阿耳忒弥斯神庙浮雕的展厅里。几天之后，他又回到展厅，突然对着这件突兀的作品当众发怒。在解释过事情原委之后，他给馆长写信要求归还他的头部雕塑，但是没收到回复。这件雕塑被编上了存货码，永远留在了博物馆中。这是当时蒙马特的艺术家为了出名经常使用的把戏。

这些漏洞也引起了造假商的兴趣。1914 年，卢浮宫耗资 13 万法郎购入了《传送喜报》浮雕，据说来自罗马雕塑的圣地——帕尔特奈。但直到 1923 年，人们才发现上面只有一小块是古文物，大部分都是后补的。

1914 年是危机四伏的一年，英王乔治五世为了显示英国与法国在文化上的团结，许诺将他的私人藏品——胜利广场上的 5 件青铜圆雕饰——作为礼物赠给法国。只是至今还缺几件没有兑现。

第十六章 历经磨难
A TRAVERS LES ÉPREUVES

每次战争一发动,巴黎就会很快受到威胁,所以藏品不得不进行撤离。卢浮宫内的大量藏品在5天内被运送至图卢兹的雅各宾修道院,并在那里度过了整个战争期,就连鲁本斯的大型画也从画框上被取下、卷起、运走。在那个时期的照片上可以看到,还有一些大幅作品陈列在展厅里,有些挂画的地方已经空了,还有一些画堆在地上。在马恩河战役两连胜的前夕,卢浮宫博物馆还处在一片不安之中。到了1918年,绘画馆馆长卡米耶·贝诺瓦将他唯一的一幅吉罗姆·博世的藏画——《愚人舟》——送给了卢浮宫。

第十七章
首次翻新

PREMIÈRE RÉNOVATION

1918年11月11日后，所有撤离的画作又回到了卢浮宫。战争往往能给人带来许多反思。绘画馆馆长于勒·吉弗雷和保罗·雅莫，不仅尝试了新的画作展陈方式，而且发起了一场真正的革命，取消了优先评选和在1848年设立的代表至高荣誉的方形沙龙杰作席位。方形沙龙的作品从1914年的120件减少到了21件，主要根据画作的名声及其与展品墙上的装饰的匹配度进行了删选。

　　为了向"一战"的胜利致意，也为了向这次具有标志性的变革致意，卢浮宫进行了两次特别的收购，一次是德拉克洛瓦的《萨达纳帕拉之死》，一次是在卢浮宫之友协会的协助下艰难获得的库尔贝的《画室》（现藏于奥赛博物馆）。就在1919年，馆长们为了显示历经战争的博物馆依旧生机勃勃，在画作还未充实的拉卡兹厅组织了一场战时藏品展，特别展出了来自德加工作室的作品。还是在1919年，从查理十世时期起就迁至卢浮宫的海军博物馆，被划属到了海军部的管理范畴，但海军博物馆的情况并没有因此改善。博物馆还是在柱廊三楼，设施破旧，境况惨淡。夏尔·布莱邦讲述道："国家博物馆管理部门变着法子让海军博物馆的馆长感到厌烦，让他带着他的舰队模型离开那里。"为了获得空间,"他们恨不得把他塞到艺术桥下,把他的小船丢到塞纳河上"。直到1937年博览会召开之际,海军博物馆才搬到了夏佑宫,在那里开启了一番灿烂的事业。

1921年,万国大厅重新对外开放。展品相比之前变少了,主要是19世纪的作品:《神圣的荷马》《自由领导人民》《没落时期的罗马人》《奥林匹亚》,还有两幅库尔贝的画混在其中。大厅拱顶的灰墁装饰还是那样复杂到近乎压抑。1922年,在德国画派藏画量匮乏的情况下,阿尔贝尔·杜勒的《自画像》来到了这里。1923年又收入了华托的导师克劳德·吉洛特的《两辆四轮马车》。这幅画的标题显示出了画中两个车夫的自命不凡,这两辆马车其实不过是人力车。

卢浮宫宫殿外面的工程也仍在进行。1913年,他们决定继续在面向里沃利街的立面上的壁龛里增加战争人物的雕像,而即使在战争期间,这里的工程也没停下。1919年,元帅成了最受人推崇的人物,于是立马又新增了22个订单。这项工程理应会一直继续下去,直到所有壁龛里都填满雕像。1928年,最后一件放置好的雕像是出自拉图尔之手的贝西埃尔元帅雕像。有一部分雕像因在交收验货时被认为太过普通,所以没有被放入壁龛,转而被放到了维斯孔蒂中庭。1960年,正如安妮·潘若所说,有16尊元帅雕像被送到了凡尔登,并从1971年起就一直装点着"元帅路口"。里沃利街的22个壁龛一直空着。但不管怎样,雕像终究会被灰尘覆盖。

在此期间,一位富庶的资本家、"花园圣母"商店的主人保罗·雅莫,成了绘画馆馆长。直到那时,长期被忽视的印象派在卢浮宫中还没有受到重视,导致卢浮宫博物馆落后于某些国外的博物

第十七章　首次翻新
PREMIÈRE RÉNOVATION

馆，而且后来也很难再赶上了。雅莫想要扭转这种局势，再加上印象派画家（在卢森堡宫博物馆）的"试炼期"——画家死后其作品在进入卢浮宫前的一段考察期限，不同时期的这段期限有所不同——已经结束，于是博物馆在柱廊三楼给印象派开设了一间展厅。注意在1926年，就在著名的"现实画家"展览之前，卢浮宫得到了乔治·德·拉图尔的《牧羊人瞻礼》。在1934年，一位今天有些被遗忘的学院派画家阿尔贝尔·贝纳尔备受推崇，他的名望让他进入了法兰西学术院，这对于艺术家来说可是一种特殊的荣誉。人们还决定在他位于大钟阁前的棺木旁举行一场纪念活动。

两次世界大战期间，对卢浮宫博物馆而言，是一段反思和转变的时期。馆长们不仅继续补充和研究藏品，还开始考虑展览陈列的问题。在1921年的一张照片里，万国大厅内用的还是传统的挂画方式，大大小小的画作之间保持着微弱的匀称性。在坎帕纳画廊里，希腊花瓶像龙骨一样排列，陶器堆在一起，着实让游客感到扫兴。查理十世长廊里的橱窗也是风格迥异、杂乱无章，按保罗·瓦莱里的说法就是"有序的混乱"，埃利·福尔则描述为"无法缩减的混沌"。

直到1926年，亨利·凡尔纳上任总管，才让博物馆有了转机。他意识到了拘泥于日常细节的馆长们没有觉察到的整体问题。博物馆显得犹豫、死板，缺失前几个时期的规范特点。昏暗、悲凉又冷峻的展厅里，藏品的陈列拥挤无序。长期以来只负责各个馆的不同馆长，又在同一栋建筑里面设立了许多分部。这种做法使得藏品混乱且分散，导致参观变得困难，仅绘画馆就有分布在两层楼的5间展厅。

此外，博物馆的空间逐渐因藏品增多而趋于饱和，侵占了刚刚发展起来的服务部门。仓库、安保、监控、文化活动和办公各区在当时只占了5%的场地，而正常应该占到约50%。就像乔治·萨勒曾说的，卢浮宫是一间没有后台的剧院。

法国头号博物馆在大型国外藏品上已经滞后，就在那时，博物馆推出了一个重组项目。这个项目既致力于各馆的扩建，又关注对藏品进行重新整合和分类。项目设定了藏品陈列合理通风、数量精简的原则，还要与建筑风格相宜。这个被称为"凡尔纳方案"的重组项目经过馆长们的讨论，于1927年开始实施。凡尔纳当时考虑得很长远，他设想把里沃利翼楼作为附属建筑，并建造一处入口。他的这一愿望在56年后得以实现。

不知是不是为了鼓励和感谢馆长们积极配合自己的工作，亨利·凡尔纳在1928年将让·古戎门更名为巴尔贝·德·茹伊门。

首先按照理论启动重组。为了给藏品腾出更多空间，需要对相似的部门进行整合，并赋予各部门一个美学和教育学上的共性。还需要把其中一个部门分离出去，迁到闲置的地方，该部门就是雕刻馆，它被安排到了花神馆的底层和旁边的翼楼，和财政部在一起。在老卢浮宫里还分布着其他馆，海军博物馆和亚洲艺术馆分别按照计划迁至夏佑宫和吉美博物馆，它们的原址进行合并。

出处不同的各种大型物件与古代馆分享着一楼的空间，而二楼则陈列着东方馆和西方馆的小物件。只有希腊罗马馆的位置没有太大调整。1928年，该馆收入了帕特农神庙西侧三角楣装饰《拉伯德的头像》。斯芬克斯中庭封上了玻璃天窗，成了一个放置大型雕塑的展厅。勒孔特·德·利斯尔笔下"如海水般宁静的"的《米洛斯的维纳斯》，在1936年被放到了太后套房的一侧。大量研究认为《米洛斯的维纳斯》并不能远溯至公元前5世纪，而是来自希腊化时期。

第十七章　首次翻新
PREMIÈRE RÉNOVATION

拥有纳拉姆辛石碑的古代东方馆被安置在方形庭院的北一楼，展现了法国无论在时间上还是空间上都绝对突出的考古发现。1934年，这里又新增了安德烈·帕洛特在叙利亚马里发现的宝贝，特别是埃比·伊尔雕像，雕像背上镌刻着这个名字，可以推断他为当时的总督。最近的研究发现，他实际是一位"奴-班达（nu-banda）"，这是当时马里的高级行政官的职称，而当时的马里可能正值萨尔贡大帝（公元前2334—公元前2279年）[1]或纳拉姆辛（公元前2254—公元前2218年）[2]统治时期。帕洛特将他的考古活动写成了《马里，失落之城》一书并大获成功。对于一位馆长来说，拥有这样的成就实属难得。我们甚至可以说"历史的起点在苏美尔"。

大画廊一楼为雕塑馆馆长保罗·维特利和马塞尔·奥贝尔所用。能在短时间内充分使用花神馆令他们的满足之情溢于言表。相比一个个分散的小展厅，一楼大小适中又明亮的相连展厅更适合陈列博物馆丰富的雕塑展品。

在第一阶段进行中，他们马上就开始筹备紧随其后的第二阶段，整理了与中世纪、文艺复兴和17世纪相关的展厅。第一间罗马展厅有些令人失望，这里只有几块原本计划放回原处的雕刻残片，令人想到莫瓦萨克或克鲁尼的艺术。要想了解法国罗马雕塑收藏的发展历程，最好还是造访夏佑宫的法国建筑艺术博物馆。这个建筑虽然一直不怎么讨人喜欢，但大部分的法国博物馆馆长都曾在这里任过职。

卢浮宫的哥特厅里藏品更加丰富，从圆雕、雕像、小塑像的出现，到文艺复兴时期的辉煌，再到米开朗琪罗的奴隶，以及路

---

[1] 原文为"公元前2234—公元前2279年"，推测为原著作者笔误。此处应该为"公元前2334—公元前2279年"。——编者注

[2] 萨尔贡大帝、纳拉姆辛的统治时期非常不确定，此处保留了原著的说法，此外另有多种说法。——编者注

易十四治下的伟大世纪。可惜展厅这段近30年的旅程就此结束，其后花神馆一直被不同的行政管理部门占据，特别是国家彩票部。1932年，新的雕塑馆就在缺少了三个世纪雕塑历史的情况下成立了。

但实际上，这种合理的布局，甚至比之后大卢浮宫中的还要和谐。随着入口数量的增加，一个明显缺陷逐渐显露出来：这些新展厅因为太过偏离博物馆中心，容易被公众忽视。拉特雷姆瓦耶大门以及从大画廊楼梯下来的入口就经常被人们忽视。从柱廊到花神馆的西南延长部分长达700米，这成了一个缺陷，最终由贝聿铭解决了。馆长让-勒内·卡波里说道："雕塑馆处于被轻视的状态中，我们理应施以援手，却如释重负地眼看着它离开了。"

出于宣扬藏品和吸引公众的目的，卢浮宫博物馆于1930年在万国大厅举办了一场德拉克洛瓦大型展览。这次展览标志着一个影响至今的艺术展览时代的开始。

凡尔纳方案中的整修工程于1931年正式启动。另一个革命性的创举则是终结了建筑师的"独裁"权。建筑师需与相关馆长们商议，馆长对每件藏品的位置安排具有决定权。除了细节上的摩擦外，这套新体系运行良好。

整修工程先后由两位建筑师负责，分别是卡米尔·勒菲弗和阿尔伯特·费兰。他们对展厅的改造采用了简约风格，有时甚至会让人觉得有些极端。东方展厅的新巴比伦装饰、细木壁板和几个绘画展厅的画饰、变黑的木镶板统统都被去掉。守卫厅里的拉卡兹藏品都被分散在该馆的各个展厅中。在这个风云变幻的历史场所，阿尔伯特·费兰在1936年至1938年间，再次打开了朝向卡鲁塞勒广场和方形庭院的窗户，并且撤去了展厅上面多余的部分。新的天花板

第十七章　首次翻新
PREMIÈRE RÉNOVATION

架设在托座之上，而漂亮的青铜栏杆则被搬到了博物馆的图书馆中。

"一种全新的、实用且优雅的简约风强势来袭"（热那维·布列）。但建筑师对于灰墁的改造有些过头，还"简化"了珠宝厅里的复辟时期装饰，"门被刮得只剩下了木板"（热那维·布列）。甚至古文物展厅也被精简，装饰线条被简化，墙面上部分脱落的大理石中间不时以建筑碎片填充。展厅里增加了作为补充说明的卡片和照片，这些东西如今大多都消失了。

"费兰的艺术，体现了博物馆学的新标准。在宽敞通风的空间中，只呈现少量的作品，将主要的人流和研究展厅分开"（热那维·布列）。彼此独立的建筑之间也必须要建立起联系。1929年，德农馆门厅被改造成了一条通向驯马厅的过道，当时的驯马厅还用作模塑厅。于是这里成了博物馆的主要入口，在此处可以售卖门票、明信片以及名画的模塑品。不久之后，政府为了改善失业情况，出资启动了工程，允许在方形庭院周围修建拱顶狭廊下的隧道，这样一楼的各个展厅就相通了。在其中一处通道里，大斯芬克斯像离开了以它名字命名的中庭，作为一场盛大展览的主角登场。如今，它正对着比它年轻许多的中世纪的卢浮宫。从1923年起，埃及政府不再允许考古文物外流，因此卢浮宫可谓埃及之外，拥有埃及古文明藏品最丰富的博物馆了。

费兰最精彩也最令人称赞的成就，是在1934年对达鲁楼梯的翻新。他清除了原来琳琅满目的马赛克镶嵌画以及两侧拥挤的雕塑，突出了楼梯石块的布局，为胜利女神像创造了一个纯净的背景。这座楼梯也在80年后深受游客们的喜爱。

博物馆的改建工程如火如荼地进行，与此形成鲜明对比的是藏品规模的停滞不前。皮埃尔·罗森伯格写道:"两次世界大战期间是博物馆藏品损失最多的时期,我们眼睁睁看着大量重要作品落入他人手中。我们认为那些作品是最佳的法国大使。"藏品的短缺因新的捐赠出现而得到部分弥补。埃德蒙·德·洛希尔不仅资助考古挖掘行动,送给卢浮宫博斯科雷亚莱的银器,还捐了一间屋子的素描和版画,使得卢浮宫成为欧洲素描藏品最主要的收藏地。

还有一位慷慨人士,他是来自阿根廷的艺术资助者佩雷斯医生。1931年,他在博物馆里开设了一间实验室。从此,博物馆得以用慢慢发明和不断完善的分析仪器对藏品进行科学研究。佩雷斯医生全身心投入卢浮宫实验室的工作,并于1935年在此逝世。后来他的一位继承人对外公布的一张X光照片,让人看到伦勃朗画的提图斯肖像画中,隐藏着一个站在摇篮边上的女人。

1934年,卡纳瓦莱博物馆同意出让给卢浮宫当时唯一的一座圆雕像,雕像的原型是查理曼大帝,创作时间被认定为9世纪。有必要跟孩子们解释说这座雕像上的国王其实是有白胡子的吗?但他们现在还会知道这个小细节吗?

随着时间的流逝,卢浮宫的领导队伍也发生着变化,但传统和原则还是没变。几乎所有人都是法兰西学术院的成员或希望成为其中一员,想属于文学院而非美术院,这表明他们更注重学识修养而非艺术情感。馆长们学识渊博、彬彬有礼,"对金钱毫不关心,他们大多都出身富裕"。这一职业似乎只钟情于男士,曾出现的寥寥几位女士也只处于次要的地位,被安排在桌角编撰卡片。在战争发生前几年,年轻的克里斯蒂娜·德罗什还忙着收集埃及馆里无数的小物件。谁会想到她后来会成为著名的探险家和学者呢?

第十七章　首次翻新
PREMIÈRE RÉNOVATION

有一个标志性的事件反映出了招收馆长的标准。查尔斯·斯特林是油画馆的一位年轻人，曾负责陪同贝尔纳·贝朗森参观游览。这位贝朗森在艺术史上可算是重量级人物，在大画廊里，他问年轻人："你有钱吗？"在对方做出了否定的回答后，他说道："这样的话，你应该换个职业……"

接着卢浮宫有幸迎来了一位杰出人才——贾克·乔札。他在1926年担任总秘书，1933年担任副总管，伴随并引领卢浮宫走过了20年时光。

1937年，卢浮宫收获了一幅枫丹白露派的画作，画上的年轻裸体女人用两根手指拨弄着身旁女人的胸部。博物馆是为了增添现代甚至先锋的色彩才收入这幅画的吗？同年，74岁的保罗·雅莫离开了绘画馆管理岗，由31岁的勒内·于格接任，这在卢浮宫历史上前所未有。在第二次世界大战爆发前、战争期间以及战后，卢浮宫的历史都将鲜明地印有勒内·于格的痕迹。从1938年起，于格下令开始翻新大画廊。于是费兰撤去了大画廊里原先装饰凹处的壁柱，将画廊变成大理石环绕布面板的布局。他在正中央为《蒙娜丽莎》和米开朗琪罗的《被缚的奴隶》设置了两个台子。后者从大革命以来就时常变换位置，而人们对它所要表达的意思还未取得一致看法。于格还开始研究如何将14到19世纪的法国绘画完整地安放在方形庭院的三楼。

在50年的时间里，卢浮宫学院的学生和听众人数不断增加。法兰西喜剧院的演员拉谢尔·鲍耶于1928年在此开设了一门免费的艺术史公开课，吸引了大量来自各个阶层的听众。学院无法继续在临时的场所运营了，于是他们决定采取行动。在斯芬克斯中庭下，修建一个大阶梯教室，再加设一间小教室和几间办公室，所有房间都可从维斯孔蒂中庭进入。还有很多人记得这所迷你大学，在这里，课程繁忙的年轻学者们和上流社会的年轻女性走得很近。

亨利·凡尔纳又在酝酿一场新的革命。博物馆中悄悄出现了电灯，办公室渐渐开始用电灯照明。虽然还有一些仓库、工作室等附属区域仍在使用油灯，但电灯照亮的范围不断扩大。凡尔纳给几间考古厅装上了电力设施，并于1934年在夜间对外开放参观，大获媒体好评。1936年5月26日，总统阿尔贝·勒布伦为卢浮宫博物馆的新工程举行了落成仪式。

博物馆差点儿又上了赝品的当。1937年5月，一个农夫在卢瓦尔河畔圣吕斯的自家菜园里耕种时，发现了一座大理石雕像。这座雕像很快就被认定为古代物件，并被命名为《萝卜地里的维纳斯》，引起了公众的注意。美术部主管乔治·于斯曼激动地着手准备，想要让卢浮宫收入这件新的"米洛斯的维纳斯"。卢浮宫也早就想好要把它放置在哪里了。然而，来自意大利的雕塑师克雷莫奈兹表示自己才是这件作品的作者，甚至带来了证据：他雕刻的鼻子与雕像上的裂缝完美契合。有几位考古学家因此蒙受奇耻大辱。

与此同时，国际局势的走向越来越不明朗，于是凡尔纳和乔札联合馆长们制定了一份详细的藏品撤离计划。1938年这一年笼罩在战争逼近的威胁，以及试图平息战火所进行的最后政治斡旋中。春天，为了巩固英法同盟，英国人向卢浮宫赠送了一批18—19世纪的绘画作品，这些画陈列在翻新的守卫厅中。荷加斯的《卖虾女》传递了一个令人宽慰的讯号。

卢浮宫最早的匿名参观者是永远出现在头条新闻中的温莎公爵

第十七章 首次翻新
PREMIÈRE RÉNOVATION

和公爵夫人。3月4日,阿尔贝·勒布伦启动开幕仪式。7月,国王乔治六世和伊丽莎白二世到访参观(邀请函上特别注明了"大礼帽和礼服")。当时在公主花园里还挖了一个防空洞。1938年9月,危机爆发。一部分画作被取下,组织向外省转移,由莎玛丽丹百货公司和市政厅百货商场的员工护送。《蒙娜丽莎》被转移到了香波堡。

《慕尼黑协定》后,《蒙娜丽莎》又回到卢浮宫。凡尔纳和乔札认为,这不过是暂时的喘息。虽然卢浮宫表面上恢复了开放和平静,但经验告诉他们要完善撤离计划,必须深思熟虑,有条不紊。为保存撤离出来的艺术品,要在外省选定远离城市或铁路枢纽、不受炮火纷扰的城堡或建筑。1939年,乔札聚集了卢浮宫以及其他国家博物馆的负责人,共同制定了撤离清单。在没有通电的仓库里,年轻的馆长们手持煤油灯或手电筒,夜以继日地给众多藏品进行打包和标记。

表面上看,博物馆只是在进行日常工作,但发生了一件离奇的事。1939年6月11日,也就是大战前夕,就如1913年的《蒙娜丽莎》一样,有消息传出华托的《淡漠者》不见了。克洛岱尔口中的"半鸟半兽"是飞走了还是逃走了呢?

这幅著名的小画,不久前因为工程需要与《菲乃特》一起被转移到了南翼楼(施里希廷厅),就在鲁本斯厅外边。按照惯常做法,只用几根易断的铁丝将其挂在墙板上,以便发生火灾时取下。这里的4间展厅由一位守卫看管。

盗窃发生在下午4点之前,小偷混在游客之中。事情很快就败露了,接着警报响起,出口关闭,游客被仔细盘查。由于当时的通讯出现了混乱,导致警察在接到记者的电话后才知道此事。媒体自

505

然要嘲讽一番："卢浮宫对《淡漠者》真是淡漠。"

而且，在现场调查期间，一位记者居然取下了拉海尔的《圣母和圣婴》，还带着这件作品一起出去了。过后，他又叫来了守卫。为了防止此类事件再次发生，警方要求博物馆停止对外公开展厅的平面图，不料遭到生硬的回拒："艺术爱好者要远多于小偷，必须得让他们找到他们想看的作品的位置。"

媒体毫不留情地抨击博物馆安保人手不足、警报器的不足以及挂画的铁丝的脆弱。洪水般的谴责和建议信件涌进了馆长办公室。

两个月的时间里，警方完全摸不着头脑，最后还是小偷做好准备后自投罗网了。记者和摄影师们接到一通电话，说8月14日将在司法宫发生一件惊天动地的大事。到了那一天，在4位律师的陪同下，一位年轻人带着画出现了。

那是一位年仅24岁、有轻微异端教派倾向的年轻人，名叫塞尔日·克劳德·博古斯拉瓦斯基，他是皮热的曾孙。他自称画家兼作家，对卢浮宫修补这幅画的方式感到愤慨，于是打算自己进行补救。

人们迫不及待地想知道会如何处置他。几天之后，审判室里聚集了从监狱出来的被告人、处在任期末尾的亨利·凡尔纳，以及博物馆修复部的主管古利纳。

被告人吹嘘自己在"修复"之后，又给画上了一层漆。法官问道："你的清漆是怎么做的？"

"我先刮去了画上表面的漆，然后用酒溶解了刮下来的粉末……"

古利纳从椅子上跳了起来："酒！这会毁了画呀！法官先生，请允许我立即把画带回实验室。"

第十七章　首次翻新
PREMIÈRE RÉNOVATION

"我也很想允许你这么做，"法官说道，"但我得先得到被告的同意，这是法律规定的。"

不知悔改的博古斯拉瓦斯基故意百般阻挠，不愿同意。在最终说服他之后，古利纳急忙将惨遭虐待的画带进了实验室。他最后发现画上居然附了一层清漆，涂得又厚又糟糕，画上有几处都变得模糊不清了。在这一幅曾经未经任何改动的作品上，这个所谓的修复者真是下了狠手。油画的表层经水洗、褪色、稀释，变得面目全非了。战争期间，古利纳躲在拉帕利斯城堡，成功地将这幅被毁坏的画修复到了一个可以接受的程度，但与华托的另一幅画作《菲乃特》相比，它遭受的损失仍旧是显而易见的。

至少这次司法机关对这位糊涂的罪犯的判决立马就下来了。1939 年 10 月 10 日，他被判两年监禁，但他还不知悔改，对所做的事执迷不悟，又进行上诉，最终获得 4 年有期徒刑。

尽管法国已参战并征召 48 岁以内的成年男性，但卢浮宫又雇了 184 名守卫。这是亨利·凡尔纳在任上做的最后一件事，他在 1939 年 12 月离职，由乔札继任其职。这位新主管任命（准备迁往吉美博物馆的）亚洲馆馆长乔治·萨勒作为助理。乔治·萨勒是大资本家古斯塔夫·埃菲尔的孙子，外表帅气，既是业余的考古学家又是艺术鉴定爱好者，待人要么极有礼貌，要么极不客气。

事态发展迅疾。1939 年 8 月 25 日，博物馆正式闭馆，不在场的人员通过电报获知这一消息。9 月 1 日，即宣战前两天，6000 箱封装的艺术品已经被转移到了外省。《加纳的婚礼》和阿波罗画廊里德拉克洛瓦的天顶画都被小心地卷起送走了。有些用沥青着色的画作因色彩容易脱落，所以实在不能卷起来，比如《梅杜莎之筏》、牟利罗的《天使的厨房》和《雅法鼠疫病院》。于是人们把画装在了给法兰西喜剧院运输装饰的拖车上,拖车经过漫长的旅途最终安全抵达目的地。乔治·萨勒讲述道:"路上的意外真是不胜枚举,第一次是被帕西的高架桥阻挡了去路,拱门太矮,车辆无法正常通行,所以必须绕行。第二次是在奥特尔的高架桥,车辆只能勉强通过。到了凡尔赛又有新的麻烦。有轨电车的导线构成了一张无法通行的大网。一队电工被招来开路,他们一直跟随着队伍到了港口。"

运输的路途上不可能没有风险。驾驶卡车的司机都是来自莎玛丽丹百货或市政厅百货公司的员工,他们都不曾离开过巴黎大区,也没有在漆黑的夜晚出行过。尽管有艰难险阻,但最后所有人都到达了预定的地点。这次博物馆历史上数一数二的大规模迁移(37辆车组成的车队)得以成功,多亏了事先周详的准备工作。

但在卢浮宫中,依旧留存着许多画作。

"9月1日,星期二。这个速度应该已经破纪录了。我们无法再考虑装箱的事情了,因为包装的材料不够,时间也很紧迫。装运的车辆都聚在勒菲埃尔中庭。我们的心揪着,看着倚靠在栏杆上的画作即将远行。在强烈的日光下,画从画框中被取出,侧放或倒放在地上,看上去就和要被卖给旧货商的画一样悲惨可怜。我们将画一幅幅放进车厢,根据尺寸堆在一起,中间放上缓冲用的布团,随后出发前往车站"(埃德蒙·保米埃)。共有3691幅画撤离,其他则藏在了达鲁楼梯下面。

9月3日,在宣战日那一天,人们在博物馆窗前堆满了沙袋,馆长们则聚在已包好、准备用绳、木板和滚筒往楼梯下运的《萨莫色雷斯的胜利女神》周围。穿着制服的乔治·萨勒说道:"今晚之

第十七章 首次翻新
PREMIÈRE RÉNOVATION

前,所有重要藏品都必须离开博物馆。"

希腊罗马展厅的馆长米雄长着花白的胡子,他做了一个挪动雕像的手势,看着胜利女神缓慢又庄严地被运下楼梯。米雄跌坐在台阶上抹着眼泪说道:"我看不到她回来的那天了。"

他会看到的。

《萨莫色雷斯的胜利女神》追随《米洛斯的维纳斯》的脚步来到了瓦朗塞城堡,这两座雕塑此前从未被放在一起,而这一放就是六年。重量更轻但也更易受损的《蒙娜丽莎》,在德国占领时期曾四处漂泊:从瓦朗塞城堡到卢维涅城堡,接着又去到位于蒙托邦的安格尔博物馆,1940年6月到了洛克迪厄修道院,接着又进入蒙塔尔城堡。《蒙娜丽莎》一直得到一位馆长的看管,他每次都把画保管在自己的房间里。

所有经过挑选的藏品都有序离开了。绘画工作室里的色粉画藏品,因极其脆弱而被存放进了法兰西银行的地下仓库,得以躲开炸弹的袭击。它们一直在那里待到了法国解放。

在整个战争期间,在卢浮宫有史以来被外国势力占领时间最长的这段时期中,艺术品储藏的地点经历了几次更换。有些地点几乎无法通行,还有些临近战区。负责的几位馆长(安德烈·相松夫人、莫里斯·瑟吕拉兹)都曾讲述过他们辗转于各个城堡的坎坷经历,他们的讲述更侧重于其中的精彩细节,而不是经受的重重考验。以下是最为重要的几个地点。

香波堡,乔札称之为"中转车站",藏品从这里继续前往其他避难点。

苏尔士城堡,这是17世纪的一处宏伟建筑,位于萨尔特地区。

那里的负责人主要是绘画工作室的助手——年轻的莫里斯·瑟吕拉兹,这位漂亮可爱的男孩又被称为"小天使"。德国人在这里搜到了30箱藏品,其中包含了大卫·威尔曾托付给法国保管的作品。

大收藏家莫里斯·佛那叶的蒙塔尔城堡位于洛特省。于格在此地用假名雇用了一些阿尔萨斯和洛林的难民。在被占领期即将结束之时,他和当地的游击队取得了联系。解放过后,有人指责他将保管的藏品置于危险之中。

瓦朗塞城堡,夏尔·莫里斯·塔列朗过去的领地。古代展厅的主要藏品都搬到了这里,由年轻的馆长热拉尔·范·德·康负责。塔列朗公爵也住在这里,他还是萨冈亲王(德国头衔,其领地位于库尔兰),他曾想将这些东西转卖给赫尔曼·戈林,后来遭到了大家的抨击。

位于蒙托邦的安格尔博物馆,由勒内·于格和安德烈·相松负责。蒙托邦人以此地为豪,他们曾要求欣赏画作。于是他们拆开了一些箱子,在博物馆里举行了一次小型展览会。

在这些临时储藏点里,馆长们依旧努力地履行他们的职责,进行防卫布置,组织防火演习,还要进行科研工作。乔治·萨勒写道:"油画需要阳光。如果一直置于黑暗中,颜色就会变暗,清漆也会发黑,所以画都被拿了出来。这是研究它们的好机会。馆长们把画从画框中取出,和图书馆里的书一样侧放在箱子里,以便拿取。"卢浮宫之友协会主席阿尔贝·昂罗,在四年里孜孜不倦地对藏品进行着研究。

贾克·乔札驻守巴黎,负责协调工作,并和从前一样每月召开一次委员会。尽管当时的交通条件异常不便,但被指派到各避难点

第十七章　首次翻新
PREMIÈRE RÉNOVATION

的馆长们都会尽力参加集会。乔札去各个地点也同样不便。为了避免被炮袭，他们向伦敦告知了他们的地理位置，而英国的广播电台发回了一条信息作为回复："蒙娜丽莎在微笑。"

大部分藏品已经离开卢浮宫，从仅有的几张内部照片上可以看到，当时的展厅里堆满了空画框。好在博物馆终究熬过了战争时期，当然也有不少插曲。

德国人为了在占领区实行他们的艺术政策，创建了一个艺术保护部。为首的是沃尔夫·梅特涅伯爵，他为人正派。他考虑到日内瓦公约，禁止对艺术品进行扣押，并且就和大多数德国人一样，他还记得 20 年前汉斯大教堂被轰炸而招致的斥责。

1940 年，占领区当局下令重开博物馆，给休假的军人们提供一项文化休闲活动。油画展厅已经空空如也，把藏于外省的画作放回来是不可能的。位于一楼的考古文物展厅，尽管没有了天花板，但还是可以进行参观的。雕塑厅里只有米开朗琪罗的《被缚的奴隶》被搬走了。馆长们极力让剩下的藏品排放得和谐有序。胜利女神像已经离开。一尊大模型占据了原来维纳斯像的位置。博物馆以"卢浮宫博物馆的几间展厅"的名号，重新对外开放了。罗马的雕塑和几座模型继续伫立在博物馆中，几间东方展厅还彰显着法国考古事业曾经的辉煌。有一张照片记录了 9 月 29 日的开幕仪式，出席的有冯·隆德施泰特将军、沃尔夫·梅特涅伯爵和乔札。博物馆在开幕仪式第二天重新对外开放，展厅里贴满了德语标牌，上面写了禁止吸烟、吐痰和触摸作品。

在这座残存的博物馆里，确实有几位休假的军人出于好奇或思乡前来参观，他们可以免费进入。除了胸前缝着黄色星星的犹太裔法国人外，巴黎人也可支付 1 法郎购买门票前去参观，或许是为寻求些许安慰，他们选择在有限的条件下品味艺术和历史。博物馆外，弗朗索瓦·布歇纪念碑周围的一圈番茄苗显示了时间的无情。

那段时间发生了一次令人震惊的掠夺事件。法国战败 3 个月后，卢浮宫发生了一件不幸的大事，那就是与西班牙交换藏品。这件事被一位法国人和一位西班牙人详细地记录了下来，他们是葛吕阿先生和马尔蒂内夫人。

1940 年 10 月 12 日，乔札接待了来自马德里的两位同僚的来访，随行的还有画家荷西－马利亚·塞特，他擅长利用名气为西班牙谋求利益。这几位不速之客提出要与法国进行艺术品交换，索要牟利罗的《圣母升天》和埃尔切夫人半身像，以及克鲁尼中世纪博物馆里的几个西哥特式的王冠。这些西班牙人首先认可这些物品都是法国依法获得的，而后又重申了它们对西班牙的意义，并提出用同等价值的物品进行交换，比如帕维亚战役中弗朗索瓦一世的一半帐篷。乔札表示他必须向他的上级路易·奥特格尔汇报，而奥特格尔在 7 月接任了作为犹太人而被驱逐的乔治·于斯曼。

自维希政府促成停战协议的签订以来，西班牙政府对待它还有点保护者的姿态。法国本可以依据国家藏品不可转让的原则，拒绝这项提议，但出于政治原因，贝当本人想要尽力满足西班牙的要求。德国煽动西班牙加入战争，而佛朗哥向德国提出以转让摩洛哥和奥兰作为条件。因此，法国必须努力让西班牙保持中立。尽管西班牙并不一定能影响到整个战局，毕竟 10 月 19 日，希特勒和佛朗哥在昂代的会谈并没有取得什么实质性的结果，但是，贝当依然坚持己见，并命在马德里的大使弗朗索瓦·皮埃特里务必竭尽所能完

第十七章 首次翻新
PREMIÈRE RÉNOVATION

成此次交换。牟利罗的作品甚至在交换合约签署前就被送到了西班牙政府手中,至今连画框都还是卢浮宫原本的;而另一边,西班牙政府并未如此慷慨,他们想尽办法减少自己的付出。这样的交易显然是不公平的。

奥特格尔、乔札和勒内·于格曾共同或独自前往马德里,但都没能达成平等的协商,甚至都没正式签署交换合约。最终,法国的馆长们以及档案馆馆长使出了强硬的手段。经过对方式方法的多次协商,对方终于做出了让步,并于1941年6月27日签署了交换合约。7月20日,交换合约得以宣告并具有法律效力。事实上,这一切实在是滑稽可笑,贝当也沉浸在自己的幻想中。战败的法国对西班牙没有丝毫震慑力,佛朗哥才是这场游戏的庄家。卢浮宫的这些杰作就这样白白牺牲了。

以下是法国给西班牙的物品清单:

牟利罗的《圣母升天》(1678年)——虽然苏尔特获得此画并把它带出西班牙的行为值得商榷,但卢浮宫获得它的途径完全是正当的;

《埃尔切夫人》的半身像——这是一件公元前5世纪或公元前4世纪初的希腊-伊比利亚式雕塑,由考古学家皮埃尔·帕里斯于1897年发现,并于第二年9月被卖给了卢浮宫;

36块伊比利亚雕像残片——于洛圣都的塞罗考古挖掘现场(法国从1860年起在此勘探,挖掘成果全数进入卢浮宫,但似乎还未全部拆箱。)发现,在287件藏品中,有36件为此次的交换品;

6顶西哥特风格的王冠——来自7世纪,于1858年在托莱多以南的瓜拉扎尔被一位法国人发现,并被他卖给了克鲁尼中世纪博物馆;

部分西曼卡斯档案——归还的理由倒是正当，自 1815 年起，法国开始退还部分被拿破仑掠夺来的物品（共计 8 246 捆，归还了 1 948 捆），西班牙政府曾多次要求归还剩余部分，这次牵涉的"剩余部分"为 55 000 份文件，有于 1659 年 11 月 7 日在雉鸡岛上签订、写在羊皮纸上的《比利牛斯条约》的法语原件。

西班牙则用以下物品作为交换（再次重申，这是不平等的交换，法国放弃了将弗朗索瓦一世的帐篷一分为二的提议）：

一幅奥地利的玛丽亚·安娜王后的肖像画，她是费利佩四世的妻子，这幅画出自委拉斯凯兹，但只是工作坊里的复制品（约 1651 年）；

格列柯的《安东尼奥·杜·科瓦鲁维亚斯的画像》（约 1600 年）；

戈雅的一幅挂毯草图《危险》（1779 年）；

安托瓦纳·卡隆以亨利二世和凯瑟琳·德·美第奇的婚礼为主题绘制的一本画册。

这次交易后，双方在 1941 年 7 月又签订了一份补充交易合约。法国归还西班牙 40 面被拿破仑军队抢走的旗帜，西班牙则将在 1809 年战役中被杀的巴黎将军的佩剑和蒙塔朗贝尔防御工事的几幅画稿还给法国。

1945 年，在安德烈·帕洛特和皮埃尔·韦尔莱的领导下，馆长们为取消这份灾难性的合约发起了猛烈的抗议。不幸的是，解放后的新政府取消了维希政府大部分无法接受的法律和条约，却并不包含 1941 年 7 月 19 日的那份。（维希政府是忘了还是出于政治的考量呢？）总之，法国新政府放弃了对交易进行修正。

皮埃尔·罗森伯格曾思考过这个问题，为什么成为文化部长的

第十七章　首次翻新
PREMIÈRE RÉNOVATION

马尔罗没有试图改变这一耻辱的"交易"？可能是因为马尔罗负责法国文化事务的那段时期，法国与西班牙长期隔绝的关系回暖。曾亲历西班牙内战、写就《希望》一书的马尔罗，并不适合在佛朗哥身边继续干预这件事。

还有一份由海军上将达尔朗促成的和德国政府之间的交易。他当权时与德国奉行的政策在某些地方比皮埃尔·赖伐尔的政策还要过分。

布歇的《狄安娜出浴》在当时引起了里宾特洛普的兴趣，而乔札机智地抬高了交换条件，提出用柏林博物馆的镇馆之宝《热尔桑画店》进行交换，于是交易没有继续进行。

除了和西班牙之间的交易，卢浮宫在整个战争时期还算是保持了藏品的完整性，但小花园里的雕塑并没有那么幸运。1941年，维希政府大肆搜刮青铜器，部分雕像因此落入了德军的魔爪。巴特莱特的《拉法耶特》用看似荒谬的治外法权的借口免遭毒手；朗多夫斯基的《该隐之子》一直完好无损地待在庭院中；还有表现了雕塑家杰罗姆工作状态的纪念雕塑，因省长家属的抗议而得到解救，如今存放在奥赛博物馆。不过《甘必大》和《拉斐特》遭到了损坏。一直以来受尽谴责的甘必大纪念雕像，其上的两件奥贝的青铜器被夺走了，在一段时间内它就一直以残缺的状态守在原地。至于拉斐特的纪念碑，这是弗雷米耶的一件得意之作，1893年被立在与公主花园相对的花园里（这座花园一直被称作"拉斐特花园"）。在拉斐特的半身石像柱旁，雕塑师雕刻了拉斐特的作品《亡灵复苏》中的鼓。这只青铜鼓被毁，而半身像石柱一直孤零零地矗立在此，直到后来消失。加上其他两三件被毁掉的作品，这算得上一次惨重的损失。

回归政坛的皮埃尔·赖伐尔更加令人烦心。比利时将《神秘的羔羊》祭坛装饰屏交给了法国，存放在波城城堡。1942年7月，赖伐尔发了一封正式的电报，命令馆长立即将这件作品送给德国。乔札召集了博物馆的顾问委员会，他们投票反对这一提案。于是，阿贝尔·博纳尔部长给了乔札一个纪律处分，不过乔札对此依旧骄傲不已。

还有一件事贯穿了整个被占领时期。杜伊勒里宫的老式网球场馆（修建于1861年，当时人们已经有好几个世纪不玩老式网球了），后来成了卢浮宫的附属建筑，用于存放外国的当代艺术品。当时的藏品还比较少，都在1939年被装箱了。第二年，德国人占领了这里，他们先炸毁了建筑物附属的、献给第一次世界大战中的女英雄艾迪特·卡维尔的纪念碑。接着在纳粹首脑罗森伯格的命令下，他们将所有从犹太人那里搜刮来的囊括了各个时期和主要流派的艺术品都存放在了这里。1943年6月，他们毁掉了500件"堕落艺术"作品，包含毕加索、米罗等艺术家的作品。这些作品在装箱后，被运送至德国前，存放在古代东方馆几个被征用的展厅中，这就是那批"卢浮宫保管物"。在被占领期间，戈林一共来了21次，在这里"做买卖"（纪尧姆·冯科奈尔）。

当时馆长的助手萝丝·瓦朗，以负责建筑安全为由，一直待在现场。每晚当占领者离开后，有时已是深夜，这位女士记下了所有即将离开的作品的名目，复制了所有的发货清单。她在1944年把装满了一个行李箱的这些文件交给了乔札，让许多犹太人得以拿回自己的财物。这份时刻处于危险之中的工作，她一直做了4年。

1943年4月23日，一架英国飞机被一辆德国坦克击落，并在

第十七章　首次翻新
PREMIÈRE RÉNOVATION

卢浮宫楼顶坠毁。弹射而出的飞行员在屋顶上自杀了。他的尸体被挪到了方形庭院示众，由守卫看管。

战争期间，在维希政府的财政拨款下，博物馆进行了两次高规格的收购：一是乌东的《埃纳里伯爵心脏纪念碑》，一是从莱维斯－米雷波瓦家族收购的勒布伦的大型肖像画《大法官塞古埃骑马像》。德国人对这幅画虎视眈眈，幸好馆长们成功把画从榭勒派丽城堡转移到了苏尔士城堡仓库。他们还使了一个小计谋，让卡洛斯·德·贝斯特古的藏品在1953年进入了卢浮宫。

1944年春，双方都在等待。出自对盟军登陆的担忧，德国人开始下令将藏品转移至法国东部，阿贝尔·博纳尔毫无疑问表示赞同。乔札则努力争取到了时间。

原姓德雷福斯的伊莲·维奈，在被追捕时受到玛格德莱娜·乌尔的接待，一直在卢浮宫等到了被占期结束。解放后，她成了卢浮宫学院的总秘书，这里的学生称呼她为"母老虎"。

6月6日，诺曼底登陆行动提高了敌人的侵略性。7月，前馆长秘书苏珊娜·可汗被捕并被送至德朗西集中营。乔札通过与艺术保护协会的调解，把她救了出来。3个月后，她在小皇宫里得到委任，重新回到了自己的岗位上。

被占期间，有几个避难点曾遭放弃，于是大量艺术品都聚集在了瓦朗塞城堡。萝丝·瓦朗所描述的场景就发生在此地：

> 1944年8月发生的事让危险加剧，藏品面临的风险达到了顶峰。
>
> 在洛什的法国内卫军（FFI）和法兰西民兵第一次交

火后,在城市街道上的枪林弹雨中,一支德军装甲车队也加入其中。

8月12日接近8点时,一颗炮弹差点砸中了城堡的墙壁,驯马厅着火了。守卫们赶过来控制了火势。

8月16日,位于罗莫朗坦的占领军司令部派遣了一支300人组成的分队前往瓦朗塞城堡。50来名士兵冲了进去,他们撞碎了大门,赶走了守卫,强迫他们躺在草地上。他们还想破坏艺术品吗?

当时的馆长(热拉尔·范·德·康)被3位军官盘问,不过他先发制人,让德国人直面历史的审判:

"你们想以后被子孙后代责骂毁掉了《米洛斯的维纳斯》和《萨莫色雷斯的胜利女神》吗?"

于是他们把他放了。

但是猛烈的枪战又引起了一处火灾。馆长被允许和守卫们一起扑灭火势。守卫们都站了起来,尽管德国突击队军官保证不再射击,但是冲锋枪的子弹还是击中了法国宪兵小分队队长耐尔特。子弹和承诺出自同一个地方。

历史还在继续。在卢浮宫的宫墙内,乔札在8月23日升起了三色旗。在巴黎作战期间,警察和消防员们都被关在了第一区的区政府里。在其他区则关押着500名德国士兵和军官,市民们威胁要杀了他们。乔札让人打开了卢浮宫的围栏,并在8月26日至29日将他们关押在了方形庭院中,尽力保护他们不被从博物馆屋顶上射出的子弹击中。他们的小命保住了。那天晚上,克里斯蒂娜·德罗

第十七章 首次翻新
PREMIÈRE RÉNOVATION

什发现有两个德国人藏在拉美西斯三世的大理石石棺里。

乔治·萨勒说道:"在城堡中度过5年时光后,我们离开了香波堡、舍维尔尼、布里萨克和博内塔布尔等地方,就和出发时一样,在军队的摩托车队的保驾护航下,在骑兵队轮流的看守下,重新相聚。没有任何一位缺席,所有物品都回到了方舟上,不同于《圣经》里的故事,卢浮宫没有任由它们被洪水冲走,而是把它们再次带入了时间的潮流中。"1944年10月5日,位于一楼的展厅再次向公众开放。

第十八章
复苏

RENAISSANCE

1945年6月21日早晨，馆长们和记者们聚集在了达鲁楼梯下，到场的有接替乔札成为法兰西博物馆总管的乔治·萨勒——乔札晋升为文学和艺术部部长，到场的还有希腊罗马馆的负责人们。被紧紧包裹住的《萨莫色雷斯的胜利女神》，在馆长的指示下，展开翅膀，慢慢登上了在6年前离开的台阶。这是胜利和复苏的象征，那时我刚被调任，有幸见证了这一幕。作为可能是最后一位还在世的亲历者，我永远不会忘记当时的场景。那是我的博物馆生涯的一个美好的开端。

胜利女神重登昔日宝座，但公众还想再见到《舟发西苔岛》《拿破仑一世加冕大典》《自由领导人民》……这些画作都毫发无损地回到了卢浮宫，只是还无法立即被安放到饱受折磨的博物馆中，展厅和办公室还因缺煤炭而无法取暖。人们想重启凡尔纳的计划，让这里焕然一新。展览丝毫不得拖延，1945年7月举行了一场精心挑选的展览，画作背后是厚厚的布，不知道算是一种装饰还是遮羞布呢？

为了获得更好的发展，卢浮宫的法国画作被交由安德烈·相松管理。这位先生在与马尔罗同任阿尔萨斯－洛林旅的首领后,重操旧业,担任了小皇宫博物馆的馆长一职。小皇宫博物馆有两条长廊,形似一个半圆的直径,安德烈·相松想要将卢浮宫的画作分为两个主题展出,一边是严肃的主题,一边是轻松的主题。他说道:"要将英雄主义与精致分开,要将浅薄与伟大分开。"这次名为"法兰西之宏伟与魅力"的展览(1946—1947年)大获成功,公众在此与阔别6年之久的老朋友们重逢了。

在卢浮宫博物馆里,阿波罗画廊里重新张贴上了德拉克洛瓦的天顶画。勒内·于格写道:"我在我的回忆录里提到,这两次在我的请求下发起并由卢浮宫卓越的专家共同完成的艰难行动(离开与回归),令人心潮澎湃、不留遗憾。"这幅天顶画的色彩依旧鲜艳明亮,与积满污垢的装饰形成对比。当时他们认为应该把画"做旧",这种荒谬的做法持续了好几年。

博物馆新管理部实行的第一项措施,就是在1945年9月于万国大厅举行了一场以在战时收获的藏品为主题的展览。公众通过此次展览得以了解勒布伦的《大法官塞古埃骑马像》(马的眼睛看起来比它对面的仆人的眼睛更灵动),以及德拉克洛瓦的《露丝小姐》,这两件作品都于1942年获得。同年,卡洛斯·德·贝斯特古("他的贵族姓氏虽有待商榷,但他的财富是货真价实的")以保留用益权的方式将藏品捐给了卢浮宫,其中有戈雅的《索拉纳侯爵夫人像》、安格尔的《庞库克夫人》以及大卫的一幅波拿巴半身像。在1946年巴黎和会召开之际,卢浮宫为与会代表们在方形沙龙组织了一场展览,《蒙娜丽莎》也在展品之中。

国家博物馆管理部成为法兰西博物馆管理部,坐落在曾经拿破

第十八章 复苏
RENAISSANCE

仑三世马厩主管的套房里，位于塞纳河边，临近卡鲁塞勒拱门（如今为卢浮宫管理部）。1945年，管理部楼上新设了一个外省博物馆监察总部。战争期间，路易·奥特格尔和贾克·乔札认识到，有必要让国家掌控巴黎之外的1000多家属于当地行政机关的法国博物馆，他们为这项工作奠定了基础。监察总部需要监督机构的管理，对其进行现代化改革甚至是重建，对藏品进行清点、研究、展示，增加馆藏，促进公众对当代艺术的接纳。让·威尔耐-吕伊兹被任命为总督察，大力推动了该部门的发展。监察总部在50年里取得了不可磨灭的成就。这项事业很快就走到了尽头，也许是因为不懂得如何处理馆长们的个人利益，以及未协调好市镇日益增长的想要独立管理各自文化遗产的愿望。

卢浮宫实验室才刚起步，所有设备就在1939年被放进了地下室，并在那里待了7年。1946年，博物馆决定重启这个部门，并将其设置在花廊，受玛格德莱娜·乌尔领导。这位女士工作了40年，为这里带来了巨大的名声。

还有一项改革。博物馆的教育部联合教授们开始招收中学学生，他们为此招聘了一位老师对课堂上讲到的代表各个历史时期的画作进行评析——那还是一个注重学习历史的时代。

在小皇宫博物馆展出的画作回来了。摄影师皮埃尔·贾汗为此特地做了一篇报道，我们可以看到4名工人搬运《自由领导人民》，其中一人还在冒失地吸烟。展厅经过清扫和翻新，馆长们尽全力进行布置。博物馆一直面临的场地紧缺问题变得更为严峻，本应需要至少20%占地面积的附属设施可用面积严重不足，只能"将仓库安置在地下室、顶楼、管道、柜子这些地方"（乔治·萨勒）。

古代馆进行了重新布置，并改善了展陈方式。东方考古展厅为纪念"亚述博物馆"100周年，于1947年被启用。查理十世长廊中重新陈列了埃及艺术品，尽量与方丹的内部装潢达成一种微妙的平衡。博物馆还收到了新的捐赠品：两座乌东的半身像（1947年）和拉图尔的《木匠圣约瑟夫》（1948年）。博物馆已经重获生机。万国大厅中又挂起了画，但是画作之间留有空白且只排列了一行，这种陈列方式与拱顶复杂的装饰、过时的灰墁雕塑形成了反差。乔治·萨勒在好几位馆长的支持下做出了一个在今天看来无法接受的决定：拆除第三共和国初期典型的浮夸装饰。1947年，万国大厅被清空后交给卢浮宫的新建筑师让-雅克·哈夫纳。他的新装饰很快也招致批评：上楣装饰着美术学院风格的几何图案，墙裙上的葱形饰涂满了紫红色的颜料——热尔曼·巴赞形容为"酒鬼的呕吐物"。整个展厅用来陈列威尼斯派油画。

同时，于格和哈夫纳试图让博物馆重焕青春。他们重新打开了方形沙龙里的窗户，对大画廊进行整修，这一次更加完整地参考了休伯特·罗伯特的方案：塞利奥拱式圆柱，四周围绕着壁柱的壁龛作为分隔，整条长廊都装饰着宽大的上楣，拱顶上覆盖着平顶搁栅，勒菲埃尔的玻璃顶被搁栅分成了小块。《蒙娜丽莎》回到了原位，于格从1947年10月7日起在大画廊里悬挂展出画作。米歇尔·拉克洛特写道："我还记得这一盛大的油画队列。"

摆在于格和他的助手热尔曼·巴赞面前的，是卢浮宫的一个永恒难题，即为每间展厅找到可以和谐融入其建筑风格的展品。自从方形沙龙不再甄选杰作后，这个问题就变得尤为突出。因为西班牙画派的画作不需要占用太大的面积，所以它们就被放置在了方形沙

第十八章 复苏
RENAISSANCE

龙里。人们很快就意识到卢浮宫中的西班牙画派藏品除去几件大师之作（没有一幅委拉斯凯兹的作品），多数都很普通，它们并未受益于方形沙龙里的高级装饰，反而有点被削弱了。

19世纪的大型画重新占据了莫利安馆和达鲁馆的"红厅"。他们还计划在整个方形庭院三楼按照年代顺序陈列法国画派的作品，只是完成这一圈陈设花费了好几年。

印象派画作越来越多，柱廊三楼已经放不下了。该把它们安置在这座早已拥挤不堪的宫殿的哪里呢？1947年，勒内·于格计划将老式网球场馆改建成印象派博物馆，把卢浮宫50年来收集的所有印象派画作汇集于此。其中很多画作都来自捐赠，国家对购买尚遭诋毁的印象派画作迟疑过很长一段时间。

一座新博物馆应运而生，它正对着杜伊勒里宫的花园，花园里的树枝似乎伸进了窗户，与画上的风景相互呼应。很快博物馆里的游客便络绎不绝，因博物馆的成功，藏品也日益增加。1986年，藏品被迁至奥赛博物馆，但其陈列方式招致批评，后来在2012年进行了重新布置。

1950年，勒内·于格离开卢浮宫，进入了法兰西公学院，很快又成为法兰西学术院的院士，成为第一位成为院士的馆长。勒内·于格的许多同事和学生对他的离开表示惋惜，虽然他得到了社会地位的提升和物质条件的改善，但从他的后续职业生涯上看，他们的惋惜是有一定道理的。雅克马尔-安德烈接手了博物馆的总管之职，后来遭到诽谤，被怀疑和日本人在比耶夫尔建立了密切关系。他以极强的尊严捍卫自己，但这些考验让他在最后几年里心灰意冷。在卢浮宫的历史上，他是一个重要的角色。

绘画馆总管的职位落到了热尔曼·巴赞头上，他是博物馆学教授，也是研究柯罗的专家。他提出了一个疑问：由于许多国家的绘画运动是相通的，而且每个画派的画家有着截然不同的敏感性，那么诞生于博物馆出现后并被逐渐运用于实践（除了方形沙龙里的至圣所）的根据地域划分画派的传统方式还站得住脚吗？难道不是把宫廷古典主义、新古典主义和浪漫主义的画作放在一个展厅更合逻辑吗？我们不能打破这种地域的约束吗？巴赞做了许多尝试，例如，他在方形沙龙中组合了各个国家的矫饰主义绘画。人们很快发现，这种按气质风格划分的方式无法普及，还有许多画没有被纳入考虑，而且在几次绘画运动中，法国都处在压倒性领先的地位。最后还得回到按地域划分画派的方式，虽然和绘画史的发展历程相比，这种方式十分刻意。对画作进行分类是一件冒险的事，也有徒劳无功的可能。自从采用"欧洲"的分类方法后，我们就没有做过其他尝试了。

第二次世界大战后的"光辉三十年"让人们找回了举办节日庆典的心情，有些机构想要在博物馆里（希腊和罗马展厅备受欢迎）举办招待会，或者在室外的方形庭院里举办戏剧表演、音乐会甚至时装秀等深受当时人们喜爱的活动。这些活动通常由政治人物发起，给维护人员、建筑师和馆长平添了许多额外的工作和担忧。

博物馆的领导队伍也在不停更新换代，年事已高、受人敬重的学者相继离去，取而代之的是更为年轻的同事。雅克·旺迪尔领导埃及馆；杰出的古希腊研究专家让·夏尔宝诺负责古希腊馆；马里的发现者安德烈·帕洛特接手古代东方馆；珍宝馆则交由皮埃尔·维尔莱管理，他提出并坚持要将王国的城堡和宫殿重新进行室

第十八章 复苏
RENAISSANCE

内陈设。他认为，相比一个多世纪以来随机地使用国库中的家具进行装饰的做法，更好的做法是让每件古家具回到它们原来的位置。他的意见得到广泛认可，并逐渐得以实施，而维尔莱一生都渴求能在凡尔赛宫实现这个心愿，可惜并没有实现。也正是出于这一原则，出自奥本和利泽内之手的路易十五写字台离开了卢浮宫的展厅，回到了凡尔赛宫一个位于角落的书房内。尽量让物件回到它们原来的位置，这是我们的目标。

作为旧制度时期的遗留，每个馆除了常备的科研人员外，还有一个或多个负责义务工作的人员，他们有时配有"自由专员"的头衔。他们要么是想要借此进入这个圈子的学生，能接受这段没有薪水、时长不定的考察期，要么是想发挥自身价值的大龄女士。前者通过引导参观和讲座勉强生活，而后者因为有比较稳定的收入，更主要是为了体验一种新的生活方式。

这些女士中的有些人经过几年的志愿服务后，成功达到了半职业状态，例如布绍-索皮克夫人，她是一位很受器重的雕刻师的妻子，罗森伯格认为她很了不起。这位女士给我留下了友善仁慈、训练有素的印象。还有一些在金钱和职业上没有太大野心的女士，也能获得一技之长，比如克里斯蒂娜·奥拉尼耶所写的关于卢浮宫历史的书籍，至今还具有借鉴意义。

在卢浮宫里，还有围绕着馆长们的一个特殊团体，成员们都是喜爱艺术的老先生或收藏家，他们生活富裕、经验丰富、能力强，有着不低于专业人士的水平。他们有时会被加以荣誉馆长的头衔，也愿意在卢浮宫之友协会中担任高级职位。他们中的一位，阿尔贝·昂罗，就曾坐到了协会主席的位置。在一些志愿活动中，他们的身边经常会出现一些上流社会的女士，她们或是带着贵族头衔，或冠有大资本家的复姓，比如有一位就带了两位著名画家的姓氏。这些友善的女士有时能在卢浮宫碰到意想不到或期待已久的婚姻机会。

每个馆都是独立的，直属于各馆馆长，而馆长们听命于博物馆总馆长，但没有人能以整个卢浮宫的名义发表言论或做出决定。只有资历深、名望高的首席馆长有时能酌情提出建议。

和在其他团体中一样，负责人之间的这种平等地位自然会滋生妒忌和阴谋。他们可能因法兰西学院的推举、荣誉勋位团的提拔、意见冲突甚至职场的私情而在私底下发生激烈的争吵。他们曾经在背后议论一位主管和实验室专员之间的私事，这件事最终以女方被调任为外省博物馆主管而收场，有人认为这是一份分手礼物。在职业方面，卢浮宫中的女性依旧是弱者，她们被顽固的思想排挤。玛格德莱娜·乌尔曾讲述过，她进入神圣的馆长委员会时受到了侮辱性攻击。馆长委员会和总馆长会在曾经的御马监客厅定期集会，允许那些根据提议购买的作品进行展出。

从客厅的窗户往外看，拿破仑庭院里的风景清晰可见。1953年，人们终于决定搬走残缺的甘必大纪念雕像。雕像主体大面积被毁，于1982年重建，并移至爱德华·瓦昂广场，以"甘必大纪念雕像细节"的名义进行展出。

继战前清除装饰的行动后，人们重新开始撤除展厅中被认为有待商榷或过时的19世纪装饰。20世纪50年代，他们认为应该将国务大厦在复辟时期完成的彩绘天花板拆除，不过它们在半个世纪后重新出现了。

第十八章 复苏
RENAISSANCE

然而朴素也是有限度的，人们很快发现展厅里的白色背景墙与油画并不协调，这种装饰并不总是最理想的背景。于是，人们决定在某些工程中为建筑师再配一位对装饰问题更敏锐的室内设计师。所以 1951 年卢浮宫出现了两位著名的室内建筑师，一位是精通园林艺术的让－夏尔·莫罗，另一位是为贝斯特古装修古德赛城堡的埃米利奥·泰利。莫罗被派去翻新勒东过度装饰的鲁本斯展厅，他在巴赞的协助下，尝试了一种借鉴佛兰德斯画派背景的展示风格：在庄重的上楣下和红丝绒的背景上，大幅系列画作套着一圈黑金色的画框，画作下面还有一块凸出的彩色大理石基座，上面显示着每件作品的题目。这种陈列方式为这里所展示的王后生活渲染了一种低调奢华的氛围，有人对此赞叹不已，也有人嗤之以鼻。有些纯粹主义者认为这是仿冒，是表演，是仿古，巴赞的继任者米歇尔·拉克洛特就是其中一员，他一直要求取消这种展示方式。在研究卢浮宫的历史时，我们时常震惊于在一段相对短的时间里，为了昙花一现的结果，在计划和实践中耗费了多少资金。鲁本斯展厅如今的样子可能会让知晓其先前装饰的人感到惋惜，但这样的人已经一天比一天少了。

与其想方设法抹去建筑里过时的装饰，还不如去创造新的装饰。1952 年，在达·芬奇的展览后，乔治·萨勒在打给乔治·布拉克的电话中说道："在卢浮宫里，我们有 3 块 19 世纪的彩绘天顶画，分别来自普吕东、安格尔和德拉克洛瓦。20 世纪呢，我们现在有一块好地，就是亨利二世展厅。我想到了您。"

这里说的是旧时国王接待厅里西伯克·德·伽皮设计的天花板，这是唯一一个被保留下来、位于原地的旧王朝装饰。天花板留

卢浮宫全史
LA GRANDE HISTOIRE DU LOUVRE

白的格子在复辟时期被放上了梅里-约瑟夫·布隆代尔的油画《雅典娜和波塞冬之争》以及战争之神与和平之神的画。这些画在1938年被取下。

布拉克在接受任务后,就住在了连着大画廊的施里希廷展厅,在这里工作了好几个月。他在蓝色的背景上勾勒了几只白鸟,这是他的一大主题。他曾说:"我这一生最关心的就是描绘空间。"此后60多年,布拉克的这些鸟儿在没有得到一致认可的情况下,飞翔在亨利二世展厅的天花板上。

几乎在卢浮宫的各个时期,人们总会把一些当代的作品加入到建筑风格或室内装潢与之相差可能有几个世纪之久的建筑里。阿波罗圆厅,特别是阿波罗长廊中德拉克洛瓦的天顶画就是明证,但它们不管是从布局、技巧还是色彩上,都与周围环境非常契合。再比如西伯克的天花板,布隆代尔的画尽管平庸,却完全符合这条原则。布拉克的鸟儿正相反,它们意味着决裂。有人欣赏,也有人谴责,而这两种评断的声音将会持续下去。每个人都可以评断,但是也许我们可以说,60年过去了,这些强烈的色块打破了边框灰金色调的和谐,而且与其要一位大画家在他不熟悉的作品中东拼西凑,还不如给他一片空白的天花板进行创作。这也是如今赛·托姆布雷在守卫厅的做法,而结果更具争议性。

无论是通过免费的捐赠,还是花费高昂的购买,馆藏的增加从未停止。1952年,埃尔桑夫人捐赠了让-巴蒂斯特·勒莫因的雕塑《维尔图努斯和波真娜》。1956年,埃及馆收获了一座红砂岩半身像——娜芙蒂蒂胸像,但那年年底发生了一场悲剧。12月30日,一位玻利维亚画家朝《蒙娜丽莎》扔了一块石头。防护玻璃被砸碎

第十八章 复苏
RENAISSANCE

了,碎玻璃轻微刮到了画中女士左边的肘部。媒体说他是疯子,他后来解释说是因为没有收入来源,所以想在牢里过冬。这件事确实给卢浮宫提了个醒,需要给名画提供更可靠的保护。《蒙娜丽莎》后来也并未就此离开新闻头条。

1957年4月14日,卢浮宫在女像柱厅中为伊丽莎白女王举办了一场顶级晚宴。我有幸受邀参加,女王优雅的身姿和举手投足间的一颦一笑,令我至今难忘。

第十九章
作家部长

L'ÉCRIVAIN MINISTRE

1958年，乔治·萨勒离开卢浮宫，与此同时，戴高乐将军成为法国总统。1960年1月，安德烈·马尔罗担任文化部部长。

安德烈·马尔罗非常喜欢卢浮宫，而且他经常对展品公开发表果断的评论。他也时常展现出一种突如其来的热忱，做出惊人之举，让·拉库特尔称之为"轻骑兵战略"。有一回，他在参观绘画馆的仓库时，发现了许多卷起来的大幅画作，于是就有了要在方形庭院把这些画摊开，并用直升机进行拍摄的想法。其实这些画作只是年久发黑的老画，但他并不听劝告。马尔罗蔑视人类（把人说成"一堆悲惨小秘密"），同时爱憎分明。主管助理米歇尔·弗劳力兹奥纳，因突然不得他欢心，就直接被调到了法国海外省博物馆[①]，顺带管理地下室水族馆里的鳄鱼；绘画馆馆长热尔曼·巴赞也被调离了岗位，尽管所有人都认为伊莲·阿德马是合适的接班人选，但马尔罗并未遂人们的意。乔治·萨勒之后的两位继任者在他们短暂的任期中，对马尔罗这种专制作风无能为力。接下来这位新馆长夏特

---

① 现为法国移民历史博物馆。——编者注

兰教授，懂得运用外交手段与他打交道。夏特兰教授为人稳重，有着橄榄球选手的体格，却沉静、儒雅、幽默，擅长处理敏感事宜。在他的十年任职期间，卢浮宫获益颇多。

馆长们嘲笑"文化部糊涂虫"不停抽搐的脸或是他不经意流露的小表情，指责他意气用事，为许多佳作（莫奈的《悬崖》、乔治·德·拉图尔的《女占卜者》、塞尚的《大浴女》）流到国外感到惋惜，还指责他没有为法国保住古尔班基安的藏品，指责他为文化馆筹备原本属于博物馆的活动。他们没有足够资金，而他们只需要国家财政预算的 0.47% 就心满意足了。不过，他们也感激马尔罗不仅对藏品保管感兴趣，而且真正愿意去理解作品。

博物馆的问题一直都没彻底得到解决，比如接待区不便、技术设备不足、展区空间紧缺和人群流动困难。还有一个问题一直困扰着他们：能不能把财政部从宫殿北部迁走，把博物馆往北扩充呢？亨利·凡尔纳有过这样的设想，时任总理的米歇尔·德勃雷也这样提议过，马尔罗还与戴高乐将军谈论过此事。只是总统没有被说动，这个提议被忽视了（这个问题似乎从来都没有引起他的兴趣）。当时的新政体还很脆弱，而且预算都投入了大型工业企业的建设中。所以这个设想暂时还行不通。

好在一件古文物的发现给予了他们些许安慰。1959 年，让·夏尔宝诺前往萨莫特拉斯岛参加美国的一项考古挖掘行动，他受邀对现场进行勘察。就在那里，所有考古学家梦寐以求的胜利女神的右手出现了。尽管上面的手指几乎都不见了，但还是可以看到手掌里是空的，并没有像人们之前认为的那样拿着一顶王冠。手掌张开的动作表示没有攻击性，这在许多文化中是相通的。不过这也有可能

第十九章　作家部长
L'ÉCRIVAIN MINISTRE

是一个命令的手势。夏尔宝诺将这项重大的发现送到了卢浮宫，他还通过一个棘手的交换步骤修复了两根手指。这只手就位于雕像一旁。

安德烈·马尔罗时常会想出一些好点子。在他的提议下，实验室负责人玛格德莱娜·乌尔参与的关于艺术品的科学研究系列节目《杰作的秘密》于1959年在电视上播出。节目放出了艺术品的X射线照片、红外线和紫外线照片，以及具体细节的放大照片。这档时长为28分钟的节目一直播放到了1963年，取得了巨大的成功，而且成功吸引了戴高乐将军的注意。乌尔收到了纷至沓来的信件，当然还有同事的妒忌。

"部长先生，"其中一个人壮着胆子对马尔罗说，"乌尔夫人在电视上玷污了馆长们崇高的形象……""是的，"马尔罗回应道，"是我命令她这么做的。"

玛格德莱娜·乌尔赢得了观众的好感，还收到了一份大礼。她的一位女"粉丝"将一处位于圣东日的高卢古墓送给了她。她对此很感兴趣，马上在当地展开了考古发掘工作，她就住在附近搭建的小房子里。

这档电视节目曾经差一点就被迫中断了。1960年4月的一个晚上，一场大火突袭了花廊顶楼，下面就是实验室和几间油画展厅。消防队队长朝着在睡衣外披着一件大衣的玛格德莱娜·乌尔说："夫人，那就说好了，如果风向转变，我们就炸毁花廊。"

她只有20分钟撤走可能被波及的画作。从画廊往下走时，她对守卫们说："你们要像守护圣体一样带着《舟发西苔岛》去鲁本斯厅。"

所有人一动不动。其中一个人问道："舟发是什么？鲁本斯又是什么？"

她用更直白的语言说："这幅画，你们像抱着婴儿一样把它送到挂满黑色画框的大厅里去。"

撤离工作完成了，最终风向也没有转，所以也没有必要为了切断火源而炸毁花廊。大火烧毁了 40 米长的楼房，好在藏品都完好无损。

这场火灾带来了两个结果。正如我们之前所说，在那之前，每个馆都是独立的，受各馆馆长管理，没有人能以整座博物馆的名义发号施令。马尔罗创建了卢浮宫主管这个职位，第一位任职的是安德烈·帕洛特。行政部门也意识到了火灾的隐患，所以国家彩票部终于离开了花廊，使得花廊获得了期盼已久的"解放"。1961 年 11 月，马尔罗拿回了钥匙，管理部重新接管花廊，但建筑物内部状况堪忧。卢浮宫建筑师奥利维尔·拉阿勒和马克·萨尔泰先后接手了整修工作，只是尽管有马尔罗的特别拨款，但财政预算上的困难还是一再影响着工程的进展。一直到 1971 年，整修工程才圆满结束。

就在钥匙交接之前，一幅画离开了卢浮宫。马尔罗决定将委罗内塞的《利未家的宴会》（原名《西门家的宴会》）放到凡尔赛宫，那里的赫丘利厅就是根据这幅画设计的，这实在是"背景和作品的完美一致"（克里斯蒂安·宝莱兹）。这一决定完全合理，甚至可以被称为典范。对馆长来说，被拿走一幅画就像被截去了身体的一部分，所以并不总能接受"将一件物品归还至原来的地方是有利于它的"这种原则。他们不会把卢浮宫的巴萨诺和威尼斯画派作品，重新放回凡尔赛宫路易十四时期的大套房里。

第十九章 作家部长
L'ÉCRIVAIN MINISTRE

这一原则在雕塑馆也得以实施。得到花廊一楼的雕塑馆终于能够将19世纪前的藏品全都摆放出来,让卡尔波的雕塑出现在他曾经装饰的建筑里。杜伊勒里花园的几座外部受损的雕塑,比如17和18世纪的《仙女》与《抢夺》,也进入了新展厅,但花园里还需要复制品吗?花园里的雕塑往往和环境融为一体。而在1962年,卢浮宫内的马萨林墓不再迁往法兰西学院,而是被送回了最初的地方,而作为交换,卢浮宫收到了皮加勒的《裸体的伏尔泰》雕塑。阿内城堡的堡主重修了迪亚娜·德·普瓦捷的墓,并向卢浮宫索求一个大理石祷告台。卢浮宫同意了,但是负责运送的馆长明显心情不佳。还有圣热尼德封丹修道院的一个柱头回到了原来的位置。昂沃圣母教堂的雕刻残片在1970年后被送去了沙隆,与先前在那里被找到的残片合体了。

卢浮宫还收入几件雕塑。1965年,卢浮宫收到了位于龙街大门上的龙雕像,1979年收到了来自波旁-孔代王宫的克罗迪翁浮雕,只是它再也没有回到原来的地方。

绘画部在1989年成为书画刻印艺术馆,拥有4.5万张素描和色粉画。查阅室安置在勒菲埃尔未完工的国王楼梯的大平台上。

宫殿的整修工程一直在进行,1962年年初,馆长们又有了新的烦恼。马尔罗决定将《米洛斯的维纳斯》送到日本抵押贷款,这一决定招致一大波抗议和讽刺。插画家让·塞内普给这件雕塑画上胳膊,以向马尔罗表明戴高乐将军的态度,但是这个决定还是实施了。4月,在东京,总理乔治·蓬皮杜在这件雕塑前发表了即兴演讲,马尔罗坐在第一排。幸好回程和去程一样顺利。

到1962年秋,馆长们又面临一项充满争议的提案:将《蒙娜丽莎》送至美国。有人认为这又是一时兴起，但事实上这是一项高层间的政治举措。戴高乐将军在重掌权力之后，以不同的名义一直指责美国。我在美国参加会议时有听闻相关风声。这个特殊的举动，应该会起到一定的回暖效果。

馆长们当然极力反对这项提案。这位微笑的女士所在的这块单薄的杨木画板，要比大理石雕像脆弱得多，温度一有变化就可能开裂。马尔罗真的想做什么事情的时候，很会强加自己的意愿，不过他也接受了所有的保护条件：画必须密封在恒温恒湿且不沉于水（以防翻船）的箱子里，由摩托骑警护送至勒阿弗尔港口，乘坐法兰西号邮轮的一级船舱，并由夏特兰亲自护送。1962年12月14日，邮轮起航了。1月8日邮轮在纽约上岸时，安排出发和到达事宜的玛格德莱娜·乌尔给夏特兰打电话问道："她怎么样了？"这位幽默的先生答道："长蘑菇了。"

画安然无恙地到达了美国，一切进展顺利，也获得了值得等待的圆满成功。在照片上，我们可以看到站在画前的肯尼迪夫妇、马尔罗夫妇，还有各行各业的人士。在《蒙娜丽莎》的大幅广告牌前，排着一支长长的队伍。在行程最后，马尔罗发表了激情洋溢的讲话：

> 大家都在说把这幅画带出卢浮宫要承担各种风险。尽管有些夸大，但风险是确确实实存在的。不过在阿罗芒什城登陆的那些小伙子们冒的风险是更加确信无疑的。总统先生，我想对可能正在现场的他们说——今晚你们前来观看的这幅杰作，这一份历史的献礼，这幅画是被你们救下来的。

第十九章 作家部长
L'ÉCRIVAIN MINISTRE

还有一位画家将杰奎琳·肯尼迪画成了蒙娜丽莎的样子……

《蒙娜丽莎》有惊无险地回到了卢浮宫。几周过后,马尔罗在柱廊前用深沉的嗓音表达了对乔治·布拉克的敬意:

> 每一个法国人都知道法国的一部分荣耀名叫"维克多·雨果",但是我们现在可以说法国的另一部分荣耀叫"布拉克",因为一个国家的荣耀也在于他对世界做出的贡献。

第二年,在方形庭院,这一次是在肖邦的《葬礼进行曲》的伴奏声中,他向勒·柯布西耶致敬:

> 永别了,我的大师,我的老友。晚安……这是壮丽的城市的致敬,这是来自纽约和巴西利亚的花环。

这时克劳德·巴尔玛的电影《卢浮魅影》(1965年)在电视上播出,为卢浮宫引来了大批游客。马尔罗尽管没有继续担任文化部部长,但他依然对这座博物馆保持着兴趣。在他的影响下,馆长们意识到虽然建筑主体是博物馆,但也是宫殿,所以必须尽一切可能让建筑变得富丽堂皇。于是,以休伯特·罗伯特方案设计的大画廊进行了调整,这里原来根据马尔罗的想法专属于法国画派,但他们把17至18世纪的克洛德·洛兰、休伯特·罗伯特等画作和13至14世纪的意大利画派的乔托和弗拉·安吉利科的画作放在了一起。这种打破地域和时间限制的分类方式,令人想起了旧制度下几座宫殿内部的氛围。作为文化部部长的马尔罗，对作品的陈列提出了自己的想法，他想要将法国画派的作品都展示在大画廊中。这个想法并没有实现，意大利画派的作品在他离职后又占据了这片区域。

热那维·布列写道："审美发生了变化。流行回到了一种朴素的现代风格——浅栗、淡粉的墙壁，地面铺以砂岩或地板，家具由皮埃尔·保兰根据法国国家家具管理委员会的指示设计。"

和装饰艺术博物馆或卡蒙多博物馆一样，卢浮宫在1964年展出了吕伊纳公馆中的谢弗勒兹公爵卧房装饰，这是建筑师莫罗-戴斯普路在1766年的作品。房间内有序排列着爱奥尼亚式的壁柱，上面横贯着一块巨大的上楣。

马尔罗或许想到了一句谚语："房子外墙不属于主人，而属于看见房子的人。"他在1964年想要改变宫殿外观，并把一个想法付诸实践：在柱廊下凿一条克劳德·佩罗所设想的沟渠。

这项工程开始前需要先将矗立在外墙前的最后几座过时的画家雕塑搬走。让-保罗·奥贝的弗朗索瓦·布歇雕像被迁至雕塑家的故乡龙韦；安东尼·梅西耶的梅索尼埃雕像被搬到了位于普瓦西的梅索尼埃公园，梅索尼埃雕像深受达利推崇，位于菲格拉斯的达利博物馆中有好几座该雕像的复制品；艾米·莫罗的杰罗姆雕像在送至奥赛博物馆前被存入仓库；可惜弗雷米耶位于石柱上的拉斐特半身像，永远消失不见了。

这位军事天才为实现这个长达三个世纪之久的项目而行动了起来，就在这时，他们在清理内壕墙时，发现了150米长带有凸雕饰的墙基，这是勒沃在1661年为第一面立墙建造的墙基。有些历史学家认为当时的人是知情的，但是在发现之前，并没有人提到过。历

第十九章 作家部长
L'ÉCRIVAIN MINISTRE

史文物建筑师让·特鲁夫洛修整了沟渠,并在一间地下展厅中保存了一块发现的墙基。他还想重建公主花园的花坛,但未获得允许。有朝一日这能实现吗?三个世纪后,我们发现了这块角落饰有圆凸雕的墙基,但是这条新沟渠被工地上临时搭建的木棚侵占了。

"宫墙外"的新雕塑取代了那些被舍弃的雕塑。与其让雕塑家为画家制作雕像,展出他们自己的雕塑作品岂不是更好?经阿里斯蒂德·马约尔的继承人迪娜·维尔尼的同意,马尔罗得以在卡鲁塞勒广场的草坪上安放《花神》《地中海》《戴镣铐的人》以及马约尔的其他青铜作品。马尔罗亲自研究了利用修剪过的树影安放雕塑的方式。在他看来,博物馆可以趁阿尔钦博托这名怪诞画家还不为公众熟知,购入他的《夏季》。

还是在1964年,花神馆的三层楼全都划给了实验室。实验室占满了22间厅室,放满了精细的实验器材,以便更好地研究作品。3万张底片和1万张X射线图终于得以被分类和参阅了。玛格德莱娜·乌尔继续在这里进行着研究,她在卢浮宫的画作中又发现了许多秘密:普桑笔下诗人的头发在检查过程中变得越来越浓密;一直被认为是出自夏尔丹的《火锅配菜》上发现了一个布涅厄的签名;在两幅《哲学家》中,那幅思考的哲学家是伦勃朗的作品。《田园合奏》的秘密也终于真相大白了:提香在乔尔乔内后接手完成了这幅画。

1968年,在欧洲理事会举办"哥特欧洲"展览之际,马尔罗在胜利女神所在的楼梯脚下发表了一次演讲。这一年大事不断,5月馆长们日夜轮班看守藏品,12月出台了一条关于艺术品付与的法令,根据专家委员会的决定,卢浮宫接受捐赠艺术品代替缴纳遗产税的方式。这给博物馆提供了大量增添藏品的可能,由此迎来的第一件作品就是弗拉戈纳尔的《狄德罗肖像》,紧接着是鲁本斯的《海伦娜·芙尔曼和她的两个孩子》(1977年)、维米尔的《天文学家》(1983年)和弗兰斯·哈尔斯的《弹曼陀林的小丑》(1984年)。

还是在1968年,有一件事最终以卢浮宫的失败收场。罗森伯格经常出入德鲁奥公馆,在那里看到了一幅画,名叫《奥林匹亚和马西亚斯》。他觉得这幅画很像是普桑的手笔,拉克洛特持有相同的看法。第二天,卢浮宫以2000法郎获得了该画。此事经媒体曝光后,卖家提出了抗议,要求赔偿损失。他上诉了20年,最终卢浮宫被判将画归还。显然,绘画馆的负责人本应保持安静,然后过几个月再将这个消息当成意外发现公之于众,但我们不能要求馆长像艺术品商人一样采取不太正当的手段。

1969年,马尔罗在戴高乐将军辞职后卸任,而卢浮宫一如既往充满活力。1972年,卢浮宫购入了乔治·德·拉图尔的《方块A作弊者》,画中的时间仿佛凝固,变成永恒。同一年,为感谢法国(特别是克里斯蒂娜·德罗什)对努比亚遗址的挽救,埃及政府赠予卢浮宫一件阿马纳珍品——《阿蒙诺菲斯四世头像》,"他那发自内心的浅笑让人难以忘怀"(皮埃尔·罗森伯格)。著名的女考古学家德罗什凭借自己杰出的能力和不菲的声誉,为协和广场的方尖碑套上了一块镀金的方尖锥。

失误无法避免。就在1972年,拍卖会上展出的一把梅罗文加王朝的剑引起了馆长委员会的兴趣,但经过实验室的检验,发现它是轧制而非锻打而成的,而上面的抛光宝石其实是塑料。有兴趣的朋友可以去找找夏特兰的讲述。

第十九章　作家部长
L'ÉCRIVAIN MINISTRE

马尔罗开了先河，艺术品巡展在后来也接连不断。1973年，尽管馆长们一致反对，但《蒙娜丽莎》还是乘飞机到了日本，并在热爱法国文化的日本得到了有如国家元首的待遇。在日本，法国政府又传来消息，要将《蒙娜丽莎》带到莫斯科。负责运送的玛格德莱娜·乌尔感到气愤，但这是命令。《蒙娜丽莎》被装在一个像雪屋的容器里开始了新的旅程。这位微笑的女士最终毫发无损地回到卢浮宫，决定不再外出。

1974年，在皮埃尔·罗森伯格的主导下，卢浮宫又购入了弗拉戈纳尔的著名作品《门闩》，但也引起了抗议。有人觉得这是复制品，有人怀疑画中床头柜上的苹果的尺寸有问题。罗森伯格拥有的材料很充分，他的能力和眼光也毋庸置疑。为证明他的胜利，他毫不谦虚地把这幅画放在了他的《卢浮宫私人词典》一书的封面上。

同年，雕塑馆的一件镇馆之宝，因总统吉斯卡尔·德斯坦的命令而被迫离开。这位承认自己是路易十五和侍女所生的后代的总统，想要在爱丽舍宫的前厅放置让－巴蒂斯特·勒莫因以路易十五和蓬巴杜夫人为原型创作的《维尔图努斯和波真娜》。这件雕塑一直在爱丽舍宫的前厅待到了1981年。

1976年，马尔罗与世长辞。11月27日，人们在方形庭院为他举行了一场盛大的追悼会。为纪念既是艺术爱好者也是爱猫人士的马尔罗，人们从隔壁展厅借来了一座装在有机玻璃笼子里的青铜小猫雕像，在照片中可以看到雕像周围是严阵以待的守卫们。

一个月后发生的事又给博物馆敲响了警钟。12月的一个晚上，小偷借助放在小画廊前的脚手架（卢浮宫的安保部门怎么会没有注意到呢？），从窗户进入了阿波罗画廊，打碎玻璃，偷走了饰有玫瑰花饰物的查理十世圣剑，上面的宝石尽管不值什么钱，但必定马上就被取下了。

1978年，也许是为了弥补那次损失，在总理雷蒙·巴尔的支持下，卢浮宫博物馆以200万美元的价格购入了《西吉斯孟多画像》。这是皮耶罗·德拉·弗朗西斯卡唯一一件藏于法国的博物馆中的作品。

第二十章
大卢浮宫

LE GRAND LOUVRE

> 最为乐观者断言，这是平易近人、面向大众的文化；最为悲观者回应，这是景观社会的一种纯粹挥发；神秘主义者附和，这是向新型宗教即艺术开放的殿堂；不顾廉耻者很直白，这是对游客的一种巨大吸尘。
>
> ——弗雷德里克·埃德曼

1981年12月24日，在弗朗索瓦·密特朗成为总统的5个月后，他在一次记者会上发表了一个革命性的决定：将财政部迁出里沃利翼楼，同时扩建博物馆，整个卢浮宫为博物馆所用。

这种想法第一次产生还是在50多年前。拿破仑三世大费周章地扩建宫殿从不是为了博物馆，而博物馆也并未从中获得好处。他只把博物馆看作他所创造的富丽堂皇的宫城的一个展示橱窗，而且将会随他消逝。第三共和国时期，财政部被安设在里沃利翼楼。亨利·凡尔纳是第一位想将整座宫殿划归博物馆的人，而德勃雷没能将这个想法传承下去。虽然密特朗说了"让博物馆回归它的用途"

这样的话，但实际上这个愿望从未实现过。这一直是馆长的梦想。

这一次，决定已经做出。有人认为这是最好甚至唯一的结果。博物馆主管于贝尔·朗代从报纸上看到了这一决定。

这个想法应该来自文化部部长杰克·朗，他在7月的一份报告中对此进行了陈述。密特朗在报告空白处写道："想法很不错，但就和所有好主意一样，很难实施。"

杰克·朗为此而感到自豪，但我们猜测在这件事情上，密特朗的情人安妮·潘若对密特朗有着重要影响。

很快，总统就采取了行动。他只是单纯发表了一个决定，没有进行任何费用估算。密特朗准备自己全权负责决策，也就是说由他委任建筑师以及评估他们的提案。这就意味着他不参考（博物馆和建筑方面的）专家的意见，不进行竞标，无视规章制度。这种做法独断而陈腐，宪法并没有赋予总统这样的权力，但也没有禁止，1958年的制宪会议从未考虑到这一点。乔治·蓬皮杜为博堡（指蓬皮杜艺术中心）的项目发起了一场竞赛，他拥有充分的自由，却最终屈从于一个他不赞成的选择。即使是君主专制时期的拿破仑三世，也不曾像他的"第18任继承者"这样傲慢过。

虽然人们对金字塔入口的设计意见纷纷，但总统对项目负责人的选择还是不错的。如果按照正常的竞标形式进行的话，又会是怎样的结果呢？也许被选中的项目完全是另外一番模样。对于卢浮宫这座既是法兰西历代国王的宫殿，又是国家一流博物馆的建筑而言，就算只允许法国建筑师参赛也是合情合理的。

此外，密特朗也明白，想要尽快完成这个项目（下一届选举就在5年后），就不应该交给文化部，因为文化部的行政程序烦琐冗

第二十章 大卢浮宫
LE GRAND LOUVRE

长,办事困难重重。必须要有一位独立的总指挥,不仅要经验丰富而且要积极主动。他选择了埃米尔·比亚西尼,这位高级官员曾是马尔罗的合作者,而马尔罗出于习惯(其实是其内阁的习惯)把他突然排挤走了。新上任的比亚西尼干劲十足(密特朗说他是"推土机",而多米尼克·加梅则说他是"由外交官驾驶的推土机"),甚至有些粗鲁,但是他有条不紊,恪守成本限制和期限。他毫无疑问是大卢浮宫这个新公共建筑项目的领头人。

接下来要考虑建筑师了,比亚西尼依次想到了诺曼·福斯特、拉米雷斯·瓦斯克斯、詹姆斯·斯特林、理查德·迈耶以及美籍华人贝聿铭。这里面没有一位是法国人,尽管多年以来,法国的建筑已经证明了法国建筑师的能力。

确定建筑师的人选后,密特朗在 1982 年 3 月到华盛顿参观了美国国家美术馆东馆,这是贝聿铭的得意之作。回到法国之后,他就宣布了建筑师提名,而贝聿铭也同意先对卢浮宫进行考察。

即使在这么多年后,这个选择还时常让人惊讶不已。在国际竞标中,无论优胜者的国籍是什么,委托胜者都是再合理不过的。然而若是由国家元首决定的情况,那么委托一位不会讲法语的外国建筑师必然是会引起争议的,因为不管他有多少引人注目的天赋,都应该考虑其他有才能的本国建筑师。贝聿铭住在纽约,他的团队和其他决策人需要经常横跨大西洋,这样又增加了工程的预算。从密特朗推行的建筑项目中,我们看到了处在他这个级别的人少有的大胆和气魄,也看到了因骄傲而生的冲动和冒失。

1983 年 7 月,贝聿铭正式接手大卢浮宫项目,该项目获得了独立于文化部预算的财政拨款。尽管雅克·德洛尔连续两次提出了严密的预算方案，拨款还是没有变化。因此第一次拨款金额为20亿法郎，这使比亚西尼马上与部长和博物馆主管产生了冲突。

在此期间，贝聿铭秘密到访巴黎3次，他对卢浮宫进行了长时间的研究，主要集中在布局上。里沃利翼楼的增加，势必要重新调整博物馆的整体布局。至今为止，博物馆呈狭长状，沿塞纳河岸从柱廊到花廊延伸700多米。建筑非常密集，拿破仑庭院分布着3组建筑群：方形庭院（叙利馆）、以前的财政部（黎塞留馆）和塞纳河边建筑群（德农馆）。这些建筑共同构成了日后的大卢浮宫版图。此外还有一些附属区域：用作服务部门的花神馆翼楼（拉克洛特把它喻为法国最西边的"菲尼斯泰尔"）、成为装饰艺术博物馆的马尔桑馆翼楼。

在蓬皮杜发起的竞赛中获胜的吉罗姆·布尔丹和馆长们（直接和馆长交流更简单，但新的视野有时也派得上用场）开始研究这个容纳了所有藏品以及被最大限度缩减的服务部门的建筑的整体布局规划。我们还记得光驯马厅一个厅室就包含了售卖点（门票、明信片、模型、书）、团体参观区、更衣室和洗手间……

对于这座自16世纪以来就缺一处合理且庄严的入口的宫殿来说，首先需要的是利用位于拿破仑庭院下的地下空间连通3块主体建筑，并设计一处外观显眼的入口——这个方案获得了一致通过。工程从清除拿破仑庭院中拥挤的小花园和雕像开始，这一次处理的是宫殿外的最后几座雕像了。巴特莱特的《拉法耶特》和朗多夫斯基的《该隐之子》被搬到了离拿破仑庭院不远的左岸码头上。当时从拿破仑庭院（占地2.8公顷）清理出了一块宽阔的场地。

对于这处入口，贝聿铭建议采用金字塔的外观。他选择这个形

第二十章　大卢浮宫
LE GRAND LOUVRE

状是因为在他看来，这和宫殿不会形成冲突，然而冲突还是产生了。

为了理性和审慎地解决这个问题，贝聿铭向密特朗陈述了前期方案，总统对此兴奋不已。过后他几乎监工了整个工程的运作，他对这位美籍华人说道："我不会让您像贝尼尼那样离开的。"

这个宏伟且大胆的想法，掀起了又一场"金字塔大战"，引起了巴黎建筑史上前所未有的激烈争论。

在公众舆论以及众多专家看来，这个"后现代的破玩意""迪士尼乐园的东西"，踞于博物馆唯一的入口"漏斗"之上。

还有一些充满了讽刺意味的反对声音。在玻璃金字塔建成20周年纪念日时，一位建筑师说道："左派完全赞同这个项目，因为它很新颖；右派完全反对，也是因为它很新颖。"这表明政治观点有时荒诞无比。

在舆论的风暴下，为使各方利益达成一致，比亚西尼于1984年1月在阿卡雄组织了一次集会，召集了领头的馆长们、建筑师们以及行政主管。在3天的会议中，他们确立了项目的方针，特别确定了藏品及服务部门的安排，有人说这是"阿卡雄的雅尔塔会议"。总体原则如下：雕塑因比较重而摆放在一楼，画作因为需要采光而放到上层，艺术品则放在中间。至于新的入口和备受争议的外形，相关人员通过了这个方案，虽然他们的说法略显晦涩，但非常坚定："金字塔远不是现代主义的花招或建筑学的炫技，正相反，它是一种主张，也许很大胆，但它属于获得一致好评和通过的这个整体项目的一部分。"所有人都真心这么认为吗？还是说，有些人吸取了将印象派拒之门外的前辈的经验，面对当代艺术心有余悸，所以才为他们并不认同的艺术投了赞成票？博物馆主管于贝尔·朗代，他深厚的资历让他能诚实地说出自己的想法，他表示自己持保留意见，并提及将来有拆除的可能。

1984年1月23日，贝聿铭将项目提交给了历史文物高级委员会。从他开始讲述起，就出现了反对意见（安德烈·夏斯泰觉得金字塔太小），紧接着又是刻薄的评价，甚至谩骂（有人说："我们不是在达拉斯！"）。贝聿铭并没有完全听懂，因为有些话翻译人员没有翻译。幻灯片放映结束，灯光重新亮起后，会场一时像个哄闹的课堂。贝聿铭对此感到恼火，而委员会一直到30年后还在受到指责，但它也只是履行了自己的职责，可惜的是缺少了公正的心态。项目最终仅以一票之差获得通过。

会议过后，舆论一片哗然。当晚，《法兰西晚报》上赫然登着"新卢浮宫已引起公愤"几个大字。3天后，艺术评论家安德烈·费米吉耶在《世界报》上写道："我们揉搓着双眼，以为在做梦，我们还以为回到出售城堡的时代了！"他还把玻璃金字塔叫作"锆石"。激进的让·迪图尔发起了一场"号召起义"。有一份报纸还称之为"零度建筑"。3位文化方面的高级官员，塞巴斯蒂安·劳斯特、布鲁诺·富卡尔以及安托瓦纳·施纳贝，在1985年出版了一本名为《巴黎的困惑，新卢浮宫的巨大幻影》的书，今天读来令人大失所望。争论不断发酵，一度还演变为古今之争，排外主义分子也没有消停。有3个反对的人还建立了一个抗议组织，我还曾是那1万个签名的人中的一个。

1984年2月8日，《费加罗报》刊登了文化部前国务秘书米歇尔·居伊对方案直截了当的反对（他后来又勇敢地再次公开表示自己改变了主意）。就在这个月，有7个文物保护协会发声："在主张

第二十章　大卢浮宫
LE GRAND LOUVRE

建筑延续性这一大背景下，它（金字塔）无疑是一种断裂。它无益于当代建筑，反倒印证了当代建筑的特征是对历史的否定。"

他们还指出金字塔有以偏概全的嫌疑："金字塔强化了入口的唯一性。"

这处唯一的入口是贝聿铭一直坚持的原则。在设想中，它除了连通3处翼楼外，还能连通所有服务设施，比如更衣室、书店、洗手间和会议室等。这个符合逻辑的构想，并没有考虑到那些熟悉地形、寻找参观某个特定作品的最佳路线的人。不久之后，狮子门成为第二个入口，不过几乎没人出入。有人还想在柱廊下开辟一个入口，还有人很遗憾没有其他出口。

密特朗总统本人一直对这个项目满怀信心，他的决定最终结束了这场争论。在那时变得沉默的反对派，在多年后的今天仍没有"缴械投降"。虽然他们认可了在庭院中心有一个主入口的原则，因为这种设计醒目，免去了照明，而且符合现代的观念，但他们对玻璃金字塔的高度仍有不满。我也同意这个观点，尽管贝聿铭的合伙人米歇尔·麦克利总结道："真想不到现在延续宫殿建筑风格的观点，会阻止其他风格的建筑融入一个人们对其已产生固化观念的历史建筑中去，而它就是卢浮宫。"这种观点无视了其与另一条建筑黄金法则——并置——之间的差异，并置可以包含不同风格和类型的建筑。这处高约21米的入口，难道不能在保留从地下往上看的视角的同时，降低其高度吗？既然借鉴了埃及的建筑样式，为什么不选择马斯塔巴这种形状呢？或者重新设计一种样式，既保留它的标志性和透明度，又能和周围的建筑高度一致，这样不是更好吗？相比复制过去的样式，我们不是更擅长创造新的吗？归根结底，密特朗和贝聿铭都不是革新者。之后的维斯孔蒂中庭的屋顶还更具原创性。

今天我们从整体上来看，比如站在大钟阁即叙利馆的位置上，我们无法说贝聿铭的这座金字塔完美融入了建筑整体，这样说只能让拥护这个建筑的人感到满意，而他们也都公开承认这一点。

从1984年3月起，在工程正式开始前，一场法国国内史无前例的大挖掘工程启动了。这是米歇尔·弗勒里在1977年提出的想法，起先遭到杰克·朗拒绝（他在自己为大卢浮宫撰写的书中没有提到这点），随后皮埃尔·科尼昂再次提出，比亚西尼也随之关注，并在弗勒里的指导下，取得了惊人的成果。

米歇尔·弗勒里属于那种给人留下深刻影响的人。他体型高大、能言善辩，让人不禁想起拉伯雷笔下的让·德·昂朵姆尔德修士。他的政治社会观念落伍而坚定，他拥护君主制。他经常被人嘲笑，而他也乐于反击，比如建筑师特鲁夫洛就从来无法在他的攻击下保持平静。他为人慷慨热情，不管是在圣德尼还是在卢浮宫的挖掘工程都完成得相当令人满意。

3月1日，挖掘工程启动。腓力·奥古斯都时期直径长18米的城堡地基，以及北面和东面的城墙重见天日。还有中央塔和宝石加工塔的塔楼，以及城堡南门周围与两座塔配套的底部。再加上查理五世时期城堡中城垛的遗迹和楼梯的基座。同时，在城堡的坑井中还挖出了一些重要物件，比如查理六世的一顶阅兵头盔。就如密特朗大胆承诺的那样，卢浮宫以这种方式还原了法国历史。

在这场针对王室的考古行动附近，还有一场针对民间的考古行动，目的在于寻找拿破仑庭院下的遗迹。我们之前说过，这些旧制度时期在宫墙之外无序发展起来的街区，主要集中在卢浮圣托马斯

第二十章 大卢浮宫
LE GRAND LOUVRE

街和福满多街周围,这个卡鲁塞勒街区一直以来都阻碍着卢浮宫与杜伊勒里宫的合并。挖掘现场四周围上了栅栏,并覆盖上漂亮的装饰,人们发现了从史前到现代的人类居住痕迹,以及两个工作坊的遗迹,一个是安德烈－查尔斯·布勒的,另一个是伯纳德·帕里希的。人们在此挖出了新的雕像残片和模型,这些物件根据杰克·朗的安排,都藏于诺曼底的埃库昂博物馆。文化部部长对这个安排感到不满,但部分遗迹曾在卢浮宫展出。

一边是王室要塞,一边是深井、墓地、垃圾堆和茅厕,都挖出了大量物品:碗碟、玻璃、陶器等各种各样的容器,还有骰子。左右两边的考古队互相看不顺眼。为了让两边共同组织一次展出,比亚西尼只能把展览安排在大钟阁下的一个中立场地上,称之为"查理检查点"。"拿破仑庭院的这场挖掘行动,耗资5000万,却没留下什么出版作品或拿得出手的材料,只剩下严重浪费物资、公共财产和热情后的苦涩"(A.-M. 罗梅罗)。

1989—1990年,由保罗·范·奥赛尔领导的第三支工程队,在拿破仑庭院和杜伊勒里宫旧址之间挖掘了7公顷的土地,发现了查理五世时期200米的城墙遗址。这个围墙在1514年被重建,所有人都以为它已经消失不见了。部分围墙不幸在"卢浮宫卡鲁塞勒广场"工程中消失了。

期间,在1985年春天,巴黎市长雅克·希拉克要求进行一次模拟,他们在现场用钢绳勾勒出了金字塔的外形。希拉克表示满意,但是这个装置很快就拆除了,连留给贝聿铭拍照的时间都没有。他们是害怕巴黎市民的反应吗?

多亏了比亚西尼、贝聿铭和他们的合作者(卢浮宫建筑师居伊·尼考、米歇尔·拉克洛特以及他们的馆长同事）之间的紧密合作，工程开始启动且进展迅速。在尼考的指挥下，宫殿脏污颓败的立面（1883年杜伊勒里宫被毁之后，拿破仑庭院直面西风的摧残）焕然一新，曾经受到蔑视和批评的第二帝国时期的雕饰重焕光彩。90座放置在画廊中的名人雕像，要么被重新修复（例如沃邦雕像），要么被替换掉了（例如普桑、拉伯雷的雕像）。

同时，玻璃金字塔在1985—1988年逐步建起。相比于胡夫金字塔，它看起来小多了。玻璃金字塔高约21米（比算上最高处的马车的卡鲁塞勒拱门还高），底宽34米，侧面倾斜50.7度。金字塔由金属支架组成，通过1.5万个连接点，支撑起由菱形和三角形组成的玻璃侧面。这些清澈透亮的玻璃出自圣戈班集团，如今由机器人定期进行清洁。

在这处最高点周围，贝聿铭对拿破仑庭院进行修整，设置了几处喷泉和3座饱受争议的金字塔，并且为了地下室的采光，往下挖了10米深。最后，他坚持对中轴线的偏差进行强调，于1988年在拿破仑庭院东南角安放了一座贝尼尼的路易十四雕像复制品。为了匹配灰色立面，雕像使用了铅，遗憾的是底座上没有详细的评注。

曾经的宫殿入口之一、横穿里沃利翼楼的黎塞留长廊，现在成了问题。原来这里计划直接对公众开放，变成一处通向博物馆入口的通道，但是这样就截断了原本计划设置在里沃利翼楼底层和两个中庭内的新雕塑展厅。建筑师们计划在两个中庭上加上玻璃盖顶，在此处放置来自香榭丽舍或杜伊勒里宫的露天雕塑（如《马利骏马》）。于是他们决定挖开两个中庭的地面，并在长廊下建一条通道连接两个中庭。这就是皮热中庭和马利中庭里有许多平台、楼梯和台阶的原因，

第二十章 大卢浮宫
LE GRAND LOUVRE

这些平台、楼梯和台阶有时会增加建筑线条，而且常常不利于雕塑的展出。尤其在马利中庭，有些雕塑很难与石壁区分开来。既然雕塑旁有树作为陪衬，为什么不把雕塑放在格子架上或者盆里呢？

马利中庭后来迎来了一个杜伊勒里宫的遗留物——一个有两个环饰柱的拱门。遗憾的是，我们没有在地面上标示这处消失的宫殿，也没有设置一处展厅陈列遗留下的物件。或许"分部"走后，会议馆是个不错的选择？

皮热中庭则收入了原胜利广场上的路易十四纪念雕塑和慢慢收集起来的青铜圆雕，不过应该还缺一两个。古文物的原型也很受欢迎。

得益于大师们（除了贝氏，还有伊塔洛·罗塔、让－米歇尔·维尔莫特和理查德·佩杜齐）的通力合作，工程进展有条不紊。1985年12月，地下室经过维修翻新后展出了中世纪卢浮宫的大发现。在大钟阁西边出土的"勒沃墙"（1670年），进入了新的展厅。1985年年末，方形庭院重焕最初的光彩：外墙经过清洗，雕塑经过修复（但没有重新装填空的壁龛），地面铺上了石板，中央修建的喷泉实现了杜邦130年前的想法。虽然皮埃尔·罗森伯格实现了杜邦的想法，但他其实并不是心甘情愿的。

在米歇尔·拉克洛特的总指挥下，这次建筑格局和博物馆的大变动原本应该取得左右党派的一致，但是因共和国总统的举动，这项事业被自动归入内政范畴，而政治游戏干扰了这一文化项目。预期的工程期限实在太紧迫了，因为下次立法选举中右派有更大的胜率。密特朗作为第二期大卢浮宫工程的推动者，就像第一期工程中的拿破仑三世那般独断，他想让工程畅通无阻地进行下去。1985年12月23日，他下令，在1986年2月15日前政府部门的场地要归属博物馆所有。于是，听从上级、服从命令的贝雷戈瓦部长将里沃利街的财政部转移到了位于圣日耳曼大道上的罗克埃洛尔公馆。

1986年3月16日，右派上台，而此时的新总理雅克·希拉克面临着一个两难的抉择：党派的更迭要求对这项大工程进行重新考量，甚至可能中止项目，但密特朗的部分项目深得人心，特别是卢浮宫项目，况且完全中止已耗资巨大的施工中的工程也不太现实。最终，左右两派共治的局面让右派政府决定不与总统直接发生冲突，避免后者产生过激的反应。

在大卢浮宫这个项目中，党派问题特别复杂，暴露出了两个政党狭隘的目光和党派的偏见。早在选举前，密特朗就下令提早拆除财政部的办公处和设施，让项目不得不继续进行下去，还要求继任者以贝雷戈瓦部长为榜样，那时贝尔西还不是财政部的归宿。新财政部部长爱德华·巴拉迪尔，这位政府的实权人物，认为财政部搬到罗克埃洛尔公馆属于被"流放"。他于1986年4月被允许回到里沃利街上的原办公场所并在那坚持了半年。他花费了2500万法郎对被废置的场地进行修缮，这让他饱受指责。他甚至还翻新了财政部的厨房，而密特朗在1986年4月2日的部长议会上非常担心卢浮宫后续工程。安妮·潘若对此事感到愤怒。希拉克保证会实现把财政部搬到贝尔西的承诺，但搬迁结束前，巴拉迪尔需要暂时待在卢浮宫里。这又是一场"里沃利之战"。

1987年6月20日，总统要求巴拉迪尔加快工程进度，而后者，据雅克·阿塔利所言，只愿意接受一个金字塔，而且打算在卢浮宫中待到1988年的选举。他还和比亚西尼之间摩擦不断。比亚西尼让工人不分昼夜地在中庭和黎塞留长廊工作。在回归的财政部的窗

第二十章 大卢浮宫
LE GRAND LOUVRE

户下,工地慢慢壮大,移动中的起重机有时还擦过窗户,吵闹的轰鸣声惹怒了住在里面的巴拉迪尔。他的抱怨传到了密特朗耳中,密特朗则非常高兴。

1987年7月29日,到退休年龄的埃米尔·比亚西尼在任期结束之际已成为大卢浮宫公共机构的领头人。就在同一天,巴拉迪尔和莱奥塔尔发布了一份两边都不得罪的公报,声明项目总体可以接受,朝向拿破仑庭院的政府部门所在的南翼,将于1988年年末或1989年年初划归给博物馆。还有北翼的一楼(二楼还是被巴拉迪尔占据着)到马尔桑馆要保持原样。据一份没有公开的时间表,大卢浮宫可能要到2000年左右才能开门迎客,而掌握着钱袋子的唯一一位财政部长,操控着这一进程。

巴拉迪尔也明白自己不能一味逆流而上。在共治末期,他接待了在1987年9月被任命为卢浮宫主管的米歇尔·拉克洛特,带他参观了他们计划放弃的场所,还承诺要将政府部门的陶器和玻璃器皿留在博物馆里。

在密特朗7年总统任期内完成玻璃金字塔的挑战成功了。1988年3月4日,密特朗为这个争议与名声同在的建筑物举行了落成仪式。几步开外,巴拉迪尔坚守在卢浮宫的办公室中,他拒绝参加仪式。

5月8日,弗朗索瓦·密特朗成功连任,左派也再次上台,使得项目全面恢复。以大工程国务秘书身份回归的埃米尔·比亚西尼,不忘对希拉克政府在卢浮宫项目上因拖延付出的代价进行估算。

至此,在贝聿铭和麦克利的领导下,旧时的财政部得到了彻底整治。除了国务院套房和3座楼梯外,所有内部装潢都被拆除了。从屋顶、隔断墙、地板到拱形地窖,清理出了4.5万立方米的垃圾。

墙内的通风导管都不能再用，于是里面被灌上水泥，作为立面的护墙。翼楼内进行了彻底的翻新，三层楼内重新安置好藏品、雕塑、艺术品和油画，可通过自动楼梯上下。巴拉迪尔的部长办公室被改造成了茶厅。

最终，一切都准备就绪。1993年11月8日，自国民公会时期卢浮宫博物馆第二次对外开放以来，历经两百年的日日夜夜，黎塞留馆终于向公众打开了大门。密特朗沉醉在这一普天同庆的盛事中。作为国家大公仆的比亚西尼，则骄傲地对外宣布财政预算没有超支。建筑师、馆长和官员之间通力合作的成果得到了一致认可，虽然玻璃金字塔还存有争议。

博物馆的展览面积从3万平方米增加到了5.2万平方米，到1997年达到了6万平方米。在共计15千米长的长廊里，每年要消耗3万升的地板蜡。在1981年还很突出的服务部门面积紧缺问题（占总面积的5%），通过挖掘已经得到解决，储藏室和工作坊分布在庭院和地下。所有服务部门都可由一条长一千多米的地下通道通达，通道内可以乘坐机械设备。

这项工程已经花费了60亿法郎。不过，卡鲁塞勒广场周围的情况不容忽视。新花园没有成功，南北向车流依旧横穿过拱廊和广场，分隔开拿破仑庭院与卡鲁塞勒拱门。杰克·朗曾原本想拆除这个广场，但被认为不可行。

今后，游客可以通过玻璃金字塔进入新大厅。大厅里有一根柱石，贝聿铭曾打算将胜利女神安置在这里，但由于原来的位置已经非常完美而作罢。罗丹的《思想者》也曾被纳入考虑，但从下往上看，这件雕塑并不合适。其他雕塑也都因各种争议而被放弃。最终，这个

第二十章　大卢浮宫
LE GRAND LOUVRE

位置就一直空着，同样招致非议。后来也一直持续着不同的尝试。

这间地下大厅高9米，面积近2公顷，通过玻璃金字塔进行采光。大厅地面呈正方形，与金字塔底部面积相同，里面还有一个同样大小但围绕中心旋转了45度的正方形，它的三个角正对着3组建筑群。大厅用掉了8万立方米的淡粉色混凝土，浇筑在俄勒冈州的松木板上。贝聿铭亲自监督了这处混凝土建筑的修建，他毫不犹豫地称其为"世界最美"。大厅通向由维尔莫特布置的其他场所，有演播厅、音像资料中心、800平方米的书店、临时展厅和分布在不同楼层的多个服务点，还有皮埃尔·科尼昂设计的展示卢浮宫历史的系列展厅。

卢浮宫的这块中央区域有回声大且缺少座椅的问题，但由一间通过倒置的金字塔采光的大厅进入后，它可以通达博物馆的3大区域和卡鲁塞勒广场。在卡鲁塞勒广场下面，是由米歇尔·麦克利设计的大理石铺面系列展厅，在1995年对外开放。这里有能停放80辆大客车的停车场，解决了在路边停车的困扰，还有购物中心、服务站。这个位于巴黎中心的博物馆－文化中心－商店－演播厅综合体，在任何其他国家的首都都是前所未有的。不过，总有人爱抱怨那里的餐厅令人失望……

还有一处重大的转变在花廊。此后，研究和教学活动都集中在这里开展。花廊里还设置了素描画室、小图书馆和文物修复工作坊。实验室则转移到了卡鲁塞勒花园的地下室里。曾经一直位于维斯孔蒂中庭内的卢浮宫学院（我曾是这里的学生，后来成为教授，对此印象深刻），在1998年扩大了规模。经过安特瓦讷·斯丹考和主管多米尼克·珀诺的重新布置，空间规划更加合理，可以容纳更多的学生。

博物馆的大规模变动必然会使各藏品部门的位置发生变化，新的布局原则早已在阿尔卡雄会议上确立了。为了让藏品尽可能在最合适的条件下展出，各馆都要遵循一条总的原则：让物品本身去说话，附加的评论要审慎，不能大吹大擂。在展出时不必添油加醋，过分强调反倒会让展品变味。

下面向大家介绍新的藏品分布情况。

古代东方文物馆（8万件藏品）

这个馆的藏品位于黎塞留馆一楼东侧以及方形庭院的西北角，还包括曾经的邮政部中庭，庭院上加盖玻璃顶，用于放置豪尔萨巴德遗址的雕塑。展品尽量按照原始的位置进行摆放，雕刻着卷曲胡子的士兵的浮雕就放置在它们原本的地方。虽然不能确定公众能否理解这样的摆放方式，但效果很出色。

其他展厅还展出了美索不达米亚的其他文明。我们或许可以期待通过地图、年表和系谱了解展品所处的复杂地缘政治框架，但卢浮宫并不是一座历史博物馆。

古代埃及文物馆

该馆展厅面积为4000平方米，位于柱廊一楼与方形庭院南翼楼的东半部分，再加上查理十世长廊的二楼。藏品达5万多件，彰显了4000年的古代埃及文明。不过，在展品设置的过程中出现了一个问题：曾经的国王卧房里的细木制件，被方丹放到了柱廊二楼，如今那里属于埃及展厅。这些细木制件该怎么办呢？由于不可能把它们送回原来的地方（七壁炉厅），所以只能将这些16—17世纪的细木制件

第二十章　大卢浮宫
LE GRAND LOUVRE

留在了比它们早好几千年的古代埃及文物中间。不过或许可以不管年代顺序，给它们配上同时期的珍宝，把它们从中分离出来。

古代希腊、伊特鲁里亚与罗马文物馆（1.7万件藏品）

该馆的位置实际上没有变动，只有一些内部的变动，例如帕特农神庙厅。还有，一直位于长廊尽头的《米洛斯的维纳斯》有了新的落脚点。考古学家们经过一个世纪的猜测，如今已经放弃研究那双消失的手臂的摆放位置了。

法国雕塑馆

经过1932年的大变动，雕塑馆在搬动了1250件雕塑后，如今终于能重新展出其丰富的藏品（1000件展品）。法国雕塑馆的藏品分布在黎塞留馆一楼的45间展厅，以及两个大中庭里。雕塑陈列在有着自然光、通风、朴素的环境中，没有任何戏剧化的布置。有时也会遇到一些问题：16世纪的图卢兹市政厅大门，经历了两个月研究、两个月拆卸、三个月重组、一个月清扫和收尾，总共八个月的时间才完成布置。

我们或许会替数量众多的雕塑残片感到遗憾，就算再小的碎片也能代表其出自的文物，然而博物馆的基本原则是让物品自己说话，而不要过多说教。

在此期间，雕塑馆的藏品还在增加，并且此后一直保持着稳定的增长。1984年，在户外受损的《马利的骏马》进入了雕塑馆，如今在协和广场上的是其复制品；1987年收入了布松瓦尔公馆的克罗迪翁浮雕；1993年收入了原位于乔治·凯恩广场的菲利普·马涅的

《欧若拉》；还有 1998 年的帕如浮雕，这里面还有一段悲伤的故事。

　　1923 年，法兰西银行想要扩建它在皇家宫殿的建筑，于是获准拆除一栋属于它的旧公馆——"奥尔良公馆"。建筑师瓦伊在 1761 年对它重新装修，该建筑物也被登记在历史建筑物名册上。拆除的条件是法兰西银行要在别处将全部的装饰还原。法兰西银行找不到兑现承诺的办法。20 世纪 90 年代曾有希望在圣克卢（曾是奥尔良家族的领地）师范学校原址进行重组，但没有实现，装饰还存放在郊区。于是，法兰西银行在 1998 年将公馆里的四块门头饰浮雕寄存在了卢浮宫里。卢浮宫展出了这些浮雕，但由于没有所有权，所以无法对它们进行修复。

珍宝馆

　　珍宝馆的藏品分布在里沃利翼楼的整个二楼，并配置了由光纤照明的玻璃橱窗。1993 年，珍宝馆收入了雷加米埃夫人的床，上面的镀金铜饰与棕红色的桃木相得益彰。

　　我们还能期望看到巴斯蒂杜尔费教堂圣坛的彩陶壁画，或者埃库昂城堡的彩绘玻璃窗回到原来的地方吗？

　　1973 年，商人勒内·葛洛和他的妻子卡芬，一位著名的女裁缝，向卢浮宫捐赠了一批洛可可时期的装饰艺术品：细木镶嵌或涂漆的家具、挂毯、青铜器、瓷器和希腊式座椅。到 2013 年，可惜这批藏品还是没能在翻新整顿后的珍宝展厅展出。

绘画馆

　　卢浮宫博物馆最负盛名的绘画馆，最终获得了与其藏品的重要

第二十章　大卢浮宫
LE GRAND LOUVRE

性和知名度相匹配的占地面积。除了大画廊、德农馆二楼、拿破仑庭院边缘部分和卢浮宫方形庭院三楼这些原本的展厅外，绘画馆新增加了黎塞留馆的三楼，用于展出欧洲北方画派绘画。美第奇画廊就设在两个中庭中间的走廊里，而这已经是第 5 处选址和第 6 次重新安置了。鲁本斯的 80 幅油画第一次完整且按照原本的排列方式陈列出来，而让-夏尔·莫罗原来设计的统一灰色基调和简单的黑色木框则有些可惜。布鲁诺·富卡尔认为这"暗示了最早流行的边框"，这种陈列方式整体显得相当凄凉。展厅里没有对油画主题的说明，入口的介绍文字写得也不好。好在就算只有油画本身，这也不是一场寡淡苍白的展出。

新的绘画展厅更注重对外的开放性和自然光线，各个展厅呈现出不同色调：大画廊是米灰色，柯罗厅是砖红色，大卫厅是亮灰色，佛兰德斯早期画派厅是水绿色，北方画派厅是灰紫色，维克多·里昂厅是杏色，17 世纪大幅画作厅是奶白色。卢浮宫学院曾有一句格言："如果你走出一间展厅还记得墙壁的颜色，那展览就算是失败了。"

临摹的画家从不缺席，他们遵守着一套关于画家资格、工作时长、临摹品尺寸和作品编号的严格管理制度。每个月有 100 个名额可以申请，内容可自由选择。

建设之余，博物馆里还发生了许多事情。1985 年，卢浮宫虽然最终在这件事上获利，但事件背后其实有许多见不得人的隐情。皮埃尔·罗森伯格曾在 1981 年试图以绘画馆的名义寻找牟利罗的《塞维利亚绅士肖像》的踪迹，他联系了画的所有者苏珊娜·德·康颂女士，但是对方杳无音信。4 年后，这幅画在佳士得的一场拍卖会上出现了。调查发现，这幅画的所有者受到一个土伦酒吧的女老板的控制，并在遭遇残忍对待后在上一年就已经悲惨离世。卢浮宫收入了这幅画，罪犯也被绳之以法了。在调查中，因为一封有罗森伯格签名但没回复的信，他被控告窝藏赃物，而他也很难完全证明自己的清白。后来，这幅色调柔和的油画出现在了卢浮宫。

1986年，因为两个几乎同时启动但互相冲突的项目，博物馆遭受了突如其来的冲击，那就是大卢浮宫项目，以及由雅克·里戈负责的将19世纪博物馆迁至旧奥赛火车站的项目。在多次迟疑和考虑后，两个项目都得到批准。这件事导致原本要继续扩大的卢浮宫博物馆部门的规模缩减。1986年，库尔贝、卡尔波、柯罗和杜米埃等位于老式网球场馆的印象派画作越过塞纳河，由米歇尔·拉克洛特带到了奥赛博物馆。自诞生以来，卢浮宫博物馆相继失去了拿破仑的战利品；亚洲藏品被转移到了吉美博物馆；独立的海军博物馆失去了1850年后的所有藏品。博物馆的部门规模缩减的同时，也有新的藏品进入。1987年，博物馆购入了丹麦画家艾基尔斯别尔格的《坐着的裸女》，打开了斯堪的纳维亚绘画的大门。

有时博物馆也会出现资金困难。1988年，法国眼看着有可能要失去乔治·德·拉图尔的《圣托马斯》，而博物馆的资金无法购入这幅画。卢浮宫首次发起了公共募捐，资金很快就筹齐了，这幅画也进入了卢浮宫，和画家的其他作品齐聚一堂。伊夫·圣罗兰和其伴侣皮埃尔·贝尔杰为卢浮宫送去了一张巨额支票，却丝毫不认为这是需要被感谢的事。

同时，博物馆也在寻找大企业的资助。1989年，在安盛集团的协助下，《加纳的婚礼》启动修复工作。鉴于这幅画的尺寸太大

第二十章　大卢浮宫
LE GRAND LOUVRE

（近10米宽），所以只能在现场进行修复。这项工作进行了3年时间。1992年6月3日，部分脚手架坍塌，差点造成了不可挽回的悲剧。最后，舆论从惊险的意外转移到了修复的成果上：画面前方的总督的衣袍从红色变成了绿色。

1992年，博物馆还收获了安东内洛·德·梅西纳的《柱子上的基督》。不过这只是那一年进入卢浮宫的1717件作品中的一件。同年，博物馆的地位发生了改变。卢浮宫博物馆是具有文化使命的公共机构，承担管理藏品的职责，由一位拥有较大自主权的首席总管领导。为什么凡尔赛宫不推行这一原则呢？为什么凡尔赛宫里能力强又受爱戴的馆长们还一直要听从一个只有善意的政治上的高官呢？

米歇尔·拉克洛特被任命为首席主管，并以此光荣的头衔，于1994年6月8日和密特朗总统一起在卢浮宫迎接美国总统克林顿的到来。时值午夜，皮埃尔·罗森伯格讲述道："所有事情都安排妥当。突然，美国总统毫无预兆地提出要去参观《汉谟拉比法典》。安保人员非常恐慌，试图劝总统打消这个念头。那里什么也没准备好。《汉谟拉比法典》处于一片黑暗中，电灯开关还没找到。密特朗觉得太费时间。一切又恢复了正常。"

根据公务人员必须在65岁退休的这条愚蠢又死板的法规，拉克洛特在1994年10月28日离开了岗位。他的退休仪式的规格足以说明他圆满完成了工作并赢得了尊重。

1995年5月17日，弗朗索瓦·密特朗结束了第二次任期。他与腓力·奥古斯都、亨利四世、路易十四以及两位拿破仑皇帝，都是卢浮宫的伟大建造者。为纪念密特朗，巴黎市用他的名字命名了塞纳河沿岸的一个码头。

第二十一章
首座世界博物馆

LE PREMIER MUSÉE DU MONDE

卢浮宫在建筑和行政上的这次变革，比过去经受的国家革命还要曲折动荡。此次剧变过后，它并没有满足于已经取得的成就。新的布局、扩大翻新的建筑、3.6万件展品（藏品总计37万件）、每年要接待的400万名游客、2亿欧元的预算以及7万名卢浮宫之友协会成员，让卢浮宫肩负着更大的责任。此外，博物馆还要受到伺机而动的媒体的监视、记录和曝光。大卢浮宫项目落成后，博物馆在不同领域进行着积极的活动，在讲述近期进行中的活动前，我们先简单列举几例。

1994年，卢浮宫重新展出了一组极具历史价值的装饰艺术品，那就是阿邦丹城堡大客厅。这个客厅建于约1750年，由朱尔斯·阿杜安之孙芒萨尔·德·茹伊建造。客厅的主人是法国王室最后一任王储女教师图尔泽尔公爵夫人。其中的细木护壁板经过3次拆装和重组，门框上有独特的中国主题的装饰画，还有壁炉、吊灯和部分家具，比如椅背与护墙板线条呼应的座椅。墙壁也恢复了原来的浅绿色夹杂着灰色的色调。

作为米歇尔·拉克洛特的助手及朋友，皮埃尔·罗森伯格在所有人的支持下成为卢浮宫的首席主管。他还在同一年入选法兰西学术院,成为继勒内·于格后第二位获此殊荣的卢浮宫馆长。他需要立即投入繁重的事务当中。第一件事就是对变成古希腊罗马青铜器展厅的守卫厅进行翻新,工程交给了建筑师热勒维耶夫·诺瓦罗和克里斯蒂安·勒孔特。他们在这里设置了光纤照明系统,照亮了贾斯通·勒东设计的玻璃橱窗里摆放的小物件。在文物方面,一个萨宾(哈德良皇帝之妻)的雕像头部在1995年于突尼斯外海中被发现,而雕像躯干于1875年被打捞上来,两者终于合体。

1997年,查理十世长廊进行了整修和现代化改造,东边用来陈列古埃及文物,西边陈列古希腊文物。与先前展厅内塞满展品而无视装饰的陈列方式不同,这间长廊里的装饰与精心摆放在雅各布-迪斯玛特的橱窗中的展品相得益彰。此外,在旧时国王办公厅中,珠宝首饰让位于古代玻璃器物,尽管它们看起来配不上这间展厅的等级。

1997年是卢浮宫之友协会成立的100周年。在这一个世纪里,协会一共为博物馆贡献了641件作品。为庆祝100周年,协会把大卫的《朱丽叶·维勒努夫肖像》献给了博物馆。

卢浮宫内的其他服务机构也都陆续重新安置完毕(1995年实验室、1998年卢浮宫学院、1999年西班牙绘画展厅)。罗森伯格还需要负责宣传。很有主见的希拉克总统反对众多科学家的观点,他以美学价值高于人种学的观念,决定把多种多样的国家藏品全都集中到一个博物馆中。他指的尤其是在人类博物馆和非洲大洋洲博物馆的、与非洲、大洋洲和前哥伦布时期的美洲文明相关的藏品,也就是我们所说的原始主义艺术。这就是马尔罗在《想象的博物馆》中所说的"大历史博物馆",让历史在博物馆中重新上演。

第二十一章　首座世界博物馆
LE PREMIER MUSÉE DU MONDE

这个可以与密特朗的专断相匹敌的决定做出后，就需要为这个新博物馆进行选址。有段时间，他们曾想将海军博物馆搬出夏佑宫，但以埃里克·塔巴利为首的所有海军都表示反对。后来又考虑过原法国外省博物馆，这里建筑美观但面积太小，虽然也可以在地下扩充空间，但这里后来成了法国移民历史博物馆。最终，他们决定在布朗利码头新建一个建筑，交由让·努维尔负责。新博物馆在2006年对外开放。

至此，一切都走上了正轨，特别是卢浮宫。总统又做了一个专断的决定：卢浮宫内应设置一个新博物馆的"分部"，以显示博物馆藏品包罗万象，也可以吸引感兴趣的游客前往布朗利河岸博物馆。罗森伯格反对这个计划，他在1996年12月30日的《费加罗报》上表示："不，卢浮宫不是一座包罗万象的百科全书式博物馆。还有许多文明的藏品（古代高卢罗马文物、19世纪艺术、现代艺术和原始主义艺术）完全可以自成一座博物馆，而不必自惭形秽。如何能在卢浮宫刚失去几位印象派画家的作品后，为了让原始主义艺术进入卢浮宫就说它包罗万象呢？为什么不在这里设立军队博物馆或者圣日耳曼博物馆的'分部'呢？"

他的这些话都是出于好意，但是没人听得进去。罗森伯格和他的同事们能做的，只有把分部设置在离博物馆中心尽可能远的地方，就在可经由狮门进入的会议馆一楼。在收藏家雅克·盖尔沙什的领导下，借鉴原来方形沙龙的方式，维尔莫特负责整修的展厅里集合了120幅杰作。布朗利码头博物馆分部在2000年4月15日落成。事实证明，前来此处参观的人寥寥无几。很多人都认为那里的藏品有朝一日会重新回到原来的博物馆。

虽然不是一帆风顺，但生活还在继续。博物馆失窃对于每位馆长来说都是一场悲剧，是一场对职业信仰和自尊的双重打击。1998年5月3日，这个月的第一个周日，也是一个人潮拥挤的免费开放日，位于三楼的一幅柯罗的小画《塞伏尔的小路》不见了。和《蒙娜丽莎》与《淡漠者》不同，这幅画后来再也没有出现。它还静静沉睡在某个收藏家的保险箱里吗？

画作继续踏上危险的旅程。应雅克·希拉克的要求，《自由领导人民》在1999年去了日本，又在2004年去了斯特拉斯堡。

年久失修的阿波罗长廊亟待修复，工程交由卢浮宫新建筑师米歇尔·古特尔。这项工程预算达500多万欧元，于2000年启动，2004年完工。细木护壁板、灰墁和镀金装饰被清洗干净，绘有图案的壁板被拆下进行了修复。我们前面说到德拉克洛瓦的画在1945年回到这里时，为了匹配周围的环境，还特意"做旧"了。当福斯坦堡广场的博物馆归属卢浮宫之后，德拉克洛瓦的画找回了昔日的色彩。杜邦放置的肖像挂毯由于已经完全变黑了，所以经过了刷洗和修复。

相比建筑师，与博物馆管理人员更相关的一个问题又出现了：是不是要如杜邦所设想的，将这条长廊空置，让游客能充分欣赏到这个场所的力量与美感？他们最终还是选择了回到传统的珠宝橱窗展示方式并对展品进行精简。圣德尼教堂、圣礼拜堂和圣灵教堂的宝藏也被收入了珍宝馆。有些人对此表示遗憾。能要求博物馆以物品的历史意义为先，而损害它们的美学价值吗？这场争论"表明了博物馆对宫殿侵占程度之深，古建筑物与艺术品展示的必要性之间的冲突之大。虽然建筑的外墙如初，但内部直到近期一直都在遭受

第二十一章　首座世界博物馆
LE PREMIER MUSÉE DU MONDE

损坏"（热那维·布列）。

让我们继续说阿波罗长廊的展品布置，这里不得不提到博物馆主管和珍宝馆馆长的不懈努力，倒不是像收复1887年被大批甩卖的珍宝那样，而是收获了几件特别的首饰。1974年，博物馆收到了昂古莱姆公爵夫人的手镯作为遗赠。1976年，著名的桑西钻石进入拍卖，多亏了当时的总统瓦雷里-吉斯卡尔·德斯坦的特别资助，博物馆购得了这件宝贝，但是钻石也导致了他5年之后垮台。1985年，博物馆从玛丽-艾米丽王后的后代巴黎伯爵手中，购入了王后的蓝宝石首饰。1988年，博物馆收到了欧仁妮皇后的王冠，后来在卢浮宫之友协会的协助下，又于1992年收入了皇后的另一顶珍珠钻石王冠，这顶王冠原来属于约瑟芬皇后。在2001年和2004年，博物馆获得了玛丽-路易丝的祖母绿首饰。在2003年收入了昂古莱姆公爵夫人的祖母绿宝石和钻石镶嵌的王冠。如今的阿波罗长廊可以和伦敦塔的珠宝馆一较高下。

期间，卢浮宫的参观人数在2000年达到了600万，卢浮宫也成为世界上参观人数最多的博物馆。

2001年，皮埃尔·罗森伯格在结束了7年精彩的职业生涯后，在金字塔大厅举行的一场高规格仪式中卸任。希拉克总统主持了这场仪式，将卢浮宫的一切归功于罗森伯格，同时介绍了来自奥赛博物馆的下一任馆长亨利·卢瓦耶特（卢浮宫的馆长们都被认为无力接手）。不过这只是罗森伯格和希拉克的短暂休战。2007年，希拉克在他的书中对罗森伯格进行了轻率的攻击，而罗森伯格并未做任何回应。

为庆祝希拉克总统的连任，卢浮宫在2002年购入了让-巴蒂斯特·乌德里为当时属于哲学家爱尔维修的沃雷城堡创作的9块装饰壁板。由于这些壁板被转移到了住宅内,所以它们就不再属于建筑附着物,可以单独售卖,而物主打算把它们拆分开。卢浮宫把它们全部购入,再一次证明了某些道德家的看法:在最糟糕的情况下,博物馆还算是一个较好的选择,一个最后的容身之所。这些装饰壁板还没有得到符合它们品质的展出方式。看看画家是如何把这些又高又窄的壁板巧妙地镶嵌到墙上去的吧。

这一年的情况也不容小觑。巴黎警察署署长通知馆长,塞纳河有泛滥的可能性。虽然没有1910年那样猛烈,但是依旧可能造成严重的后果,所以有必要清空地下的储藏室,把藏品暂放在不对外开放的展厅中。这些藏品将来还可能现身吗?卢浮宫的空间早已紧缺,而负责人开始觊觎那些还没有被使用的场地,比如宫殿上的顶层"钟楼"。

2004年,得益于博物馆可以接受企业赞助的新法律,博物馆在安盛集团的协作下完成了两笔大交易。第一笔是安格尔的《奥尔良公爵肖像》。这幅画的主人,同时也是画中人物后人的巴黎伯爵,想要暗中进行这笔交易。为了防止这幅画离开法国,卢浮宫在将这幅作品宣布为"国家财产"之后,以1200万欧元的价格买下了它。同一年,卢浮宫还花费了9 786 332欧元购入了乌东的《站立的维斯塔》。这件作品曾出现在1787年沙龙上,所以早在217年前它就曾在卢浮宫了。

当时的政府还落实了一项伟大的决定(但是对现在和将来的政府还有用吗?):不管在什么情况下,《蒙娜丽莎》也不会离开卢浮宫。它将永远留在博物馆最大的万国大厅,接待来往的人群。旁边就是威尼斯画派的作品,而达·芬奇的其他作品则在大画廊中。把

第二十一章　首座世界博物馆
LE PREMIER MUSÉE DU MONDE

《蒙娜丽莎》放在人流密集的万国大厅,就无法避免游客可能会造成的不好影响。

万国大厅只保留了一丁点儿1947年时的样子。它在一个半世纪中经历的这第四次装修由一位秘鲁的设计师——洛伦佐·皮克拉斯——负责。他在大厅中央,面对着《加纳的婚礼》,搭了一面独立的隔墙用于悬挂《蒙娜丽莎》。画被放置在一个安全系数极高的玻璃盒中,下面则是一张看上去像是圣坛的木桌。《蒙娜丽莎》是博物馆中如此重点保护的唯一物件。

2005年4月6日,大厅竣工。有人指责画周围的装饰不足,檐口上的葱形饰黯淡无光,看起来像私人诊所的布置。

2006年,为纪念弗拉戈纳尔这位伟大的画家兼卢浮宫馆长逝世200周年,卢浮宫决定进行一次特别的馆藏展览。馆长向法兰西银行借来了弗拉戈纳尔的《圣克卢的节日》,展览为期6个月。尽管画的标题有误,但不妨碍它成为画家的杰作之一。公众非常喜欢这幅画,馆长们也想要收藏这件大作,但是展期结束后,它还是回到了法兰西银行的总裁办公室。

当时的文化界盛行着一个观点:将当代艺术引入古代建筑。马尔罗是这种做法的先行者,他曾在法兰西歌剧院这座代表着那个时代艺术的建筑物中加入了夏加尔的天花板。50年后,这件事还存有争议。17世纪的奥利翁城堡,其内部的古老装饰被配上当代的作品,这些作品的惊人效果要远大于美学享受。卢浮宫旁的杜伊勒里花园里也出现了能令园林师勒诺特尔大吃一惊的雕塑。

我们已经看到,在卢浮宫的历史进程中,装饰设计师们常常被委以任务,对一两百年前的装饰进行补充。在1953年,布拉克呈现出一种断裂的感觉。又过了50多年，博物馆再次成为现代装饰的创作场地，而讽刺的是，1850年后艺术家的作品并未能进入展厅。下面是3处装饰工程。

东北大楼梯的平台在2007年被交由德国艺术家安塞尔姆·基弗装饰。他在此画了一幅巨大的画，题为《炼金炉》。画中有一具尸体，画面呈现出一种粗粝的质感。在画的两旁有两个壁龛，一个里面是金属制的禾本植物装置，一个是从一堆资料中生长出来的一株名为"达那厄"（与神话人物无关）的植物。

勒菲埃尔楼梯：在法国燃气苏伊士集团的赞助下，楼梯的窗眼装饰任务在2008年交给了弗朗索瓦·莫尔雷。说明牌上称他"不仅是法国，也是世界舞台上无法绕开的一位艺术家"。这位艺术家也说道："我很有兴趣去打碎和搅乱这些废铁玻璃窗。"经过审慎的思考，他只在窗框的铅条上加了几条非常简单的几何线条，比勒菲埃尔的玻璃彩画工画得还要浅。

守卫厅天花板：无论基弗和莫尔雷的作品招致何种评判，它们都还属于建筑范畴。守卫厅的天花板就不是这种情况了。2010年，在方丹的装饰（柱式框、大型檐）旁，赛·托姆布雷绘制了一幅价值120万欧元的天顶画。在400平方米的天花板上，蓝色的背景周围装饰着不同颜色的圆盘，上面还写着希腊字体的文字，例如"Scopas"。人们对这幅突兀的画议论纷纷。这是他追求的效果吗？我并不会隐瞒自己的想法，我不喜欢这个装饰，也不喜欢这位画家，更不喜欢画和环境的搭配。

年轻一代的博物馆研究者和建筑师，就这样接手了19世纪前辈们的事业，他们带着同样的热忱（如今甚至想装饰达鲁楼梯），

第二十一章　首座世界博物馆
LE PREMIER MUSÉE DU MONDE

却热衷于照搬式的效仿，蜷缩在传统的装饰背后，本事都大同小异。当今的审美标准发生了翻天覆地的变化，材料、词汇、色彩、意义都以断裂的名义不同于过去。大家都知道，或者说虽然没有充分意识到但已经发现了这一点。这些冲突和问题仍旧难以得到解决。鉴于这样的事实，我们需要思考和艺术家们签订的合同是否要包含作品可被拆除的这种可能性。这一点还需多加考虑，但或许是有必要的。

不管怎样，对这些装饰失望或憎恶的人或许能从马尔罗的这些话中得到些许安慰："要我们说，把乔治·鲁奥的作品当成是格吕内瓦尔德的，把布拉克的作品看成是维米尔的，这容易吗？这可能吗？"

今天还有一个涉及藏品归还的非常突出的问题。一些新兴国家要求归还曾经通过非法或强制手段从他们国家拿走的物品。法国在法律立场上非常强硬，绝不可能改变物品的所有权，但也并非一直如此。2009年10月，埃及政府要求法国归还被非法获取的壁画残片。法国政府答应归还，却对索要丹达腊黄道十二宫图的诉求装聋作哑。即便如此，这个藏品估计仍很有可能被归还。

在此期间，卢浮宫的历史仍在继续前行。就如第二帝国时期，杜伊勒里花园在2005年并入卢浮宫。技术也在持续进步和发展。2010年，外部照明进行了彻底的改革，多亏了新技术，这一部分的电力消耗得以降低了90%。

过程有惊有喜。2009年，一尊古希腊头部雕像进入了雕塑馆。2010年，卢浮宫有机会购买克拉纳赫创作于1531年的一幅木版画《美惠三女神》，但需要400万欧元。多亏企业家的赞助，卢浮宫筹集了300万欧元。为了填补剩余的资金空缺，卢浮宫在11月发起了一场募捐。募捐在一个月内就达成目标,捐赠者逾7000人。2012年博物馆又获得了里贝拉的《圣约翰福音》和让·马鲁埃的《沉思的基督》,后者在几年前被发现于(多姆山省)维克勒孔特的教士住宅。博物馆只有一两件这位早期法国画派画家的作品。"这是绘画馆近50年来最重要的一次收藏。"绘画馆前馆长文森特·博马雷德说道。

还有一项和卢浮宫博物馆没有直接联系的发现。在卢浮宫的建议下,普拉多博物馆的保管处修复了一幅被胡乱重画的肖像画,结果发现这居然是《蒙娜丽莎》的临摹品,也许出自达·芬奇的学徒。这幅画上的女士看起来更年轻,背景和原画一样是一片岩石。这幅画于2012年3月在卢浮宫展出,就在著名的原画边上。

达·芬奇的另一幅画(要知道卢浮宫是世界上唯一一座拥有6幅达·芬奇画作的博物馆)出现了一个严峻的问题:《圣母子与圣安妮》因表皮的清漆层老化而开始变暗。1981年的第一次修复以失败告终。2008年,该画被送到卢浮宫研究和修复中心进行检查。画从画框上被拆下后,在背面发现了3处素描的笔迹,它们也许出自达·芬奇之手,因为和他的作品很像。在经过长达几个月的精密研究之后,新委员会于2010年决定将清漆层削薄。这项工作交给了罗马的一位著名修复师——辛加·帕斯卡利,她需要保留6微米厚的清漆。经过一年的修复,成果喜人。修复后的画在2012年3月重新向公众展出。

我们之前提到过禁止《蒙娜丽莎》外出的决定,这个决定还牵扯出了卢浮宫向其他国内甚至国外展览出借展品的问题。出借的藏品价值越来越高,数量越来越多(每年约有100件),期限也不断延长。近几年,普桑的《阿卡狄亚的牧羊人》、拉斐尔的《巴萨泽·卡斯蒂利欧》和牟利罗的《乞丐少年》在美国待了整整一年,

第二十一章　首座世界博物馆
LE PREMIER MUSÉE DU MONDE

拉图尔的《方块A作弊者》和《奥塞尔女郎》小雕像从它们的展厅离开了11个月之久。难道要让远道而来参观这些展品的游客们失望而归吗？当然，其中还有财务方面的考量……

大卢浮宫本身还远未完成。在占地68 600平方米的403间展厅中，展出了约3.5万件物品（其中600件由卢浮宫之友协会提供），并在2011年里接待了880万名游客。当然游客的分布是不均的，大画廊和万国大厅呈饱和状态，而珍宝厅则鲜有人至，但是这种情况或许也难以改变。博物馆的建设并未就此结束，显然不会一直这样下去。还分属两个馆的部分藏品中只展出了一小部分，那就是数量达到1.8万件、包括伊斯兰艺术和东地中海艺术的藏品，有地毯、陶瓷制品、阿拉伯木制品，以及来自装饰艺术博物馆的重要藏品，其中有一件是15世纪的马穆鲁克石质门廊，它已沉寂在箱子里100多年了。对在国际舞台上越来越重要的阿拉伯文化的关注，早在密特朗任期内就促成了阿拉伯世界研究院的创立。如今也是时候让卢浮宫中的这些藏品得到应有的安置。

首先是在管理层面的变动。2003年8月5日，卢浮宫的第八个馆，即伊斯兰艺术馆成立。在这座尽管在1994年经历了大扩建却仍然拥挤的博物馆里，要在哪儿展出这些藏品呢？他们一度想将伊斯兰艺术馆的藏品安置在装饰艺术博物馆原址，但是因为各种原因而放弃了，其中就有希拉克夫人的反对意见。于是只好选择大半个世纪前采用过的办法——给内部的庭院加盖。斯芬克斯中庭和财政部的3间小庭院相继成为博物馆的展出空间。河岸边的维斯孔蒂中庭和勒菲埃尔中庭保持原样。因折服于院内马蹄形楼梯的巨大魅力，他们没有改动勒菲埃尔中庭。维斯孔蒂中庭里原来卢浮宫学院的入口和入口前的两尊狮身人面像都被撤掉了。

卢浮宫为伊斯兰艺术馆的工程发起了竞赛,最后的胜者是两位意大利建筑师——鲁迪·里乔蒂和马里奥·贝里尼。他们提议不依靠两边的立墙(两边的楼层高度不同),而在中庭的地下挖12米深,在地下修建一座建筑,屋顶则用一张可以透光和飘动(类似飞毯?)的金属网:"阳光透过网发散开去,发光的网轻巧地漂浮在博物馆上方。"2008年7月16日,工程开始施工。

在这个新的建设工程开启前,要先筹集资金,依循越来越普遍的做法,卢浮宫向外界寻求合适的援助。工程总预算约合1亿欧元,其中法国政府出资3100万欧元。这项工程得到了瓦利德·本·塔拉勒·阿勒沙特王子的赞助,他以个人名义资助了1700万欧元。除此之外,还有来自摩洛哥、科威特、阿曼和阿塞拜疆,以及道达尔集团(600万欧元)、拉法基集团(450万欧元)、布依格集团(100万欧元)等法国公司的资助,但还需要更多资金用于修复藏品。为了修复两件来自开罗的物品,卢浮宫在2012年1月又发起了一次募捐。新馆终于在2012年夏天正式对外开放。该馆的藏品涵盖了西班牙、印度以及11世纪到19世纪的伊斯兰艺术。"我们能够想象出另一种对待伊斯兰的态度吗?减少一份沉重感,带着更多温柔,就像孟德斯鸠向来到巴黎的波斯人伸出手一样,友善地欢迎他们。"

这些位于古代东方文物展厅附近的新展厅吸引了大量游客。不过他们或许很快就会对展品种类的重复感到乏味,因为这里展出的大多是处于原始状态的陶瓷方砖、挂毯、木制品和铜制品。

于是有人提出了这样两个问题:鉴于新地下展厅的容量已经足够,还有必要再占据庭院上的空间吗?或者,与其增加博物馆的负

第二十一章　首座世界博物馆
LE PREMIER MUSÉE DU MONDE

担，不如像对待亚洲艺术或犹太藏品那样，将伊斯兰艺术送到巴黎的其他地方？

2012年1月，卢浮宫建筑处开始着手修复巴尔贝·德·茹伊前厅。前厅朝向河岸，里面的双层楼梯通向驯马厅和下面的展厅。这里后来成为博物馆的一处侧门。

同时，卢浮宫还准备把新的家具展厅安置在过去的国务院厅到北翼楼尽头。不过，珍宝馆过去一直拒绝翻修展厅，只想展示物品本身，甚至不想要任何背景装饰。而新的家具展厅展出了成套的细木护壁板、阿邦丹城堡大客厅和吕伊纳公馆中的谢弗勒兹公爵卧室，还展出了一些被英国人称为"不同时期主题展室"（period rooms）的房间——指的是使用一些保留下来的物件（比如勒巴·德·蒙塔日公馆的护墙板）进行装饰的展室。这难道不是在破坏大卢浮宫只展示原品的基本原则吗？展厅中还有18世纪的威尼斯天花板以及大量精品家具，座椅和橱柜的陈设都尽量避免像过去一样排成直线。

博物馆中还有许多其他事需要完成。例如，总有一天需要解决装饰艺术博物馆与珍宝馆是联合还是兼并的问题。兼并后的一个馆或许可以采用两种不同的展陈方式。

第一种是以套组的形式展出特定时期的装饰（木制品、家具、小物件）。这种模式现在并不被看好，但依旧魅力十足，而且可以让一件价值普通的物品呈现出更大的意义，具体可以参考威尼斯的雷佐尼科宫。第二种是独立展出价值非凡的家具。

还有，时装博物馆该何去何从？要知道卢浮宫并不是一座百科全书式的博物馆，而且时尚在此远不及原始艺术。况且巴黎真的需要两座关于时尚和时装的博物馆吗？

第二十二章
宫墙之外的卢浮宫

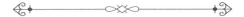

LOUVRE HORS LES MURS

丰富馆藏、安置展品、研究推广藏品，从中吸取经验教训，这是博物馆的工作内容及首要任务。这大体上就是卢浮宫内部的生活。新馆长亨利·卢瓦耶特[①]想要实现更多，并在某种程度上将卢浮宫推广到全世界。这是提高声望之举，能提升法国的形象，同时也是利益之举。这个让卢浮宫走向全世界的新想法与传统的博物馆观念相比，着实有着革命性的意义。面对国家的经济环境的变差、预算的缩减，特别是对翻新工作的无能为力，确实需要转变思维。就算与已经过世的馆长们的做法相违背，卢浮宫为了自身的发展获取资金也是合情合理的。

卢瓦耶特成功说服法国政府采纳了他的革新观点，并且将博物馆投入一系列国际性的大工程中。这里我们只能简短地说几句，大部分工程还在进行当中。

朗斯

首先是在外省，在一座文化配套设施不足的法国城市，创建另一座卢浮宫，一座"艺术和实验博物馆"，而非"分部"，艺术品由

---

① 2021 年 5 月 26 日，劳伦斯·德卡斯成为卢浮宫新馆长。——编者注

卢浮宫全史
LA GRANDE HISTOIRE DU LOUVRE

卢浮宫提供。2004年发起了候选城市的竞选，位于法国北部的6座城市（亚眠、瓦朗谢讷、阿拉斯、加莱、布洛涅以及朗斯）申请加入，最终朗斯获选。这座城市有50万居民，历史悠久（卢浮宫的创建者腓力·奥古斯都通过联姻获得了这片土地），矿产丰富、树木繁茂。当时那里还没有博物馆，因此对能接纳这样一个由地方行政区域负责的机构感到自豪。此举将振兴这块古老的矿产盆地，激发出没有逛博物馆习惯的公众的热情。

经过招标，在占地20公顷的土地上修建这座博物馆的任务交给了两位日本建筑师（日本萨那建筑事务所），一同参与的还有一位法国的景观设计师和一位美国的博物馆学家。2009年12月4日，工程开工。这项建筑工程包括五个部分，外墙为玻璃和抛光铝合金所制，建筑共有3层，屋顶平台层覆盖了玻璃，总长450米，面积达2.8万平方米。这一建筑整体要自然融入周围的绿地中。在地区议会主席丹尼尔·佩舍龙的积极支持下，这项工程最终以2亿欧元的经费完工。

这座博物馆预计展出200件作品，其中每年要更换20%的展品。从卢浮宫运来的展品按照技术和时代进行分类，并横向排列，与周围环境相得益彰。这里还有古埃及和古罗马的文物，如邦迪内利的《墨丘利》，以及不同时期和国家的绘画作品：波提切利、拉斐尔、鲁本斯、普桑、格列柯和弗拉戈纳尔的作品，还有丢勒的雕塑和德拉克洛瓦的《自由领导人民》。

2012年12月12日，法国总统为博物馆举行揭幕仪式。博物馆当时预计每年可吸引游客50万。

阿布扎比

2007年3月，阿联酋和法国签署了一项协议，在阿联酋首都阿布扎比，以卢浮宫的名义建设一座博物馆。他们计划在卢浮宫

第二十二章　宫墙之外的卢浮宫
LOUVRE HORS LES MURS

以及法国其他大型国家博物馆的支持下，建成一座囊括所有文明的世界级博物馆。在十年中，每年要在此举行四场关于法国的博物馆馆藏的展览。一直关注着这项工程的亨利·卢瓦耶特说："这是一种全新的合作模式。"这一工程的主导者是一个新的私人权利组织——"法国博物馆"（France Museums），该组织由两国的博物馆馆长组成，他们自2008年起就开始研究该项目中的种种问题，例如对作品的选择、运输、陈列，以及公众的接受度等。这个团队还负责监管阿布扎比博物馆的建设。博物馆由让·努维尔设计，造型类似一个压扁的圆形穹顶。工程的全部费用由阿联酋承担。

这项工程在法国引发了一场争议，而争议的重点基于一个事实，那就是卢浮宫的绘画藏品并非如其一直所宣称的那样多得惊人。卢浮宫能经受得住这样的输出吗？这场论战后来还演变成了"站队"。不过现在争论已经平息了很多，卢浮宫阿布扎比博物馆预计在 2015 年底正式开放[①]。

亚特兰大

2004 年，卢浮宫和亚特兰大高等艺术博物馆签订了一份协议。起因是后者的藏品价值远未匹配其建筑的重要性，所以双方决定进行合作。卢浮宫从馆藏中选出高级别的藏品在亚特兰大展出。亚特兰大则以一个美国赞助团队作为代表，给卢浮宫投入了一大笔资金（据说超过 500 万欧元）。"急需这笔资金"（皮埃尔·罗森伯格）的卢浮宫把钱用在了翻新家具展厅上。

[①] 2017 年 11 月 11 日，卢浮宫阿布扎比博物馆向公众拉开了帷幕。——编者注

多伦多

这座加拿大的城市正在筹建一座伊斯兰文化博物馆——阿迦汗博物馆，预计在 2013 年完工[①]。2012 年 1 月，两座博物馆签署了一份框架协议，"旨在建立密切的合作关系"。后来，卢浮宫又与本顿维尔水晶桥美国艺术博物馆签订了另一份协议。

海军府之战

自第五共和国以来，特别是国家的财政赤字不断增加的情况下，政府开始努力"变卖家产"：一方面向可能赚取收益的使用者出租休耕的土地或空置的建筑物，另一方面向能承担维护和经营费用的地方行政机构出租公共历史建筑。

到目前为止，除个别失误外（玛莱区的科瓦斯乐宫和维尼宫），这个政策一直没有太大的问题。下莱茵省证明了自己比中央政府更擅长开发国王城堡，卢瓦尔-歇尔省负责监管肖蒙城堡的花园，默东市负责管理王室过去在这座城市的领地。当国家想要将海军府长期租赁出去时，公众立马议论纷纷。这座占地面积达 8 万平方米的建筑位于协和广场之上，由加百利修建，是一座著名的历史建筑。

一开始，政府并未在意公众的反对，发起了招标，并收到两份方案。一份是由罗贝尔·皮特教授和建筑师让-米歇尔·维尔莫特主导的美食之城方案；另一份是由商人亚历山大·阿兰提出，并由前文化部部长雷诺·多内第·德瓦布尔参与的商业项目。

前文化部部长的参与加剧了民众的抗议。作为回应，奥利维

[①] 实际完工时间为 2014 年。——编者注

第二十二章　宫墙之外的卢浮宫
LOUVRE HORS LES MURS

尔·德·鲁昂成立了海军府之友协会，他的这一举动获得了法国前总统瓦雷里·吉斯卡尔·德斯坦的支持。

政府认清了现实，取消了招标，并且为解决这个问题设立了一个由吉斯卡尔·德斯坦主持的委员会。委员会在2011年7月反对"向带着纯粹投机目的的个人出售建筑"，并表示"建筑的完整性在国家主权范畴之内"。委员会还提议向公众开放建筑二楼，在此开展文化活动，并开放一条可供参观的步行通道。另外，委员会建议所有活动都交由卢浮宫博物馆组织。

法国总统等待着财政监察机关的"判决"——项目不会花费政府一分一毫，于是在2012年1月24日得以通过。项目由卢浮宫牵头开展，并在客厅中组织文化展览（据说在法国珍宝长廊中展出了来自不同博物馆馆藏的珍品），卢浮宫管理租赁场地的分配。

这是维护国家遗产的一场胜利。2016—2018年，在政府的主导下，海军府启动修复工程。法国的"五角大楼"即将成型①。

*

卢浮宫还采取了其他国内或国际性的举措，有些会成功，有些也许会失败。与此同时，这座博物馆还在努力扩建、丰富藏品、吸引更多游客。卢浮宫的历史已经浩浩荡荡行进了八百余年，但前方还有漫漫长路，未来可期。

---

①2021年，海军府已修复完成并对外开放。——编者注

参考文献

BIBLIOGRAPHIE

参考书目

ALCOUFFE Daniel, *Le Trésor de Saint-Denis*, cat. exp., 1990.

—, BARATTE Sophie, DION-TENNEBAUM Anne, etc., *Nouvelles acquisitions du département des Objets d'art*, Paris, Musée du Louvre, 1995.

ALLARD Sébastien, *Le Louvre à l'époque romantique*, Lyon, Faye éd., Paris, Musée du Louvre, 2006.

ANCEAU Eric, *Napoléon III*, Paris, Tallandier, 2008.

AULANIER Christiane, *Histoire du palais et du Musée du Louvre*, Paris, Editions des musées nationaux, 1948-1971, 8 vol.

—, *Le Palais du Louvre au XVIe siècle. Documents inédits*, in Bul. soc. hist. art fr., 1951.

BABELON Jean-Pierre, *La Reine Margot*, Paris, Berger-Levrault, 1965.

—, *Henri IV*, Paris, Fayard, 1982; rééd., 2009.

—, *Demeures parisiennes sous Henri IV et Louis XIII*, Paris, Hazan, 1991.

BARBIER-MULLER Jean-Paul, *La Parole et les armes*, Paris, Hazan, 2006.

BAUDSON Emile, *Clément Métezeau. Un urbaniste au XVIIe siècle*, Mézières, Edition de la société d'études ardennaises, 1956.

BAULEZ Christian, *Versailles, deux siècles d'Histoire de l'Art*, Versailles, Société des Amis de Versailles, 2007.

BAZIN Germain, *Souvenirs de l'exode du Louvre*, Paris, Somogy, 1992.

BEAUMONT-MAILLET Laure, BERTIER de SAUVIGNY Guillaume de, etc., *Paris de la Préhistoire à nos jours*, Saint-Jean-d'Angély, Bordessoules, 1985.

BEAUSSANT Philippe, *Le Roi-Soleil se lève aussi*, Paris, Gallimard, 2002.

BERRY Maurice, FLEURY Michel, *L'Enceinte et le Louvre de Philippe Auguste*, Paris, Ville de Paris, 1988.

BERTIÈRE Simone, *La Vie du cardinal de Retz*, Paris, Fallois, 1990.

—, *Mazarin, le maître du jeu*, Paris, Fallois, 2007.

BEZOMBES Dominique, *Le Grand Louvre, histoire d'un projet*, Paris, Grand Louvre, 1993.

BLUCHE François, *La Vie quotidienne au temps de Louis XIV*, Paris, Hachette, 1984.

—, *Louis XIV*, Paris, Fayard, 1986.

BONAFOUX Pascal, COUDERC Jean-Pierre, *Les Coulisses du Louvre*, Paris, Chêne, 2008.

BRAIBANT Charles, *Un bourgeois sous trois Républiques*, Paris, Buchet-Chastel, 1961.

BRESC Geneviève, *Mémoires du Louvre*, Paris, Découvertes Gallimard, 1989.

—, *L'Album de la Galerie d'Apollon*, Paris, Gallimard, 2004.

—, *Le Louvre, une histoire de palais*, Paris, Sanogy, Musée du Louvre, 2008.

—, et PINGEOT Anne, *Sculptures des jardins du Louvre, du Carrousel et des Tuileries*, Paris, RMN éd., 1986, 2 vol.

CARMONA Michel, *Marie de Médicis*, Paris, Fayard, 1988.

—, *Le Louvre et les Tuileries. Huit siècles d'histoire*, Paris, La Martinière, 2004.

CARRÈRE D'ENCAUSSE Hélène, *Des siècles d'immortalité. L'Académie française*, Paris, Fayard, 2011.

Casques royaux, dossier d'exposition, 1989.

CATE Curits, *André Malraux*, Paris, Flammarion, 1993.

CAYEUX Jean de, *Hubert Robert*, Paris, Fayard, 1989.

CHARBONNEAUX Jean, *La Vénus de Milo au Musée du Louvre*, Paris, Edition des Musées nationaux, 1956.

参考文献
BIBLIOGRAPHIE

CHATELAIN Jean, *Dominique Vivant Denon et le Louvre de Napoléon*, Paris, Perrin, 1973.

CHENNEVIÈRES Philippe de, *Souvenirs d'un directeur des beaux-arts*, Paris, Arthéna, 1979.

CHERONNET Louis, *Paris, tel qu'il fut*, Paris, Ed. Tel, 1943.

CHRIST Yvan, *Le Louvre et les Tuileries*, Paris, Ed. Tel, 1949.

COIGNARD Jérôme, *Une femme disparaît, le vol de la Joconde en 1911*, Paris, Le Passage, 2010.

COLOMBIER Pierre du, *Jean Goujon*, Paris, Albin Michel, 1949.

CORNETTE Joël, *Louis XIV*, Paris, éditions du Chêne, 2009.

COX-BEARICK Janet, *Chefs-d'œuvre de la Renaissance: la collection de François Ier*, Paris, Albin Michel, 1995.

DENIEUL Anne, *Rois fous et sages de la première maison de Valois*, Paris, Perrin, 1974.

—, *Des mécènes par milliers, un siècle de dons par les Amis du Louvre*, cat. exp., 1997.

DES CARS Jean, *Eugénie, la dernière impératrice*, Paris, Perrin, 2000.

DION-TENNENBAUM Anne, *Les Appartements Napoléon III du Musée du Louvre*, Paris, RMN-Grand Palais, 1994.

DU CAMP Maxime, *Souvenirs d'un demi-siècle*, Paris, Hachette, 1949.

DUCHÊNE Roger, *Molière*, Paris, Fayard, 1998.

DUFRESNE Jean-Claude, *Louvre et Tuileries, architecture de papier*, Liège, P. Madraga, 1987.

—, *Le Louvre et les Tuileries, architecture de fêtes et d'apparat*, Paris, Mengès, 1994.

DU PUY, *Histoire des plus illustres Français anciens et modernes*, Paris, 1651.

ERLANDE-BRANDENBURG Alain, FLEURY Michel, *Paris monumental*, Paris, Flammarion, 1979.

ERLANGER Philippe, *Louis XIV au jour le jour*, Paris, La Table ronde, 1967.

—, *Les Idées et les mœurs au temps des rois*, Paris, Flammarion, 1970.

FLEURY comte, SONOLET Louis, *La Société du Second Empire*, Paris, Albin Michel, 1924, 4 vol.

FLEURY Michel et KRUTA Venceslas, *Le Château du Louvre*, Dijon, Faton, 2000.

FONKENELL Guillaume, *Le Louvre pendant la guerre. Regards photographiques, 1938-1947*, Paris, Le Passage, 2009.

FONTAINE Pierre, *Journal, 1799-1853*, Paris, Ecole nationale des Beaux-arts de Paris/Institut français d'architecture, 1986, 2 vol.

FONTGALLAND J. de, GUINAMARD L., *Le Louvre et son quartier. 800 ans d'histoire architecturale*, cat. exp., Paris, Osiris, 1982.

GABORIT-CHOPIN Danielle, *La Statuette équestre de Charlemagne*, Paris, RMN éd., 1999.

GALARD Jean, *Promenades au Louvre*, Paris, Robert Laffont, 2010.

GALLET Michel et BOTTINEAU Yves, *Les Gabriels*, Paris, éditions A&J. Picard, 2004.

GRUAT Cédric, MARTINEZ Lucien, *L'Echange*, Paris, Armand Colin, 2011.

HAMON Françoise et MAC CALLUM Charles, *Visconti architecte, 1791-1853*, Paris, Ville de Paris, 1991.

HARGROVE June, *Les Statues de Paris*, Paris, Albin Michel, 1990.

HAUTECŒUR Louis, *Histoire du Louvre*, Paris, SNEP, 1953.

HAZAN Eric, *Vues de Paris, 1750-1850*, Paris, BNF, 2004.

HOURS Magdeleine, *Une vie au Louvre*, Paris, Robert Laffont, 1987.

—, *Les Secrets des chefs-d'œuvre*, Paris, Robert Laffont, 1988.

HUMBERT Agnès, *Louis David*, Paris, Editions hier et aujourd'hui, 1947.

HUNTER Mark, *Le Destin de Suzanne*, Paris, Fayard, 1995.

HUYGHE René, *Delacroix ou le combat solitaire*, Paris, Hachette, 1964.

—, *une vie pour l'art, de Léonard à Picasso*, Paris, Fallois, 1994.

JESTAZ Bertrand, *Jules Hardouin-Mansart*, Paris, Picard, 2008.

LACLOTTE Michel, *Histoires de musées. Souvenirs d'un conservateur*, Paris, Scala, 2003.

LACOUTURE Jean, *André Malraux, une vie dans le siècle*, Paris, Seuil, 1973.

LANG Jack, *Les Batailles du Grand Louvre*, Paris, RMN éd., Grand Palais, 2010.

LEMIRE Laurent, *Malraux. Anti-biographie*, Paris, Jean-Claude Lattès, 1995.

LENÔTRE G., *Les Derniers terroristes*, Paris, Firmin-Didot, 1932.

L'ESTOILE Pierre de, *Journal*, édition Philippe Papin, Paris, Arléa, 2007.

LESCURE Jean, *Album Malraux*, Paris, Gallimard, 1986.

LETHÈVE Jacques, *La Vie quotidienne des artistes français au XIXe siècle*, Paris, Hachette, 1968.

LEVEQUE Jean-Jacques, *Le Louvre. Un palais, un musée*, Courbevoie, ACR, 1999.

Le Louvre, Paris, Gallimard, « Encyclopédie des voyages », 2006.

MALGOUYRE Philippe, *Le Musée Napoléon*, Paris, RMN éd., Grand Palais, 1999.

MARTINEZ Jean-Luc, *La Dame d'Auxerre*, Paris, RMN éd.,Grand Palais, 2000.

MAURUS Véronique et BALLOT Jean Christophe, *La Vie secrète du Louvre*, La Revue du livre, Waterloo, Belgique, 2006.

MAZAURIC Lucie, *Le Louvre en voyage, ou ma vie de châteaux, 1939-1945*, Paris, Plon, 1978.

MIGNOT Claude (dir.), *François Mansart*, Paris, Gallimard, 1998.

MOLIÈRE, *Œuvres complètes*, éd. Forestier, Paris, Gallimard, « Bibliothèque de la Pléiade », 2011.

MONTJOUVENT Philippe de, *Le Louvre, palais des rois, palais des arts*, Paris, Timée, 2009.

MURAT Inès, *Colbert*, Paris, Fayard, 1980.

NAVE Alain, *Le Grand Louvre*, Paris, A. Biro, 1997.

PASQUIER Alain, *La Vénus de Milo et les Aphrodites du Louvre*, Paris, RMN, Grand Palais, 1985.

PEI Ieoh Ming, BIASINI Emile, etc., *Les Grands Desseins du Louvre*, Paris, Hermann, 1989.

PÉROUSE de MONTCLOS Jean-Marie, *Jacques-Germain Soufflot*, Paris, Monum, Ed. du Patrimoine, 2004.

PERROT A.M., *Petit atlas pittoresque de Paris*, 1835, éd. M. Fleury et J. Pronteau, 1987.

PETITFILS Jean-Christian, *Louise de La Vallière*, Paris, Perrin, 1990.

—, *Louis XIV*, Paris, Perrin, 1995.

—, *Louis XIII*, Paris, Perrin, 2008.

PICON Antoine, *Claude Perrault, 1613-1688, ou la curiosité d'un classique*, Paris, CNMHS, 1988.

Pillages et restitutions, actes du colloque sur le destin des œuvres d'art sorties de France pendant la Seconde Guerre mondiale, Paris, Direction des musées de France, A. Biro, 1997.

POISSON Georges, *Les Musées de France*, Paris, PUF, 1976.

—, *Napoléon Ier et Paris*, Paris, Tallandier, 2002.

—, *Les Grands Travaux des présidents de la République. De Charles de Gaulle à Jacques Chirac*, Paris, Parigramme, 2002.

PONS Bruno, *De Paris à Versailles, 1699-1736*, Strasbourg, Association les publications auprès les universités de Strasbourg, 1986.

—, *Les Grands décors français, 1650-1800*, Dijon, Faton, 1995.

PRIGENT Serge, *Le Louvre en dates et en chiffres*, Paris, J.-P. Gisserot, 2004.

QUONIAM Pierre, GUINAMARD Laurent, *Le Palais du Louvre*, Nathan, 1988.

RAYSSAC Michel, *L'Exode des musées. Histoire des œuvres d'art sous l'Occupation*, Paris, Payot, 2007.

BIBLIOGRAPHIE

REAU Louis, FLEURY Michel, LEPROUX Guy-Michel, *Histoire du vandalisme. Les monuments détruits de l'art français*, Paris, Robert Laffont, 1994.

REY François, *Album Molière*, Paris, Gallimard, « Bibliothèque de la Pléiade », 2010.

ROSENBERG Pierre, *Fragonard*, cat. exp., 1997.

—, *Dictionnaire amoureux du Louvre*, Paris, Plon, 2007.

SAINTE-FARE-GARNOT Nicolas, JACQUIN Emmanuel, *Le Château des Tuileries*, Paris, Herscher, 1988.

SALLES Georges, *Au Louvre. Scènes de la vie de musée*, Paris, Donat, 1950.

SASSOON Donald, *Histoires de Joconde*, Paris, éditions Stéphane Bachès, 2007.

SAUVAL Henri, *Histoire et recherches des Antiquités de la Ville de Paris*, Paris, 1724.

SCHNAPPER Antoine, *David. Témoin de son temps*, Fribourg, Office du livre, Paris, Bibliothèque des arts, 1980.

SEFRIOUI Anne, GEOFFROY-SCHNEITER Béatrice et JOVER Manuel, *Le Guide du Louvre*, Paris, RMN éd., Grand Palais, 2007.

SILVESTRE Israël, *Vues de Paris*, éd. J.-P. Babelon, Paris, Berger-Levrault, 1977.

SILVESTRE de SACY Jacques, *Le Comte d'Angiviller*, Paris, Plon, 1953.

SINGER-LECOQ Yvonne, *Quand les artistes logeaient au Louvre*, Paris, Perrin, 2001.

SOLLERS Philippe, *Le Cavalier du Louvre, Vivant Denon*, Paris, Plon, 1995.

SOLNON Jean-François, *La Cour de France*, Paris, Fayard, 1987.

—, *Catherine de Médicis*, Paris, Perrin, 2003.

SOULIÉ Daniel, *Louvre secret et insolite*, Paris, Parigramme, 2011.

TERNOIS Daniel, *Ingres, Monsieur Bertin*, Paris, RMN éd., Grand Palais, 1998.

TODD Olivier, *André Malraux, une vie*, Paris, Gallimard, 2001.

TRETIACK Philippe, *Le Louvre*, Paris, Assouline, 1996.

TROMBETTA Pierre-Jean, *Sous la pyramide du Louvre. 20 siècles retrouvés*,

卢浮宫全史

LA GRANDE HISTOIRE DU LOUVRE

Paris, Rocher, 1987.
TULARD Jean, *Dictionnaire amoureux de Napoléon*, Paris, Plon, 2012.
VACHON Marius, *Le Louvre et les Tuileries*, Lyon, Deprelle et Camus, 1926.
VERGE-FRANCESCHI Michel, *Colbert. La politique du bon sens*, Paris, Payot, 2003.
VERLET Pierre, *Versailles*, Paris, Librairie Arthème fayard, 1961.
VERNE Henri, *Le Palais du Louvre*, Paris, Morancé, 1923.
VERSINI Laurent, *Diderot. Alias frère Tonpla*, Paris, Hachette Littératures, 1996.
Vingt ans d'acquisitions au Musée du Louvre, cat. 1967.
WARLIN Antoine, *La Face cachée du Louvre. Enquête sur les dérives du musée le plus célèbre du monde*, Paris, Michalon, 2012.
ZWEIG Stefan, *Marie Stuart*, Paris, Grasset, 1940.

杂志资料

ALBERT-ROULHAC Georges, « Pierre Fontaine », *Bâtir*, déc. 1965.
ANTOINE Elisabeth, « Le dais de Charles VII, une acquisition exceptionnelle pour le Louvre », *Dossiers de l'art*, hors série, n° 4, 2010.
AULANIER Christiane, « La double origine du plafond de la salle Henri II au Louvre», *Revue des Arts*, n° 2, 1958.
BABELON Jean-Pierre, « Les travaux d'Henri IV au Louvre et aux Tuileries », *Paris et Ile de France*, t. 39, 1978.
—, « La Cour carrée du Louvre : les tentatives des siècles pour maîtriser un espace urbain mal défini », *in Bulletin monumental*, 1984.
—, « La Cour carrée du Louvre : les aménagements. Histoire et réalisation », *Revue du Louvre*, 1986.
—, « D'un fossé à l'autre. Vingt ans de recherches sur le Louvre » , *Revue de l'Art*, n° 38, 1987.
BENEDITE G., « La formation du musée égyptien du Louvre » , *Revue de l'Art*.

参考文献
BIBLIOGRAPHIE

BERTINET Arnaud, « L'achat de la collection Campana », *Napoléon III*, juillet 2011.

BRESC Geneviève, « La Sculpture de l'attique du Louvre par l'atelier de Jean Goujon », *La Revue du Louvre*, avril 1989.

DEGAGEUX J., « Le palais du Louvre au XVIe siècle, les projets de Pierre Lescot ».

ERLANDE-BRANDENBURG Alain, « Les fouilles du Louvre et les projets de Le Vau », *La Vie urbaine*, n° 1 et 4, 1964.

FLEURY Michel et KRUTA Venceslas, « Premiers résultats des fouilles de la cour Carrée », *Compte rendu de l'Académie des inscriptions et belles lettres*, 1985.

FUMAROLI Marc, « Le Louvre au XVIIIe siècle, la "Grande Chaumière" de la monarchie », *Le Palais du Louvre, dossiers d'archéologie*, 1995.

GABORIT Jean-René, GABORIT-CHOPIN Danielle, BARON Françoise, etc., « Louvre, trésors du Moyen Age », *Dossier de l'art*, 1994.

GORDECKI Catherine, « Les marchés de construction pour l'aile Henri-II du Louvre », *Archives de l'art français*, t. 26, 1989.

Grande Galerie, Le journal du Louvre, revue, *passim*.

HAUTECŒUR Louis, « Anne d'Autriche au château du Louvre », *Revue des Deux Mondes*, 26 mars 1926.

—, « Le Louvre à travers les âges », *L'Illustration*, 14 nov. 1928.

HOFFMANN Volkor, « Le Louvre d'Henri II », *Bull. soc. hist. art français*, 1982.

HUBERT Gérard, « L'œuvre de Pierre Cartellier », *Gazette des beaux-arts*, juillet 1980.

KIRSH Yves de, « La famille de la cour Napoléon », *Monuments historiques*, n° 36, 1984.

KOFFEL Jean, « Un chantier exemplaire », *Connaissance des Arts*, n° 468, février 1991.

LACLOTTE Michel, COTTE Sabine, LEBRAT Jean, etc., « Le nouveau visage du Louvre », *Revue du Louvre*, 2, 1989.

—, LEBRAT Jean, LABATUT Virginie de, etc., « Grand Louvre », *Connaissance des Arts*, numéro spécial, 1993.

LEMOINE-MOLINARD Marie-France, « Le décor extérieur du Louvre sous Napoléon III », *Revue du Louvre*, n° 5, 1988.

LENOTRE G., « Limoélan », *Vieilles maisons, vieux papiers*, 3ᵉ série, 1911.

—, « L'atelier de David », *Paris et ses fantômes*, Paris, Grasset, 1933.

—, « Les locataires du Louvre », *Existences d'artistes*, 1941.

LERI Jean-Marc, « Le Louvre, du palais royal au musée national », *Patrimoine parisien 1789-1799, destructions, créations, mutilations*, Paris, Actions artistiques de la Ville de Paris, 1989.

LOYRETTE Henri, « Le Louvre au futur », *Revue des Deux Mondes*, juin 2006.

MAYRAN Jacques, « La tiare de Saïtapharnès », *Atlas-Histoire*, 1964.

PASQUIER Alain, « Les Voyages de la Vénus de Milo », *Revue des Deux Mondes*, sept. 1999.

PEROUSE DE MONTCLOS J. M., « Du toit brisé et de quelques autres gallicismes de l'aile Lescot », *Bull. soc. hist. art français*, 1980.

PETROWSKA Marie-Pierre, « De Machy peintre de ruines et védutiste parisien », *L'Objet d'art*, nov. 2002.

PINGEOT Anne, « Le décor extérieur du Louvre sur la Cour carrée et la rue de Rivoli », *Revue du Louvre*, n° 2, avril 1989.

POISSON Georges, « Le sort des statues de bronze parisiennes sous l'occupation allemande », *Mémoires publiés par la Fédération des sociétés historiques et archéologiques de Paris et d'Ile de France*, 1996.

ROLAND-MICHEL Marianne, « Soufflot urbaniste », *Soufflot et l'architecture des Lumières*, colloque de Lyon, 1980, Ecole nationale supérieure des Beaux-Arts de Paris, 1986.

THUILLIER J, « Peinture et politique : une théorie de la galerie royale sous Henri

参考文献
BIBLIOGRAPHIE

IV», *Mélanges offerts à Ch. Sterling*, 1975.

TROUVELOT Jean, « Le dégagement des fossés de la Colonnade du Louvre », *Les Monuments historiques de la France*, n° 1, 1967.

VERNE Henri, « Le Louvre sous Henri IV et Louis XIII », *Revue de l'Art*, janv. 1924.

WHITELEY Mary, BRAHAM Allan, « Les soubassements de l'aile orientale du Louvre », *Revue de l'Art*, n° 4. 1969.

文献与期刊

Grande Galerie, le journal du Louvre, revue trimestrielle (en cours de parution depuis 2007).

« Le Louvre des rois », *Dossiers d'Histoire et d'archéologie*, n° 110, avril 1989.

« Vers l'avenir du Louvre », *Connaissance des Arts*, n° 477, nov. 1991.

« Grand Louvre », *Geo*, n° 66, nov. 1992.

« Grand Louvre, sous les jardins du Carrousel », *Les Dossiers d'Archéologie*, n° 190, fév. 1989 et 191, fév. 1992.

« Le Palais du Louvre de François Ier à Louis XVI », *Les Dossiers d'Archélogie*, n° 207, oct. 1995.

« Le Louvre » , *Historia*, numéro spécial, sept. 2000.

图书在版编目(CIP)数据

卢浮宫全史 /(法)乔治·普瓦松(Georges Poisson)著；姚想，孔庆敏译. —武汉：华中科技大学出版社，2023.5

ISBN 978-7-5680-9107-7

Ⅰ. ①卢… Ⅱ. ①乔… ②姚… ③孔… Ⅲ. ①博物馆－介绍－巴黎 Ⅳ. ①G269.565

中国国家版本馆CIP数据核字(2023)第058484号

湖北省版权局著作权合同登记　图字：17－2019－095号

Georges Poisson. *La grande histoire du Louvre*
©Perrin, 2013
Simplified Chinese rights arranged through Dakai-L'agence

卢浮宫全史
Lufugong Quanshi

［法］乔治·普瓦松 著　姚想 孔庆敏 译

总 策 划：	亢博剑　闫青华
责任编辑：	陈心玉　李 祎
特约编辑：	姚敏怡
营销编辑：	张　戈
装帧设计：	万墨轩图书·吴天晶
责任校对：	刘　竣
责任监印：	朱　玢
出版发行：	华中科技大学出版社（中国·武汉）　电话：（027）81321913
	武汉市东湖新技术开发区华工科技园　邮编：430223
印　　刷：	湖北新华印务有限公司
开　　本：	880mm×1230mm　1/32
印　　张：	19.5
字　　数：	425千字
版　　次：	2023年5月第1版第1次印刷
定　　价：	128.00元

本书若有印装质量问题，请向出版社营销中心调换
全国免费服务热线：400-6679-118　竭诚为您服务
版权所有　侵权必究